U0455427

兰州大学“双一流”建设资金人文社科类图书出版经费资助项目

新时期中印关系的发展趋势研究（项目编号：2019jbkyjd009）

兰州大学中央高校基本科研业务费专项资金资助

兰 州 大 学 “ 一 带 一 路 ” 丛 书

兰州大学印度研究中心印度文化系列丛书

主编／毛世昌 陈玉洪

印度文化与旅游

CULTURE AND TOURISM OF INDIA

袁永平 毛世昌／编著

社会科学文献出版社
SOCIAL SCIENCES ACADEMIC PRESS (CHINA)

印度国旗

印度国徽

大菩提树（毕玮　摄）

大菩提寺（毛世昌　摄）

大菩提寺内的佛像（毕玮　摄）

佛祖初转法轮处（毕玮　摄）

鹿野苑的达美克佛塔（毕玮　摄）

佛祖涅槃像（毕玮　摄）

毗舍离（毛世昌　摄）

灵鹫山上的佛祖讲经台（毛世昌　摄）

灵鹫山上的“世界和平塔”（毕玮　摄）

竹林精舍（毛世昌　摄）

玄奘取经的目的地和留学地——那烂陀遗址（毛世昌　摄）

世界最早的佛教大学——那烂陀，即《西游记》里的雷音寺（毕玮　摄）

位于那烂陀附近的玄奘寺（毕玮　摄）

位于中央邦的桑奇大塔（毕玮　摄）

18 米高的“高驮摩那大雄”的雕像
（毕玮　摄）

埃罗拉印度教神庙（郭穗彦　摄）

罗摩和家人（郭穗彦　摄）

马哈巴利普兰的五战车神庙（郭穗彦　摄）

印度瑜伽圣地瑞什凯什（毕玮　摄）

瓦拉纳西恒河沐浴（郭穗彦　摄）

奇丹巴拉姆的印度教神庙
（毕玮　摄）

阿姆利则金庙（郭穗彦　摄）

阿姆利则金庙的免费餐
（郭穗彦　摄）

果阿仁慈耶稣大教堂内部（郭穗彦　摄）

果阿的圣莫妮卡修道院（毕玮　摄）

奥迪西舞（女）和婆罗多舞（男）
（郭穗彦　摄）

库奇普迪舞（郭穗彦　摄）

婆罗多舞（郭穗彦　摄）

曼尼普尔舞（郭穗彦　摄）

所有舞蹈的合影（郭穗彦　摄）

犍陀罗风格塑像（郭穗彦　摄）

笈多王朝时期的佛陀像（郭穗彦　摄）

比莫贝特卡石窟中的岩画（毛世昌　摄）

林迦与约尼的合体（郭穗彦　摄）

林迦与约尼的合体（郭穗彦　摄）

米纳克希神庙的瞿布罗式屋顶（毕玮　摄）

瞿布罗式庙顶（郭穗彦　摄）

雄伟的库杜布高塔（毛世昌　摄）

洛迪苏丹墓园（郭穗彦　摄）

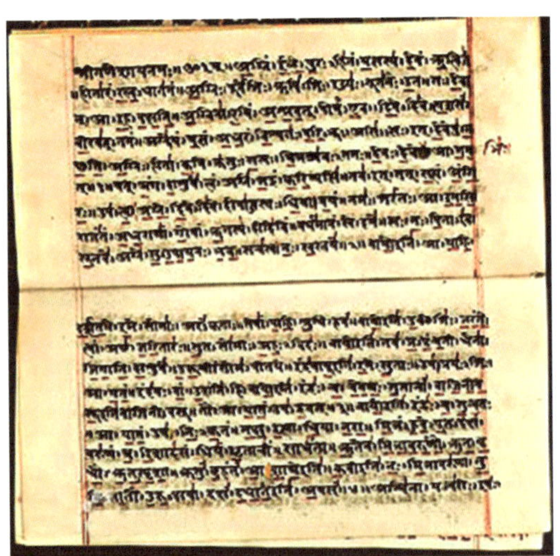

《吠陀经》经文（毛世昌　摄）

甘地塑像（毛世昌　摄）

霍利节（洒红节）（一）（郭穗彦　摄）

霍利节（洒红节）（二）（郭穗彦　摄）

敬拜杜尔迦神像（郭穗彦　摄）

象头神迦内沙游行（郭穗彦　摄）

印度美食塔利（郭穗彦　摄）

印度美食（郭穗彦　摄）

瑜伽苦行之神——湿婆（毛世昌　摄）

加尔各答印度博物馆外景（毛世昌　摄）

新德里国家博物馆（毕玮　摄）

新德里国家博物馆内部
（毛世昌　摄）

新德里国家博物馆内的三屈式药叉女雕像
（毛世昌　摄）

孟买的威尔士王子博物馆（毕玮　摄）

位于印度西孟加拉邦圣蒂尼克坦的国际大学校内的泰戈尔博物馆（毛世昌　摄）

加尔各答泰戈尔故居博物馆（毛世昌　摄）

这里原是尼赫鲁官邸，现在开辟为尼赫鲁纪念馆（毕玮　摄）

英迪拉·甘地纪念馆（毕玮　摄）

美丽绝伦的泰姬陵（毛世昌摄）

位于阿格拉亚穆纳河畔的莫卧儿王朝的皇宫——阿格拉堡（毛世昌　摄）

阿格拉堡的八角亭，和泰姬陵遥遥相望（毛世昌　摄）

位于阿格拉近郊西坎德拉的阿克巴陵（毛世昌 摄）

法塔赫布尔·西格里城的城门（毛世昌 摄）

法塔赫布尔·西格里城内景（毛世昌 摄）

伊斯兰教苏非派圣人谢赫·沙利姆·奇斯蒂的墓地（毛世昌　摄）

斋普尔（郭穗彦　摄）

斋普尔的风宫（郭穗彦　摄）

斋普尔的琥珀堡（郭穗彦　摄）

斋普尔的镜宫（毛世昌　摄）

德里的简塔·曼塔天文台（毕玮　摄）

艾荷洛的杜尔迦神庙（毛世昌　摄）

艾荷洛的拉德·汗寺（毛世昌　摄）

艾荷洛的胡其马利古迪神庙
（毛世昌　摄）

安得拉邦的龙树丘遗址
（毛世昌　摄）

阿旃陀石窟外景（郭穗彦　摄）

旃陀石窟内精美绝伦的佛教壁画（郭穗彦　摄）

阿旃陀石窟内的 16 号窟（郭穗彦　摄）

埃罗拉的吉罗娑印度教石窟（毛世昌　摄）

象岛石窟（毕玮　摄）

梵天、毗湿奴、湿婆三位一体雕像（毛世昌　摄）

卡利石窟（毛世昌　摄）

贾特拉帕蒂·希瓦吉终点站（郭穗彦　摄）

夜幕下的贾特拉帕蒂·希瓦吉终点站（郭穗彦　摄）

科纳克的太阳神庙（毛世昌　摄）

太阳神庙的石雕战车轮子（毛世昌　摄

林迦罗阇（林迦王）神庙（毛世昌　摄）

巴拉梅斯瓦拉神庙
（毛世昌　摄）

卡朱拉荷（毛世昌　摄）

卡朱拉荷的性雕刻
（毛世昌　摄）

莫德拉的太阳神庙（毛世昌　摄）

巴德拉堡（毛世昌　摄）

位于德里的红堡（毕玮　摄）

红堡内的勤政殿
（毛世昌　摄）

红堡内的珍珠清真寺
（毛世昌　摄）

“山顶之城”吉尔纳尔（毛世昌　摄）

德里亚穆纳河畔的库杜布塔（毕玮　摄）

胡马雍墓（郭穗彦　摄）

德里的古堡（毛世昌　摄）

德里的科特拉·菲鲁兹·沙城堡（毕玮　摄）

提倡宗教大同的莲花庙（毕玮 摄）

位于德里亚穆纳河畔的甘地陵（毛世昌 摄）

希弗普里国家公园的白斑鹿
（毛世昌　摄）

达奇加姆国家公园里的豹猫
（毛世昌　摄）

科比特国家公园里的老虎
（毛世昌　摄）

贾尔达帕拉野生动物保护区
的独角犀牛（毛世昌　摄）

世界雨极乞拉朋齐（郭穗彦　摄）

大吉岭的小火车（郭穗彦　摄）

发生阿姆利则惨案的札连瓦拉公园（毛世昌　摄）

印度半岛最南端，阿拉伯海、印度洋和孟加拉湾的汇合处——科摩林角（毛世昌　摄）

11 世纪泰米尔作家提鲁瓦鲁瓦的巨大雕像（毛世昌　摄）

维沃卡南达（辨喜）纪念馆，左边是打坐大厅（毛世昌　摄）

科摩林角的甘地纪念馆（毛世昌　摄）

躺在蛇床上的毗湿奴（郭穗彦　摄）

尼尔吉利山区铁路（毛世昌　摄）

孟买的印度门（毛世昌　摄）

小泰姬陵（郭穗彦　摄）

道拉塔巴德堡（毛世昌　摄）

目　录

绪　论

现代旅游业是20世纪至今发展最为迅速的新兴产业之一。世界旅游组织预言：21世纪将是旅游的世纪。2016年10月20日，第十届联合国世界旅游组织/亚太旅游协会旅游趋势与展望国际论坛在广西桂林市开幕，此届“桂林论坛”的主题是“十年结硕果，未来更美好”。联合国世界旅游组织秘书长塔勒布·瑞法依指出：“亚洲正在成为世界旅游的中心，预计到2030年，亚洲接待的国际旅游人数至少突破5亿人次。”① 他表示，亚洲有非常丰富的旅游资源和历史文化，符合当前人们“景色+人文”的旅游需求。这意味着，文化对旅游的影响变得越来越大，旅游主体对文化的消费需求更加明显，这给中国、印度等拥有悠久历史文化的亚洲国家带来前所未有的发展机遇。

一　耐人寻思的旅游文化

“旅游文化”是一个听起来非常熟悉但又很难理解的话题。如何理解旅游文化呢？国内外学者见仁见智。从字面上看，旅游文化包括“旅游”和“文化”两个关键词，要厘清旅游文化的概念，首先应阐明旅游与文化的含义。

早在汉代，中国就有“昼短苦夜长，何不秉烛游”的渴望交游之论。《全唐诗》中既有以“旅游”为话题的诗篇，更有不少描述旅游的

① 《第十届旅游趋势与展望国际论坛在广西桂林开幕》，中国经济网，2016年10月20日，http://district.ce.cn/newarea/roll/201610/20/t20161020_16986251.shtml。

诗句。然而对“旅游”的解释处于“一千个读者就有一千个哈姆雷特”的状态，几乎每一位学者对旅游都有独到的理解。从字面意义看，旅游就有“旅行”和“游览”两层意思。唐代孔颖达在《周易正义》中对“旅”做过界定：“旅者，客寄之名，羁旅之称；失其本居，而寄他方，谓之为旅。”这是中国人最早对旅行专门下的定义，明确地指出了旅行是人们在空间上从一个地方到另一个地方的移动过程。旅行是一种人类有意识的活动，即为了实现某一目的而在空间上移动。至于游览，《礼记·学记》中有“故君子之于学也，藏焉，修焉，息焉，游焉”之说，强调了读书学习与休息游乐相结合的重要性。汉人郑玄注解，“游谓闲暇无事之为游”，即只有在闲暇时间的外出游览活动才能被称为“游”。“游”成了人们愉悦身心的措施，带有休闲、观光及娱乐的含义。旅游既是旅行，又是游览，是旅行和游览的统一体，不但有空间上的移动，更有观光、娱乐等多重目的。旅游是一种远离单调的冲动，一种对冒险的渴望，或是一种获取知识的体验，在人类生活中扮演着非常重要的角色。

随着旅游一词被广泛使用，其内涵也变得越来越丰富。20 世纪 90 年代，在发展和统一旅游的定义方面出现了巨大的进步。1991 年，世界旅游组织召开“旅游统计国际大会”，会上专门梳理定义、术语和标准问题。在此基础上，世界旅游组织和联合国统计署于 1994 年就旅游的定义形成了这样的表述：旅游是人们出于休闲、商务和其他目的，离开自己的常居环境，连续不超过一年的旅行和逗留活动。这一定义从时间和空间上对旅游进行了界定。从这些繁杂的定义中可以清楚地看到一点，即旅游是带有目的性的。

关于“文化”这一概念，历来有多种解释，其内涵和外延差异很大。学者们从不同的视角出发，做出了不计其数的界定，可谓见仁见智。正如陆杨先生所言：“这似乎是一个你不说我还明白，你一说我就开始糊涂的话题。”① 文化有广义与狭义之分，《辞海》对文化的解释

---

① 陆杨、王毅：《文化研究导论》，复旦大学出版社，2006，第 1 ~ 2 页。

是："广义指人类在社会实践过程中所获得的物质、精神的生产能力和创造物质、精神财富的总和。狭义指精神生产能力和精神产品，包括一切社会意识形式：自然科学、技术科学、社会意识形态。"① 可以说，文化这一概念太过宽泛，要给它下一个严格而精确的定义是一件非常困难的事情。正如英国诗人艾略特所说，文化是"一个民族的全部生活方式，从出生到走进坟墓，从清早到夜晚，甚至在睡梦之中"。② 不少哲学家、社会学家、人类学家、历史学家和语言学家一直努力从各自学科的角度来界定文化的概念。然而，迄今为止仍没有获得一个公认的、令人满意的定义。人类生存在这个世界上，总会给这个世界留下点烙印。我们姑且这样说，文化就是留下了人类活动烙印的世界，对文化的理解实则是对人自身的理解。

不难看出，"旅游"和"文化"两个概念本身就相当复杂，它们可以从方方面面延伸开去，你中有我，我中有你。旅游和文化是密不可分的，旅游是文化交流最好的载体，而文化是旅游的灵魂。没有文化，旅游客体的生命力将不可能长久。一个景区，没有一定的文化来支撑，它再美也注定是要被遗弃的，这就是文化的力量。反之，文化要在市场经济中发挥效能，需借助旅游。从某种意义上看，旅游本身就是一种文化。难怪喻学才在《中国旅游文化传统》第一章中将"旅游文化"概括为"旅游主体和旅游客体之间各种关系的总和"。其中的"各种关系"即是文化本身。

如果在"旅游"和"文化"两个概念的联系中来理解和把握"旅游文化"，那么我们对旅游文化作何理解呢？旅游是一种有目的的活动，不管其具体目的是什么，都带有人的主观意识。这种主观意识一旦外化，便形成了文化。因为文化是带有人类活动烙印的人化世界的表

---

① 夏征农主编《辞海》（1999 年版缩印本），上海辞书出版社，2002，第 1765 页。

② T. S. 艾略特：《关于文化定义的笔记》，转引自陆杨、王毅《文化研究导论》，复旦大学出版社，2006，第 8 页。

现。李白一生游览祖国的名山大川，姑且不论他出游的具体目的是什么，他留下的诗篇却让所到之处打上了人的印记。这印记不仅是人对自然世界的认识，更是人对自身的认识。王勃登上滕王阁，留下的那篇《滕王阁序》的价值或许正在于此，他在满足精神享受的同时，更为重要的是对自身有了深刻的认识。今天，当一个中国人登上滕王阁，欣赏着眼前美景，吟唱出“落霞与孤鹜齐飞，秋水共长天一色”的诗句时，他不仅在深刻地认识和理解王勃，还在更深刻地认识和理解自身。当一个中国人站在印度卡朱拉荷的性雕塑前，其心中会激荡起波澜，这波澜不仅是对印度古老文化的沉思，更是对自身的深刻认识和理解。不管是对他人还是对自身的认识和理解，其实质都是对人自身的认识和理解。

基于以上认识，大致可以这样描述“旅游文化”：旅游文化是人们借助旅行和游览活动，更好地认识和理解自身，在满足自身内在需求过程中形成的一种文化现象。事实上，不管是猎取历史文化知识，体验民俗文化风情，追寻文化名人遗踪，鉴赏异地传统文化，还是享受人类文明成果等，其实质都是为了更加深刻地认识和理解人类自身，满足人自身的内在需求。在旅游过程中，人们不仅享受着既有文化，同时还创造着新的文化。

二　印度旅游文化的独特性

印度文化是不可思议的，印度旅游文化也因此具有独特性。

印度旅游文化源远流长。世界上很少有国家能像印度这样保存有完整而且富有活力的古老文化，古希腊文化、古罗马文化以及波斯文化都曾辉煌一时，但现在只能作为考古对象，印度文化仍对世界各个地区的人们有着特殊的“诱惑”。如果说印度河赋予印度一个名字，那么恒河给了印度人信仰。这种说法是准确的，因为印度先后出现过两个文明。一个是公元前 2300 ~ 前 1750 年的印度河城市文明，即以哈拉帕和摩亨佐·达罗为代表的、由印度土著居民达罗毗荼人创造的文明。它是印度最古老的文明形态，以特有的艺术品闻名于世。这个文明的宗教特点不明显，而且已经消失。另一个就是公元前 1500 年左右入主印度的雅利安人创造的恒河文明，这个文明以印度教为标志，至今熠熠生辉。从印度河文化、恒河文化、伊斯兰文化到基督教文化，其间留下了大量的文化遗产。

宗教气息浓厚是印度旅游文化最为显著的特色。印度是一个宗教国家，自然万物也被打上了深深的宗教烙印。吠陀教由雅利安人的信仰演化而成，崇拜种种自然力。日月星辰、云雨闪电、山河草木等都被幻化为神。这种观念使陆地、河流、山脉、森林、花园等自然生态环境得到有效保护。恒河、印度河、萨拉斯瓦蒂河，喜马拉雅山脉、文迪耶山脉、西高止山脉，菩提树、苦楝树等自然物都受到人们的敬拜，生态环境被保存得几乎完好无损。印度是一个复杂的综合体，除了十几个大民族之外，少数民族也有几百个，这些民族都有自己独特的宗教信仰和文化传统。印度是一个全民信教的国家，印度文化就是印度各宗教文化的综合体，在文学、哲学、天文学、造型艺术等方面都有体现。印度的语言种类繁多，多到难以确切统计。印度的种姓制度被认为是印度文化的标志性特征之一，不仅是一种社会分工体系，也包含着复杂的社会道德行为规范。在印度，人们可以看到宗教在舞蹈、音乐、庆典、建筑、传统习俗、食物和语言等方面的影响，也正是因为这些不同宗教文化的影响，印度的文化遗产才显得全面而充满活力。印度是一个充满“诱惑”的国度，印度的宗教文化对世界各个角落的人们来说都是神秘的。桑奇大塔、毗湿奴庙、湿婆庙乃至胜利塔和泰姬陵，全都是那么的神秘莫测。这种丰富且神秘的宗教文化在印度旅游文化的发展中起到了很重要的作用，促进了印度旅游业的快速发展。

印度旅游文化具有包容并蓄的特征。印度次大陆北部位于东西方文明交汇之处，从史前时代开始，不同人类文化相继进入，与本土文化相融合，共同构成了辉煌灿烂的印度文化。印度文化具有包容而非排外的特点，正如印度学者潘尼卡（K. M. Panikkar）所说：“印度传统文化一直是一种综合体……具有一种吸收和同化其他文化而又不失其自身特征的能力。”[①] 印度教作为印度主流文化的重要载体，具有统一而多元的宗教特点，它不排斥各种宗教信仰和神灵崇拜，而是把它们包容进自己的宗教信仰之中。这种包容并蓄使印度文化具有强大的生命力，形成了以印度教文化为基础，不同文化并存、内涵丰富的印度文化。在印度河流域陆续发现的古代城市文化遗址，让人们似乎看到了达罗毗荼人的生活场景。他们并非像皮肤白皙的雅利安人所说的那样，事实是他们虽然皮肤黝黑，但绝非魔鬼。公元前1500年左右，雅利安人进入印度次大陆，成了印度河流域的主人。他们吸收并融合达罗毗荼文化，让印度文化进入了一个高峰期——吠陀时期。他们在《吠陀》里生动描写了自己的信仰、习俗和生活方式等。印度的两大史诗《罗摩衍那》和《摩诃婆罗多》被誉为“印度古代社会的百科全书”，反映了印度古代社会的方方面面。“可以说，凡是古代印度社会里有的现象，两大史诗里全有，如果两大史诗里没有，在其他地方也找不到。”[②] 史诗对印度后来的文学、艺术和习俗都产生了巨大影响，印度社会生活中处处都能看到它们的影子。印度庙宇中的雕刻和绘画、印度的古典舞蹈都反映了史诗中的故事，印度的许多节日是为了纪念史诗里的大神和人物，印度的民俗至今没有超出史诗的范围，就连印度人的服饰和饮食文化都和史诗里描写的一样。12世纪至17世纪中叶，印度文化又出现了一个新的生长点——伊斯兰文化。印度的很多建筑完美地诠释了印度伊斯兰文化，泰姬陵让印度伊斯兰文化熠熠生辉。16世纪至19世纪中叶，伴随着西方殖民势力的不断入侵，基督教文化进入印度，大教堂也在印度这片土地上耸起。随着全球化时代的到来，印度文化开始走向世界。印度文化独具东方神韵，向世人展现着自己的神秘色彩，为印度旅游文化散发出光和热。

印度旅游文化积淀深厚。在印度，神庙寺院、宫殿陵寝、名人故居、

---

① K. M. Panikkar, *The State and the Citizen*（Bombay: Asia Publishing House, 1956）, p. 19.

② 毛世昌、刘雪岚主编《辉煌灿烂的印度文化的主流——印度教》，中国社会科学出版社，2011，第37页。

村寨城堡、石窟园林、壁画岩画、雕刻雕塑等历史文化遗迹比比皆是，极具旅游价值。这些辉煌灿烂的文化无不体现出印度民族特有的思想观念、价值体系、审美取向和民族性格，成为旅游文化中极具吸引力的元素。

生态之美是印度旅游文化的又一特征。在世界上每一个地方，大自然总能给人们提供一个生活的场所。但随着工业化的发展，很多地方已经无法让人“诗意地栖居”，已经无法满足所有人在一个阶段或另一个阶段的生活需要。印度这块神秘土地有着自己独特的风格，喜马拉雅山脉风景如画的山谷、喀拉拉邦与果阿邦的阳光海滩总能让人满怀诗意。这个国家到处都有瑜伽中心，总能让人在工作疲乏之余找到放松的地方。位于克什米尔附近的古马格山谷是一个冬天滑雪的绝佳场地，喀拉拉邦的一些河流是举办“赛舟会”的最佳营地。文明对人类来说是不可或缺的，然而，它却将人类赶出了自然，甚至连动物也成了文明的一部分。各国建造了动物园，但失去自由的动物就如没刺的玫瑰。而在印度，北方邦的迈索尔、阿萨姆邦、比哈尔邦等地对于喜欢打猎和射击的人来说，可谓彰显风范的绝佳之地。喜马拉雅山脉的壮观雄伟，以及它独特的文化和美丽的自然风光吸引了越来越多的游客来享受生态环境之美。

面对经济全球化这一大背景，印度及时调整国家经济发展战略，越来越重视旅游文化的作用。作为文明古国，印度拥有十分丰富的旅游文化资源。印度政府及时推出“不可思议的印度”旅游市场营销战略，成功地把印度旅游推销给全世界，并获得巨大经济收益。“不可思议”一词的运用，“形象地比喻了印度旅游体验的特色，它向国外游客展示了印度‘道德价值观念，丰富的文化遗产和古迹，以及传统的生活方式’的独特魅力”。[①] 可以说，美丽的自然风光遍布全球，独特的印度风情却是世上独有。印度独特的文化吸引物给游客“不可思议”的体

① 王超、郑向敏：《文化软实力：印度旅游全球竞争战略模式及其启示》，《软科学》2012 年第 7 期，第 24 页。

验，给其国内外旅游市场带来“不可思议”的契机，给全球旅游爱好者“不可思议”的想象。

三 印度旅游文化发展现状

近年来，对于有着不可思议的文化魅力的印度而言，旅游文化取得了飞速发展。从现代旅游活动的“三体”（主体、客体和介体）说出发，印度旅游文化的发展具有广阔的前景。作为全球屈指可数的世界文明古国和亚洲第二大国，印度拥有十分丰富的旅游资源。印度政府在“第九个五年计划（1997～2002）”中明确提出，通过充分开发印度文化，促进印度旅游业的发展，让印度参与全球旅游市场的激烈竞争。经过二十年的发展，此规划已见成效。

就旅游主体的视角而言，印度旅游文化努力改变旅游主体以往看山看水，以“身临其境”为满足方式的旅游方法，提高他们对旅游景点的文化鉴赏水平。也就是说，旅游主体需提高自身的文化素养。就印度国内旅游市场而言，虽然市场庞大，但印度国内游客主体大多是中下层民众，再加上经济发展问题和宗教教义要求，消费能力十分有限。印度文化当属宗教文化，当你走进印度，最为明显的感受就是到处弥漫着浓浓的宗教气息。由于印度社会是一个多元化的宗教社会，超过97%的国民有宗教信仰。据统计，印度教教徒约占总人口的86%，伊斯兰教徒约占11%，锡克教徒约占2%，佛教徒占约0.6%，耆那教徒占约0.4%。因此，印度国内旅游主体崇尚朝圣旅游，特别是大多数印度教教徒，他们在旅行中饱经风霜、历尽艰苦、勤俭节约，到一些宗教名城追求信仰的实现与精神的解脱。可以说，印度国内旅游主体的文化与各种宗教文化密切相关，游客的文化素质、兴趣爱好、职业道德、行为方式、政治主张、思想信仰直接受到宗教教义的约束和指引。更准确地说，印度国内旅游主体文化是一种“朝圣文化”。旅游主体通过对自己认同的文化圣地的朝拜，加深了对自身文化传统的认识，从而也更深刻地认识和理解了自己。

在经济全球化的大背景下，印度政府通过规划大力发展国外市场。随着国外游客，特别是西方发达国家游客的增多，不同的主体文化也在影响着印度旅游，对印度旅游客体文化的变迁产生了一定影响。对于这些到印度旅游的外国游客来说，自身的印度文化素养相当重要。例如，在进行“丛林诱惑之旅”时，如果游客（特别是生长于城市文明的西方游客）缺乏必需的文化知识，不知道森林对印度人来说意味着什么，就会认为这不过是一片茂密的森林罢了。然而对于一位具有丰富的印度历史文化知识和审美心理而且善于联想的游客来说，情况就完全不一样了。泰戈尔强调印度文化的本质是森林文明，“这使印度人对林居生活产生尊崇和向往，森林栖居由修道方式演变成了一种生活方式”。① 漫步在丛林之中，就如走进净修林的豆扇陀国王，眼前浮现出这样的景象：“树底下是从鹦鹉穴中雏儿嘴里掉下来的野稻。别的地方又可以看到磨因拘地种子的光滑石墩。麋鹿在人身旁依依不舍，听到声音并不逃掉。溪旁的小路上印着树皮衣上流下来的成行的水痕。还有——微风吹皱了的河水冲洗着树根。幼芽在溶化奶油的烟雾中失掉了光彩。在前面，在已经割掉达梨薄草芽的林子里，毫不胆怯的小鹿悠然地来回徘徊。”② 此时此刻，人与自然融为一体，心灵也得到了净化。如果能吟唱几句泰戈尔的诗——“我仿佛漫游在悠远的丛林里……密林某处的悠扬笛声传到我的耳朵里，就好像是森林的心灵在表达自己心中的希冀。我心里激动得无法理解是何人在吟唱什么歌曲，我在畅饮无名花朵的芬芳曲调酿造出的玉液”，③ 也许更能感受人与自然心灵上的对话与沟通，也不枉“丛林诱惑之旅”了。这种对历史文化的回忆就会使游人得到一种精神上的满足，也使旅游活动上升到一个更高的境界。

因此，对旅游主体来说，能不能从中获得一种美的享受，关键在于

① 袁永平主编《泰戈尔的大爱思想》，兰州大学出版社，2016，第255页。

② 〔印〕迦梨陀娑：《沙恭达罗》，季羡林译，人民文学出版社，1980，第7页。

③ 郁龙余主编，董友忱编选《泰戈尔诗歌精选·爱情诗》，外语教学与研究出版社，2007，第2～3页。

自身的文化素养。旅游主体在旅游活动之前，需具备丰富的文化历史知识及较高的艺术鉴赏能力，在旅游的过程中，也应积极主动地去挖掘、去领略旅游吸引物的文化内涵，只有这样，才能真正从旅游中获益。从旅游主体的视角看，印度旅游文化的发展得益于印度多元文化的传播，因为印度文化早就进入了世界各地游客的视域，去印度旅游也成了世界各地游客的内心冲动。

旅游介体文化应属于“服务文化”的范畴，其建设目的在于在旅游活动中融入更多的文化、情感、人性的因素，以满足游客的精神、文化需求。从理论上讲，旅游介体文化的发展相当重要，因为任何一个旅游行为的发生，首先是旅游对象已进入旅游者的视域。要让一名外国游客来印度参观文化古迹，就必须先让印度文化古迹进入外国游客的视域。印度旅游文化着力于打造有印度特色的管理文化、制度文化、企业文化以及商品文化，具体包括管理制度、政府政策、教育制度、企业文化、商品营销等。印度政府高度重视旅游业的发展，以“不可思议的印度”为口号，制定了印度旅游的全球竞争战略模式。

印度旅游业起步较早，可以追溯到1945年。萨金特委员会提议将分散的旅游组织集中到大都市，印度旅游业迈出了第一步。1948年，政府组建了旅游、交通和酒店行业的点对点旅游服务模式。1949年，印度政府在交通部成立“旅游交通局”。随着旅游业的进一步发展，到印度政府制订第二个五年计划（1956～1961）时，印度旅游部门已经占据相当重要的地位。1962～1964年，政府大力兴办旅游培训机构，在新德里、孟买、金奈和加尔各答有了酒店管理、餐饮技术和应用营养专业培训机构。1965年，为促进旅游业的发展，政府将几家大旅游公司和饭店合并为印度旅游发展联社。1966年，为适应旅游业发展，印度旅游发展有限公司成立，这是印度旅游开发方面唯一的联合企业，经营全国旅游。1992年制定的国家旅游行动计划在外贸和就业领域取得了巨大收益。1996年10月，印度政府推出国家旅游发展策略，成立旅游和贸易委员会，加强交通运输和基础设施建设，旅游服务设施得到进一步改善。到第九个五年计划（1997～2002）时，印度政府明确提出通过充分开发印度文化，促进印度旅游业的发展，让印度参与全球旅游市场的激烈竞争。2001 年 4 月 23 日，世界旅游组织在新德里召开为期三天的南亚部长峰会，提出了旅游全球市场营销问题。2002 年，在印度政府大力推动下，由旅游部牵头，各部门参与规划在未来十年内以“不可思议的印度”作为全球市场营销策略，努力把印度打造成世界旅游目的地。第十个五年计划（2002～2007）加大对旅游相关产业和基础设施的投资力度。2005 年，印度政府成功邀请全球相关私营部门参与“不可思议的印度”旅游竞争策略，加强政府与国内外私营部门的合作，提升印度旅游业的核心竞争力，全面推动印度旅游业进入新的高潮。第十一个五年计划（2007～2012）指明，努力实现印度旅游业的全面发展，并带动国民教育、社会保险、经济金融等方面的发展。

印度中央政府高度重视旅游业的战略规划。早在 1963 年，联合国国际旅行与旅游会议就指出，政府有责任激励和协调国家旅游活动，这一任务主要应由各国家旅游组织承担。印度政府积极响应，将旅游计划列为国家经济和社会发展计划的一部分，制定了与国际旅游接轨的旅游政策。从印度政府的旅游政策层面看，印度旅游介体文化的开发主要集中在市场发展援助计划、公私合营战略计划和旅游线路全面开发计划方面。

市场发展援助计划主要是印度旅游部为饭店、旅行社代理人、包价旅游承办商、旅游客运经营者等旅游服务商提供政策或资金上的支持，通过组织销售与学习旅行、参与集会和展览会、印刷品宣传等方式，向世界游客宣传“不可思议的印度”，重点宣传印度独特的自然风光、民俗生活、历史遗迹、宗教仪式、传统文化等。公私合营战略计划指由政府公共部门投资，并与私营企业签订合同，授权私营企业承担公共服务相关基础设施项目的建设。印度政府可以把资金更有效地投到旅游相关基础设施建设当中，通过对私营部门的有效监督，利用私营部门较高的工作效率，促进国内旅游业更快更好地发展。旅游路线全面开发计划由印度旅游部执行，中央财政提供支持，通过对国内各个零散的且竞争力较弱的旅游目的地进行合理规划，将其纳入一个具有旅游价值的旅游线路系统，从而构建具有区域文化特色或自然景观特色的“旅游吸引物”。印度政府通过运用旅游系统工程构建的思路，对各个旅游目的地要素之间的关系进行调整，达到整个印度旅游系统状态最优化。

从旅游客体文化的视角来看，印度旅游吸引物仍然主要包括自然景观和人文景观，具体体现为山水文化、园林文化、建筑文化、饮食文化、民俗文化、宗教文化、民族文化、工艺艺术、历史遗迹等。但印度更重视对国内宗教文化、遗迹文化、民俗文化等文化旅游资源的开发。自然景观虽属天赋，但自然景观中寄托着人类情感。亚穆纳河不仅仅是一条河，其魅力关键在于河边林子里黑天与罗陀甜蜜的爱情故事。漫步在亚穆纳河畔，总能让无数少女敞开心扉，浪漫时激情四射，撒娇时风情万种，难过时梨花带雨。人文景观本身就是人类文化的载体，是人类文化的一个重要组成部分，它的文化内涵与生俱来。走近卡朱拉荷，每座雕塑对人物形象的细腻再现，人物体态的多姿，表情的生动，使人感到一个个人物呼之欲出，似乎要和游客进行心灵的对话。

印度政府在第九个五年计划中提出了产品/设施目的地发展计划，十分重视对国内历史文化地和自然保护区（特别是那些具有印度风情和文化特色的旅游目的地）旅游项目的投资建设，打造印度旅游业的核心竞争力，塑造印度旅游文化独特的市场营销品牌，吸引全球游客体验不可思议的印度风情，观赏不可思议的印度历史遗迹。印度政府抓住本国旅游吸引物特点，一方面重点开发本国旅游文化产品，包括历史文化、宗教文化、民俗风情、遗迹遗址、民间工艺、瑜伽保健等旅游吸引物；另一方面结合国际旅游市场的发展趋势，利用自身地理地貌特点，开发沙漠旅行、攀崖登山、丛林寻宝等探险旅游线路。印度自然资源的旅游产品开发，主要体现在自然资源观光和探险两个方面，如印度“金三角”旅游线路，沙漠探险之旅，印度海滩之行，探险运动之行，喀拉拉之静水、海岛假日、丛林诱惑之旅，印度东北部之行等。印度独特的宗教文化、历史遗迹和民族文化，更是给印度带来了无穷的财富。

例如“遗迹之心”旅游路线、佛教徒之旅、伟大朝圣之行、神殿之路等旅游线路，让国际游客充分体验印度独特的人文风情和历史文化，是印度旅游全球竞争力的灵魂。

四 “一带一路”前景与开展中印旅游文化交流的互动双赢

“一带一路”是“丝绸之路经济带”和“21 世纪海上丝绸之路”的简称。“一带一路”倡议是新时期我国深化对外开放并统筹国际、国内两个大局而做出的部署，是谋求与共建国家和平共处、平等互利、合作共赢的具体举措，也是促进共建国家生产要素有序自由流动、禀赋资源高效配置、市场深度融合的关键力量。中国将充分依靠与有关国家既有的双多边机制，借助既有的、行之有效的区域合作平台，借用古代丝绸之路的历史符号，高举和平发展的旗帜，积极发展与共建国家的经济合作伙伴关系，共同打造政治互信、经济融合、文化包容的利益共同体、命运共同体和责任共同体。

印度作为南亚最大的国家、我国的重要邻邦，是“一带一路”沿线重要枢纽国家之一，在南亚次大陆具有巨大的影响力。中印两国都经历了比较成功的经济体制改革，实现了较快的经济增长。两国国情相似、发展任务相近、理念目标具有较多契合点，且都长期处于西方主导的国际经济金融体系之下，“求富”“求强”“求变”的心理一致。

加强中印文化交流是推行“一带一路”倡议的必然诉求。深入推进与印度在文化艺术、文化遗产以及大众传媒等领域的合作既源于大国合作共赢的内生力量的驱动，也来自对当今国际政治经济形势的理解和把握，更是出于对全局的考量和具有远见卓识的战略谋划。旅游文化的建设不仅为促进文化包容准备了一个平台，而且为促进世界交流、提升国家形象提供了一种载体。

文化包容是指一个地区或民族对外来文化，包括语言、宗教、食品、传统、艺术、文学、生活方式等方面的融合与发展，以及本地居民对外来文化所采取的不抵制态度。纵观历史，不同民族间的矛盾与冲突，往往是对彼此民族文化的了解不够造成的。“文化旅游是一种文化溶剂，促进不同文化间的融合。”① 游客作为不同文化的体验者，一方面可以感受与理解不同文化的精髓，提升对异文化的包容能力；另一方面可以把自己的文化带到目的地，影响当地居民对异文化的认知，促进文化间的交流。通过旅游，人们可以更好地理解自己的文化和他人的文化，从而更好地理解自己和他人，达到真正理解整个“人”。印度诗人泰戈尔周游世界，不仅体验了世界各地的文化精髓，而且让世界的目光聚集在了印度。“泰戈尔不是一个独立的存在，他既不属于东方又不属于西方，他的思想涵盖了东方与西方最崇高的精神领域，甚至可以说他就是一个超越的存在，在他的身上实现了东方与西方的握手。”② 这就是旅游文化的价值所在。

随着全球化的发展和人类交通更加便利，世界旅游得到快速发展。通过旅游，不同国家或地区的人们，可以对各个国家和民族进行了解，去体验他们的民族风情和风俗习惯，去感受他们的国家制度与社会生活，去见识他们的城市风景与自然风光等。1924 年印度诗人泰戈尔的中国之旅就证明了旅游文化的价值，成了中印文化交流史上的一座丰碑。“在中印两国人民的友谊传统中断了几百年后，他在两国人民之间又重新开辟了友谊的道路，重新开辟了中印两国文化交流的道路，并开启了中印两大文明对话的新时代。”③ 先哲开启的道路，需要后世继续走下去。中印两国可以通过旅游文化活动，增进相互了解，加深感情并促进民心相通，不断提高相互依赖的水平，携手构建更加紧密的发展伙伴关系。

① 邹本涛、谢春山编著《旅游文化学》，中国旅游出版社，2008，第 76 页。

② 袁永平主编《泰戈尔的大爱思想》，兰州大学出版社，2016，第 89 页。

③ 毛世昌：《泰戈尔的大爱思想——泰戈尔与中国》，转引自袁永平主编《泰戈尔的大爱思想》，兰州大学出版社，2016，第 287 页。

第一章　走进印度

第一节　土地

一　版图

印度，古称婆罗多，印度之名源自梵文 Sindhu 一词，该词原指河流，后又指今天的印度河。“详夫天竺之称，异议纠纷，旧云身毒，或曰贤豆。”①（编者注——身毒、贤豆乃 Sindhu 之音译）公元前 4 世纪左右，早期佛教经典和阿育王石刻称印度为四大部洲之一的瞻部洲（Jambudvipa），而印度教往世书又称印度为瞻部洲七大疆域之一的婆罗多。②

印度地处北半球，位于亚洲南部，土地总面积约 298 万平方千米（不包括中印边境印占区和克什米尔印度实际控制区等），居世界第七位，是南亚次大陆最大的国家。“北广南狭，形如半月。”印度北部是皑皑雪峰，东、西、南三面临海，海岸线长约 5560 千米，“三垂大海，北背雪山”③。印度东北部同中国、尼泊尔、不丹接壤，孟加拉国夹在印度东北部国土之间，印度东部与缅甸为邻，东南部与斯里兰卡隔海相望，西南部隔八度海峡与马尔代夫对望，西北部与巴基斯坦交界。东临孟加拉湾，西濒阿拉伯海。

---

① （唐）玄奘、辩机：《大唐西域记校注》，季羡林等校注，中华书局，1985，第 161 页。

② （唐）玄奘、辩机：《大唐西域记校注》，季羡林等校注，中华书局，1985，第 162 页。

③ （唐）玄奘、辩机：《大唐西域记校注》，季羡林等校注，中华书局，1985，第 165 页。

二　地貌特征与地质结构

印度次大陆由三大地形区组成，即西北部群山区、中部印度河－恒河平原区、南部半岛区。

西北部群山区属喜马拉雅山南坡，由几乎平行的三大山脉组成，其间形成了高原和峡谷，其中一些峡谷，土地肥沃、地形广阔且风景优美。这些山脉中的一些山峰构成了世界最高峰，由于海拔太高，很少有人能够通过。印度与西藏的贸易之路则里拉山口和乃堆拉山口，只有为数不多的人能够通行。雄伟的喜马拉雅山在印度人心中具有神秘的魅力。

中部印度河－恒河平原是印度河平原和恒河平原的总称，也称“印度大平原”。东西长约3000千米，南北宽250～300千米，由三大河流——印度河、恒河和布拉马普特拉河冲积而成。其中布拉马普特拉河被藏民称为藏布江，被汉族人称为雅鲁藏布江。印度河－恒河平原地势低平，水流缓慢，是古代印度文化的摇篮。

南部半岛区主要是德干高原，东高止山脉、西高止山脉分列两侧，沿海有狭窄的平原。德干高原由群山组成，平均海拔为600米，其中主要有阿拉瓦利山、文迪耶山、萨德布尔山、迈格拉山和阿旃陀山。东高止山脉平均海拔约为610米，西高止山脉海拔为1000～1500米，最高峰达到2695米，两座山脉之间的高原面久经侵蚀，支离破碎，多残丘、地垒和地沟。西高止山脉与阿拉伯海之间是狭窄的海岸地带，东高止山脉与孟加拉湾之间是较为宽阔的海岸地带。两座山脉相会于高原的南部顶端，形成尼尔吉里山。豆蔻丘陵被认为是西高止山脉的延续。德干高原很少发生地震，地质相对稳定，是世界上最大的熔岩台地。

三　水系

印度的河流主要分为三类：喜马拉雅山脉河流、德干高原河流、沿海河流和内陆河流。喜马拉雅山脉河流源自冰川，水源丰富，四季流淌。每逢季风月，喜马拉雅山脉的强降雨导致河水上涨，洪灾频频发生。德干高原河流依靠降雨，河水涨落不定。沿海河流，特别是西海岸河流，流程较短，流域有限；内陆河流大多水量少，流程短，甚至夙有夜无。

恒河是印度最大的河流，全长约2700千米，流域面积占印度领土的1/4，北起喜马拉雅山脉，南至文迪耶山脉。恒河在喜马拉雅山脉有两大源头——巴吉拉蒂河和阿拉克南达河，前者发源于高穆克的根戈德里冰川。恒河由大量喜马拉雅山脉河流汇聚而成，其中亚穆纳河位于恒河最西端，发源于亚穆纳斯特里冰川，于阿拉哈巴德注入恒河。

恒河是印度的圣水河。恒河从喜马拉雅山群峰夺路而出，将整个北印度揽入自己的怀抱，用雪域天堂圣洁的水滋润广袤的印度平原，默默诉说着印度的历史。恒河作为印度最神圣的河流，承载印度文化，是印度人民的精神依托。这是印度文化的一大特色。恒河孕育了印度本土的三个宗教，印度无数迷人的神话故事都和恒河有不解之缘。恒河滋养了无数的圣人，圣人在恒河岸边的净修林里悟出了宗教圣典，就连被誉为“古代印度的百科全书”的印度两大史诗《罗摩衍那》和《摩诃婆罗多》的作者瓦尔米基和毗耶娑都是恒河边的大仙。印度现代文化的代表泰戈尔有深厚的恒河情结。恒河和印度人的生死观念紧密相关，它不仅是生命的象征，在恒河沐浴，死后把骨灰撒在恒河里可以洗涤罪孽，免除轮回之苦，径直升入天界，与梵合一。恒河的圣性延绵不绝，因而她滋育出了圣雄甘地、泰戈尔文学家族和尼赫鲁政治家族。这样，印度恒河畔的许多圣地和教徒们对圣地的尊崇就可以理解了。[①] 恒河畔有很多用来洗浴和焚烧尸体的码头，这致使恒河无声地承受着人们的污染。

---

① 毛世昌:《恒河——象征印度文化的圣河》,《科学·经济·社会》2010年第4期，第177页。

四　沙漠

印度沙漠地带分为大沙漠区和小沙漠区。大沙漠区包括北至喜马拉雅山脉南麓，南至卡奇沼泽地的塔尔沙漠，其覆盖了印度拉贾斯坦邦与巴基斯坦信德省之间的整个的边界。小沙漠区指从卢尼至拉贾斯坦邦杰伊瑟尔梅尔和焦特布尔之间的北部荒漠地区。大小沙漠区间只有岩石遍布的荒漠，毫无农耕之地。

五　森林

在印度，四季常青的森林占据了整个领土面积的22.8%，占世界森林面积的2%。印度属于热带季风气候，热带阔叶林占森林总面积的96.7%。由于所在地区的干湿程度和地形不同，形成了种属繁杂的森林。除东北部阿萨姆地区和西南沿海地区几乎全年湿热，分布有热带常绿阔叶林外，全印大部分地区干燥炎热，热带落叶阔叶林分布面积最广，成为印度森林的最大特征。

印度森林可分为不同的植被区：喜马拉雅山西部区，喜马拉雅山东部区（分布于锡金邦以东，覆盖大吉岭和库尔塞奥恩格），阿萨姆邦区（包括布拉马普特拉河流域和苏尔马峡谷），印度河平原区（包括旁遮普邦、拉贾斯坦邦西部和古吉拉特邦北部的平原地带），恒河平原区，德干半岛区，马拉巴尔海岸区（分布于山区潮湿地带至半岛西海岸）。

森林在印度文化中占有非常重要的地位。数千年来，森林一直是印度文学的一个中心场景。在印度文学中，净修林占有非常突出的地位。《罗摩衍那·森林篇》就有这样的描写：

在这吉祥的净修林里，
罗摩以后就安了家。
他幸福地住在那里，
他受到大仙们的敬重；

他依次走到其他的
苦行者的净修林中。①

泰戈尔指出："在印度，我们的文明发源于森林，因此也就带有这个发源地及其周围环境的鲜明特征。"② 印度森林"沉积"了最具特色的印度文化。

六　气候

印度次大陆属于热带季风气候，全年气温较高，四季变化不明显，西南季风盛行时降水较多，东北季风盛行时干燥少雨。印度气象部门确认印度的四季为：冬季（1～2月）、干热季（3～5月）、雨季（6～9月）、秋季（10～12月）。

东北季风主要形成于海陆热力性质的差异。1月，亚欧大陆内部气温很低，在蒙古、西伯利亚一带形成势力强大的高压区，蒙古高气压与此时位于赤道以南的赤道低气压带之间产生很大的气压差，形成了东北季风。雨季风——西南季风主要形成于气压带、风带位置的季节移动。7月，南半球的东南信风越过赤道进入北半球，受地转偏向力的影响，向右偏转为西南季风。亚欧大陆上气温高，在印度北部形成低气压中心，西南季风受该低气压中心的强烈吸引，势力更为强大。由于南亚的陆地面积较为广阔，北部有高大的喜马拉雅山脉阻挡，地形比较闭塞，每年3～5月，冬季风逐渐消失，西南季风尚未来临，这时太阳照射强烈，气温急剧上升，气压迅速下降，降水稀少，天气炎热干燥。6～9月，印度半岛受西南季风的影响，其从辽阔温暖的热带海洋带来的大量水汽，给该处大部分地区带来丰沛的降水。10月至次年2月，印度半

① 蚁垤：《罗摩衍那·森林篇》，季羡林译，《季羡林文集》第19卷，江西教育出版社，1995，第54页。

② 刘安武、倪培耕、白开元主编《泰戈尔全集》第19卷，刘竞良等译，河北教育出版社，2000，第5页。

岛由于受到干燥的东北季风影响，天气晴朗、干燥、凉爽。

根据降雨情况，印度可分为四大气候区。阿萨姆邦及其周边、西高止山脉及其沿海地带和喜马拉雅山脉部分地区属于强降雨区。梅加拉亚邦卡西山和简蒂亚山部分地区属于世界特大降雨区。相反，拉贾斯坦邦、卡奇和拉达克地区向西至吉尔吉特属于低降雨区。适度降雨区分为高适度降雨区和低适度降雨区，高适度降雨区从印度半岛东部宽阔地带一直延伸至北印度平原。低适度降雨区从旁遮普平原横穿文迪耶山脉至德干半岛西部地区，再向东至迈索尔和安得拉邦。在印度，大部分地区的雨季为6～9月。

第二节　人口与民族

一　人口

作为目前世界第二大人口大国，印度是世界上经济发展最快的国家之一，也是人口问题非常严重的国家。自1881年起，印度的人口普查在每十逢一的年份进行。2011年人口普查投入巨大，是印度历史上规模最大，投入人力、物力、财力最多的一次人口普查行动。2012年4月，印度登记和普查官办公室发表了2011年人口普查汇总数据。数据显示，印度人口总数已经达到12.1亿人，过去10年里激增了1.8亿人，增长17.5%，当时其人口数几乎相当于美国、印度尼西亚、巴西、巴基斯坦、孟加拉国和日本六国的人口总和。

印度人口数量多，增速快。2019年6月17日，联合国经济和社会事务部发布《世界人口展望2019：发现提要》报告称，印度2027年将成为全球人口最多的国家。报告指出，2019年印度人口为13.7亿人，占全球人口总数的18%，预测2019～2050年，全球新增人口中约一半将来自印度、尼日利亚、巴基斯坦、刚果（金）、埃塞俄比亚、坦桑尼亚、印度尼西亚、埃及和美国9个国家，印度居首位。①

印度人口分布不均，各邦的人口总数差别很大。2011年，北方邦人口最多，约占印度人口总数的16%，马哈拉施特拉邦和比哈尔邦分别排在第二和第三位。人口最少的是拉克沙群岛，仅有6万人，占印度人口总数的不到万分之一。印度人口总体密集但区域差异较大。人口最密集的是德里，每平方千米达到11297人。而安达曼和尼科巴群岛每平方千米人口仅46人。印度人口性别比例失衡，男性人口多于女性。在性别比失衡最为严重的达曼和第乌，每1000名男性对应的女性只有618名。

二 民族

印度民族混杂，被誉为“人类学博物馆”。长期以来，印度成了一个公认的多民族国家。一般认为，印度主要有印度斯坦人、泰卢固人、马拉地人、泰米尔人、孟加拉人、古吉拉特人、马拉亚兰人、坎纳达人、阿萨姆人和奥里雅人十大民族，他们约占印度总人口的94%，其余6%的人在印度被称为“部落民”，这些部落基本上还处于社会发展早期阶段。这些部落民究竟有多少呢？历来说法不一。1950年列入宪法的表列部落共212个，1956年一项印度总统特别法令把414个部落列为表列部落。根据1978年的统计材料，部落民中人数最多的为贡德人，约有272万人；安达曼人最小的部落甚至只有22人。

第三节 国家象征

一 国旗

印度国旗的诞生是印度独立运动胜利的标志。受英国殖民统治，印

① 郑璇：《联合国报告：印度人口8年后超中国》，《环球时报》2019年6月19日。

度一直没有自己的国旗。20 世纪初，印度第一次尝试制定国旗。1906 年，在加尔各答巴尔舍种植园广场（格林公园）的一次集会上，印度青年激情满怀地升起了一面三色旗帜，从此开始了印度的国旗史。随着印度民族主义运动的兴起，印度人民对国旗的要求越来越强烈。人们这种为国旗而斗争的热情，受到了甘地的赞赏和重视。1921 年 4 月 13 日出版的一期《少年印度》上，甘地提出制作一面非暴力不合作运动旗帜的建议。甘地认为，一面旗帜可以唤起印度人民的爱国热情，激发各阶层群众投入独立运动。1931 年，印度国大党委员会会议在卡拉奇举行，会议提议任命一个七人委员会来提供国旗的设计图。该委员会建议国旗为番红花色底，左上角饰一架褐色纺车。印度国大党委员会没有批准这一建议，但首次正式批准把三色旗作为印度的旗帜，这面旗可以说是印度国旗的前身。1947 年 7 月 22 日，印度制宪会议讨论国旗图案，最后通过了贾瓦哈拉尔·尼赫鲁提出的以三色旗为底、用阿育王时代的法轮代替手纺车的国旗图案议案。1947 年 8 月 15 日，这面旗帜飘扬在了印度的天空中。

印度国旗是横三色旗，三色横条宽度相等，最上一层为橙色，中间一层为白色，最下一层为绿色。旗面呈长方形，长宽比例为 3∶2。中间白色横条中央是一个含 24 根轴条的蓝色法轮。法轮是印度孔雀王朝阿育王时代佛教圣地鹿野苑石柱柱头的狮首图案之一，其直径接近白色横条的宽度。

国旗的颜色和图案的象征意义也有一个演变的过程。甘地对三种颜色含义的解释，带有宗教和非暴力不合作的鲜明色彩。橙色代表印度教，绿色代表伊斯兰教，白色代表其他宗教，三色构成整体，所占比重相等，是所有居民团结和平等的象征。1931 年，国大党声明旗帜的颜色不是教派的标志，并阐明橙色象征力量和牺牲，白色象征真理与和平，绿色象征信心和勇敢。这就抹去了三色旗的宗教色彩，打上了印度社会发展的印记。

轮子为尼赫鲁所设计。甘地视纺车为印度出路的象征，尼赫鲁以轮子取代纺车，可谓用心良苦。轮子图案具有两重指代，既是纺车轮子，又是阿育王法轮。作为纺车轮子，其富有甘地“老的传统”的含义，保持了甘地设计的连续性；作为阿育王法轮，其有了许多新的意义，悄悄地否掉了甘地设计中最具代表性的东西。尼赫鲁的倾向在于，轮子图案与印度历史上孔雀王朝的名君阿育王相联系。

二　国徽

印度国徽图案来源于孔雀王朝阿育王狮子石柱顶端的石刻。石刻本身有四只背靠背站立的雄狮，雄狮站立在一个圆盘之上，圆盘边缘呈带状，上面雕刻有一头大象、一匹奔马、一头公牛和一只狮子，它们之间是法轮，圆盘“坐于”钟形倒立的莲花之上。1950 年 1 月 26 日，印度政府正式采用此国徽，国徽图案中只能看到三只雄狮，第四只隐在了人们的视线之后。圆盘中央的法轮左边是一匹马，右边是一头牛，其他法轮只能看到边缘部分。钟形莲花和最顶部的法轮也被省去。国徽图案下面有句用梵文书写的、出自古代印度圣书《剃发奥义书》的格言，其意思是“唯有真理得胜”。

印度国徽需从阿育王说起。阿育王是印度孔雀王朝的第三代国君，又称“无忧王”。阿育王结束了列国时代小国林立、征战不已的分裂局面，建立了印度历史上第一个统一的帝国。帝国不仅疆域辽阔，而且有完整的中央和地方行政机构。阿育王采取有利于发展经济的措施，推行“达摩制胜”的宽容政策，重视发展文化事业，一时国力昌盛。征服南方强国羯陵伽王国，对阿育王具有特别重要的意义。战争中，羯陵伽王国死伤惨重自不必说，阿育王损兵折将也不计其数。战争的惨景给阿育王留下了挥之不去的深刻印象，也让他放弃了继续南征，成了一个佛教皈依者。阿育王为了弘扬佛法，亲自到各地巡游，广建佛塔。所到之处，将颁布的敕令镌刻在摩崖、石窟和石柱之上，保存至今的有近 40 处。石柱铭刻中最著名的就是鹿野苑的狮子石柱柱头。柱头用灰色砂岩雕琢而成，极为精细，虽经历了两千多年的风雨，仍光可鉴人。柱头上端是四只雄狮，分别面向东南西北，象征力量、勇气和统治四方权力。圆形底座四周有四只较小的动物：东面是大象，南面是马，西面是公牛，北面是狮子，代表四个方向的护卫者和被统治者。它们之间还各有一只小法轮，是阿育王“达摩”（法）政策的象征，表示法轮所及，无不慑服。阿育王在其统治时代的中后期属于和平主义者，是印度人心目中和平与真理的象征。印度采用阿育王狮子石柱上的图案作为国徽，以表达印度人民对真理与正义的追求和对和平与自由的向往。

三　国歌

印度国歌为《人民的意志》，词曲均为印度伟大诗人泰戈尔所作。在印度正式国歌产生以前，有两首爱国歌曲起着国歌的作用。一首是著名作家班吉姆·钱德拉·查特吉的《母亲，向你致敬》，另一首是泰戈尔的《人民的意志》。

《母亲，向你致敬》是班吉姆·钱德拉·查特吉的小说《阿难陀寺院》中的一首诗歌：

母亲，向你致敬！
你富饶的江河日夜奔流，
你灿烂的果园闪闪发光，
你柔和的微风带来凉爽，
黑色的田野起伏如波浪。
强有力的母亲，自由的母亲。
……
甜蜜地低语的母亲，
我在你的脚上亲吻。
母亲，向你致敬。①

① 钱仁康：《印度的国歌》，《世界知识》1981年第16期。

小说出版于1882年，这首诗歌于1896年在印度国民大会上被首次演唱。1937年，印度国民大会执行委员会要求由尼赫鲁等人组成的小组委员会审查这首歌是否适合作为国歌，小组委员会一致认为困难在于它的旋律太散漫，难以和声。

《人民的意志》的歌词最初发表于1912年1月。1919年，泰戈尔将其翻译成英文，并冠以《印度的晨歌》之名。

印度人的心和命运都由你管辖，
你的名字使全国奋发：
旁遮普、信德、古吉拉特、马拉塔，
达罗毗荼、奥利萨、孟加拉；
文底那、喜马拉雅发出回响，
朱木拿恒河奏乐回答；
印度洋的波浪放声歌唱，
向你颂赞向你祝嘏，
一切人都等待你拯救。
印度人的心和命运都由你管辖，
你永远无敌于天下！①

这首歌成为印度国歌，还有一段来历。1947年，印度独立前夜，国歌问题被再度提上日程。当时的许多人都喜欢班吉姆·钱德拉·查特吉的《母亲，向你致敬》，印度歌曲协会建议将这首歌作为国歌。然而，这个建议因为遭到圣雄甘地的反对而被否决了。由于意见不统一，国歌直至独立仍未确定下来。同年，一个由尼赫鲁妹妹率领的印度非官方代表团访问美国。在招待会上，美方交响乐队提出要演奏印度国歌，印度代表团手里恰好有一张《人民的意志》曲谱，这曲子经过交响乐

---

① 曹力：《世界上唯一为两国国歌作词作曲的人　印度诗圣泰戈尔》，《贵州文史天地》1998年第1期。

队的演奏，受到热烈欢迎。1950 年 1 月 24 日，印度国民大会通过以《人民的意志》为国歌的决议，并指出《母亲，向你致敬》将享有同样的荣誉，处于与《人民的意志》并列的地位。

四　历法

印度民族文化奇异多姿，各地历法也是五花八门。1957 年 3 月 22 日起，印度政府采用统一的历法。印度国家统一历法规定，一年为公历规定的 365 天或 366 天，将释迦纪元（Saka Era）的杰特拉月（Caitra）作为一年的第一个月，杰特拉月 1 日就是公历平年的 3 月 22 日，闰年的 3 月 21 日。该历法每年的天数和格里历一致，但月份设置以黄道十二宫为准，纪年以释迦纪元为上元。释迦元年为公元 78 年，这一年就是印度历元年。如此推算，就可以知道 2019 年是印度历法的 1941 年。由于月份以黄道十二宫为准，所以每个月都对应一个星相。具体见表 1－1。

表 1－1　印度历法月份设置

月份	名称	天数	公历起始日	黄道十二宫
1	杰特拉月（Caitra）	30/31	3 月 21/22 日	白羊宫
2	维沙克月（Vaishakha）	31	4 月 21 日	金牛宫
3	杰斯塔月（Jyeshtha）	31	5 月 22 日	双子宫
4	阿沙达月（Ashadha）	31	6 月 22 日	巨蟹宫
5	施拉万月（Shravan）	31	7 月 23 日	狮子宫
6	帕德拉月（Bhadra）	31	8 月 23 日	室女宫
7	阿斯万月（Ashvan）	30	9 月 23 日	天秤宫
8	迦尔迪克月（Kartik）	30	10 月 23 日	天蝎宫
9	阿格拉哈扬月（Agrahayan）	30	11 月 22 日	人马宫
10	布萨月（Paush）	30	12 月 22 日	摩羯宫
11	马克月（Magh）	30	1 月 21 日	宝瓶宫
12	法尔衮月（Phalgun）	30	2 月 20 日	双鱼宫

资料来源：毛世昌、袁永平主编《泰戈尔词典》，兰州大学出版社，2016。

由表 1－1 可知，印度历法属于太阳历，一年是一个恒星年，月份的划分明确了一年中太阳的位置。印度有很古老的天文学传统，现行印度历法又与传统历法有密切的联系。《吠陀》是印度雅利安人最古老的宗教文献，其中就有历法方面的记载。吠陀后期（前 9 ~ 前 6 世纪），身为游牧民族的印度雅利安人在印度河－恒河平原安定下来，农业成了主要的生产活动，服务于农业生产的历法也随之发展起来。之后，雅利安人的宗教祭祀活动变得越发繁杂，本来为了农业生产活动而发展的历法逐渐变成了确定祭祀日期的手段。因此，印度历法既是天文学的，也是宗教的。印度的很多传统节日就恰如其分地说明了这一点。

五　法律与行政系统

1. 宪法

印度宪法于 1949 年 11 月 26 日在印度制宪议会通过，于 1950 年 1 月 26 日（印度独立日）生效。宪法序言指出：

> 我们印度人民庄严决定，将印度建设成为主权民主的共和国，并确保一切公民：
>
> 在社会、经济与政治方面享有公正；
>
> 思想、表达、信念、信仰和崇拜的自由；
>
> 在地位和机会方面的平等；
>
> 在人民中间提倡友爱以维护个人尊严和国家的统一。①

2. 基本权利

印度宪法规定，公民享有的基本权利有：

> ①言论和表达自由；

① 毛世昌主编《印度贱民领袖、宪法之父与佛教改革家——安培德卡尔》，中国社会科学出版社，2013，第 158 页。

②非武装的和平集会自由；

③结社或建立工会的自由；

④在印度领土内自由迁徙的自由；

⑤在印度领土内的任何地方居住与定居的自由；

⑥取得、保有与处理财产的自由；

⑦从事任何专业、职业、商业或事业的自由。①

3. 国家政策的指导原则

国家政策的指导原则不具备可司法性，但对印度这样的发展中国家来说是非常关键的，它规定了印度是一个福利型国家。第一个五年计划期间，国家政策的指导原则直接或间接地带来了很多社会福利措施。国家政策的指导原则与基本权利是印度宪法的关键部分，它们一起构建印度宪法所设想的一种特殊类型社会的蓝图。在这个社会中，人民享有平等的机会，社会全面发展。它们被称为“宪法的良心”。

国家政策的指导原则有：

（1）国家应致力于增进人民福祉，保护以社会、经济与政治公平为基础的社会秩序。（第 38 条）

（2）国家应使其政策致力于保证：一切公民享有适当谋生手段；财富公平分配；男女同工同酬；保护儿童与工人；保护儿童与青年不受剥削，在道义上与物质上不受遗弃。（第 39 条）

（3）国家应采取步骤组织乡村评议会。（第 40 条）

（4）国家应在经济能力与经济发展之限度内，制定有效规定确保工作权、受教育权及在失业、年老、疾病、残疾及其他过分困难情形下享受公共补助之权利。（第 41 条）

（5）国家应当努力提供：

---

① 毛世昌主编《印度贱民领袖、宪法之父与佛教改革家——安培德卡尔》，中国社会科学出版社，2013，第 163 页。

①公正和人道的工作条件及对产妇的优待。(第 42 条)

②工人维持生计的工资等。(第 43 条)

③统一的民法法典。(第 44 条)

④实行免费义务教育。(第 45 条)

⑤增进对表列种姓、表列部落和其他弱小阶层的教育和经济帮助。(第 46 条)

⑥提高生活水平，改善公共卫生。(第 47 条)

⑦努力使农业与畜牧业走上现代科学的轨道。(第 48 条)

⑧保护国家名胜古迹。(第 49 条)

⑨司法与行政分立。(第 50 条)

(6) 国家应当致力于：

①促进国际和平与安全；

②维护国家之间公正而体面的关系；

③培养对于国际公法与条约义务的尊重；

④提倡通过仲裁解决国际争端。(第 51 条)[①]

4. 立法

印度是一个主权民主共和国，其立法机构为议会。印度宪法规定："联邦议会由总统及两院组成，两院分别称为联邦院和人民院。"[②]

联邦院由 250 名议员组成，其中 12 名由总统任命，其余 238 名由各邦立法院依照比例代表制，用单记名可转让投票法选举产生。总统任命的 12 名议员必须在文学、科学、艺术和社会服务领域有一定的知识和经验。联邦院不应解散，议员任期为 6 年，但每两年要尽可能改选其中的 1/3，空缺的席位由两年一次的补缺选举补选。联邦院议员必须为

① 毛世昌主编《印度贱民领袖、宪法之父与佛教改革家——安培德卡尔》，中国社会科学出版社，2013，第 166 ~ 167 页。

② 毛世昌主编《印度贱民领袖、宪法之父与佛教改革家——安培德卡尔》，中国社会科学出版社，2013，第 172 页。

印度公民，年龄应不小于 30 周岁。

人民院应以成人选举为基础，每届任期 5 年，不得延长。总统在总理的建议下，可解散人民院。部长会议集体对人民院负责。人民院议员必须是印度公民，年龄应不小于 25 周岁。人民院共有 545 个席位，其中 543 个席位由民选产生，其余两个由总统任命。人民院为表列种姓和表列部落保留 119 席。

5. 行政区划

印度行政区划中的一级行政区域包括邦、中央直辖区。邦包括安得拉邦、特伦甘纳邦、阿萨姆邦、比哈尔邦、切蒂斯格尔邦、果阿邦、古吉拉特邦、哈里亚纳邦、喜马偕尔邦、北阿肯德邦、卡纳塔克邦、喀拉拉邦、马哈拉施特拉邦、中央邦、曼尼普尔邦、梅加拉亚邦、米佐拉姆邦、那加兰邦、奥里萨邦、旁遮普邦、拉贾斯坦邦、锡金邦、泰米尔纳德邦、特里普拉邦、北方邦和西孟加拉邦等；中央直辖区包括安达曼和尼科巴群岛、昌迪加尔、达德拉－纳加尔哈维利、达曼和第乌、拉克沙群岛、本地治里、德里。

6. 总统

印度总统经由议会两院当选议员和各邦立法会议议员中当选议员组成的选举团选举产生。总统必须是印度公民，任期 5 年，可以再次当选。印度总统只是名义上的联邦行政首脑。除印度总统名称与美国总统一样外，美国现行政府结构与印度宪法规定的政府结构没有共同之处。印度宪法之父安培德卡尔指出："印度的总统处于英国宪法中国王的地位，他是国家首脑，但不是行政首脑，他代表国家，但不统治国家，他是国家的象征。"①

7. 部长会议与总理

印度总统只是法理上的国家首脑，实权掌握在总理手中。印度宪法

① 毛世昌主编《印度贱民领袖、宪法之父与佛教改革家——安培德卡尔》，中国社会科学出版社，2013，第 169 页。

规定："联邦设部长会议，部长会议以总理为首，协助总理并向其提出建议；总统在行使其职权时根据部长会议的建议行事。"① 部长会议的建议是总统行使权力的准则。总理由总统任命，部长由总统根据总理的建议任命。

六　官方语言

印度民族众多，语言自然也复杂。印度是世界上拥有语种最多的国家之一，被语言科学界称为"语言国家"。在众多的语言中，最主要的语言就有 15 种之多，分别是：印地语、阿萨姆语、孟加拉语、古吉拉特语、卡纳达语、克什米尔语、马拉雅拉姆语、马拉地语、奥里亚语、旁遮普语、信德语、泰米尔语、泰卢固语、乌尔都语和梵语。全印度各民族、部落的语言加在一起，多到难以统计。1949 年，印度政府为了实现"一种语言，一个民族"的政策，在宪法中规定印度斯坦人使用的印地语为官方语言，以印地语逐渐取代英语作为唯一的官方语言，但遭到了南方各族的强烈抵制。在南印度人眼中，这一规定象征着北印度雅利安人对南印度达罗毗荼人的统治，他们宁愿使用英语也不愿使用印地语。面对这一形势，印度政府再次制定国语法案，规定梵文天城体印地语为官方语言。但英语仍然被官方使用，成为第二种官方语言。

第四节　历史一瞥

印度，古称婆罗多，三面临海，北部以喜马拉雅山脉为屏。从克什米尔到科摩林角，再到古吉拉特，几乎相当于除俄罗斯之外的整个欧洲大陆的面积。印度因独特多样的地理特征而闻名，包括常年积雪的高峻

① 毛世昌主编《印度贱民领袖、宪法之父与佛教改革家——安培德卡尔》，中国社会科学出版社，2013，第 171 页。

山脉、海水环绕的三角地带、荒无人烟的沙漠以及富庶繁荣的河谷。她的人民，肤色不同、种族各异，文化有别。

印度的史前史几乎无法知晓，但部分重大的考古发现让人们可以将她的历史追溯到石器时代。公元前4000年左右文明的发现足以证明印度是世界文明最早的发祥地之一，印度河－萨拉斯瓦蒂河文明可以与埃及、苏美尔文明相媲美。印度河－萨拉斯瓦蒂河文明属于城市文明，其覆盖面积之广令人惊叹，从北到南、从东到西各约1600千米。哈拉帕、摩亨佐·达罗、朵拉维那、洛塔、卡里班根以及罗巴尔等文明遗址的发现，证明印度河－萨拉斯瓦蒂河文明覆盖了整个印度、巴基斯坦的西北部地区。

雅利安宗教文明或雅利安吠陀宗教文明兴起于对火的敬拜，其兴起可以被看作印度历史的转折点，直到孔雀王朝时期，这一文明一直占据统治地位。吠陀时代是印度古典文献繁荣的时代，“吠陀”是含有大量各种知识的宗教文献的总称。佛陀和大雄的宗教思想对吠陀文明冲击很大，像李查维这样的一些王朝就以佛陀和大雄的宗教思想治理国家。考古发现，古代印度曾出现过后印度河－萨拉斯瓦蒂河文明、铜石并用时代文明和铁器时代文明。

公元前4世纪，孔雀王朝成为印度第一个统一王朝，统治时间近140年。被认为是世界历史上最伟大人物之一的阿育王接受佛陀的非暴力教义，并在全国颁布法令，用毕生精力去提升人民的道德修为。随着孔雀王朝的衰落，巽迦王朝兴起，之后是贵霜王朝。贵霜王朝著名国王迦腻色加一世统治时期，帝国达到鼎盛，疆域由中亚扩展至马图拉，向北甚至到了瓦拉纳西。就在同一时期，南方的百乘王朝和甘蔗王朝统治着克里希纳－戈达瓦里河谷，他们的文化也同样繁荣，为后人留下了大量的文学作品和艺术品。

4世纪初叶，笈多王朝兴起，定都华氏城，统治整个北方地区。沙摩陀罗笈多统治时期王朝向南扩张，再次建立印度统一的强大帝国。从旃陀罗笈多二世到塞建陀笈多，在这些继任者的统治下，印度经历了一段繁荣期，这一时期常常被认为是印度历史的黄金时期。艺术、文学和科学高度繁荣，著名的那烂陀大学就建于此时期，来自亚洲各地的学生在此游学取经。在文学上，出现了古代印度最伟大的诗人迦梨陀娑。随着笈多王朝的瓦解，伟大国王戒日王统一了印度的整个北方，建立戒日王朝，从克什米尔到阿萨姆邦，从喜马拉雅山脉到文迪耶山脉都被纳入其统治之下。7 世纪，戒日王统治时期，伟大的中国旅行家玄奘来到印度，留下了难忘的记忆。

7 ~ 11 世纪是印度南方快速发展时期，帕拉瓦王朝不仅是南方强大的统治者，还推崇艺术。甘吉布勒姆神庙群和雕刻群成了他们艺术活动的见证。帕拉瓦王朝后来被朱罗王朝取代，朱罗王朝拥有强大的海洋治理能力，在苏门答腊岛、爪哇岛和其他地方确立了自己的统治地位。朱罗王朝是大神庙的建造者，于 12 世纪末开始衰落。8 ~ 12 世纪，印度东部的帕拉王朝和塞纳王朝也是艺术和文学的推崇者。

12 世纪末，穆罕默德·高利势力扩张，这被认为是穆斯林入侵和控制印度的开端。印度教和伊斯兰教统治者争夺统治权的斗争一直延续到莫卧儿王朝在印度取得统治地位。1526 年，成吉思汗的后代巴布尔进入印度，在帕尼帕特战役中击溃了德里苏丹易卜拉欣·洛迪。1530 年巴布尔逝世，他到死都在破坏印度教庙宇，建造清真寺。1540 年，在曲女城战役中，巴布尔的儿子胡马雍被阿富汗人舍尔·沙打败并驱赶出印度，但他很快恢复了对王朝的统治。胡马雍的儿子阿克巴因父亲突然死亡而继任，这是一位有才能、远见和智慧的国君，可以称得上莫卧儿帝国的真正缔造者。他热爱艺术和科学，其都城法特普尔·西格里（胜利之城）足以证明他对艺术和建筑的热爱。

阿克巴去世后，莫卧儿王朝先后由贾汉吉尔和沙·贾汉统治。他们成功推行阿克巴的治国策略。阿克巴之孙，贾汉吉尔之子沙·贾汉，因建造世界奇迹泰姬陵而闻名。奥朗则布是位纯粹的反印度教教义者，也是莫卧儿王朝最重要但也最具争议的君主。他放弃了莫卧儿王朝初期尤其是阿克巴时代的宗教宽容政策，导致帝国境内矛盾突然尖锐起来，并很快演变成武装斗争。他大举拆毁诸如迦尸、阿逾陀和马图拉等地的印度教庙宇与神像，于是锡克教徒、拉其普特人和马拉塔人起来反抗，最终导致在 1707 年他死后，莫卧儿王朝开始走向衰落。

英国人是以商人的身份进入印度的，但这些商人最终让印度人民尝到了外扰内困的滋味。

1757 年，英国东印度公司与孟加拉王公西拉杰·乌德·达乌拉之间爆发了普拉西战役。从普拉西战役到 1857 年爆发的印度民族大起义是一段很长的斗争史。之后，英国政府进行重大调整，印度进入由英政府直接统治的时代。虽然英国统治者在印度社会和经济方面有所建树，但他们对新技术、思想和理念的控制催生了又一次政治革命和宗教社会改革运动。以罗姆·摩罕·罗易、奥罗宾多、达亚南德·萨拉斯瓦蒂和辨喜等为代表的知识分子掀起了印度的政治改革运动，其意义在于通过对印度教进行改革使古老的印度社会向现代文明转变。此次运动终于唤醒了印度的民族意识，并催生了印度国大党的诞生。

远在南非的圣雄甘地返回印度，随他而来的是印度的自由运动。这让英国意识到，他们不得不将权力交给已经觉醒的印度人民。但不幸的是，印度国内形势相当复杂，印度教徒和伊斯兰教徒之间的分歧也在加深。穆罕默德·阿里·真纳崛起，与甘地分庭抗礼。印度穆斯林要求分裂，并建立独立的伊斯兰教国家。1947 年 8 月 14 ~ 15 日，印度和巴基斯坦成为两个独立的国家。独立后的印度最民主、最重大的特征是世俗主义、社会主义和不结盟，印度开始发展为现代工业化国家。

第二章　朝圣之旅

在印度，如果有人说自己没有宗教信仰，那是不可思议的事情。就如伯利恒（耶稣降生地）对于基督教徒而言是神圣之地一样，麦加（穆罕默德降生地）对伊斯兰教徒，蓝毗尼（佛陀降生地）对佛教徒，阿逾陀（罗摩降生地）对印度教徒亦是如此。印度是一个宗教信仰浓厚的国度，宗教创立者生前死后都被认为有超自然的力量，他们降生的地方理所当然地成了信众们向往的神圣之地，对精神救赎、道德完善的追求使朝圣习俗盛行。因此，朝圣之旅是印度旅游文化之魂。

第一节　宗教——印度旅游之缘起

旅游作为一种人类有意识的活动，究竟产生于何时？有学者认为："人类自诞生以来，就总是不满足于周围环境对自身的束缚，并总是力图拓宽自身的视野，扩大自身的活动范围和生存空间；同时，迫于洪水、大火、干旱、地震等各种自然灾难的威胁，原始人群因此而开始了反复的迁徙。从某种意义上说，这就开始了人类历史上最早的旅行。"① 西方新社会文化史代表人物之一的安东尼·马克扎克在其所著的《旅行社会史》中认定，直到19世纪中叶托马斯·库克创办了世界上第一家旅行社，真正意义上的人类的旅行（旅游）活

① 郑炎：《中国旅游发展史》，湖南教育出版社，2000，第1页。

动才开始。[①] 现在比较公认的看法是，人类最初的旅游活动主要是以商旅的形式表现出来的。因为从历史唯物主义认识论的角度看，无论是古代旅行还是现代旅游，都需要一定的物质基础，即剩余产品的出现。当然这是从马克思的“生产力理论”和恩格斯的“三次社会大分工理论”出发来理解旅游的诞生。其诞生过程是：原始社会末期，生产力发展到一定的程度，社会上必然出现三次大的社会分工，而所谓第三次社会大分工，即商业从农、牧、手工业中分离出来，此时真正意义上的商旅活动开始了。

这种基于马克思的“生产力理论”和恩格斯的“三次社会大分工理论”的旅游起源理论一直是解释旅游起源问题的主流理论，且成为许多旅游科学教科书对旅游起源问题的标准解释。这种论断本身无可厚非，却淡化了对人类精神世界的探索，特别是在印度这样一个宗教思想相当浓厚的国度。剩余产品的出现不仅催生了商旅，也促成了城市的诞生。“城市”一词，就构词而言：“城”如“城者，所以自守也”,[②] 意指具有防御功能的城墙；“市”如“日中为市，致天下之民，聚天下之货，交易而退，各得其所”,[③] 意指用于商品交易的集市。据此，学者们普遍认为，有城墙，有集市，方为城市。城市的防御和交易功能得到了极大的重视。有市就需有商，从某种意义上说，商旅与城市是同源共生的。刘易斯·芒福德在其《城市发展史》中的精彩论述为理解旅行或旅游的诞生提供了极大的帮助。他从文化的角度对城市的诞生做了全新的解读，提出了一个关于城市的双重隐喻，即“磁体—容器”隐喻。在有关城市形成过程的论述中，芒福德强调的是城市的精神本质（磁体），认为城市胚胎是一些礼仪性的聚会地点（墓地、洞穴），古人类定期返回这些地点进行一些神圣活动，这些地点首先具备了磁体功能。

① 转引自任唤麟、何小芊《旅游概念界定与中国古代旅游发展论略》，《旅游论坛》2011 年第 4 期。

② 李小龙译注《墨子》，中华书局，2007，第 32 页。

③ 陈戍国撰《周易校注》，岳麓书社，2004，第 173 页。

"城市又不仅仅是一个容器：在它还没有任何东西可容纳之前，它须首先吸引人群和各种组织，否则它就毫无生命可言。对于城市生活的这个特点，埃比尼泽·霍华德……很恰当地使用了磁力一词……从磁力我们又知道有'磁场'的存在，以及一段距离内作用力的可能性，表现为'社会力的磁力线'，它能把不同性质的粒子吸引到中心来。"① 这种磁体功能"极大地增加了心理冲击和刺激的机会"，② 常常让城市，特别是那些宫殿、庙宇以及雕塑等文化建筑成为彼岸的象征，散发出强大的力量，成为人们旅行的动因。

一　印度商旅与宗教的关系

古印度是世界文明的摇篮之一、南亚次大陆的中心区域，包括现今的巴基斯坦、孟加拉国等国。在雅利安人进入印度之前，当地土著居民是达罗毗荼人，其皮肤较黑，身材相对矮小。有学者认为，达罗毗荼人原属于地中海血统，与古代克里特人有联系。据推测，他们在向东迁移的过程中，一支在美索不达米亚定居，被称为苏米尔人；另一支从波斯南和乌克兰沿岸向东，一直到达印度。他们创造了以哈拉帕和摩亨佐·达罗为代表的高度发达的印度河文明。

印度河文明的特征是城市文明。在雅利安人进入印度以前，印度河流域的古代居民，虽然种族与语言不同，但他们已越过了游牧阶段而定居在许多城市之中。1922 年，英国考古学家约翰·马歇尔爵士发现了印度河文明。从挖掘出的遗址看，其中最著名的是印度河下游西岸卡拉奇以北 418 千米处的摩亨佐·达罗和拉合尔西南 185 千米处的哈拉帕两个城市，史学家将其文明称为哈拉帕文明。该城市文明以印度河为中心，坐落在印度河盆地，也被称为印度河文明。哈拉帕和摩亨佐·达罗

① 刘易斯·芒福德：《城市发展史——起源、演变和前景》，宋俊岭、倪文彦译，中国建筑工业出版社，2005，第 88 页。

② 刘易斯·芒福德：《城市发展史——起源、演变和前景》，宋俊岭、倪文彦译，中国建筑工业出版社，2005，第 103 页。

这两座城市是印度河文明的典型城市，面积和布局都很相似，皆由位于高岗的卫城（统治者居住区）和较低的下城（居民区）两部分组成。城市设计科学，占地大约各有260公顷，居民大约各有35000人。

从发掘材料看，该文明已经进入青铜时代，居民主营农业和畜牧业，能进行金属加工、制陶和纺织。铜器和青铜器已被大量采用，居民对金属加工相当娴熟，能够打造精美的金属器具，不仅有金银、珠宝等装饰品，匕首、矛头、箭镞等武器，而且还有生产和生活用具，如斧、镰、锯凿、刀、针、锥、鱼钩等。人类社会进入青铜时代后，金属器具的使用大大促进了社会生产力的发展。随着金属工具的出现与使用，农业和畜牧业有了较快的发展，手工业也逐渐发展起来。“如此多样的活动，已经不能由同一个人来进行了”,① 于是社会分工出现了。

生产力的发展导致社会分工，社会分工让“一个不从事生产而只从事产品交换的阶级——商人”② 出现在了历史舞台上。在城市遗址中发现有石秤锤、车辆、船只以及许多次大陆以外的产品，具有印度河文明特点的图章也被发现于西亚两河流域和美索不达米亚，这说明印度河流域城市文明中不仅有本地区商业往来，而且其与西亚也有商贸联系。从梵文中许多与达罗毗荼语词根有关的航海词汇看，达罗毗荼人善于冒险和航海，这就让他们容易和海外保持紧密联系，进一步证明他们当时已经能够进行贸易活动。雅利安人的圣书《梨俱吠陀》记载，雅利安人强调自己是“品质高贵的”优秀民族，而居住在城中的商人是贪婪吝啬者。在《梨俱吠陀》颂歌中，多处把印度河谷黑皮肤的土著波尼（Pani）商人说成是致富而不行祭祀的吝啬鬼与恶魔。可见，此时商人和贸易活动已经出现，只不过不是普遍现象而已。

如果说印度河给了印度一个名字，那么恒河给了印度人宗教信仰。

---

① 中共中央马克思恩格斯列宁斯大林著作编译局编《马克思恩格斯选集》（第四卷），人民出版社，1972，第159页。

② 中共中央马克思恩格斯列宁斯大林著作编译局编《马克思恩格斯选集》（第四卷），人民出版社，1972，第162页。

恒河平原曾是古代印度历史上重大事件的主要舞台，也是世界上最早的人类文化发祥地之一。

公元前 14 世纪，属于印欧语系的游牧民族雅利安人进入印度，开始在印度河上游活动，以后逐渐深入印度内地。雅利安人高个子，白皮肤，蓝眼睛，主要从事畜牧业，崇拜自然神。据推测，公元前 2000 年以后，雅利安人从黑海与里海之间的地区向南迁移，一部分进入欧洲，成为希腊人的祖先，另一部分则经小亚细亚到达伊朗，其中一部分经伊朗向南进入印度。在后来近千年的时间里，雅利安人的势力由印度河流域向恒河流域发展。印度的古典文明是从早期吠陀文明发展而来的，而吠陀文明则是雅利安人创造的。因此，该文明也可以被称作恒河文明。

吠陀文明以吠陀教为代表，由古印度西北部的雅利安游牧部族的信仰演化而来。吠陀教的名称源自雅利安人的圣典吠陀，吠陀教信仰多神，崇拜自然力、祖先和英雄人物等。从吠陀的记载看，大约公元前 1500 年，一些雅利安人部族经由斯瓦特河谷、喀布尔河谷、库兰河谷和戈玛尔河谷迁入印度。经过与当地居民长期的争战、竞争，雅利安人终于占据上风，把达罗毗荼人驱为奴隶，称他们为“达萨”，由此出现印度最初的种姓区别。

种姓（瓦尔纳）最初的意思是“色”，主要指皮肤的颜色。至少在那时，肤色应该是种姓区分的一种外在标志：雅利安人皮肤白皙，自视为高等种姓；被征服的达罗毗荼人肤色黝黑，被视作卑贱种姓。只是到后来，瓦尔纳逐渐失去了“色”的含义，成了社会等级的代称。后来，雅利安人内部也出现了以职业分工为标志的种姓分化，分别是：婆罗门——执掌宗教事务的僧侣贵族；刹帝利——执掌行政事务与军事权力的世俗贵族；吠舍——从事各种生产活动的平民和工商业者；首陀罗——被征服的达萨。除了四大种姓之外，还有一个被开除种姓之外的群体——贱民。就这样，宗教意义上出身来源高、精神上优异和职业上高贵的种姓让种姓制度在印度得以确立，成为印度的基本社会制度。

这种严格的等级制度一直到列国时代佛教诞生之后，才受到了一定的冲击。由于严格的种姓等级制度盛行，因而只有第三等级吠舍中的少数人从事商旅活动。

公元前 6 ~ 前 5 世纪，雅利安人在恒河下游建立了许多以城市为中心的国家，恒河流域已成为列国争霸的政治舞台。这一时期，北印度，特别是恒河中下游地区出现了一批大城市。据佛教文献记载，当时有八大著名城市：摩揭陀的王舍城、拔祇的吠舍离城、居萨罗的舍卫城和阿逾陀城、迦尸的波罗奈城、鸯伽的瞻波城、拔沙的赏弥城和犍陀罗的呾叉始罗城。这些城市既是商业贸易的中心，也是各种手工作坊的集中地。随着一系列城市国家的产生、铁器的普遍应用，剩余农产品的增加和商品货币流通范围的扩大，手工业分工也日趋精细，市场于是获得了更多的产品，所有这些又为商人时代的到来奠定了必要的物质基础。城市之间有商路连接。陆路运货用马车或牛车运载，商人往往结成商队，雇保镖护送。主要商品有织物、油、谷物、香料、金银珠宝等。水路则用船运，恒河是重要的水道。商人已知合伙经营，少则几人合伙，多则有 100 人乃至 500 人合伙。在佛教文献中可以经常看到对航海贸易的风险记载。当时航海贸易从外国输入的主要产品有金银、宝石、珊瑚和金刚石等。印度输往海外的主要商品有织物、香料、药草和金银宝石加工品等。随着商业贸易的发展，金属货币也发展起来。当时的货币有金的、银的和铜的，三种金属货币各有其单位名称。随着货币经济的发展，金钱的借贷如高利贷也随之而来。借贷者常常用戒指或人身抵押，如无力偿还则不可避免地要卖身为奴。“与此同时，从吠舍中间分化出来的奴隶主，也恃其财富挤进了统治阶级的行列。放债谋利已经成了富有吠舍的合法职业。”① 成书于公元前 400 年左右的《政事论》中鄙视商人的婆罗门正统观念也随之有所变化，商业已不再被认为是“恶魔的事业”。公元前 5 世纪完成的印度史诗《罗摩衍那》中，商人已占有相当重要的地位，城市成为商贸中心。与商贸有关的一些术语，如赎

---

① 转引自刘家和主编《世界上古史》，吉林文史出版社，1987，第 187 页。

卖、价格、商品、利润等，都已在史诗中出现。

吠陀时代以后，随着城市经济的进一步发展，商人队伍不断扩大，其社会地位也日益提高，商人阶级最终形成。在取材于《故事广集》的《故事海》中，吠舍商人已不再是恶魔，而是乐善好施的救主，如婆罗门阿叟迦达陀在苦难之际被迦尸商人带到家中接受教育，最终成为无人能敌的勇士；是天性善良的夫君，如吠舍商人菩萨为了救活妻子，竟然让妻子以自己的血肉为饮食；是备受赞誉的富豪，如提婆达萨；是忠于爱情的天使，如提婆希罗就是一位品德如宝石一样珍贵的吠舍女子。① 玄奘法师在《大唐西域记》卷 2 里明确指出："三曰吠奢（舍），商贾也，贸迁有无，逐利远近。"② 可见商贸活动的活跃程度。

印度的商贸活动与宗教有紧密的联系。古代印度早期佛教，是在城市中成长起来的，僧侣和商人同住在城中，两者之间有密不可分的联系。据《本生经》记载，几乎每一个商队都有僧人伴行，他们在旅途中为商队祈福并讲解经文。因此，这一时期的商务旅行与宗教旅行是无法被分开的，即使是商务旅行，也带有宗教旅行的性质。商旅也是传经布道之旅，商人不仅经商，而且也获得了精神上的解脱，更为重要的是起到了传教作用。

实际上，很多印度商人属于低种姓人，比如善于经商的波尼人。雅利安人侵入印度次大陆后，以征服者的身份将自己同土著区别开来，称皮肤白皙的雅利安人为"雅利雅瓦尔纳"，称黑皮肤的土著为"达萨瓦尔纳"，这是最初的区别。后来这些"达萨瓦尔纳"沦为低种姓人和贱民，种姓制度得以建立。达萨人、那迦人以及达罗毗荼人等都属于印度土著，是同一种人，都被称作"达萨瓦尔纳"。"那迦是一个种族，达萨是那迦的梵化，那迦人说泰米尔语，而达罗毗荼又是泰米尔的梵化。

① 毛世昌、袁永平主编《印度古典文学词典》，兰州大学出版社，2016，第 46 ~ 47、101 ~ 102、154 ~ 155、161 ~ 162 页。

② （唐）玄奘、辩机：《大唐西域记校注》，季羡林等校注，中华书局，1985，第 197 页。

因此，那迦或达萨是种族名，而达罗毗荼是语言名，达萨人、那迦人和达罗毗荼人是同一种人。”① 在印度贱民领袖、宪法之父与佛教改革家安培德卡尔看来，这些备受歧视的低种姓人和贱民就是佛教徒，“印度只有两种人——雅利安人和那迦人，他们各自构成了婆罗门教徒和佛教徒，印度的历史是佛教和婆罗门教的斗争史，也就是说印度的历史就是雅利安人与那迦人的斗争史，而真正给印度带来世界性声誉的恰巧是那迦人，印度贱民源于‘破碎之人’，而这些‘破碎之人’就是佛教徒，也就是说，贱民和那迦人都是佛教徒，贱民其实就是那迦人”。② 虽然安培德卡尔的观点是基于社会与宗教改革之上的，但起码也能说明，印度的低种姓人和贱民不仅是勤于劳作的工商业者，而且原本就与佛教有紧密的联系。

这种商僧之间的关系表现在方方面面上。经济上，僧人依靠商人的施舍。同世界上其他宗教的教徒一样，佛教徒也不从事生产劳动，他们只有依靠信徒才能维持生活并传经布道。佛教倡导“众生平等”，广收商人为信徒，与此同时取得经济上的支持。佛僧随同商队传教，商僧双方可以说是双赢的。佛僧得到了衣食之助，《根本说一切有部毗奈耶》卷21载：“北方五百商人听说有佛出世，来到室罗伐城，请给孤独长者带去见佛。觐见后，看比丘的住处，看到床褥上尼师但那中间穿破，便将五百妙叠奉施众僧。”③ 而商人在聆听佛经时不仅得到了心灵上的慰藉，而且能在佛门庇护下得到生意上的好处。《根本说一切有部毗奈耶》卷3载：“商主布施比丘一白叠。同行过税关，商主财货都已输税。他想到比丘白叠还没有输，便从比丘袋中取出白叠，放在自己已纳

① 毛世昌、袁永平、高杰：《印度贱民领袖、宪法之父与佛教改革家——安培德卡尔》，中国社会科学出版社，2013，第80页。

② 毛世昌、袁永平、高杰：《印度贱民领袖、宪法之父与佛教改革家——安培德卡尔》，中国社会科学出版社，2013，第80页。

③ 转引自许鸿棣《论古代印度商人的起源及其与佛教的关系》，《陕西师大学报》（哲学社会科学版）1995年第1期。

过税的货物中，蒙混过关。”① 政治上，商人力求打破婆罗门至高无上的种姓特权，提高自身的社会地位，而佛陀的“众生平等”恰好是对婆罗门种姓“出自梵天”的猛烈一击，从根本上撼动了种姓制度。这就是安培德卡尔所说的，印度的历史是佛教与婆罗门教的斗争史。佛教的口号迎合了商人的愿望，这让他们在政治上结成了天然的同盟。《根本说一切有部毗奈耶》卷3载：“比丘与比丘尼共商旅期行，有恐怖难处，同商旅共行，若无商旅，不能得去。”②

商僧结盟是这一时期的旅行方式。他们在经商传道过程中，把先进的生产技术、古老的文化思想传播到南亚次大陆及其以外的广大地区，使印度古代文明放射出夺目的光彩。

二　宗教——印度旅游的动因

印度最早的文明是城市文明，按照刘易斯·芒福德的理论，城市不仅是商贸中心，更为重要的是，城市在形成过程中，首先是一个具有吸引力的聚会地点，如礼仪性的聚会地点（墓地、洞穴），有巨大的磁性，古人类定期返回这些地点进行一些神圣活动。城市文化的一个基本成分可以被称为“审美幻象”，是彼岸、天堂、美好明天的象征。现实的财富诱惑与虚拟的心理吸引，让城市的磁性力量远远胜于自然界的任何一块磁石。而那些印着上古圣人足迹的地方，特别是其诞生与涅槃之地，与其有关的宫殿、庙宇以及雕塑等文化建筑散发出更为强大的磁力。也就是说，宗教旅行活动与城市的出现是同步的。

如前所述，印度河文明是典型的城市文明，从遗址的发掘看，虽然没有出土庙宇，也没有可称之为特别用于宗教目的的建筑物，但有精心设计的用大柱子支撑的大厅，其可能是宫殿或聚会场所。还有许多方形

① 转引自许鸿棣《论古代印度商人的起源及其与佛教的关系》，《陕西师大学报》（哲学社会科学版）1995年第1期。

② 转引自许鸿棣《论古代印度商人的起源及其与佛教的关系》，《陕西师大学报》（哲学社会科学版）1995年第1期。

和椭圆形的象牙和皂石印章，有些印章雕刻精美，磨得相当光滑，上面刻有鸟兽、人和神像；有些印章上面有象征符号，如十字符号。图像和符号表明，这些印章很有可能用于宗教崇拜礼仪之中。其中有一个印章上刻着一个母亲女神像，她站在毕钵罗树下，等待敬拜者给她牵来牺牲品山羊。这也可以证明，此时朝觐活动已经出现。

恩格斯指出："历史上的伟大转折有宗教相伴随。"① 雅利安人在进入印度的同时带来了吠陀教。吠陀教信仰多神，凡日月星辰、雷电风雨、山河草木都可被幻化为神，宗教敬拜随处可见。吠陀时期，恒河平原到处上演着形式多样的祭祀活动，在《耶柔吠陀》里，祭祀变得极其重要，婆罗门祭司经常主持一些盛大而复杂的典礼仪式，其影响甚远。祭祀形式有新月祭、满月祭、王祭、马祭和苏摩祭等。

印度教的圣典《吠陀经》中就有很多的仙人，仙人指的是在森林里修炼多年、对《吠陀经》和其他圣典有至高造诣、道行最高的苦行者。这些仙人走遍整个印度大地，经常参与各种大型祭祀活动，特别是城市中的刹帝利宫廷活动。仙人们不仅可以和神仙来往，更重要的是，在漫游过程中经常与仙女有风流韵事。据传说，投山仙人就是道德神密陀罗和海浪神伐楼那在海边漫游时，和美丽的广延天女的结晶。② 此外，这些仙人也有朝圣与聚会，据说《鹧鸪本集》的诞生就和仙人们的聚会有关。《吠陀经》中的仙人们曾经做出了一项巨大决议：凡是不去大美庐山参加婆罗门大会者都要被判为"杀婆罗门罪"。《鹧鸪本集》就是该次大美庐山集会的结果。③ 可见，在吠陀时代，宗教旅行就已出现。

列国时代，宗教旅行更加普遍。《罗摩衍那》和《摩诃婆罗多》中，那些英雄人物几乎都有过一段漫游生活。晚年的般度五子离开王

① 中共中央马克思恩格斯列宁斯大林著作编译局编《马克思恩格斯选集》（第四卷），人民出版社，1972，第 231 页。

② 毛世昌、袁永平主编《印度古典文学词典》，兰州大学出版社，2016，第 5 页。

③ 毛世昌、袁永平主编《印度古典文学词典》，兰州大学出版社，2016，第 237 页。

宫，开始云游，而他们出行的目的是前往喜马拉雅山朝圣。《摩奴法典》规定的人生四行期中，除了梵志期外，其他三期都是旅居在外。特别是遁世期，人们放弃世俗的束缚，穿着缠腰布，手拿化缘钵，意念清净地漫游，不为无所获而悲伤，亦不为有所获而欢喜。①

雅利安文明也被称作恒河文明，恒河是印度最有名的圣水河。相传，毗湿奴化身为侏儒丈量三界时，左脚趾太长，把宇宙捅了一个窟窿，沿着侏儒的脚趾流出的一条河便是恒河。恒河起初为天堂之水，国王跋吉罗陀为了洗刷先辈的罪孽，请求恒河女神下凡。但女神之水来势汹汹，湿婆神就站在喜马拉雅山前，用额头承受河水的巨大冲力，让河水在他缠结的头发中飘荡了数年，然后沿着他的头发缓缓地流到地上。这样既可以洗刷掉国王先辈的罪孽，又能造福人类。因此，恒河本身就具有神性，在恒河沐浴一次就能获得一百次献祭的功果。恒河成了“赎罪之源”，恒河的圣水能洗脱人一生的罪孽与病痛，使灵魂纯洁升天。在恒河沿岸诞生了一座又一座的印度教圣城，其中最著名的是瓦拉纳西、阿拉哈巴德、赫尔德瓦尔。瓦拉纳西旧称“贝拿勒斯”，历史上曾称之为“迦尸”，意为“神光照耀”的地方，是恒河沿岸最大的历史名城、印度教圣地，一直是印度教朝圣者聚集的地方。

印度被誉为“宗教博物馆”，世界上的宗教都可在印度找到。就印度本土宗教而言，主要有印度教、佛教、耆那教和锡克教，后三种本土宗教都是在印度教的基础上发展起来的。公元前 6 世纪，随着佛教的兴盛，印度的宗教旅行更加活跃。迦毗罗卫国王子乔达摩·悉达多（释迦牟尼）既是佛教的创建者，又是印度古代社会著名的旅行家。他 29 岁时抛弃了舒适的王子生活外出游历求道，在忙碌的传教布道旅程中走完了一生。羯陵伽战役之后，孔雀王朝阿育王在华氏城组织了佛教的第三次结集。相传阿育王从全国搜选精通佛教戒律的上座部高僧一千人聚集华氏城，历时九个月，编成一部《论事》。结集吸引了大量佛教徒前

① 毛世昌、袁永平主编《印度古典文学词典》，兰州大学出版社，2016，第 49 页。

来参加，在佛门产生了深远影响。之后，他选出大德高僧，分九批派往四方传教，印度佛教徒的宗教旅行活动逐渐越出国界，走向世界各地。

旅行或旅游的动机多种多样，但在古印度，主要是宗教。

第二节　宗教和宗教圣地

人们有时会错误地认为，去印度旅游的游客仅仅是为了观光，但事实未必如此。很多游客前往印度的目的是朝圣。印度是各种宗教的故乡，宗教信徒散布世界各地。在东南亚，如泰国、缅甸、柬埔寨，以及日本和斯里兰卡有大量的佛教信徒；在印度尼西亚、斐济岛、肯尼亚、乌干达、西印度群岛、英国和一些其他国家，婆罗门教和印度教信徒的数量相当庞大；锡克教在英国、非洲国家和日本等地有一定数量的信徒；伊斯兰教信徒散布于印度尼西亚至非洲各地。这些信徒来印度的旅游可以说是朝圣之旅。

朝圣之旅并非印度教特有的现象，伊斯兰教、基督教、佛教、耆那教、锡克教和其他宗教都有类似现象。在印度宗教敬拜历史久远，佛教、耆那教、伊斯兰教、基督教、拜火教、毗湿奴教和湿婆教等有各自的敬拜圣地，这些敬拜圣地西至印度河谷，东至布拉马普特拉河谷，北至克什米尔，南至科摩林角地区。这些地方并非由人们自由选择，而是本身不同于其他地方，有自身的神秘性。朝拜圣地就是亲历超自然的力量，在人、自然和信仰之间建立起某种沟通，以实现自然与心灵世界的统一，凭借圣地力量重建价值体系。

一　佛教和佛教圣地

1. 佛教

在世界三大宗教中，只有佛教源于印度。佛教创立者乔达摩·悉达多是古印度迦毗罗卫国净饭王（Suddhodana）和王后摩耶夫人（Maya

Devi）之子，童名悉达多。他生活的时间是公元前 567 ~ 前 487 年，娶妻耶输陀罗（Yasodhara），生子罗怙罗（Rahula）。乔达摩·悉达多本可以过着奢侈的生活，但在年轻时，他目睹了一位生病老人承受痛苦的场景，看到了一具四人抬着的死尸，转而开始苦行生活，去寻求结束苦难的方法。他走遍全国，以苦行赎罪，但还是没有获得精神救赎。于是他来到比哈尔的菩提伽耶，静坐于一棵菩提树下开始冥想，最终悟出了一套让人摆脱痛苦的方法，因此他也被称为顿悟者或佛陀。自此，他漫游各地，向人们讲述苦难的起因和结束苦难的方法。

佛陀传播的教义有：八正道，即正见、正思、正语、正业、正命、正勤、正念和正定；四圣谛，即苦、集、灭、道四条人生真理。苦谛，即世间满是不幸和苦难；集谛，即不幸和苦难源于人的欲念；灭谛，即消除欲念便能结束苦难；道谛，即消除欲念的方法是八正道。在佛陀看来，人的出生是一切苦难的根源，因为人在出生前就有欲念。佛陀提出了转生与业力理论，认为人可以消除欲念并摆脱生死轮回。人一旦达到无欲无求之境，便能获得涅槃。当然，人在涅槃之前可能要经历多次转生，佛陀本人就转生了成百上千次。《佛本生经》收录了约 500 个故事，讲述的就是佛陀转生的过程。

佛陀涅槃之后，阿难陀将佛陀的教义编纂成册。《法句经》（*Dhammapada*）和《三藏经》（*Tripitaka*）是早期佛教，也就是众所周知的小乘佛教（Hinayana）的主要经典。公元前 3 世纪，孔雀王朝阿育王皈依佛教并大力宣扬佛教教义，让佛教传播至斯里兰卡等邻近国家。2 世纪，贵霜王朝国王迦腻色加一世也信奉佛教，只是他宣扬的佛教和阿育王的有所不同，自此佛教传播到了中亚、南亚和东南亚地区。1 世纪时，著名佛教大师如马鸣（Asvaghosa）和龙树（Nagarjuna）等，已经创建了新的佛教——大乘佛教（Mahayana），佛陀也变成了人们敬拜的神。此时，佛教教义中出现了菩萨概念，菩萨就是甘愿为普度他人而牺牲自己不奢望涅槃的人。在早期的小乘佛教中，佛陀、菩提树和佛法等仅仅是与佛陀相关的象征物，但是到了公元 1 世纪的大乘佛教，佛陀成了人们敬拜的至上神，被安置在各大庙宇中。在印度所有宗教中，佛教传播范围相对更广。在东南亚，佛教有巨大的影响。

小乘佛教与大乘佛教教义理念的不同典型地反映在了佛教建筑、绘画以及雕塑等艺术之中。小乘佛教时期的佛教建筑（窣堵波或石窟）中没有佛像，佛只是以象征符号的形式存在。壁画也以展现佛本生故事为主，向世人讲述获得涅槃的苦难历程。到了大乘佛教时期，佛教建筑中出现了佛像、雕像以及画像，佛已不仅仅是为获得解脱而苦苦修行，经历多次轮回之苦的人，还是可以普度众生、全知全能的神。

佛陀死后不久，佛教就出现了僧侣团体——僧伽。僧侣们开始放弃世俗生活并发誓，不仅要通过苦行获得涅槃，而且要通过传播佛法解救受苦受难的世人。因此，僧伽担负起了宗教、教育、文化和社会服务的责任，吸引了很多理想主义者，得到了很多国王、王公和商人的同情与尊重。

佛陀涅槃百年后，爆发了一场教义上的争论，结果佛教分为上座部与大众部两个根本派别。之后的又一个百年，两大教派就教义问题一再争论，最终形成了18部派或20部派。到了公元前后，佛教中分化出了具有菩萨信仰的一部分，他们自称为大乘。也是这个时候，大乘佛教开始传入中国，开启了中印佛教文化的交流。河南洛阳的白马寺相传是中国最早的佛寺。之后，中印之间以佛教为媒介的文化交流广泛开展。许多参与交流的人物和故事被传为历史佳话，家喻户晓。东晋僧人法显于399年赴天竺求法，历时14年，游历29国，带回大量佛经，并著有《佛国记》。南北朝时期，天竺僧人菩提达摩来中国创立禅宗佛教，后在河南嵩山少林寺传法，成为少林寺功法的开山之祖。唐代高僧玄奘是中印佛教文化交流史上的集大成者，他自幼喜好佛法，10岁左右剃度为僧。629年（唐太宗贞观三年），玄奘法师离开长安，经河西走廊，借道新疆及中亚地区南下，直抵天竺王舍城，入那烂陀寺学法。他的足迹遍布整个印度大地。642年，戒日王在曲女城召开佛法会，玄奘力排众议，立大乘教义，而他本人最终成为大家一致推崇的“大乘天”。645 年，玄奘返回长安，历时 17 年，行程 5 万里。今天，在印度国家博物馆和那烂陀寺佛学院里，依然保存着玄奘用过的物品，展示着他西行求法的事迹。

2. 主要佛教圣地

纵观佛陀的一生，主要经历了四个大的阶段：蓝毗尼诞生，菩提伽耶成佛，鹿野苑第一次说法，拘尸那迦涅槃。而这四个地方自然成为主要的佛教圣地。

菩提伽耶

菩提伽耶（Bodh - Gaya）位于比哈尔邦，坐落在恒河支流尼连禅河边，为佛祖顿悟成佛之地。据说，释迦牟尼苦行 6 年，经历了各种苦难，方知苦行无益，便拖着疲惫的身躯来到河边，喝了牧羊女苏嘉达的蜜粥后，精神抖擞，跳进尼连禅河，洗去一身的污秽，坐到菩提树下，进入冥想境界，终于悟出佛教真理，顿悟成佛。“如来勤求六岁，未成正觉，后舍苦行，示受乳糜，行自东北，游目此山，有怀幽寂，欲登正觉。”①

菩提伽耶被认为是最重要的佛教圣地。今天，还可以看到这棵巨大的菩提树。菩提树乃毕钵罗树（Pippala），只因佛陀在此树下顿悟成佛，才被称为菩提树，意即觉树。“金刚座上菩提树者，即毕钵罗之树也。昔佛在世，高数百尺，屡经残伐，犹高四五丈。佛坐其下成等正觉，因而谓之菩提树焉。”此树也是枝繁叶茂，生命力极强，“茎干黄白，枝叶青翠，冬夏不凋，光鲜无变”。② 人们现在看到的这棵菩提树，不是释迦牟尼当年在下面打坐的树，而是从斯里兰卡移栽过来的。原树早已死亡。据说，公元前 3 世纪时，阿育王派自己的女儿去斯里兰卡弘

---

① （唐）玄奘、辩机：《大唐西域记校注》，季羡林等校注，中华书局，1985，第 665 页。

② （唐）玄奘、辩机：《大唐西域记校注》，季羡林等校注，中华书局，1985，第 670 页。

扬佛法，从原来的菩提树上带走了一根树枝，移栽到了斯里兰卡。19世纪末，佛教在印度有所复苏，人们又从阿育王的女儿带到斯里兰卡的菩提树上折下树枝，移栽到原来佛陀打坐成佛的地方，其后长成现在这个样子。

大菩提树下安置有红砂石板金刚座，相传为阿育王所安置，以示佛陀于此成道。金刚座长约2.3米，宽约1.47米，高约0.9米，其上安置佛陀石像。据说，地球的中心点就位于此处，因为没有任何其他地方能够承载佛陀的证悟。此座极为坚固，为一切菩萨成佛之处。“昔贤劫初成，与大地俱起，据三千大千世界中，下极金轮，上侵地际，金刚所成，周百余步，贤劫千佛坐之而入金刚定，故曰金刚座焉。”① 菩提树的南侧供奉着两座佛陀足印石雕，石雕由直径约60厘米的圆形黑石雕刻而成。

相传阿育王信奉佛法后，为保护菩提树，令人筑石栏环绕于四周。现遗留的石栏杆从形态和材质上分为两种类型：一种由砂岩制成，另一种由粗糙未经打磨的花岗岩建造。石栏楯的构造结构有间柱、横栏柱和圆形板，是早期印度艺术史上的重要标志。整个栏楯以西南面保存得最好，东北面则损坏很多。栏楯柱上刻有各种不同的纹饰和传说中的瑞兽，纵梁柱部分雕刻着佛陀一生的事迹。当时并没有佛像的制作，就以象征手法，以象表示诞生，法轮代表说法，佛塔表示涅槃。

佛教徒为了纪念佛陀的功德，围着大菩提树修建了著名的大菩提寺（摩诃菩提寺）。大菩提寺在信徒心中占有十分神圣的地位，被认为是笈多王朝后期以来印度现存最早的全部为砖石结构的佛教寺庙之一，但该寺究竟建于哪个时期，尚有争议。有学者认为，寺内立有佛像，当是大乘佛教兴起后所建。佛像“铸以金银，凡厥庄严，厕以珍宝”。② 金

① （唐）玄奘、辩机：《大唐西域记校注》，季羡林等校注，中华书局，1985，第668页。

② （唐）玄奘、辩机：《大唐西域记校注》，季羡林等校注，中华书局，1985，第693页。

身金光闪闪，表情肃穆庄严。目前较为普遍的看法是，该寺建于中国高僧法显和玄奘游历印度之间的 4 ~ 7 世纪，因为，4 世纪初走访过菩提伽耶的法显在游记中并未提及此寺，而637 年来此朝圣的玄奘法师却对该寺予以记载。寺庙最初为僧伽罗国王所建，“庭宇六院，观阁三层，周堵垣墙高三四丈，极工人之妙，穷丹青之饰”,① 极为壮观。

大菩提寺正面入口是一排台阶和长长的参道，参道两旁林立着各式各样的佛塔，塔上雕刻有精致的小佛像和图案。佛寺主体是一座下方上尖的佛塔，质地为硬质砂岩。塔高约 50 米，形如金字塔，底层为边长各 15 米的正方形，从中部开始，层层上缩，顶部为圆锥状，似层层循上渐小的伞盖，上立一铜制螺旋形圆顶。塔身第一层四角有四个与主塔形制相仿，但规模较小的金字形塔及圆顶。塔上供奉有形态各异的佛像，佛寺内供奉佛陀金身佛像一尊，法相庄严，光彩照人。

寺东大门前有一石牌坊，大门两旁则为佛龛。寺的其余三面有 60 余根高 2 米的石制围栏柱，大多为复制品，真品已移至各博物馆陈列。

大菩提寺外不远处，有自 20 世纪初以来，中国、日本、缅甸、斯里兰卡、泰国、不丹、尼泊尔、孟加拉国、越南等国修建的二十多座佛庙。徜徉于佛庙群中，很容易感受到，佛法虽然源于印度，但传播于各国期间糅进了各国的特色，不仅佛庙建筑格式不同，就是佛像也不尽相同。印度的佛像显得鼻子稍大，面部显长，有威严之气；中国、日本的佛像则是鼻子显小，脸盘圆润，温和了许多；泰国则是四面佛。其中，中国的佛庙是典型的汉式建筑，叫“中华大觉寺”，虽然规模不大，但弥漫着十足的“中国味”。

在佛寺的南面大约 1600 米处，有一个牟真林陀湖，“其水清黑其味甘美”。② 佛陀初成正觉，于此湖中静坐七日入定。传说佛陀在此湖中

① （唐）玄奘、辩机：《大唐西域记校注》，季羡林等校注，中华书局，1985，第 693 页。

② （唐）玄奘、辩机：《大唐西域记校注》，季羡林等校注，中华书局，1985，第 685 页。

打坐冥想时，忽降暴雨，湖中蛇王牟真林陀献身保护。此外，菩提伽耶的尼连禅河、留影窟等景点都散发着神话气息，吸引着无数游客。

这座举世闻名的佛寺却在印度教徒和佛教徒之间存在管理权之争。从印度教徒和佛教徒双方公开的资料看，印度教徒的理由是：佛陀是印度教大神毗湿奴的化身之一，寺内主殿中的主尊佛像旁有黑色湿婆林迦像，一间偏殿内有史诗《摩诃婆罗多》中般度五子像。但佛教徒的理由是：黑色湿婆林迦像是印度教徒毁坏原有佛像后重新竖起的，而般度五子像只是佛陀坐禅时呈现的五种不同姿势和表情而已。不管怎么说，这种争议透露出大菩提寺经历过的世态沧桑。

菩提伽耶是了解印度佛教文化的资料库，其文化遗迹覆盖面极广，涵盖了整个小乘佛教、大乘佛教以及佛教传播时期。

鹿野苑

鹿野苑（Sarnath）位于印度北方邦圣城瓦拉纳西以北约 10 千米处，为佛陀成佛后初转法轮之地。佛陀在菩提伽耶顿悟后，向西而行来到了这里，寻找当年的五位同修者，向他们阐述生死轮回、善恶因果以及修行超脱之道。“如来尔时起菩提树，趣鹿野园，威仪寂静，神光晃曜，毫含玉彩，身真金色，安详前进，导彼五人。”① 于是，佛法传承中最重要的三宝——佛陀、佛法和僧伽在这里聚齐了。几乎所有的僧人和尼姑，都能背诵三宝，其大意是：为了寻求庇护我皈依佛陀，为了寻求庇护我皈依佛法，为了寻求庇护我皈依僧伽。

截至 20 世纪 30 年代，鹿野苑主要发掘出的遗址有：7 座寺庙、主寺、达美克佛塔、阿育王石柱及柱头、法王塔以及大量的雕塑和铭文等。主寺修复于 1931 年，规模宏大，寺内的绿树红花与残垣古塔形成鲜明的对照。

达美克佛塔（Dhamekh Stupa）建于 5 世纪笈多王朝时代，有特殊

---

① （唐）玄奘、辩机：《大唐西域记校注》，季羡林等校注，中华书局，1985，第 573 页。

的意义，它代表着“圣佛座”。“达美克”意为“看到的法”。佛塔高约34米，加上塔基高达42米。下层石筑，上层砖砌，内为实心。塔的上面是覆钵形，塔基砌筑出突出基面的8个仰莲瓣，每面皆有雕刻精美的图像，有专为雕塑而刻凿的壁龛。

公元前3世纪，孔雀王朝阿育王在鹿野苑建造了法王塔，该塔已经被毁坏，只剩下塔基让人凭吊。羯陵伽战役结束后，阿育王皈依佛教，在鹿野苑建造了精美石柱，其被称为阿育王石柱，乃万古不朽之作。四狮头石柱，造型逼真，四头雄狮足踏法轮，虎视眈眈，底部为莲花。石柱由灰色大理石雕成，打磨精细，光滑鉴人，有玉润冰凝之质感。“石含玉润，鑒照映彻。”① 其柱头上的狮首成了现在印度的国徽，在鹿野苑地方博物馆就能看到这个狮首。

鹿野苑之名源于“Saranganath”一词，意为“鹿王”。相传佛陀在成佛之前曾转生为鹿王。据说，一只怀有身孕的母鹿被一位正在打猎的国王盯上。鹿王为了请求国王放过母鹿，情愿以自己的性命相换。“有雌鹿当死，胎子未产，心不能忍，敢以身代。”国王大为感动，对鹿王说：“我人身鹿也，尔鹿身人也!”② 随后，国王便释放了母鹿，并下令保护此处的鹿群。此地遂被称为鹿野苑。

在鹿野苑，很多遗迹已是断壁残垣，但还是能感受到当时佛陀组建僧伽，弘扬佛法（达摩）的场景。那应该是一种理想的生活模式，其中佛法是最高统治者，比丘是选民。其最大的特点是和谐，“即身和同住、口和无诤、意和同悦、戒和同修、见和同解、利和同均”。③

拘尸那迦

拘尸那迦（Kusinagar），又一佛教圣地，位于北方邦，位于距戈勒

---

① （唐）玄奘、辩机：《大唐西域记校注》，季羡林等校注，中华书局，1985，第563页。

② （唐）玄奘、辩机：《大唐西域记校注》，季羡林等校注，中华书局，1985，第570页。

③ 毛世昌、袁永平、高杰：《印度贱民领袖、宪法之父与佛教改革家——安培德卡尔》，中国社会科学出版社，2013，第70页。

克布尔55千米处，为佛陀涅槃之地。

佛陀八十岁时，在毗舍离城坐雨安居，宣布将在三个月后涅槃。"如来般涅，为时不远。是后三月，如来当般涅。"① 他偕弟子，一路北行，据说，佛陀后因食用了铁匠纯陀（周那）献上的世间奇珍栴檀树耳（Sukara – maddava）而发病。佛陀强忍病痛，来到拘尸那醯连尼耶跋提河岸边，命弟子在两棵娑罗树中间铺下卧具（绳床）。在绳床上，佛陀头北脚南，右侧偃卧，开始了他的最后一次说法。"我告汝等，诸行是坏法，当以不放逸，而行精进。此是如来最后说法。"② 之后，佛陀安然入化。

夜里，须跋陀罗（Subhadra）去求佛陀开示，成了佛陀最后的弟子。在娑罗双树下涅槃后，拘尸那迦城的人们赶到沙罗林，以歌舞、音乐、曼陀罗花、香等供奉佛的遗体。佛身被火化，舍利由八王带回建塔（舍利塔）供养。"是以舍利，起有八塔。"③

拘尸那迦在当时是偏僻小城，据说佛陀涅槃时，阿难劝佛陀不要在这偏僻的小城外涅槃，而应到像瞻婆城、王舍城、舍卫城一样的大城市去，因为那里有大批的信徒，可以供养佛舍利。但佛陀告诉阿难，他之所以选择此地，是因为此地在过去是大善见王的都城，曾经地域辽阔，繁荣昌盛。《长阿含经》中，大善见王是一位英武之王，乃是佛陀的前身。因此，佛陀选择在拘尸那迦涅槃，实则是回归本生之地。

拘尸那迦的佛迹主要有三处：圣者殿、安加罗塔和涅槃寺。三处佛迹之间距离仅数百米。圣者殿是佛陀最后一次说法布道之处，此建筑矮小，殿内供奉一尊3米高的佛像，殿前是一片砖结构的遗址，似乎是佛塔地基。安加罗塔是佛陀遗体火化之处。据说，遗体火化后，得到光辉晶莹舍利"八斛四斗"，邻近八国王将之分走。涅槃寺是佛陀涅槃之

① 《长部经典》，江炼百译，沙门芝峰校证，台湾新文丰出版公司，1987，第181页。

② 《长部经典》，江炼百译，沙门芝峰校证，台湾新文丰出版公司，1987，第205页。

③ 《长部经典》，江炼百译，沙门芝峰校证，台湾新文丰出版公司，1987，第211页。

处，寺内有一座大佛殿和一座佛塔（涅槃塔），几株娑罗树挺立在殿前，殿内有一尊巨大的镀金卧佛像，身盖黄绸袈裟，面露微笑，凝神静思。

佛陀涅槃后，他的遗骸“即作三分，一分诸天，二龙众，三留人间，八国重分。天、龙、人王，莫不悲感”。[①] 留在人间的舍利被分为八份，埋在了八个不同的圣地，每个地方都建造有佛塔。除此之外，拘尸那迦还有中国佛教寺院、西藏佛教寺院和日本—斯里兰卡佛教寺院，这些寺院都是重要的朝圣之地。

毗舍离

毗舍离（Vaisali），佛陀时代著名的大城市，位于印度比哈尔邦，此国城之鼻祖名离车，当时有三城郭，开阔庄严。佛陀在 39 岁左右初次来到毗舍离，日后亦经常在此游化讲学。五百释迦女祈请出家的地方也在这里，阿难反复劝请，佛陀终于同意，才有了女众出家。这开创了印度的先例，是当时平静小村中一件不平凡的大事，也是佛教史上重要的里程碑。毗舍离也因庵罗女（Amrapali）的故事而闻名。庵罗女也是毗舍离人，是大医耆婆的母亲，是佛陀晚年重要的施主，受世尊佛陀点化成了一名尼姑。她皈依佛门后献出庵摩罗园，其成为佛陀的精舍，而她自己最终也出家证果。佛陀涅槃前几个月，从王舍城开启了最后的行脚。他渡过恒河来到毗舍离，并在这里住了许多天，留下很多珍贵的谆谆遗教与殷殷告诫。这里是佛陀最后一次正式集合僧众们公开说法的地方，之后，高龄的佛陀步履依旧坚毅地向前方迈进，只是，随顺着世间万法的必然，他已渐渐失去了昔日的脚力。

毗舍离对佛教徒有特殊的意义，这里“气序和畅，风俗淳质，好福重学，邪正杂信”。[②] 毗舍离对于佛陀一生的弘法事业是十分重要的，

---

① （唐）玄奘、辩机：《大唐西域记校注》，季羡林等校注，中华书局，1985，第552页。

② （唐）玄奘、辩机：《大唐西域记校注》，季羡林等校注，中华书局，1985，第587页。

佛陀一生讲法有五大精舍，毗舍离就有两个，分别是猕猴池和庵摩罗园（另外三个是竹林精舍、王舍城和灵鹫山）。佛陀来毗舍离的缘起是控制当地严重的瘟疫，所以毗舍离的离车人对佛陀是十分感念的。佛陀在毗舍离集结僧众，讲经说法，创建了一种理想的社会模式。“比丘僧伽是一种社会模式，这是一个利和同均、见和同解的社会，这种社会就是议会民主制社会的雏形。”① 在雨季中，佛陀患病濒死，阿难惶恐不安，担心僧伽会失去领袖。佛陀明确告诉阿难，僧伽“当以己为洲，以己为依处，不以他人为依处。当以法为洲，以法为依处，不以他人为依处而住”。② 佛陀的告诫体现出一定的民主思想。

在佛陀涅槃百年之后，毗舍离成了七百名上座部长老讨论佛教戒律的第二次结集之地。此次结集的目的是对经、律的内容进行统一。当时参加集会有东、西两方的长老们共七百人，史称为“七百结集”，由于结集地点的原因，又名“毗舍离结集”。为了纪念佛陀，人们建造了佛塔。在毗舍离挖掘出土的两座佛塔中，一座为公元前 4 世纪所建，两座佛塔均用砖块建成，内有佛陀骨灰。后来，孔雀王朝阿育王也在此处建造狮首石柱，以示纪念。

灵鹫山

灵鹫山（Vishwa Shanti），古代摩揭陀国首都王舍城遗址，即佛经以及《西游记》中常提到的“西天灵山”，位于比哈尔邦德那烂陀和菩提伽耶之间。菩提伽耶以北 46 千米处，是佛祖释迦牟尼讲经之处。据称，当年佛祖释迦牟尼在鹿野苑初转法轮之后，便率众来到灵鹫山，受到摩揭陀国国王的优待。佛祖对国王宣讲了高深佛理之后，国王大悦，便送他们一处竹林精舍居住。中国古代高僧法显、玄奘、义净先后前往这里参拜和居住过，所做详细记录，至今仍是考证佛教史的重要资料。

---

① 毛世昌主编《印度贱民领袖、宪法之父与佛教改革家——安培德卡尔》，中国社会科学出版社，2013，第 69 页。

② 《长部经典》，江炼百译，沙门芝峰校证，台湾新文丰出版公司，1987，第 178 页。

灵鹫山位于恒河平原，周围一马平川，唯有此山以及跟前的几座小山挺拔而立，十分奇特。山顶有巨石矗立，形似鹫首；山上时常集聚众多鹫鸟，因而得名灵鹫山。“接北山之阳，孤标特起，既栖鸠鸟，又类高台，空翠相映，浓淡分色。”① 不管其来历如何，此山确是佛祖释迦牟尼曾经居住近五十年，修行、讲法和集结弟子的地方。山顶有一个能容纳十多人的平台——讲经台，是昔日佛祖对众僧讲经说法的地方，现今仅留下了红砖墙基，但仍香火不断。传说，佛陀在此讲述了《楞严经》和《法华经》。目前，通往平台的崎岖山路上还建有一座石桥，桥头立有“灵山桥”碑。山坡旁，石窟很多，都是当年众僧修行的居处。

灵鹫山与中国还有一段渊源。中国杭州灵隐寺后面有一座飞来峰，相传，东晋咸和元年（326），印度高僧慧理来杭州，看到此山千洞百孔，怪石嶙峋，和故乡的灵鹫山形貌相似，就说这是从印度飞来的，飞来峰始而得名。那时，中国人就听说印度有座灵鹫山。

今天，灵鹫山山脚下有一座白色门楼，为日本佛教徒所建，其上有“常在灵鹫山，多宝山佛舍利塔”的横幅。山顶上有一座高大的圆形白塔，为日本佛教徒所修的“世界和平塔”。

舍卫城

舍卫城（Sravasti），古印度拘萨罗国都城，位于北方邦距勒克瑙134千米处。《杂阿含经》载，佛陀在此居住八次，弟子居住两次。

舍卫城因“祇园精舍”而闻名于世，传为释迦牟尼长年居留说法之处。“城南五六里有逝多林……是给孤独园，胜军王大臣善施为佛建精舍。昔为伽蓝，今已荒废。东门左右各建石柱，高七十余尺，左柱镂轮相于其端，右柱刻牛形于其上，并无忧王之所建也。室宇倾圮，唯余故基，独一砖室巍然独在。中有佛像。”② 祇园精舍亦称“祇树给孤独

① （唐）玄奘、辩机：《大唐西域记校注》，季羡林等校注，中华书局，1985，第725页。

② （唐）玄奘、辩机：《大唐西域记校注》，季羡林等校注，中华书局，1985，第488～489页。

园”。“祇树”，即祇陀（Jeta）太子所拥有的树林的简称，“给孤独园”，意谓向孤独长者所献的园林。据说，拘萨罗国富商给孤独长者（又名须达多，意为善授）用金钱铺地的代价购得祇陀太子在舍卫城南两千米处的园林，作为释迦牟尼在舍卫国驻留说法的场所。祇陀太子很受感动，便将园中的林木捐献给释迦牟尼，故此园以二人名字命名。

祇园精舍是佛陀在世时规模最大的精舍，是佛陀传法的重要场所，是佛教史上第二栋专供佛教僧人使用的建筑物，也是佛教寺院的早期建筑形式。《杂阿含经》载，佛陀在此居住 822 次，弟子居住五次。精舍庄严富丽，环境优美，好比人间天堂。据说，建好之后，举行了盛大的庆祝大会，佛陀如约接受了供养，带领弟子们来到这里安居弘法。佛陀在这里度过了二十四个雨安居，教化度众无数。舍卫城被认为是神话中的国王斯拉瓦斯提建造的，据说佛陀在此地创造了神迹。此地还有著名的阿难陀菩提树，据说为佛陀的弟子阿难陀所种。7 世纪，玄奘来此时，已“都城荒颓”，“伽蓝数百，圮坏良多”。①

竹林精舍

竹林精舍（Kalandaka Venuvana），古印度佛教著名寺院，汉语音译为“迦兰陀竹园”，为佛祖雨季讲经之处。据说，释迦牟尼成佛之后，四处奔波宣扬教理，跟随弘法的弟子常有数百人。他们没有固定休息的地方，白天在山边、树下学道，晚上在颓垣、破屋住宿。而竹林精舍是佛教史上第一座供佛教徒使用的建筑物，也是后来佛教寺院的前身，分 16 大院，每院 60 房，更有 500 楼阁 72 讲堂，是佛祖宣扬佛法的重要场所之一。

据说，竹林精舍为长者迦兰陀所赠，“初，此城中有大长者迦兰陀，时称豪贵，以大竹园施诸外道。及见如来，闻法净信”，② 乃将外

---

① （唐）玄奘、辩机：《大唐西域记校注》，季羡林等校注，中华书局，1985，第 481 页。

② （唐）玄奘、辩机：《大唐西域记校注》，季羡林等校注，中华书局，1985，第 734 页。

道逐出，在竹园中建立精舍，请佛居住。精舍距王舍城北门500多米，用石头砌成，门向东开。佛陀在世时，经常在此居住，并讲了数部经典，以导凡拯俗。佛寂灭后，弟子在此塑造了与佛真身一样大小的佛像。精舍东面有佛舍利塔。佛涅槃后，阿阇世王（未生怨王）分得舍利，持归后，修建佛塔以供奉舍利。阿育王时，为舍利起塔，将其供养于内。至今，竹林仍然生长茂密。精舍遗址是一个小土丘，考古人员已经发掘出迦兰陀地毯，以及其他一些少量的文物。另说，竹林精舍是频毗娑罗王为佛陀捐施建造的。当年，佛陀带了三迦叶兄弟和徒众千人，到摩揭陀国，频毗娑罗王恭敬迎接，虔诚皈依，并且在王舍城建筑了竹林精舍，献给佛陀。

佛陀在竹林精舍安居初期，舍利弗与目犍连来皈依，成为座下高足，追随佛陀弘扬佛法。他们原本都是六师外道之一的删阇耶的弟子，无意间知道有佛陀在世，随即到竹林精舍，听佛陀说法后，就带领弟子250人来皈依佛陀。这件事不但成为佛陀时代的一桩美谈，更被传诵至今。

除了供养、护持佛陀与僧团之外，频毗娑罗王经常到精舍请示佛法。如《方广大庄严经》卷12记载，佛陀对国王宣说五蕴虚妄、三界不实与一切无常的道理，频毗娑罗王当下证得法眼净，欣然请佛陀传授五戒。朝中的文武百官以及老百姓也都争相来皈依佛陀，求受五戒。

此外，如《持世经》《佛说光明童子因缘经》《佛说转有经》《佛说般舟三昧经》《持人菩萨经》《私呵昧经》《佛说大方等修多罗王经》等，都是对佛陀在竹林精舍时所传佛法的记载。

那烂陀

那烂陀（Nalanda），亦称那烂陀寺，意为“施无厌”，位于今印度比哈尔邦巴罗贡（Baragaon）地区，是古印度佛教寺院及学术中心。《大唐西域记》载，寺名来源有二说。一说那烂陀之名源自龙王，“此伽蓝南菴没罗林中有池，其龙名那烂陀，傍建伽蓝，因取为称”。① 另一说如来当初修菩萨行时，乐善好施，时人颂其美德，德号施无厌（那烂陀），故名之。“从其实议，是如来在昔修菩萨行，为大国王，建都此地，悲愍众生，好乐周给，时美其德，号施无厌。由是伽蓝因以为称。”② 那烂陀历史悠久，可追溯到公元前6世纪，也就是大雄和佛陀的时代。那烂陀之名曾出现在耆那教经典中，被认为是王舍城西北一个富庶之地，大雄在这里至少度过了14个雨季。那烂陀也出现在了佛教典籍中，据传原是释迦牟尼的大弟子舍利弗诞生及逝世之处，释迦牟尼亦路经此地。《大唐西域记》载，此地原是庵摩罗园，500商人买下献佛，佛在此说法三个月。后经历代国王兴建佛塔，那烂陀的规模变得十分宏大。据说，帝日、觉护、如来护、幼日、金刚和戒日几位国王各建一座寺院，共建六院。

那烂陀也是《西游记》里的雷音寺，是玄奘曾经学习的地方。这里不仅有宏伟壮观的寺院建筑，还有十分丰富的藏书，而且学者辈出。“光友之清论，胜友之高谈，智月如风鉴明敏，戒贤乃至德幽邃。”③ 据说这里有宝彩（Ratnaranjaka）、宝海（Ratnasagara）和宝洋（Ratnodadhi）三大殿堂，其中宝洋殿高达九层，储藏了大量典籍，多达900万卷。印度的大乘佛教大师中，大多数都曾在这里讲学或受业，如龙树、无著、世亲、陈那、法称、莲花生等。到那烂陀求学的僧徒也异常多，极盛时多达万余名。玄奘在此从戒贤法师学习多年，义净在此从宝师子学习十年。来此学法的唐僧还有慧业、灵运、玄照、道希、道生、大乘灯、道琳、智弘、无行等。在那烂陀研习的科目繁多，除佛教哲学

① （唐）玄奘、辩机：《大唐西域记校注》，季羡林等校注，中华书局，1985，第747页。

② （唐）玄奘、辩机：《大唐西域记校注》，季羡林等校注，中华书局，1985，第747页。

③ （唐）玄奘、辩机：《大唐西域记校注》，季羡林等校注，中华书局，1985，第757页。

外，也兼习其他，如因明、声明、医学、天文历算、工巧学、农学等。

那烂陀毁于1200年左右，伊斯兰教徒出兵印度，攻占此地，大肆劫掠。这里的绝大部分居民被处死，无数珍藏典籍被付之一炬。自此，那烂陀淹没在了荒烟蔓草之中。

1861年，英国考古学家亚历山大·康宁汉在印度比哈尔邦中部都会巴特那东南90千米处发现了一片佛教遗址，经过与《大唐西域记》的记载核对，证明这就是那烂陀。目前已发掘出八座大型寺院，按南北方向一字排列，大门朝西。加上后面的小僧院和南端的僧院，总共12座。当然，到底哪一部分是玄奘描述的六座僧院，目前还难以确定。该遗址出土了多件精美的佛教石雕，有些石雕只有拳头大小，上面雕刻的佛教故事却异常细腻精美。此外还出土了铜像、铜盘和印章等，其中有一枚刻有"室利那烂陀摩诃毗诃罗僧伽之印"。

1915年，印度考古工作者开始了那烂陀遗址的发掘工作，随着发掘工作的开展，相信那烂陀之谜一定会被揭开。

玄奘寺

那烂陀附近大约1千米处，有一座玄奘寺，该寺是为了纪念古代中印文化的使者玄奘而建造的。

玄奘在印度家喻户晓，就连印度学校的教科书上都有对玄奘的介绍。玄奘本姓陈，名祎，法名玄奘，今河南偃师缑氏镇人。13岁出家，后遍访名师，精通经论，因感国内众说纷纭，难得定论，决心到天竺即印度学习，求得解决。唐太宗贞观三年（629年），经凉州出玉门关西行赴天竺，在那烂陀从戒贤受学。后又游学天竺各地，与一些学者展开辩论，在印16年，名震天竺。贞观十九年（645年）回到长安，翻译佛经75部，凡1335卷，对佛教思想的发展影响极大。其所著《大唐西域记》为研究中国西北地区以及印度、尼泊尔、巴基斯坦、孟加拉国等地古代历史、地理以及从事考古研究的重要资料。玄奘寺由中国政府出资修建，印度政府管理。在如茵的草地上，矗立着玄奘取经的雕像，雕像后面是雄伟的玄奘寺。寺内正面是玄奘的塑像，寺内墙上是反映玄奘取经故事的壁画，精美非常。该寺庄严肃穆，令人对玄奘这位伟大的文化使者肃然起敬。印度政府对该寺的管理非常到位，足见印度人对玄奘的崇敬。

拉杰吉尔

拉杰吉尔（Rajgir）也叫王舍城，古代摩揭陀国的国都，位于比哈尔邦的巴特那地区，四周是岩山围绕的盆地。王舍城分为旧城和新城两部分。公元前684年，摩揭陀国定都旧王舍城，后因旧城毁于火灾，便向北迁移到4千米外的新城。“外郭已坏，无复遗堵。内城虽毁，基址犹峻。”[①] 据载，王舍城的建筑规模相当宏大，城门32座，望楼64座。城壁像中国的万里长城，外壁厚约5米，总长40千米，是印度现存最古老的石造城壁。

王舍城不仅是佛教圣地，还是耆那教圣地。一说，此城为与佛陀同时代的频毗婆罗王所建；一说为阿阇世王（未生怨王）所建。此城是佛陀长期居住修行的地方，佛陀逝世后，在王舍城举行了第一次佛教结集，该城因此被看作佛教圣地之一。佛陀圆寂后，信徒根据佛陀生前的业行，建立了众多的佛迹和寺塔。摩揭陀国阿阇世王分得一份佛舍利，迎请回国，在新王舍城外建造了舍利塔，该塔后为阿育王所破。阿育王将其中90%的佛舍利取出，分到印度次大陆其他地方供养，此塔今已不存。

五百温泉位于王舍城周围五峰之一的毕钵罗山上。据当地民间传说，山西南悬崖背阴处曾有五百眼温泉，水源来自雪山之南的无热恼池，从地下潜流而抵此。泉水清澈，温度适宜，浴后有特殊的疗效。据传，佛陀生前也在此沐浴，现在这里仍有温泉寺一座，由印度教徒管理，但佛教徒也可以沐浴。

七叶窟

七叶窟（Saptparni Cave）遗址亦位于毕钵罗山上。七叶窟为一处

---

① （唐）玄奘、辩机：《大唐西域记校注》，季羡林等校注，中华书局，1985，第743页。

山洞，长 36.57 米，宽 10.36 米，高 3.65 米。因窟前长着七叶树，故得名“七叶窟”。据佛经记载，佛陀涅槃后，为了把佛祖的生前说法统一起来，阿阇世王不仅派人迎请佛陀舍利供养，而且倡议众弟子结集于窟内。该次结集历时一个雨安居（约为 6～8 月），在大迦叶的主持下，由阿难主述，经过参会 500 名罗汉共同讨论确认，将佛陀的思想进行了归纳整理，形成了佛教教义。

桑奇

桑奇（Sanchi）又称山奇或桑吉，坐落在中央邦博帕尔附近，是印度的一个重要佛教圣地。桑奇三塔是举世闻名的历史文物建筑，始建于公元前 3 世纪的孔雀王朝阿育王时代。相传，阿育王共建有 8.4 万座佛塔，其中八座建在桑奇，现仅存三座。桑奇三塔是印度早期佛教艺术的重要遗存，也是世界上最古老且保存最完整的佛塔遗迹之一。桑奇三塔分为一、二、三号塔，其中最著名的是一号塔，也称桑奇大塔。经过历史风雨的洗礼，桑奇大塔虽有所残损，但保存基本完好，成为今日瞻仰和探究早期佛教艺术的宝贵资源。

桑奇大塔是一个巨大的覆钵形佛塔，大约建于公元前 3 世纪，直径约 36.6 米，高 16.5 米，是印度最大的佛塔。桑奇大塔原为埋藏佛骨而修建的土墩，后在覆钵形土墩上又加砌了砖石，涂饰银白色与金黄色灰泥，顶上增修了一方形平台和三层华盖，并在底部构筑了石制基坛和围栏。东、西、南、北四方建有四座陀兰那（牌楼、天门），每座砂石塔门高约 10 米，由两个立柱支撑着三层横梁，横梁宽约 6 米。整座大塔雄浑古朴，庄严秀丽，融合了波斯、希腊的建筑及雕刻艺术，装饰繁缛富丽，让人惊讶阿育王时期石雕技艺的精湛。

塔门上面的雕刻，大都是佛传故事或礼佛的场面。塔门在横梁和方柱上布满了浮雕嵌板和半圆雕或圆雕构件，每一层横梁上都雕刻着佛传故事和装饰图案，雕刻华丽，内容丰富，非常细腻。而下面的立柱在正面和内侧面雕有呈方格画面的佛本生故事。四座塔门中，南门最为古老，建于公元前 75～前 20 年，两根方柱上有承托横梁的、四只一组的狮子柱头。保存最完好的是北门，上面雕刻有伊朗阿契美尼德王朝的有翼的狮子和有翼的公牛及印度特有的驮着法轮的大象和驮着药叉的骏马，还有波斯波利斯王宫常见的钟形柱头、忍冬花纹和锯齿状饰带，以及印度特有的莲花卷涡纹、野鹅和孔雀装饰图案。在横梁与方柱间的浮雕嵌板中，分别以两只小象向坐在莲花上的女性喷水、菩提树、法轮和窣堵波，象征佛陀一生中的四件大事，即诞生、悟道、说法和涅槃。这些雕刻中，各种人物展现出古代印度社会的各个阶层，在人群中还雕刻有各式各样的动物和植物，如大象、鹿、马、牛等动物，以及莲花（如意树）、菩提（吉祥树）等植物。塔门上方并立“三宝”象征物，分别象征着佛、法、僧。有莲花装饰的轮子代表“法”（达摩），三股叉代表“佛”，盾状物代表“僧”（僧伽）。“三宝”乃是佛教的三位一体物。饶有趣味的是，每一座门上都雕刻有体态绰约的药叉女，这是桑奇最美的女性雕像。她双臂攀着杧果树枝，纵身向外倾斜，宛若悬挂在整个建筑结构之外，凌空飘荡，婀娜多姿。她头部向右倾侧，胸部向左扭转，臂部又向右耸出，全身构成了富有节奏感、律动感的三曲式形状。药叉本是印度传统中的树神，在佛教寓意中，药叉又有护法守卫之意。此塔精致的雕刻与印度石材（细砂岩）应有密切的关联。

二号塔位置相对较偏，在大塔西边约 320 米处，是三座塔中建造时代最早的一座，塔身的造型也较简朴，有一个小型圆冢，以及环绕一周的栏楯。

三号塔在一号塔的东北方，只有一座塔门，高约 5 米，有绕塔身一周的栏楯。

桑奇三塔具有非凡的价值，在某种程度上，可以说没有桑奇三塔，就没有后来的印度建筑艺术的发展，因为它为后来者们拓宽了思路，激发了灵感。毫无疑问，桑奇三塔是印度历史上的一个丰碑：它对培育、发展、发扬佛教文化有不可磨灭的贡献。

1912 年，英国考古学家约翰·马歇尔对桑奇大塔进行了全面的清理修复，并对桑奇佛塔进行了长期的调查研究，出版巨册《桑奇遗迹》，让世人真正了解了桑奇佛塔的魅力和重要价值。

雷瓦萨和拉豪尔 - 斯皮提

雷瓦萨（Rewalsar），藏人称之为措贝玛湖、莲花湖，是喜马偕尔邦喇嘛佛教最著名的圣地，位于曼迪镇西南约 20 千米处。此地有一个美丽的鲜绿色天然湖，周围长满树木。传说，湖中曾漂浮着一座岛。岛上住着莲花生大师。莲花生大师是印度佛教史上的大成就者之一，藏传佛教的主要奠基者。湖边有一座宝塔状寺院，内有莲花生塑像，墙壁为中印混杂风格。据当地民间说法，藏王赤松德赞就是从此院迎请莲花生大师入藏弘法的，此地后来也成了喇嘛教的故乡。

拉豪尔 - 斯皮提（Lahaul - Spiti）位于喜马偕尔邦，距离吉隆约 4 千米。此地为高悬的峡谷，峡谷之上有拉丹寺，寺庙为多层建筑，其上刻有很多法轮。

二　耆那教和耆那教圣地

1. 耆那教

耆那教是起源于古印度的古老宗教之一，有独立的信仰和哲学。

印度的列国时代（前 6 ~ 前 4 世纪）是印度奴隶社会的初期，是国家普遍形成和发展、邦国林立、群雄争锋的时期。这一时期，各阶级、阶层、种姓和社会集团的地位和处境发生了巨大的变化。当时的婆罗门种姓为了维护自己至高无上的特权地位，极力维护种姓制度。掌握军政大权的刹帝利种姓在经济、政治、军事方面实力增强，成为当时最有实力的种姓，开始对婆罗门的特权地位和宗教垄断越来越不满。同时，随着经济的发展和商业的繁荣，吠舍种姓中的商人也实力大增，要求在政治和宗教上提高自己的地位。在意识形态领域，出现了许多与婆罗门教及其教义不同甚至尖锐对立的新宗教和新的思想派别，呈现“百家争鸣”的局面。在众多的宗教派别中，佛教和耆那教成了其中的佼佼者。

公元前 6 世纪，正当佛陀布道之时，刹帝利种姓王族出身的大雄筏驮摩那（Vardnamana）也开始传经布道。历经 12 年的苦修布道，42 岁时他在娑罗树下大悟得道，终成“胜利者”“完成修行者”（Jaina），成为耆那教的第24代先祖。筏驮摩那（意为“增益”）被信徒尊称为“大雄”，意为伟大的英雄、无畏的勇士。他与释迦牟尼同时代或稍早，两人都进行过反对吠陀祭祀杀生的宗教改革运动。大雄筏驮摩那在恒河中下游地区孜孜不倦地传教和组织教团，教徒多为刹帝利和吠舍种姓。

耆那教有自己的一套教义，认为世间万物皆由物质和灵魂两部分组成。“业”是一种特殊的、极细微的、不可见的物质。它分若干种，可以分别决定人的种姓、苦乐、寿命等。今生的命运，由前生之行为和所作之业来决定；而今生之行和所作之业，又决定了来世之命运。耆那教的最高理想是最终摆脱转生和轮回的“麻烦”与痛苦，摆脱业和肉体这些物质对灵魂的束缚，使灵魂“遗世独立”，从而得到永恒的、无限的、绝对的自由。要实现这个最高理想，就必须进行积极的苦行修炼，即持五戒，修三宝，实行苦行。五戒即不杀生、不欺狂、不偷盗、不奸淫、不蓄财。三宝即正智、正见、正行。耆那教对不杀生的要求甚严，认为万物包括动物、植物和无生物皆有灵魂，故反对“暴殄天物”，伤害生灵，连虫蚁等最小的动物因有灵魂也不得伤害。所以信徒要面戴薄纱，以免蚊虫飞入口中致死。行路要手执掸子或扫帚，边走边扫路面，口唱“去去去”，以免误踏虫蚁。认为耕稼必伤虫蚁，故教徒不以农业为业；而经商不伤生命，故以商贾为生计者甚众。该教还认为只有厉行禁欲和苦行，才能使灵魂纯净无瑕，获得解脱。教徒想出种种方法折磨自己，诸如常使自己挨饿，吃粗劣之食，裸体苦行，远避床席，甚至用火烧烤自己等。

大雄在世时，耆那教内部就出现了分裂。1世纪，耆那教正式分裂成天衣派（裸体派）和白衣派。天衣派认为教徒一切东西甚至衣服都不应有，主张以天为衣，以地为床；而白衣派则主张穿白衣。时至今日，天衣派一丝不挂地乞食云游西孟加拉的情景已成为历史，外出完全裸体仅个别圣人为之。

耆那教的宗教文献十分丰富，而且具有很高的哲学价值。大雄逝世后两百多年（约前 3 世纪），耆那教在华氏城举行第一次结集，将大雄遗训编纂成 12 部分，名为《十二支》，其成为耆那教最重要的圣典。耆那教对印度文化的发展产生了深远影响，该教的一些作家、科学家在史诗、小说、逻辑学、政治学、数学、天文学、占星学、文法学、辞书编纂学和诗学等方面均有明显的贡献。著名的耆那教作家有喜摩旃陀罗、波陀罗拜呼、西达森那、狄瓦卡拉、诃利波多罗、西达等。耆那教的宗教建筑艺术素享盛名，其寺庙以设计巧妙、精美华丽、用料讲究著称，建筑中大量使用鲜艳的色彩和白色大理石。耆那教徒把建造寺、塔、塑像、石窟等视为积德之举。他们历尽千辛万苦，在奥里萨邦的赫提贡帕开山劈石，修建了华美的石窟寺。西印度古吉拉特邦的巴里达纳，就有寺院 862 座，神像多达 1100 尊，几乎全用大理石修建而成，建造得极其精美，堪称印度宗教建筑艺术中的瑰宝。耆那教也有自己的节日，如大雄诞辰节、持斋节、赎罪节等。

2. 耆那教主要圣地

阿布山

阿布山（Mount Abu）位于拉贾斯坦邦西南角，乌代浦向西约 150 千米处的阿拉瓦利山脉一个小山上，山顶为一个 22 米长、9 米宽的岩石平台，最高峰海拔为 1722 米，是拉贾斯坦邦唯一的山区。阿布山被称为“沙漠中的绿洲”，拥有河流、湖泊、瀑布和森林。它不仅是一个著名的景点，也是耆那教的朝圣地。

11 世纪前，阿布山一直是毗湿奴教和湿婆教的重要圣地。在往世书中，阿布山被称为阿布陀林。据说，极欲仙人跟随众仙人来到这里隐居。在阿布山的顶峰，极欲仙人举行了一场盛大的火祭，目的是祈求神灵给他一个保护大地的对策。应他的祈求，火坛中诞生了一位年轻人，这便是第一个拉其普特人。还有另一个神话传说：有一条名叫阿布陀的巨蛇，无意间拯救了湿婆大神的坐骑公牛南迪，于是将拯救神牛之地称为阿布山。

今天，阿布山被认为是耆那教圣地，庄严的耆那教庙宇装饰了此山。最吸引人的是以雕刻闻名的迪尔瓦拉（Dilwara）寺庙群，该寺庙群坐落于阿布山小镇东北面2.5千米处，由一系列白色大理石修建的耆那教寺庙组成，是耆那教徒的朝圣地。这里一共有五座寺庙，供奉着耆那教的五位始祖，每一位都有自己独特的地位。寺庙的雕刻工艺精湛，堪称寺庙建筑的杰作。庙宇外观最引人注目的是圆形庙顶上的悬饰，这些悬饰从中间吊下，不像一块大理石，反而像是一串光彩夺目的水晶球。主殿内供有一尊巨大的耆那教先祖像，像座上雕刻有贝壳徽章。门廊里的浮雕都与耆那教先祖的传说相关。这里是世界上最美丽的耆那教朝圣地之一，有非凡的建筑技艺和奇妙的大理石石雕，以至有些专家认为在建筑技术方面它要优于泰姬陵。寺庙群建于11～13世纪，绕湖而建。周围郁郁葱葱的绿色山丘给神殿增添了不少神秘色彩，大理石雕刻更是无与伦比，天花板和柱子上的石雕令人惊叹。寺庙群主要包括苏瑞·玛哈维－萨维庙（Suri MaHaver－Savi）、圣·阿迪纳斯神殿/维玛瓦萨寺（St. Adinas/Vemavasa）、苏瑞普拉瓦特帕特/卡尔瓦萨西寺庙（Suri PravavnthPalth/Kaar VasaHi）、谢里米纳塔吉寺/卢娜瓦萨寺（Sheleminataji/Lunawasa），寺庙对所有人开放。

纳基湖（Nakki Lake）坐落于阿布山心脏地带，为人工建造湖。纳基一词的意思是指甲，该湖的建造有一个非常有趣的神话故事。传说，此湖是神用指甲挖出来的，这也是当地部落将纳基湖当作圣湖崇拜的原因。湖中有零星的几个小岛，游客们可以乘船上岛游览，湖周围有些形状各异的岩石。

阿查尔迦堡（Acha Garh Fort）是中世纪许多美丽的古迹之一，为梅瓦尔王朝库姆巴所建，在那里可以看到整个风景如画的阿布山。

古鲁西卡尔峰（Guru Sikhar），海拔1772米，是阿布山的最高点，也是阿拉瓦利山脉的最高峰，也是喜马拉雅山与德干半岛南部阿奈穆迪峰之间的最高峰。在这里，可以看到阿布山全景。山顶上有一个寺庙——达陀陀里耶庙。达陀陀里耶（Dattatreya）即三位一体神的化身。在印度西部地区，许多印度教徒认为达陀陀里耶是神，是梵天、湿婆和毗湿奴三位一体的化身，古鲁西卡尔意即“神圣的尖塔”。

印度阿布山是著名的旅行圣地，也是灵性圣地。联合国的合作组织——“世界心灵大学”就坐落在这里。一年一度的全球心灵盛宴（Inner Peace Inner Power）在印度阿布山的世界心灵大学拉开帷幕，汇聚了全球精神领袖、政要、大德、企业家、艺术家们。特蕾莎修女、曼德拉等都曾来此交流、访问，给予心灵大学高度评价。印度的国家元首、其他政要每年都要到访心灵大学，将其作为身心休憩之地。

帕利塔那

帕利塔那（Palitana）位于距古吉拉特邦巴瓦那迦尔地区 56 千米处的萨特仑迦亚（Shatrunjaya）山脚，2014 年，拥有 5 万人口的印度城市帕利塔那成了世界上第一个全素城市。帕利塔那有两座山，山峰之间是宽阔的平川，山上坡下密布着一座座带尖塔的庙宇，周围筑有高墙。这里有大小 500 余座庙宇，约 7000 尊雕像。相传，耆那教第一代先祖勒舍婆的第一次布道就是在此山上的寺庙中进行的。这些庙宇是把修建庙宇当作一种精神解脱的耆那教徒们留下的宝贵财富。14 ~ 15 世纪，穆斯林反对偶像崇拜的运动席卷整个印度，帕利塔那的庙宇建筑遭到了严重破坏。现在的许多庙宇实际上是 19 世纪的产物，建筑形式接近现代建筑。其中阿迪南特庙为双层建筑，有高耸的尖塔，庙基周围还建有许多小神庙，整个建筑群宏伟壮观。

千柱庙

耆那教圣殿千柱庙位于乌代布尔和焦特布尔之间一个叫热纳克普的山区里，距离乌代布尔 100 千米，是印度耆那教五大圣地之一。千柱庙是全印度最大和最重要的耆那教寺庙，建于 1439 年，距今已有近 600 年的历史，保存得出奇完好。据说，神庙是由一位耆那教商人出资建造的。一天，他梦见了耆那教经典中描述的仙境飞车，这触发了他建造一座飞车形庙宇的奇想。他决心要把梦中的景象变成现实，便求助于当时梅瓦尔王朝的国王拉那·库姆巴。国王在阿拉瓦利山脉的山谷中赐给他一块土地用来修建神庙，条件是庙宇建成后要以自己的名字命名。这位商人请来印度最好的工匠，耗时60年左右，建成了这座奇迹般的耆那教神庙。

整座寺庙是一片拔地而起的巨大的白色大理石建筑群，建在一个大约5000平方米的巨型岩石基座上。庙顶由一群宝塔铺盖而成。宝塔象征神居住的山，塔顶上飘着幡旗。29座大厅里竖立着1444根支柱。每根石柱都雕刻着神灵走兽，最神奇的是这1444根柱子没有两根是完全相同的，即使是造型很简单的柱子，细节部分也不相同。它们之间那交错而又匀称的布局，给人一种神奇而又宁静的空间感与和谐感。寺庙从上到下的所有空间，全都是错落有致、粗细不一的石柱组合。

耆那教崇尚生命活力，艺术上追求灵动和变化，其寺庙建筑以精美细致的雕刻装饰和富丽堂皇、纯净敞亮的内部空间而著称，并且寺庙内外都布满数以千计的人物、动物浮雕和圆雕以及精雕细镂的各种花纹，颇具巴洛克艺术风格。无论是石柱还是壁面，甚至是天花板，全都被雕刻上了各式各样的花纹和图案。走进结构复杂的大厅，每一根柱子从底部至顶端精雕细琢，一处处雕刻精美的穹顶雕刻也各不相同。神女舞者身姿曼妙、神态优雅。每个都令人赞叹不已。不知600年前的印度人是如何穷尽细节将大理石雕琢得如此精细通透如同蕾丝花边。寺庙结构对称，整个庙宇不是完全封闭的，不同时间阳光从不同的角度射进庙里，可以清楚地欣赏到精美的雕刻，庙里柱子上的光和影会产生奇妙的变化，柱子的颜色时而金黄，时而米白，庙宇建筑对光和影的利用，显示出了当时设计者较高的艺术造诣。无数精美的廊柱层层叠叠充满神秘感，随着脚步的移动依次呈现。这座由1000多根大理石柱组成的庙宇，无论是柱子上还是房顶上，甚至任何一个大型的饰品，都雕满了各式精美绝伦的花纹，这座耆那教圣殿就是一座完美的石雕、石刻博物馆。

千柱庙是一座方形的庙宇，庙的四边均有入口，主厅里竖立着耆那教先祖的白色大理石雕像。雕像分别朝着四个不同的方向，据说这意味着耆那教先祖对所有方向的掌控，也就是对整个宇宙的掌控。庙宇里除了主厅外还有4间大的神殿。围绕其间还有很多圆顶柱厅。这些厅的藻顶或圆或方，美丽至极，漂亮的几何图形和花边以及优雅飘逸的人物点缀其中。千柱庙全部由乳白色的大理石而且是玉质感很强的大理石建造，那些精雕细刻的石头温润无比，在不同光线里，柱子的颜色也随光线变化，极富神秘感。不仅是柱子和藻顶，整个庙宇都布满极精细的雕刻。有一个雕有很多条蛇的圆盘，所有的蛇头聚集在一起形成为神挡风遮雨的华盖，大雄的雕像站立其下，目光炯炯有神。总之，千柱庙雕刻的细密程度实在是令人叹为观止。据说，莫卧儿王朝的阿克巴大帝看到这些雕刻也赞叹不已，不忍心毁坏它们。

斯拉瓦纳贝拉戈拉

斯拉瓦纳贝拉戈拉（Sravanabelagola）是南印度的一个小镇，位于迈索尔西北约 80 千米处。小镇中心是一个大水池，夹在两座小山之间。大一些的是南山，山上竖立着一座高 18 米的石雕像，是耆那教创始人勒舍婆的二儿子“高驮摩那大雄”的雕像。雕像看上去好像很新，但实际上是 981 年建成的，已经站立在这里 1000 多年了。

“斯拉瓦纳贝拉戈拉”是“山丘上的僧侣”的意思。这个小镇尽管偏僻，但对耆那教徒来说却是圣地。每隔 12 年，这里要举行一次盛大的“大灌顶”节，各地的耆那教信徒会聚集这里，在大雄雕像的头上浇牛奶、奶油、奶酪和撒檀香、花瓣等，彼时，这里人山人海，热闹非凡！

金城古堡中的耆那教寺庙

金城古堡（杰伊瑟尔梅尔）中的耆那教寺庙在 12 ~ 16 世纪陆续建成。耆那教寺庙，在宗教建筑艺术中，独树一帜，堪称一绝。金城古堡中的耆那教寺庙，由七座互相连通的寺庙组成，如迷宫一般。这些寺庙以高耸的尖塔为标志，用黄砂岩堆砌而成，拱门呈扇形，每一座都雕刻精美，气势恢宏，让人惊叹不已。

寺庙中供奉的是耆那教的先祖，神像雕刻精美。墙壁上的雕塑非常精致，石柱上雕刻着精美神像和性感的仙女像。寺庙群中，最值得一看的是帕尔斯瓦那特庙，这是规模最大的一座。庙中供奉着耆那教的第

22 代先祖，华丽的天花板上雕刻着圣徒的形象。

“真理之母”神庙

“真理之母”神庙（Sachiya Mata）位于拉贾斯坦邦塔尔沙漠的奥西扬小镇（Osiyan）。奥西扬小镇是 8～12 世纪印度重要的商贸中心，彼时文化和宗教繁荣，并在这里生根沉淀。擅长贸易的耆那教徒带给小镇最大的贡献是留下了一座精美的“真理之母”神庙。神庙底部呈矩形，顶部为塔状。最吸引人的是雕刻精美华丽的纯银拱门，阳光透过顶棚的蓝色玻璃瓦射到银色的拱门栏上，置身其中犹如梦境。神庙里供奉着“真理之母”，其为女神杜尔迦的第九个也是最后一个化身。神庙的四周有九座小庙宇，供奉着女神杜尔迦的不同化身。

巴代尼

巴代尼（Bhadaini），耆那教第七代先祖苏巴湿婆那它诞生地，位于恒河附近，被认为是耆那教圣地。现在，巴代尼有一尊白色 68 厘米高的雕像被白衣派信徒敬拜；一尊黑色 46 厘米高的雕像被天衣派信徒敬拜。

比鲁普拉

比鲁普拉（Bhelupura）为耆那教第 23 代先祖巴湿伐那陀诞生地，此处有一尊白色 60 厘米高的雕像被白衣派敬拜；一尊 75 厘米高的雕像被天衣派敬拜。

拉姆讷格尔

拉姆讷格尔（Ramnagar）位于印度北阿肯德邦，古称阿希切特拉，为北般阇罗国首都。“阿希切特拉”一词的意思是“蛇居住的地方”，该地为古代崇拜蛇的部落所在地。考古发现，该地在公元前 600 年左右就有居民。从挖掘的遗址看，这座城市呈三角形。最新发掘显示，最早的居民出现在公元前 2 世纪，属于陶瓷文化。拉姆讷格尔为巴湿伐那陀放弃世俗生活并开始冥想之地，也被认为是佛陀向那迦王朝国王布道之地。该地出土了一些古老且破碎的耆那教天衣派雕塑，其中有一尊被安置在巴湿伐那陀神庙外。一些耆那教先祖雕像后来被复原，保存在勒克瑙和德里的博物馆中。在古老的巴湿伐那陀神庙，有五类神像被人们敬拜，分别是：提卡尔·巴哈——先祖巴湿伐那陀的黑色雕像，先祖大雄、巴湿伐那陀和旃陀罗波罗布白色雕像，大雄金像，先祖巴湿伐那陀白色雕像，先祖西塔拉那塔雕像。

帕瓦纳加尔

帕瓦纳加尔（Pawanagar）位于距迪奥里亚55千米，距戈勒克布尔71千米处，为大雄涅槃之地。该地的耆那教神庙中往往有一根柱子、四尊神像。世界各地的信徒通常会在迦尔迪克月（印历八月）来该地庆祝大雄涅槃，场面相当热闹宏大。

德奥加尔

德奥加尔（Deogarh）位于北方邦和中央邦交界处拉利特普尔山脉西端的贝特瓦河畔，是群神之堡。8～17世纪，该地为耆那教中心，堡中有很多耆那教寺庙、大量耆那教壁画，极具特色。德奥加尔有外墙和内墙，呈圆形结构，西门和东门有纪念碑。另外，德奥加尔有两门，分别为大象门和德里门。

三 印度教和印度教圣地

1. 印度教

由于佛教来自印度，因此大多数中国人以为佛教就是印度的主要宗教，认为印度人都信佛。这实际上是一种误解。佛教本来是印度教的一个分支，只是后来才成为独立宗教。即使印度历史上有公元前3世纪的阿育王、2世纪贵霜王朝的迦腻色加一世和7世纪戒日王朝的戒日王信仰与大力弘扬佛教，佛教也没能成为印度的主流宗教。7世纪，中国僧人玄奘取经时，佛教已经呈现出衰败迹象。到了13世纪，佛教在印度本土趋于消失。到了19世纪才稍有复苏。但信仰者依然寥寥，只占印度总人口的0.4%，远非印度的主流宗教。实际上，大多数印度人不信佛教，而笃信印度教。因而，印度教是灿烂辉煌的印度文化的主流。中国人看到的印度文学、舞蹈、歌曲、绘画、民俗大多数是印度教的产物。

印度教并非因某一个人或某一部书而被界定，“印度教”一词为欧洲殖民者所创，它是产生于印度文化圈的宗教、哲学、文化和社会习俗的综合称谓。印度教最早的经典有《吠陀经》、《梵书》、《奥义书》、《达摩经》、史诗《摩诃婆罗多》和《罗摩衍那》以及十八部往世书。印度教经历了从吠陀教、婆罗门教最后到印度教的演变过程。吠陀教由古印度西北部的雅利安游牧部落的信仰演化而成，以《吠陀经》和《奥义书》为标志，也可以被称为《吠陀经》和《奥义书》的宗教，与《达摩经》、史诗《摩诃婆罗多》和往世书的宗教是有区别的。后者可以说是正统的印度教，因为前者并没有雕像和庙宇。

印度教是一个信仰、崇拜自然力的宗教，日月星辰、雷电风雨、山河草木以及人虫生物都可以成为敬拜对象。印度教认为万物皆有神性，是多神论的宗教。事实上，印度教也相信唯一的最高神，只不过这个最高神可以显现为多种形式而已，实质是一神论的多神崇拜。因此，印度教出现了一系列的男神和女神，如梵天、毗湿奴、帕尔瓦蒂、拉克希米、杜尔迦、苏利耶、旃陀罗、因陀罗、伐楼那等。印度教也敬拜史诗中的英雄人物，如罗摩和黑天。因此，印度教的庙宇实际上是宇宙本身，其中的神像各自代表了无形的、难以言说的最高神的某一方面。印度教庙宇的墙壁上不仅描画着天堂和地狱、男神和女神、男人和女人、走兽和飞禽，而且描画着水生物种。

印度教作为一种信仰体系内含对真知的探寻。它是一种生活方式，源于北印度吠陀时期对自然力，特别是火的崇拜，之后逐渐传播至全国各地，发展为一种复杂的信仰行为体系和社会组织。

印度教认为，最高神或超灵（梵）无处不在，无时不在。它是永恒，没有属性，不可言说。个我只有与超灵接触才能获得解脱，但需要经历周而复始的轮回。只有通过艰苦卓绝的修行，才能亲证超灵，从而获得解脱。

印度教有大量的神话，神话中的神灵代表了宇宙中的各种力量。诸神之主是三位一体神，分别为创造之神梵天、保护之神毗湿奴和毁灭之神湿婆。

毁灭之神湿婆具有复杂的性格，兼具生殖与毁灭、创造与破坏的能力，毁灭是为了创造。常见的湿婆像主要有四种：伟大的苦行者形象，其端坐于虎皮之上，蓝色皮肤，蛇绕脖颈，兽皮缠腰；林迦，即男性生殖器，代表生殖力和创造力，由一根黑色石柱雕刻而成，供奉在神庙和神龛中，受人敬拜；舞蹈之王，通常以石刻和铜像出现，头戴扇形宝冠，右腿独立于熊熊烈火中，脚踏侏儒，左脚抬起，四臂伸展，右边两手，一手持鼓，一手作无畏状，左边两手，一手托火，一手横在胸前，跳着神秘的宇宙之舞；毁灭之神，形象恐怖，以骷髅为项饰，怒目圆睁，张嘴怒号。

湿婆以神牛南迪为坐骑，他的配偶有很多名号。配偶的外形、属性和行动决定了其名号，主要代表两类力量：温柔或保护的一面以乌玛、高丽、加戈玛特、巴瓦尼、安巴和帕尔瓦蒂为代表；凶残或破坏的一面以杜尔迦、迦利和旃迪为代表。

杜尔迦，湿婆配偶、战斗女神、降魔女神、世界秩序的维护者。在大多数绘画和雕塑中，杜尔迦长有10臂，持各类武器，坐骑为狮或虎。杜尔迦的主要功绩是杀死赶走众神的水牛魔摩希沙。杜尔迦在印度已经被敬拜了4000多年，从吠陀时代至今，一直占据重要地位。10~11月是孟加拉人敬拜杜尔迦的主要月份。

迦内沙，湿婆与雪山神女帕尔瓦蒂之子、印度的家庭守护神，可以搬掉挡在善行路上的障碍，并为恶行设置障碍。迦内沙象头人身，长着大肚子，大耳朵，四只手。关于象头神迦内沙来历的传说较多，其中一种是，帕尔瓦蒂在家洗澡，就让儿子守在门外，以防外人偷窥。恰好湿婆回家，迦内沙坚守母亲的嘱托，死活不肯让湿婆进去。湿婆一怒之下，砍下儿子的头。湿婆明白原委之后，才知道自己做错了事，于是去求保护之神毗湿奴。毗湿奴告诉湿婆，明天太阳升起，按照他指引的线路，将见到的第一个生物的头砍下，安在他儿子的脖子上，就可以使其死而复生。湿婆依言行事，结果碰上的第一个生物就是大象。于是取下象头，安在儿子身上，迦内沙从此就成了象头人身。

保护之神毗湿奴性格温和，对信仰虔诚的信徒施予恩惠。毗湿奴皮肤深蓝，身材高大英俊，长有四只手，分别持有权杖、法螺、法轮和莲花。他有时坐在莲花上，有时躺在一条千头蛇身上，有时骑在一只半人半鸟的迦鲁陀上。他还有一张神弓和一把神剑。他的肚脐上有时长出一株莲花，上面坐着梵天。他的配偶是天神和阿修罗搅乳海时出现的吉祥天女拉克希米。他的住处是天国维昆达。毗湿奴常化身各种形象拯救危难的世界，罗摩和黑天是其最为重要的两个化身。

罗摩是毗湿奴的第七个化身，史诗《罗摩衍那》的主人公。罗摩头戴王冠，深色皮肤，一手持弓，一手拿箭。罗摩出生于阿逾陀，是王位继承人，但被流放 14 年。他的妻子悉多和弟弟罗曼奇陪他一起被流放。流放期间，悉多被楞伽王罗婆那劫走。为了寻找妻子，罗摩与罗婆那进行了一场大战。在神猴哈努曼的帮助下，罗摩取得胜利，迎回悉多，返回阿逾陀。对印度教徒来说，罗摩是理想男人和国王的代表，悉多是忠贞妇女的典型。黑天是毗湿奴的又一化身——理想的爱人、可信的朋友。黑天至少有三种形象：漂亮可爱的儿童、风流潇洒的少年和爱民如子的国王。他的出生就是为了杀死马图拉的邪恶国王刚沙。他在牧人中长大，有很多牧女陪伴。史诗《摩诃婆罗多》中，俱卢族和般度族大战时，黑天帮助般度族打败俱卢族。大战在即，他向般度五子中的老三阿周那布道，讲述了著名的《薄伽梵歌》。

拉克希米也被认为是毗湿奴的化身，诞生于神魔搅乳海。她是吉祥天女、财富女神。她美丽温柔，面露笑容，头戴珠宝王冠，身着华丽服装，站立于莲花之上。莲花成了拉克希米的象征。

传统形象下的创造之神梵天长有四颗头、四张脸以及四只手臂，全身红色。腰系虎皮，左肩系一条圣带。梵天的手中通常没有任何武器，但持有权杖、水壶、念珠、《吠陀经》或莲花。他的坐骑为孔雀或天鹅，配偶为文艺与智慧女神萨拉斯瓦蒂，故梵天也常被认为是智慧之神。萨拉斯瓦蒂端庄美丽，肤色雪白，明眸皓齿，眉毛上有一弯月牙。身着一袭白衣，头戴白色花冠，骑着白色天鹅或孔雀，四只手分别持有维纳琴、贝叶书、念珠或莲花以及盛圣水的水罐。

印度教神庙是印度教哲学的宇宙图式，神庙的塔顶希卡罗（Sikhara，山峰）象征宇宙之山，神庙的圣室戈尔波戈里赫（Garbhagriha，子宫之屋）隐喻宇宙的胚胎，圣所中供奉的神像或林迦是宇宙精神的化身或标志。印度教神庙包括岩凿石窟神庙与独立式石砌神庙，大体可分为三种：南方式（达罗毗荼式），希卡罗呈角锥形，代表作有摩诃巴里补罗的五车神庙、海岸神庙和建志补罗的凯拉萨纳特神庙、坦焦尔大塔等；德干式（中间式），介于南方式与北方式之间，更接近南方式，但希卡罗较低平稳重，代表作有埃罗拉石窟第16窟凯拉萨神庙等；北方式（那伽罗式），希卡罗呈曲拱形，又可分奥里萨式与卡朱拉荷式两个亚种，代表作有奥里萨布巴内斯瓦尔的林迦罗阇神庙、科纳拉克太阳神庙和卡朱拉荷的根达利耶·摩诃提婆神庙等。

2. 印度教主要圣地

9世纪时，商羯罗大师规定了印度教四大圣地，分别是：北方的巴德里纳特、南方的拉梅斯瓦兰、东方的普里和西方的杜瓦拉卡。在印度教徒看来，在这四个地方朝圣其实就是周游世界，亲证超灵，达到梵我一如。

巴德里纳特

巴德里纳特（Badrinatha）是印度教四大圣地中最为神圣的地方，位于那罗山和那罗衍那山这一对孪生山脉之间，北阿肯德邦阿拉克南达河（Alakananda）左岸，背靠喜马拉雅山脉，是印度教徒朝圣的重要目的地。相传，恒河女神接受国王跋吉罗陀的请求，决定降临人间，帮助受苦受难的人类。但大地无法承受她强大的力量，恒河便分成四条降落人间，阿拉克南达河就是其中之一。①

① 毛世昌、袁永平主编《印度古典文学词典》，兰州大学出版社，2016，第20页。

据印度教神话，巴德里纳特的来源有两说。一种说法是，毗湿奴在喜马拉雅山脉找了一个修行地，他在冥想时忘记了寒冷，妻子拉克希米就用巴德里树保护他。由于拉克希米的悉心照顾，毗湿奴就将这个地方称为“巴德里加静修地”。另一种说法是，巴德里纳特为最高神毗湿奴的化身那罗和那罗衍那（现在是喜马拉雅山脉的名字）两仙人苦修之地。梵天心生之子达摩的两个儿子那罗和那罗衍那要在喜马拉雅山脉的峡谷地带苦行一千年，为了选择理想之地，便走过了四个叫巴德里的地方，最终来到阿拉克南达河畔，并在河畔找到了他们的理想修行地，取名巴德里亚史拉玛。①

巴德里纳特神庙是一座印度教寺庙，供奉毗湿奴。8 世纪以前，巴德里纳特属于佛教圣地。9 世纪，814～820 年的六年间，商羯罗大师定居于此地，将其变成了印度教圣地。神庙位于阿拉克南达河畔的加诃瓦尔山，海拔 3000 多米。神庙对面是那罗山，背面是那罗衍那山。神殿分为三部分：密室、敬拜大厅和会议中心。大殿中的主神像是那罗衍那神像，高 1 米，用黑石雕成。神像手持法螺和法轮（毗湿奴的象征），安置在巴德里树下。神殿中还有很多神像，全都用黑石雕成，如财神俱毗罗、那罗、毗湿奴的配偶拉克希米、迦鲁陀以及九种形象的杜尔迦。

此外，巴德里纳特有温泉，据说有医疗功效。许多朝圣者认为，朝拜前必须在温泉中洗澡。巴德里纳特寺庙里面有两处温泉，其被称为那罗陀泉和苏利耶泉。

拉梅斯瓦兰

神庙之城拉梅斯瓦兰（Ramesvaram）位于马杜赖东南保克海峡的一座岛上，是印度教徒的一个朝圣地。岛上建有罗摩纳托斯瓦弥（Ramanathaswamy）神庙，即湿婆林迦庙，相传为罗摩去楞伽岛解救妻子悉多时所建，为印度最受敬拜的庙宇之一，12 林迦庙之一。根据印度教

① 毛世昌、袁永平主编《印度古典文学词典》，兰州大学出版社，2016，第 69、435 页。

神话，罗摩是毗湿奴的第七个化身，太阳王朝著名国王，专为征服楞伽魔王罗婆那而生。罗婆那生性暴虐，统治楞伽时威胁到了大地女神，梵天神便让毗湿奴化身太阳王朝十车王之子罗摩征服罗婆那，拯救大地女神。据说，罗摩在征服罗婆那时在拉梅斯瓦兰休息过。罗摩敬拜大神湿婆，以求赦免自己将要杀死罗婆那的罪过，并承诺打败罗婆那之后，将会建造林迦像以示敬拜。① 为了建造一个超级大的林迦像，罗摩下令神猴哈努曼前往喜马拉雅山搬运材料。哈努曼前往喜马拉雅山期间，罗摩的妻子悉多用海边的沙子做成了一个小小的林迦像，据说这尊林迦像被藏在寺庙密室之中。在拉梅斯瓦兰的每一个角落，都弥漫着《罗摩衍那》中的情节。其寺庙以其宏伟的柱廊著称，柱廊长达 1200 米，两侧都是装饰华美的柱子。寺庙周身布满雕刻，精美壮观。寺庙始建于 12 世纪，在随后的数世纪中，许多统治者又不断对其加以扩建。

普里

普里（Puri）位于印度东海岸的奥里萨邦，印度教四大圣地之一。普里的札格拉特（Jagannatha）寺庙是一座非常重要的印度教神庙，“世尊札格拉特”意为宇宙之主，是毗湿奴的化身之一。神庙主神像是札格拉特（黑天），巴拉哈德罗（大力罗摩、黑天之兄）和女神苏巴德罗（妙贤、黑天之妹、阿周那之妻），神像置于珠宝平台上。根据季节变化，神像会被饰以不同的服装和珠宝。对这些神灵的崇拜先于庙宇的建造，可能起源于古老的部落神社。札格拉特神庙为羯陵迦的统治者阿南陀瓦尔摩·乔达甘迦（Anantavarma Chodaganga）所始建，然而，直到 1174 年，奥里萨邦的统治者阿南迦·毗摩·德威（Ananga Bhima Deva）重建神庙，才有了今天的样子。

普里的札格拉特神庙规模宏大，占地面积超过 37000 平方米，神庙墙壁高而坚固。各殿由东往西一字排开，分为斋殿、舞殿、门厅、主殿。主殿为曲线状建筑，塔呈圆锥形，顶部是毗湿奴的法轮，被认为是

① 毛世昌、袁永平主编《印度古典文学词典》，兰州大学出版社，2016，第 514 页。

神圣不可侵犯之物。舞殿和斋殿都是后来（14 世纪或 15 世纪）增建的，整座舞殿的支撑物是 16 根大柱，算得上是奥里萨邦庙宇建筑中唯一真正的列柱厅。通往主殿的门厅里刻有以毗湿奴第八化身黑天的传说故事为题材的画面，门楣和墙壁上雕有许多狮子和卫士。舞殿和斋殿墙上也布满了装饰雕刻。在奥里萨邦现有的神庙中，札格拉特神庙是最高的一座。寺塔建立在石头平台上，锥体塔顶像一座隆起的山峰。加上神庙周围的一些小神庙，至少有 120 座神殿，雕塑众多，建筑风格为奥里萨风格，是印度最为宏伟的纪念圣地之一。

根据印度教神话，大力罗摩是黑天的哥哥，他肤色苍白，与黑天的肤色相反。关于他们两人的肤色有个传说：诸神告诉毗湿奴，他们决定转生为牧童来帮助黑天扫除邪恶。毗湿奴大神非常高兴，于是顺手拔下自己的一根白头发并说它将转生为大力罗摩，由罗西尼生下。然后拔下一根黑头发并说它将转生为黑天，由提婆吉生下。这就是大力罗摩与黑天肤色相反的原因。①

札格拉特乘车节在 6 ~ 7 月，是印度教节日。札格拉特意为“世界主宰”，即黑天大神。节日期间，印度各地凡有札格拉特庙宇的地方都有沐浴节庆活动。沐浴节庆后 15 天，将札格拉特等神像安放在礼车之上，放上供品，送到附近的神庙中去，信徒们会敲锣打鼓，载歌载舞，格外热闹。

杜瓦拉卡

杜瓦拉卡（Dvaraka，多门城）位于印度西海岸古吉拉特邦，距贾姆讷格尔 145 千米。杜瓦拉卡也被称为多门城，即“通往天国之门”，与史诗《摩诃婆罗多》中的黑天大神有关。史诗中提到的多门城，坐落在戈马蒂河畔，是传说中黑天大神的都城。按照印度教传说，多门城建造在黑天大神从海水中带出来的一块土地上，像一个方正的棋盘，城中鸟语花香，湖泊纵横。大量的宫殿用水晶和金银装饰而成，并以绿宝

① 毛世昌、袁永平主编《印度古典文学词典》，兰州大学出版社，2016，第 71 页。

石点缀，犹如太阳和月亮般金光闪烁。城市拥有50道主门，每道门都配有火箭和铁轮。城池固若金汤，易守难攻，连诸神都无法进入。①

相传，婆罗多大战结束36年之后，黑天统治的雅度族日益骄奢荒淫，饮酒作乐，筵席之中，几位雅度族将领起了冲突，开始指责大战中对方的过失。有一位仙人来多门城拜访，闲得无聊的雅度族人就把黑天之子商波扮成怀孕女子，戏弄仙人。仙人诅咒商波将生下毁灭全族之物，不久后，商波竟然真的生下一根铁杵。惊慌的雅度族人把铁杵磨成粉，扔进大海，粉末却被海浪推到沙滩上，长出一大片灯芯草。雅度族人随手拔起灯芯草，那些草竟变成铁杵，全族人就这样在海滩上用铁杵自相残杀，陷入混战，最后全部毁灭。黑天看到这情景，意识到自己归天之时已至。他独自来到一棵榕树下冥思，被一个无名的猎人误认为是一只鹿，射死在树下。多门城在黑天死后也沉入海底。②

2001年5月，印度宣布在此处海底挖掘到一座古城，认为这就是多门城。但此城是不是史诗里描写的多门城还有待考证。根据印度教传说，现在的杜瓦拉卡是黑天多门城的第七个“重生”，前六个遗址都被深埋在地下。杜瓦拉卡神庙也是一座印度教神庙，供奉黑天大神。在这里，黑天大神被称为杜瓦拉卡迪斯，意即杜瓦拉卡王。神庙主神殿有五层，72根柱子。考古发现，该神殿有2000年的历史。15～16世纪，寺庙得以扩建，东西长29米，南北宽23米，神殿的最高点为51.8米。印度教徒认为，神庙最初为黑天之孙瓦吉拉那巴（Vajranabh）所建。

除了四大圣地之外，还有其他一些重要的印度教朝圣之地。

马哈巴利普兰

马哈巴利普兰（Mahabalipuram）位于金奈南部约60千米处，濒临孟加拉湾。6世纪晚期，马哈巴利普兰开始闻名于整个南印度。马哈巴利普兰的建筑艺术发端于西姆哈维斯努之子摩根德业瓦尔一世，他与后

---

① 毛世昌、袁永平主编《印度古典文学词典》，兰州大学出版社，2016，第201页。

② 毛世昌、袁永平主编《印度古典文学词典》，兰州大学出版社，2016，第756页。

继者先后在岩石上开凿了大量石窟寺庙，供奉印度教的梵天、毗湿奴和湿婆大神。7～8 世纪，这里成了印度教的活动中心，修建了许多名胜古迹，展现出帕拉瓦王朝的建筑艺术风格，体现了南印度达罗毗荼人的艺术水平。

马哈巴利普兰保留下来的历史遗迹大约有40座，大致可分为四类：战车神庙群、石窟神庙群、结构性庙宇群和露天浮雕群。这些古迹中的石雕与印度教神话有关，主要为印度教湿婆派、毗湿奴派和性力派神话故事。

战车神庙为石雕庙宇，雕刻于 7 世纪，坐落于马哈巴利普兰的南部，其外观类似印度教神话中的战车。战车神庙现存十座，其中最为著名的是位于沙滩的五座单体石雕神庙，被称为五战车神庙或般度族神庙。神庙虽以《摩诃婆罗多》中般度五子及其共同的配偶黑公主命名，但神庙中供奉的并非他们，而是湿婆、毗湿奴和杜尔迦。五战车神庙处在一条南北走向的轴线上，依次为坚战神庙、布军神庙、阿周那神庙、黑公主神庙、无仲与偕天神庙。阿周那神庙和黑公主神庙的西边有一座狮子石雕，东边是坐姿公牛石雕，西南是站立的大象石雕。除了无仲与偕天神庙的入口朝南外，其他神庙的入口都朝西而开。

在《摩诃婆罗多》中，般度五子或般度族是婆罗多大战中正义的一方。月亮王朝福身王之后分为两派——俱卢族（持国百子）和般度族（般度五子），般度五子中，坚战、布军和阿周那为般度之妻贡蒂分别与正法神、风神和雷电神所生，无仲和偕天为般度之妻玛德利与天神双马童所生。这五兄弟原本就是天神转世，同娶黑公主为妻。在与俱卢族的难敌进行的一次赌博中，般度五子失去了一切，过上了流放生活。为了恢复王国，般度族与俱卢族在俱卢之野展开了一场长达 18 天的战斗，这就是著名的婆罗多大战。婆罗多大战以般度族的胜利告终，般度五子后来云游天下，逐个死于途中，进入天界。①

---

① 毛世昌、袁永平主编《印度古典文学词典》，兰州大学出版社，2016，第459～460页。

石窟神庙是7～8世纪帕拉瓦王朝雕刻艺术的宝库，现存十窟。其中，瓦拉哈石窟神庙开凿于马哈巴利普兰一座山的西边峭岩上，其石刻浮雕与印度教神话中的毗湿奴大神有关，主要描绘了四个印度教神话故事，即化身侏儒故事、化身野猪故事、杜尔迦故事和拉克希米故事。神庙正面有两根立柱和两根壁柱，柱子底层是狮子石雕。石窟内墙是四面浮雕面板，其浮雕讲述了印度教神话故事。野猪浮雕面板讲述毗湿奴大神拯救大地的故事：妖魔翁然尼亚将大地女神拖进海底，毗湿奴大神化身一头野猪，潜入海底，与妖魔搏斗1000年，最后杀死妖魔，从地狱之水中拯救大地女神。侏儒浮雕面板讲述毗湿奴三步丈量三界的故事：魔王巴里夺得三界统治权，毗湿奴大神化身侏儒，向魔王乞求三步之地，魔王答应，侏儒迈出两步就跨越天堂和人间，然后停步不前，将地狱留给了魔王。杜尔迦浮雕面板讲述降魔女神杜尔迦张开四臂，脚踩莲花的战斗场景。杜尔迦是战斗女神、世界秩序的维护者。她脚踩莲花，杀死把众神赶到人间的水牛摩西沙。拉克希米浮雕面板讲述脚踩莲花的女神拉克希米进行瑜伽修行的场景。除了瓦拉哈石窟神庙，还有很多与其相似的石窟神庙，诸如坚战石窟神庙、黑天石窟神庙、克提科尔石窟神庙以及水牛魔石窟神庙等。这些石窟中的浮雕面板讲述的全是印度教神话故事。①

结构性庙宇是通过切割整块石头而凿成的庙宇建筑。在马哈巴利普兰，现存三座结构性庙宇，供奉湿婆、毗湿奴和杜尔迦。在这些庙宇中，最著名的是凿刻于700～728年的海滨庙宇。之所以如此命名，是因为它坐落于海岸边，俯瞰着孟加拉湾。该神庙包括三座神殿，主神殿供奉湿婆林迦，面朝东方，早晨第一缕阳光可以照射于湿婆林迦上。

马哈巴利普兰建筑是7～8世纪帕拉瓦国王们沿着科罗曼德尔海岸开辟岩石而建的。其中特别著名的除了上述建筑外，还有名为“恒河

---

① 毛世昌、袁永平主编《印度古典文学词典》，兰州大学出版社，2016，第247、74、196、382页。

的起源”的巨大露天浮雕。

浮雕凿刻在海边两块长 27 米、高 9 米的巨岩上，讲的是印度神话中的故事。著名的阿周那的苦行浮雕（*Arjuna's Penance*）（又称“恒河降下”）号称世界最大的浮雕。中央纵向的裂痕被当成河流，刻出象征发源于喜马拉雅山的恒河，以及蛇神那迦（Naga）。浮雕右侧下段有大小不同的象，象群朝中央河流前进，左侧下段雕有南印度特有的拉塔寺院。左右侧上段有大约 40 组成对的大小神祇雕像，其以飞翔的姿势朝着中央河流前进，浮雕左侧上段靠近河流处有单脚站立修行的阿周那。但也有人说这是印度神话故事“恒河降下”里的人物跋吉罗陀的雕像。恒河降下讲述的是跋吉罗陀祈求恒河从天堂降落大地的过程。相传，印度阿逾陀国（Ayodhya）的沙加拉王（Shahjala）在马祭仪式进行到放生马匹时，才发现马匹都被因陀罗带到地界去了，于是国王发动他 6 万个儿子找遍了地界，好不容易才找到，当他们想将马匹带回时，竟然全被烧成灰。后来沙加拉王的子孙跋吉罗陀听说只要从诸神居住的喜马拉雅山拉一条圣河下来，并把圣水洒在遗灰上，就能使他们从地界升上天界。于是跋吉罗陀就不断苦行，终于使恒河水落下，成功地将河水洒在遗灰上。①

斯瓦米那罗衍神庙

斯瓦米那罗衍神庙（Swaminarayan Akshardham）位于印度首都新德里，是一组印度教神庙建筑群，也是目前世界上最大、最宏伟、最壮观、艺术水平最高、反映最丰富印度教文化的印度教神庙。斯瓦米那罗衍（1781～1830 年）是印度教克里希纳学派的创立者。该庙坐落在新德里的亚穆纳河东岸，集印度的印度教、文学、建筑、绘画、雕刻、园林等方面的顶尖人才和工匠，耗时 5 年建成。印度教文化被浓缩在这个庞大的神庙群里，其成为印度文化的精华。其设计之巧妙，艺术之高超，令人叹为观止。

---

① 毛世昌、袁永平主编《印度古典文学词典》，兰州大学出版社，2016，第 80 页。

主殿坐落于148尊全尺寸大象雕像上，四周为两层柱廊环绕，柱廊内刻有印度史诗故事。神庙内绿茵遍地，布满莲花状水池。主殿中有3米高斯瓦米那罗衍镀金神像一尊及2000多尊其他印度教神像及数万飞禽走兽像，几乎囊括了所有的印度教神像，如黑天、悉多、罗摩、帕尔瓦蒂、拉克希米、萨拉斯瓦蒂、萨维德丽、梵天、湿婆和毗湿奴等。反映了印度古代建筑的精髓和传统。现在，该庙大量采用高清电影、电动机械及声光效果等现代技术。游客还可观看介绍纳拉扬的影片和乘小船浏览印度文化展。

在来自全世界8000名志愿者的协助下，7000名工匠完成了对该庙的兴建工程，中心建筑完全用石块砌筑，耗资4500万美元。神庙于2005年11月6日正式建成并开放。

阿马尔诺特湿婆洞

阿马尔诺特湿婆洞（Amarnath Cave）是最受尊敬的印度教圣地之一，位于克什米尔的巴尔塔尔附近。根据许多古老的印度文献，很久以前，阿马尔诺特湿婆洞就已经是受到人们崇敬的地方。根据印度教神话，印度教的主神湿婆曾经在这里向他神圣的配偶帕尔瓦蒂解释今生和来世的秘密。一年中的大部分时间里，这个洞穴被大雪覆盖，只在夏季一段短暂的时间里向朝觐者开放。该洞穴位于海拔3888米处，印度教信徒们冒着零下的严寒，跋山涉水，在高海拔的险峻山道上艰难行进，最终来到神圣的阿马尔诺特湿婆洞。山洞里有一根冰笋，印度教徒们将其当作主神湿婆的化身，对其顶礼膜拜。成千上万的印度教信徒每年都要前往圣洞，一览全能的湿婆林迦。

维斯奴-提毗洞穴神庙

维斯奴-提毗洞穴神庙（Vaisno-Devi，三大女神庙）距离查谟50千米，开凿于希瓦利克山腰，为印度教极具生命力的朝圣地。维斯奴-提毗洞穴神庙中供奉有迦梨女神像、拉克希米女神像和萨拉斯瓦蒂女神像，印度教徒为其建造了银色和金色华盖。

据印度教神话，迦梨女神为湿婆妻子帕尔瓦蒂的化身，当雪山神女帕尔瓦蒂听说三界出现了一个法力强大的恶魔时非常震怒，便化身迦梨女神去消灭恶魔。拉克希米也叫红莲，黑天之妻，曾化身为牧女罗陀，与黑天有了一段浪漫的爱情故事。萨拉斯瓦蒂，即辩才天女、艺术女神，她身着白衣，坐于白色莲花之上，手持贝叶书、维纳琴、念珠或莲花以及盛圣水的水罐。① 据印度教传说，朝拜此庙可免除罪恶。

凯达尔纳塔神庙

凯达尔纳塔神庙（Kedarnath）位于北阿肯德邦的乌达尔迦什，傲然伫立于海拔 3583 米的加瓦尔雪山之上。受天气影响，神庙只在 4 月底到 11 月开放。凯达尔纳塔神庙被认为建于 8 世纪商羯罗拜访之时。凯达尔（Kedara）是湿婆的别名。据传，凯达尔位于俱卢之野，凯达尔纳塔神庙为般度五子在俱卢之野大战后所建。② 神殿入口处是湿婆的坐骑南迪神牛，神殿里面也有南迪神牛的石头雕像。

瑞什凯什

瑞什凯什（Rishikesh）属于北阿肯德邦，位于喜马拉雅山脉入口，三面环山，恒河从小城间缓缓流过，滋养并孕育了这片充满灵性的净土。瑞什凯什被称为“世界瑜伽之都”。

“rishi”在印度梵语中意为苦行僧，“kesh”意为头发。相传以前有许多孑身前往喜马拉雅山冥想和修行的苦行僧都会路经瑞什凯什，他们蓄着长长的头发，这里便由此得名。传说，罗摩为了杀死魔王罗婆那，在此地苦修。他的弟弟拉克什曼横穿恒河，其渡河之处就是现在的拉克什曼桥。据说，桥最初是用麻绳做成的，1889 年改建为铁索吊桥，1924 年洪水之后，取而代之的是目前更为坚固的桥梁。还有一座类似的吊桥，叫“罗摩桥”，建于 1986 年。神圣的恒河流经瑞什凯什圣地，沿着恒河，出现了一些神庙，如舍杜鲁迪那神庙、巴拉特神庙、拉克什

---

① 毛世昌、袁永平主编《印度古典文学词典》，兰州大学出版社，2016，第 316、382、582 页。

② 毛世昌、袁永平主编《印度古典文学词典》，兰州大学出版社，2016，第 348 页。

曼神庙等。其中，舍杜鲁迪那神庙靠近罗摩桥，拉克什曼神庙靠近拉克什曼桥。

瑞什凯什是名不虚传的“世界瑜伽之都”，这里有 100 多家瑜伽学校，成千上万名不同肤色的瑜伽爱好者每年不辞辛苦地赶到这里，为的就是得到当地瑜伽大师的指点，寻找心灵中的至纯之地。

赫尔德瓦尔

赫尔德瓦尔（Hardwar）是印度恒河沿岸四大宗教圣地之一。它是印度北阿肯德邦一个古城，恒河从源头高穆克流淌 253 千米后，在赫尔德瓦尔地区首次流入北印度的印度河 – 恒河平原，此地被认为是印度教七个最神圣的地方之一，恒河灌渠网也从这里开始。赫尔德瓦尔，即“哈里之门”。“哈里”（Hari）的意思是“世尊毗湿奴”，因此，赫尔德瓦尔代表“走向世尊毗湿奴之门”。而“哈拉”（Hara）的意思是“世尊湿婆”，因此，赫尔德瓦尔又代表“走向世尊湿婆之门”。赫尔德瓦尔也被认为是萨蒂女神之父达刹的宫殿。史诗《摩诃婆罗多》中说，赫尔德瓦尔为投山仙人与妻子罗帕穆德拉苦修之地。赫尔德瓦尔也被认为是跋吉罗陀的苦行之地。相传，太阳王朝国王跋吉罗陀为了免除 6 万祖先所受迦毗罗仙人的诅咒，在赫尔德瓦尔苦修多年，请求恒河女神降临人间，让其祖先的灵魂得到净化。①

考古发现，约公元前 1700 ~ 前 1200 年，赫尔德瓦尔文化为陶器文明。戒日王朝时期，中国旅行家玄奘来到赫尔德瓦尔，这是现存最早能证明赫尔德瓦尔存在的材料。

印度教传统中，赫尔德瓦尔有很多朝圣地，如甘迦瓦尔、库沙瓦特、比尔瓦津、奈尔山和其他几个神庙以及修行地。

奈尔·帕瓦特的卡利迦女神庙坐落在恒河东岸的奈尔·帕瓦特顶部，由克什米尔国王苏查特·辛格建于 1929 年。往世书说，魔王苏巴和尼苏巴是兄弟，为迦叶波和底提所生。苏巴和尼苏巴苦修一万年，得

---

① 毛世昌、袁永平主编《印度古典文学词典》，兰州大学出版社，2016，第 80 页。

梵天恩赐，只能死于女人之手。后来两兄弟攻入天庭，湿婆之妻帕尔瓦蒂从自己的身体中造出女神卡利迦。在奈尔·帕瓦特，女神杀死两兄弟，拯救了天界。[①] 据说，女神庙中的卡利迦主神像为8世纪的商羯罗大师所雕刻。

比尔瓦津的曼萨女神庙坐落于比尔瓦山顶部。曼萨女神即满足欲望之女神，神殿中有两尊神像，一尊有三口五臂，另一尊有八臂。

库沙瓦特的达刹大神庙位于坎迦尔镇。根据印度教神话，国王达刹为湿婆第一任妻子萨蒂的父亲，达刹在举行献祭时，唯独没有邀请湿婆夫妇。为此，萨蒂跳火自焚。湿婆怒不可遏，从他的怒气中诞生了两个恶魔——毗罗婆陀罗和跋德罗迦利。他们大闹祭坛，砍下达刹的脑袋。为了让达刹复活，梵天便在达刹的脖颈上接了一颗山羊头。[②] 达刹神庙就源于这个传说。

莫耶女神庙的历史可以追溯到11世纪，相传神庙所在地为萨蒂跳火时的心脏和肚脐位置。莫耶女神被认为是赫尔德瓦尔的守护女神。

甘迦瓦尔圣地的哈尔·吉·帕利（Har ki Pauri）为一神圣码头，相传由超日王为纪念他的哥哥巴塔利而建。在哈尔·吉·帕利，朝圣者通常会在黄昏时向恒河女神祈祷，仪式结束后，他们会在河上放花浮灯和香，以纪念他们已故的祖先。

在印度北方邦，恒河从赫尔德瓦尔进入印度平原。这里有毗湿奴神庙，每天傍晚有印度教点灯仪式，每12年举行一次恒河圣水沐浴节（宫巴库会），这里也是瑜伽圣地。

阿拉哈巴德

阿拉哈巴德（Allahabad）古称普拉亚格（Prayaga），意为"献祭之城"。1583年，莫卧儿王朝第三代皇帝阿克巴将其改名为阿拉哈巴德，意为"安拉的城市"。阿拉哈巴德是印度北方邦南部城市，是恒河、亚

---

① 毛世昌、袁永平主编《印度古典文学词典》，兰州大学出版社，2016，第444页。

② 毛世昌、袁永平主编《印度古典文学词典》，兰州大学出版社，2016，第141页。

穆纳河与萨拉斯瓦蒂河交汇之处，印度教圣地之一。阿拉哈巴德也是尼赫鲁、印迪拉·甘地和拉吉夫·甘地的老家，印度第二大古城，在印度教经文中占据重要位置。

普拉亚格之名出现在吠陀时期，据说印度教创造之神大梵天在此地举行过祭祀仪式。发掘出土的文物可以追溯到公元前700～前600年。据往世书记载，迅行王从普拉亚格出发，征服了印度的大部分地区，他的五个儿子成了梨俱吠陀时期主要部落的首领。象城（今德里附近）的统治者俱卢族建立了考沙毕城（位于普拉亚格附近），象城遭遇大洪水后，他们便迁都考沙毕城。据说这里有五个火坑，恒河正好从五个火坑中间穿过。恒河与亚穆纳河汇合处被认为是世界的腰部。普拉亚格的伟大之处在于：根据传说，它是吠陀时期的祭祀之地，如果有人吟诵它的名字，或将河里的泥土涂在身上，就可以洗去一切罪过。如果有人在这里布施，或举行祖先祭，就能够长生不老。①

普拉亚格（阿拉哈巴德）经历了一个接一个的帝国和王朝。先是孔雀王朝的一部分，后又经历了贵霜王朝和笈多王朝的统治。马拉地人入侵印度后，普拉亚格成为德里苏丹国的一部分，1193年又被穆罕默德吞并。之后，普拉亚格的主人不停变换。

阿拉哈巴德是全国著名的艺术中心，因其历史、文化和宗教旅游而闻名。历史遗迹包括阿尔弗雷德公园、明托公园、阿拉哈巴德堡垒以及阿育王石柱等。

瓦拉纳西

瓦拉纳西（Varanasi）也被称为贝拿勒斯或迦尸，位于印度北方邦恒河畔，在勒克瑙东南320千米、阿拉哈巴德以东121千米处。瓦拉纳西是印度教最重要的宗教中心，为七大圣城中的第一大圣城。瓦拉纳西是印度教徒心中的圣地，他们人生的四大乐趣——“住瓦拉纳西、结交圣人、饮恒河水、敬湿婆神”中，有三样都要在瓦拉纳西实现。中

① 毛世昌、袁永平主编《印度古典文学词典》，兰州大学出版社，2016，第489页。

国唐朝高僧玄奘当年历经千辛万苦，最终要到的极乐西天指的就是瓦拉纳西。

瓦拉纳西交通发达，与加尔各答、坎普尔、阿格拉和德里之间构成了交通网。瓦拉纳西之名源于两条恒河支流：一条是伐楼那河，流经瓦拉纳西北部；另一条是阿西河，现在变成了一条小溪，从瓦拉纳西城南部流过。瓦拉纳西古城位于恒河北岸，被伐楼那河和阿西河环绕。在印度教神话中，瓦拉纳西是古代迦尸国首都，迦尸的意思是“光的城市”，该名称被佛陀时期的朝圣者沿用。《火神往世书》载：吉罗娑山的湿婆大神告诉爱妻帕尔瓦蒂，迦尸的神庙从来不会坍塌，人们应该步行前往迦尸，住在那里，一旦去了就永远不要离开。迦尸有八个沐浴码头，在那里无论做什么，都会使人获得解脱。[①] 印度教徒认为，在瓦拉纳西沐浴或死后把骨灰撒在瓦拉纳西的恒河里，就能消除一生的罪恶。许多印度人出家修行时，瓦拉纳西成了他们的首选之地。

瓦拉纳西享有“印度之光”的称号，是恒河沿岸最大的历史名城，相传为湿婆所建。在印度教神话中，梵天和湿婆之间曾发生过一场大战。为了进入极乐，毗湿奴和梵天同时苦修。一次偶然的相遇让他们两人之间产生了谁更伟大的争议。为了解决争议，湿婆林迦显现，并要求他们两人去寻找林迦的末端，先到达末端者为胜。梵天向上，毗湿奴向下，两人开始了寻找林迦末端之旅。毗湿奴一直没有到达林迦末端，便垂头丧气地返回原地休息。梵天也一直未能到达林迦末端，但他看到般达奴花瓣从天而降，便高兴地拿着花瓣返回原地，向毗湿奴炫耀说自己从林迦末端采来了花瓣。两人向湿婆求证，湿婆因梵天撒谎便砍下了梵天的一颗脑袋。为了显示自己的勇敢并羞辱梵天，湿婆拒绝归还梵天头颅。当湿婆来到瓦拉纳西后，梵天的头颅从手中滑落，掉在地上消失了。[②] 因此，

① 毛世昌、袁永平主编《印度古典文学词典》，兰州大学出版社，2016，第 340 ~ 341 页。

② 毛世昌、袁永平主编《印度古典文学词典》，兰州大学出版社，2016，第 103 页。

瓦拉纳西的每一寸土地都被认为是非常神圣的。

瓦拉纳西被认为是印度最古老和最神圣的城市，坐落在恒河左岸陡峭岩石构成的坚实的岩岸上，其战略地位早在公元前1000年前就已经受到了雅利安人的重视。在佛陀时代，这个地区为婆罗痆斯国，附近的鹿野苑是佛祖释迦牟尼顿悟成佛后初转法轮之处，是佛教史上最著名的圣地。瓦拉纳西在印度教、耆那教和佛教的发展中都发挥了重要作用，"婆罗痆斯国，周四千余里……闾阎栉比，居人殷盛，家积巨万，室盈奇货。人性温恭，俗重强学。多信外道，少敬佛法……天祠百余所，外道万余人，并多宗事大自在天，或断发，或椎髻，露形无服，涂身以灰，精勤苦行，求出生死"。① 从中可以看出，瓦拉纳西自古就是佛教、印度教和耆那教盛行之地。

考古发现，瓦拉纳西是世界上最早有居民的城市之一，从公元前2000年开始，此地就有居民定居。肯尼斯·弗莱彻将其定为世界上最古老的人居城市。《阿达婆吠陀》记载，瓦拉纳西地区在吠陀时期就有了土著居民。瓦拉纳西是印度工业中心，著名的工业品有棉布、丝绸面料、香水、象牙制品和雕塑。8世纪时，商羯罗大师在瓦拉纳西创建了崇拜湿婆的宗教。孔雀王朝时期修建公路，将瓦拉纳西、塔克西拉和帕塔里普特拉连接了起来。中世纪，瓦拉纳西仍然是知识分子和神学家的活动中心以及宗教和教育文化中心。巴克提运动的几个主要人物出生在瓦拉纳西，其中有出生于1440年的神秘主义者、诗人迦比尔。16世纪莫卧儿王朝时期，瓦拉纳西经历了印度教文化的复兴，莫卧儿王朝阿克巴大帝在该地建造了两大庙宇：湿婆庙和毗湿奴庙。200米长的阿克巴大桥也是在这一时期建成的。1658年，奥朗则布大帝下令破坏印度教庙宇，瓦拉纳西经历了一段萧条期。1737年，莫卧儿王朝认可了贝拿勒斯王国的地位，并继续视其为王朝的一部分加以统治，这种情况一直

---

① （唐）玄奘、辩机：《大唐西域记校注》，季羡林等校注，中华书局，1985，第557～558页。

延续到 1947 年印度独立。

在瓦拉纳西，除了 19 处考古遗址外，还有一些著名的名胜古迹，如王柱、艺术博物馆、天文台、洗浴码头等。

简塔·曼塔天文台建于 1737 年，坐落在恒河边的高止山上，紧邻曼曼迪尔码头、达萨斯瓦弥码头和斋浦尔的杰·辛格二世宫殿。

罗那迦尔堡垒位于恒河东岸、图尔西卡特（码头）对面，为 18 世纪的迦尸王巴尔瓦特·辛格所建。堡垒有开放的庭院，风景优美的展馆，是莫卧儿王朝建筑雕刻的一处典型。堡垒和其中的博物馆记录了贝拿勒斯国王们的历史。

在瓦拉纳西，河边的卡特闻名世界。从恒河畔到山上都有石阶，供朝圣者沐浴和朝拜。瓦拉纳西至少有 84 座卡特，其中大部分是朝圣者用来沐浴和朝拜的，当然有一些专门用来供印度教徒火葬遗体。达萨斯瓦弥卡特是瓦拉纳西最主要和最古老的沐浴码头，位于恒河畔，接近毗湿瓦那特神庙（湿婆庙）。相传，达萨斯瓦弥卡特为梵天所建，用十匹马举行达刹祭，用于欢迎湿婆。卡特上有很多神庙，牧师们经常在此举行火祭，敬拜湿婆、恒河女神、太阳神、火神乃至整个宇宙。摩尼迦尼卡卡特为印度教主要的火葬之地，据印度教神话，湿婆的妻子萨蒂在此殉葬。现在的摩尼迦尼卡卡特建于 1302 年，而且已经翻新了至少三次。

在瓦拉纳西，约有 2.3 万座神庙，其中毗湿瓦那特神庙和神猴哈努曼神庙最有名。

毗湿瓦那特神庙位于恒河畔，为 12 湿婆林迦庙之一。该神庙也因金色而著称，建于 1780 年。神庙的两座尖塔都用黄金铸成，为旁遮普统治者兰吉特·辛格于 1839 年捐赠。在这里，每天都举行许多宗教仪式。

神猴哈努曼神庙位于阿西河畔，是印度教神猴哈努曼的神圣庙之一。现在的神庙始建于 20 世纪初，为贝拿勒斯印度教大学的创始人所建。根据印度教传说，神庙是建立在中世纪印度教圣人图尔西达的愿景之上的。

阿逾陀

阿逾陀（Ayodhya），又称阿约迪亚，印度古城，位于北方邦，相传为罗摩诞生地。阿逾陀由“阿”和“逾陀”两部分构成，“逾陀”意即“战斗”，“阿”为否定前缀，整个词的意思是“不打”，或者更通俗地说是“无敌”“固若金汤”。《阿达婆吠陀》用该名称来表达神的城市不可征服。

据传，印度的始祖与立法者摩奴（Manu）是此城的创始人。《罗摩衍那》中说，阿逾陀为乔萨罗国都城，国王为十车王，但又说十车王是甘蔗王朝后裔。十车王之子罗摩被流放到森林，后来回到阿逾陀，建立了一个理想的王国。《罗摩衍那》中说，罗摩晚年将王国分为北部和南部两部分，分别交给他的两个儿子罗婆和俱舍，而他本人投萨罗逾河升天。① 此城被印度教徒视为圣城，因为他们认为此城曾是《罗摩衍那》中的罗摩王国的都城。

历史上的阿逾陀在公元前 6 世纪的佛陀时代开始逐渐有名。孔雀王朝时期，阿逾陀仍然相当出名，但随着孔雀王朝和巽迦王朝的衰落，该城遭受了严重的摧毁。11 世纪，加哈达瓦拉王朝取得统治地位，提升了毗湿奴派的地位，在阿逾陀建造了几座毗湿奴神庙。罗摩被认为是毗湿奴的第七个化身，于是对罗摩的崇拜便兴盛了起来。7 世纪，玄奘大师曾到此城参访，当时这里佛教寺院众多，佛教盛行。“阿逾陀国，周五千余里……气序和畅，风俗善顺，好营福，勤学艺。伽蓝百有余所，僧徒三千余人，大乘小乘，兼攻习学。天祠十所，异道寡少。”②

1707 年奥朗则布死后，穆斯林的统治力量开始被削弱，阿逾陀也慢慢脱离了穆斯林的控制。19 世纪末，此城有 96 座印度教庙宇、36 座清真寺。也是在此，印地语诗人杜勒西达斯（Tulsi Das）写了著名的

---

① 毛世昌、袁永平主编《印度古典文学词典》，兰州大学出版社，2016，第 514 页。

② （唐）玄奘、辩机：《大唐西域记校注》，季羡林等校注，中华书局，1985，第 448～449 页。

《罗摩功行录》。20 世纪 90 年代，阿逾陀成为印度教徒与穆斯林冲突的中心。1992 年 12 月 6 日，印度教徒摧毁了建于 1528 年的巴布里清真寺（Babri Masjid），据说它正好建在了罗摩出生的地方。这里曾有一座被穆斯林破坏了的印度教神庙，为了避免种族冲突的升级，印度政府收购了这块地，而后在此地进行的考古发掘证实了罗摩崇拜者的说法。2003 年 8 月，印度考古调查机构（Archaeological Survey of India）报告称，在有争议的建筑（清真寺）下面，确实有大型的建筑遗迹，一对印度天神的残缺塑像在此出土，此外还发现了一些印度教古典象征——荷花型的装饰物等。现在，这里有一座罗摩神庙，罗摩被雕刻成了孩子形象，微笑着站立于盛开的莲花上。

阿逾陀的神猴哈努曼神庙四角各有一座圆形堡垒，其位于阿逾陀中央，76 层台阶，庙中有哈努曼之母安佳妮神像，哈努曼坐在她的膝盖上。卡纳克 · 巴旺神庙据说是罗摩的继母吉迦伊送给罗摩和悉多的结婚礼物，庙中有罗摩和悉多的雕像。

那迦什瓦纳特神庙为罗摩之子俱舍所建。相传，俱舍在萨罗逾河沐浴时丢了臂环，那坎尼亚捡到臂环并爱上了他。那坎尼亚是湿婆信徒，俱舍便建造此神庙以示爱意。

马图拉

马图拉（Mathula）被认为是黑天诞生地，印度教七大朝圣地之一。马图拉是苏罗色那王国都城，为黑天的舅舅刚沙所统治。温达文是马图拉地区一小镇，黑天在这里度过了自己的童年时代。马图拉作为印度教圣城，有很多与黑天有关的印度教神庙。其中，克里希纳 · 詹马布米（Krishana Janmabhoomi）印度教神庙供奉黑天，被认为是最神圣的神庙。

黑天是印度教最重要的神祇之一。按照印度教的传统观念，他是主神毗湿奴的化身。黑天的皮肤黑中带蓝，近似带雨的乌云。黑天属于马图拉一带亚穆纳河两岸以游牧为生的雅度族。在印度教神话中，黑天出生在马图拉，其亲生父亲和母亲为富天和提婆吉。黑天的舅舅、暴君刚沙听到天启，说自己迟早会死于提婆吉的儿子之手。为了免除灾难，刚沙命人把富天和提婆吉关入大牢。刚沙杀死了他们的前六个儿子，第七个儿子幸免于难，他就是大力罗摩。当提婆吉生下第八个儿子黑天时，众神显现，在暴风雨之夜蒙倒监狱看守，让富天带着婴儿逃出牢房。富天把婴儿委托给牧人难陀和耶雪达夫妇收养，换走耶雪达刚生下的女婴返回牢房。在刚沙向女婴举起屠刀之际，女婴化作女神宣示："哦！邪恶的刚沙，勇武不是用来对付女人的，杀手已经诞生，并在四处找你。"刚沙命令杀死全国的男婴，难陀夫妇抱着黑天逃亡。黑天婴儿时力气大得惊人。刚沙派女妖布陀纳化作保姆，企图用奶水毒死黑天，但被黑天吸吮精脉而死。另一魔鬼企图用车子碾死黑天，结果被黑天摔死。刚沙又设计召黑天进宫，想趁机杀死黑天，结果被黑天杀死。①

少年黑天是个牧童，在亚穆纳河边弗林达树林放牧，是无数少女心仪的对象、梦中的情人。黑天最宠爱的情人叫罗陀，其闭月羞花、风情万种。黑天和罗陀的爱情故事成为印度艺术中永恒的主题，被人们永远传唱。在印度教神话中，罗陀是毗湿奴的妻子吉祥天女拉克希米的化身。据说黑天有 1.6 万个情人，罗陀是他最宠爱的一个，也是所有情人中最漂亮、最温柔的一个。她撒娇时风情万种，难过时梨花带雨。亚穆纳河水如玉液琼浆，清澈见底，缓缓流动。鱼儿在水里欢跃，孔雀在绿茵上展翅，每当月亮东出之时，牧童黑天就会吹响笛子，牧女们便在清辉之下，于花香中围着黑天和罗陀翩翩起舞。黑天和罗陀的故事实际上反映了印度教中人和神的结合，是印度教徒追求的理想爱情。②

在《摩诃婆罗多》里，黑天是著名的英雄、天才军事家、般度族的军师。在俱卢战争中，他竭力在般度族和俱卢族之间斡旋，力图避免战争，但最终未能使两家化干戈为玉帛。大战前双方都求助于黑天，黑

① 毛世昌、袁永平主编《印度古典文学词典》，兰州大学出版社，2016，第 361 ~ 362 页。

② 毛世昌、刘雪岚主编《辉煌灿烂的印度文化的主流——印度教》，中国社会科学出版社，2011，第 126 页。

天让他们在自己的军队和自己之间各选一样。结果俱卢族选中黑天的军队，而般度族选择了黑天。交战双方秣马厉兵，严阵以待。战争开始后，他是般度族统帅阿周那的御者，实际上是高级军师。阿周那作为武士楷模的化身，乘坐黑天驾驭的战车，来到阵前。他俯瞰敌军，百感交集，对面有自己的亲人、好友、师长，想到他们即将丧身在刀剑之下，便无力自制，宝弓从手里掉落。他方寸俱乱，心灰意冷，对胜利的渴求已荡然无存。黑天劝阿周那勇敢战斗，刹帝利种姓的职责就是打仗，切不可心慈手软，无需慈悲为怀而忧心忡忡；人体的唯一存在就是灵魂，而灵魂又是人人同一、永驻长存的。阿周那豁然开朗，大彻大悟，顿识黑天就是神，于是神情振奋，决意一战。黑天劝说阿周那的话便是著名的印度教哲学著作《薄伽梵歌》。般度族最后大获全胜，黑天起了举足轻重的作用。①

马图拉也以其著名的佛教艺术而闻名于世。马图拉是印度最早的两个佛陀雕像制作源头和中心之一（另一个为犍陀罗）。但两地的风格截然不同，犍陀罗艺术受希腊因素影响较重，而马图拉艺术则保持了印度原有的风格。在伽色尼的马茂德入侵期间，马图拉由于神庙密布、财宝众多而受到穆斯林军队的彻底洗劫。马茂德掠夺这座城市长达 20 天，摧毁了城里所有的印度教和佛教庙宇。

乌贾因

乌贾因（Ujjain）位于中央邦，是乌贾因区最大的城镇。古代称其为优禅尼或乌者衍那，是古代阿班提国的首都、超日王的京都。4 世纪著名诗人迦梨陀娑就在乌贾因担任宫廷诗人。玄奘取经时曾游历此地："乌者衍那国（乌贾因）周六千余里……王，婆罗门种也，博览邪书，不信正法。"② 这说明佛教在这里并不盛行。

---

① 毛世昌、袁永平主编《印度古典文学词典》，兰州大学出版社，2016，第 365 ~ 366 页。

② （唐）玄奘、辩机：《大唐西域记校注》，季羡林等校注，中华书局，1985，第 922 页。

乌贾因是印度教朝圣地，也是大壶节举办地之一。乌贾因的历史悠久，在这里每隔 12 年举行一次盛大的宫巴库会，全国各地有几十万甚至上百万宗教信徒涌向这里，聚集在奇布拉河里沐浴，以祈长生不老。

乌贾因有一些印度教神庙，如查曼达马塔神庙、钦塔曼甘尼什神庙、古帕尔山、伊斯康神庙、黑天神庙、马哈卡勒什瓦神庙和曼加尔纳斯神庙，其中钦塔曼甘尼什神庙最大。马哈卡勒什瓦神庙供奉湿婆大神，南边是一个湖。乌贾因拥有神圣的树木，如生长在悉达瓦特西普拉河畔的榕树。

奇丹巴拉姆

奇丹巴拉姆（Chidambaram）位于泰米尔纳德邦，历经潘迪亚王朝、朱罗王朝、毗奢耶那伽罗王朝、马拉塔人和英国人的统治。奇丹巴拉姆神庙是舞王湿婆庙，占地约 160000 平方米，主要敬拜舞王湿婆和一些其他神祇，如加内沙、毗湿奴和帕尔瓦蒂等。神庙初建于朱罗王朝，金瓦屋顶为朱罗王朝帕兰陀迦一世（907~950 年）所造。

传说，湿婆在提莱森林散步，林中居住着一群仙人，他们相信魔法和咒语具有无上的力量，可以控制天神。湿婆大神想测试仙人，便化身为寻求施舍的乞丐漫步在森林里。毗湿奴化身为湿婆配偶摩西尼紧随其后。仙人和他们的妻子被这一对情侣的美丽迷住了。仙人们看到自己的妻子如此陶醉，便愤怒地招来大量的蛇。湿婆抓起蛇，并把它们当作装饰缠在颈部和腰部，进一步激怒了仙人们。他们招来一只猛虎，湿婆便剥取老虎皮缠在腰间。随后，仙人们招来大象，但大象也被湿婆杀死。仙人们聚集所有的精神力量造出一个强大的恶魔穆耶拉坎（傲慢和无知的象征）。湿婆面带温和的微笑，踩在了恶魔的背部，跳起了极乐之舞，并向仙人们显现了他的真身。仙人们最终意识到，魔法和咒语是无法控制天神的。

相传湿婆是印度舞蹈的始祖，会跳 108 种舞蹈，被尊为舞王。湿婆的舞蹈动作既有轻柔的，也有刚劲的。他愤怒时跳舞，难过时也跳舞。当他翩翩起舞时，三只眼睛睁开，分别洞察过去、现在和将来；四只手臂轻轻舒展，前两臂做印度教典型姿势，后两只手分别持小鼓和火焰。他的舞蹈可以撼天动地，具有毁灭世界的力量。

坎奇普兰

坎奇普兰（Kanchipuram）是印度教七座圣城之一，被称为“千庙之金城”，位于金奈南部85千米处、帕拉尔河下游左岸，有“南印度的贝拿勒斯”之称。该城历史悠久，古称“岗吉布拉摩”。在坎奇普兰，佛教盛行于1～5世纪。1世纪，耆那教被引入帕拉瓦王朝。印度教在坎奇普兰的复兴受到了商羯罗和罗摩奴阇的影响。

据说，这里原有1116座建于不同朝代的印度教神庙，其中湿婆神庙1008座、毗湿奴神庙108座。但由于自然与战乱的毁坏以及年久失修，现在大部分神庙已不存在。目前保存完好的只有200多座神庙，湿婆派神庙集中于西城，毗湿奴派神庙集中于东城。其中最古老的是凯拉塔神庙，其始建于6世纪，7世纪时得到进一步扩建，这是一座设计独特的建筑，堪称帕拉瓦风格的结晶。凯拉塔神庙有金字塔形顶塔、列柱厅、门厅和围墙，墙头上处处可见雄狮跃立形壁柱，雕刻精美、典雅庄重。神庙低矮的砂岩墙壁上有大量的雕刻，其中有很多是半人半兽型的神灵雕像。神庙中有58座小神龛，供奉着湿婆的各种形象。

坎奇普兰的另一座庙宇，建于7～8世纪，是献给维孔塔佩鲁马尔（毗湿奴的化身）的，属于帕拉瓦风格中较为成熟的庙宇建筑，回廊、门廊和圣殿等结构完整。

瓦罗德杰·斯瓦米湿婆庙建于12世纪，属古代达罗毗荼建筑风格。庙内有一座百柱大殿，每根石柱上都刻有各种各样的神像和珍奇怪兽，其雕刻工艺精美绝伦。石墙上亦刻着各式各样的链条花纹，令人叹为观止。庙的顶部耸立着一座七层顶塔，高达30多米。城内还有一座雪山神女庙，又称“斯里卡玛克卡庙”，每年2～3月都要举行盛大的庆祝仪式。

艾坎巴兰塔庙坐落于坎奇普兰北部，是坎奇普兰最大的神庙，供奉着湿婆林迦。神庙占地1.67万平方米，建有四个塔门，南塔门最高，达55米，是印度最高的塔门之一。该神庙有五间神殿，每一间代表了大自然的主要元素，即土、水、气、天空和火。

艾坎跋莱斯瓦拉神庙是印度教湿婆庙，建于14～16世纪的维查耶纳伽尔国，为印度教五大湿婆庙之一。神庙的大门有59米高，是南印度最高的庙宇之一。庙内最引人注目是百柱大厅，墙上雕刻着1008个湿婆林迦。每年印历的法尔衮月即公历2～3月举行为期13天的法尔衮节，节日期间呈现湿婆与配偶帕尔瓦蒂盛大的婚礼场面。

蒂鲁帕蒂

蒂鲁帕蒂（Tirupati）位于安得拉邦，被认为是最神圣的印度教圣地之一，因为蒂鲁玛拉的文卡特斯瓦拉神庙被称为“安得拉邦的精神之都”。2012～2013年，印度旅游部将蒂鲁帕蒂命名为“最好的遗产城市”。在泰米尔语中，“蒂鲁”（tiru）意味着神圣的或女神拉克希米，“帕蒂”（pathi）意味着丈夫，蒂鲁帕蒂即女神拉克希米的丈夫毗湿奴。文卡特斯瓦拉是毗湿奴的别名。根据往世书的记载，世尊罗摩、悉多和拉克什曼从楞伽岛返回时曾在这里暂住过。蒂鲁帕蒂分为上下两部分，上蒂鲁帕蒂被称为“蒂鲁玛拉”，蒂鲁帕蒂通常指下蒂鲁帕蒂。

蒂鲁玛拉的文卡特斯瓦拉神庙是蒂鲁帕蒂最引人注目的毗湿奴神庙。往世书记载，蒂鲁玛拉山为保护之神毗湿奴的蛇床——阿难陀所化，七座山峰为蛇王的七颗头。除文卡特斯瓦拉神庙外，蒂鲁帕蒂还有其他许多古老的神庙，如帕德玛瓦迪神庙、戈文达罗迦神庙、迦毗罗斯瓦拉神庙等。

巴尔萨纳

巴尔萨纳（Barsana）位于马图拉西北50千米处，为牧童黑天的情人罗陀的故乡。该地的罗陀罗尼神庙主要敬拜黑天和罗陀这一对情侣。

古鲁瓦约尔

古鲁瓦约尔（Guruvayur）也被称为“南方的多门城”。古鲁瓦约尔神庙敬拜黑天，相传神殿内的雕像大约有5000年的历史。据说，多门城被毁之后，风神和祈祷主将黑天的塑像带到了克拉拉地区，并在克拉拉建造了黑天神庙。古鲁瓦约尔一词是由“古鲁”（guru）和“瓦约”（vayu）两个词合成，古鲁即导师，指祈祷主，瓦约指风神。古鲁瓦约尔神庙是一座著名的毗湿奴神庙，是印度教徒最重要的宗教活动场所之一，相当于毗湿奴的维昆达，即他在地球上的神圣住所。神庙里的毗湿奴神像相当迷人，他手持权杖、法螺、法轮和莲花，这个塑像的装扮相当神圣，代表了毗湿奴化身为黑天时向富天和提婆吉显现自己的宇宙形象。

巴德里查兰

巴德里查兰（Bhadrachalam）位于安得拉邦，是印度教朝圣地，因位于哥达瓦里河左岸的罗摩和悉多神庙而著称。该庙宇大约建造于17世纪，据说罗摩曾在此居住过一段时间。

四　伊斯兰教和伊斯兰教圣地

1. 伊斯兰教

伊斯兰教是世界三大宗教之一。“伊斯兰”是阿拉伯语的音译，本意为“顺从”“和平”，指顺从唯一的主宰安拉的旨意以及顺从旨意者将获得和平。顺从安拉旨意的人，即“顺从者”，阿拉伯语叫“穆斯林”，是伊斯兰教徒的通称。

伊斯兰教兴起于阿拉伯半岛氏族制社会剧烈变动的历史时期。四方割据，战乱频繁，内忧外患，危机重重。在宗教信仰上，原始宗教盛行，人们崇拜自然物，并且各个部落都有自己的神。同时，犹太教和基督教也开始向阿拉伯半岛传播，但它们的学说并不适合这种形势。实现半岛的和平统一和社会安宁是阿拉伯社会的出路，为满足阿拉伯人建立统一民族国家的愿望和改变社会经济状况的要求，7世纪初，穆罕默德在麦加创立了伊斯兰教。622年，穆罕默德率信徒迁至雅兹里布（后改名为麦地那），建立了政教合一的宗教公社——“乌玛”，从组织上奠定了伊斯兰事业的基础。经过多年斗争，至631年，麦加和阿拉伯半岛其他地区的部落民陆续归信伊斯兰教，承认穆罕默德的政治权威和宗教上的先知地位。632 年，穆罕默德逝世时，伊斯兰教已成为半岛上阿拉伯民族的统治宗教。

在正统哈里发时期（632～661 年），随着阿拉伯穆斯林军队的对外征战，伊斯兰教的传播地域超出了阿拉伯半岛。8 世纪初，影响已扩及亚、非、欧三洲，由民族宗教逐渐演变为世界性宗教。

伊斯兰教为一神论宗教，其思想渊源可溯及古闪族的一神观念，在形成过程中亦受到西亚地区其他宗教和学说的影响，并保留了古阿拉伯人的原始信仰、崇拜仪式和生活习俗中的某些因素。伊斯兰教由信仰（伊玛尼）、宗教义务（伊巴达特）、善行（伊哈桑）三部分构成。其基本信仰主要包括六信和五功两部分。六信即信安拉、信天使、信经典、信先知、信后世、信前定；五功即念、礼、斋、课、朝。伊斯兰教的基本经典为《古兰经》和圣训，强调两世吉庆观，宣传善恶报应说，主张万事前定论，以敬畏、虔诚、顺服、行善、坚忍、自制、谦和、宽恕等品德为待人接物和处世行事的规范。其教法在洁净、婚姻、家庭、丧葬、饮食、战争、贸易、借贷、利息、遗产等方面亦有严格规定或禁戒。伊斯兰教的主要节日有宰牲节（古尔邦节）、开斋节、圣纪等，在不同地区、民族和教派中还有各自独特的节日和生活习俗。穆斯林以清真寺为宗教生活和文化生活中心，一些地区的道堂、陵墓、麻札、拱北等建筑，也被穆斯林奉为圣地、圣墓，朝拜这些地方或建筑成为他们宗教生活的一项重要内容。

伊斯兰教创立后不久，政见分歧导致了宗教分歧，先后分化出什叶派和逊尼派。9～10 世纪，各教派的宗教体制最终定型并延续至今。在宗教体制形成的同时，教法学日臻完善。11 世纪中叶，艾什尔里派的教义被定位为官方信仰，随后安萨里将其与苏非神秘主义合一，形成逊尼派教义的最终形式，并为世界绝大多数穆斯林所信奉。

伊斯兰教在印度有大量信徒。90% 以上的印度穆斯林属于逊尼派，另有少数属于什叶派和苏非派。尽管伊斯兰教于 622 年在阿拉伯诞生，但它在印度扎下根却是在 1200 年之后。众所周知，阿拉伯与印度在先知穆罕默德时代以前就有商贸往来。8 世纪起，阿拉伯、阿富汗等外族人开始入侵，伊斯兰教传入印度。12 世纪，北印度部分地区受到穆斯林入侵，这让印度教徒感到了一个强大的外族宗教的存在。1206 年建立的德里苏丹国，奉伊斯兰教为国教，引入了伊斯兰文化。12 ~ 18 世纪中叶，印度大部分地区受到伊斯兰教影响。1526 年，外族人巴布尔建立莫卧儿王朝，其成为世界上最强大的国家，将伊斯兰文明推向一个新的高度。令人意外的是，莫卧儿王朝阿克巴大帝是一位非常开明的穆斯林君主，他并没有破坏印度教庙宇。1757 年后，印度沦为英国的殖民地。19 世纪末，印度穆斯林中出现改良主义运动和不同的思想派别。1906 年，“全印穆斯林联盟”成立，它与国大党联合反对英国殖民统治，推进民族解放运动。后因政治分歧，“全印穆斯林联盟”提出“两个民族”理论，真纳等“全印穆斯林联盟”领导人号召创建独立的伊斯兰国家。1947 年 6 月，印巴分治，同年 8 月，印度独立。

2. 主要伊斯兰教圣地

阿杰梅尔

阿杰梅尔（Ajmer）位于印度拉贾斯坦邦，距离斋普尔 135 千米。阿杰梅尔为 7 世纪阿加帕尔·超汗所建，起初命名为“阿加米卢”，即无敌山。阿杰梅尔被阿拉瓦利山脉环绕，为穆斯林朝圣中心，苏菲派圣徒赫瓦贾·穆因－乌德－丁·奇什蒂在此居住过。在这里，无论是高高的清真寺圆顶建筑，还是头戴白帽、一袭白衣的装束打扮，都散发出浓烈的伊斯兰气息。圣人奇什蒂死后，在谢里夫被火化，奇什蒂陵墓所在地就是阿杰梅尔的谢里夫清真寺。

阿杰梅尔谢里夫清真寺坐落于塔拉迦山脚，为白色大理石建筑，里面有苏菲派圣徒赫瓦贾·穆因－乌德－丁·奇什蒂的陵墓。人们称呼这位圣徒为“穷人的恩人”，因为奇什蒂以非暴力运动而闻名，曾为穷人提供过帮助和保护。每年 5 月的乌尔斯节庆期间，来自各地的穆斯林教徒都要前来朝拜圣陵。在清真寺的两个庭院中，几座白色大理石建筑整齐排列。圣陵大门为海得拉巴的尼扎姆所捐赠。圣陵为阿克巴所建，据说阿克巴大帝和王后每年都从阿格拉徒步来此朝拜，祈求赐予他们一个儿子。

塔拉迦城堡建于塔拉迦山顶，城垛周长约 3000 米，为阿杰梅尔的守护堡，被誉为“印度乃至世界上最古老的山堡垒”。塔拉迦城堡为国王阿杰帕尔·乔汗（Ajaypal Chauhan）所建，登上城堡，可以俯瞰阿杰梅尔全城。

两日半寺（Adhai Din Ka Jhonpda）位于塔拉迦山腰，如今虽是处年久失修的遗址，却不失为一座颇具传奇色彩的清真寺。这里早先曾是所梵语学院，1198 年，一位穆斯林苏丹王攻陷阿杰梅尔，将部分梵语学院摧毁，在原址上建造了这座清真寺，并在原有的柱子大厅外搭建了蔚为壮观的七排拱廊。至于如何得名，传说是这里仅用了两天半的时间就竣工了。较为可信的说法是，“乌尔斯节”的持续时间为两天半。

五　锡克教和锡克教圣地

1. 锡克教

锡克教是 15 世纪末产生于印度的一神教，主要流行于印度旁遮普邦的阿姆利则。印巴分治前，旁遮普具有不同于印度其他地区的独特地理位置。旁遮普像一个不等边的三角形，最短的一条边即印度的北部边境，高耸的喜马拉雅山把印度与西藏平原分开。旁遮普的西部边界以印度河为限。印度河向西蜿蜒便是一连串陡峭的山脉，其中开伯尔山口（Khyber）和波伦山口（Bolan）成了外族入侵印度的主要通道，这样旁遮普就成为外族入侵的首选地区。作为进入印度的主要大门，旁遮普注定成为永久的战场。德里苏丹国和莫卧儿王朝交替时期，旁遮普地区成为洛迪（Lodhis）王朝的领地。这一时期，旁遮普，甚至整个印度社会都在经历一场政治、文化和宗教领域的大动荡。这些变化不但无益于印度社会的统一和团结，反而加速了印度社会的分裂。穆斯林统治在印度社会各个领域产生了重要影响，但其既没有将伊斯兰教倡导的平等理念注入印度社会，也没有兴趣改变以种姓为核心的印度社会的组织基础，反而从侧面加剧了印度社会的不平等现象。在印度当时日益恶化的社会条件下，需要一位圣人来挽救这个受压制、被蹂躏的社会。因此，那纳克的出现是社会发展的必然结果。

那纳克生活在德里苏丹国向莫卧儿王朝过渡的时代。那纳克出身刹帝利种姓，自幼沉浸在冥思和祈祷之中，热爱神学。相传一天凌晨，那纳克在河中沐浴时，与神进行了沟通和会话。神给了他一杯甘露，并赋予他神圣的使命。“那纳克，我和你同在，你使我的名字发扬光大。任何追随你的人，我都将挽救他。去进行祈祷，并教导人们正确的祈祷方式。不要被世俗所沾染，你的生活就是充满慈爱地赞美神名、沐浴、服务和祈祷。那纳克，我赐予你我的誓言，这些就是你的使命。”① 那纳克在河里消失了三天三夜，第四天从河里走出来的第一句话是：“世无印度教徒，也无穆斯林。”这标志着那纳克已经找到了真理，预示一个新的宗教——锡克教即将诞生。此后，那纳克开始四处游历向人们传播这个新的真理，向印度教的种姓制度、仪式主义和化身敬拜挑战，并动摇了印度教的社会根基。同时，他批评了伊斯兰教的形式主义。1524年，那纳克完成了他的游历传教活动，在拉维河岸边定居下来。当地的许多居民都成了他的信徒（Sikh，音译锡克），从此“锡克”这个词便形成了。

锡克教结合了印度教中的非暴力思想和伊斯兰教中的一神论思想以及伊斯兰教苏菲派中生活简朴的原则。那纳克主张一神论，认为宇宙之神是唯一的，是无处不在的，是所有存在的根源，既是宇宙的创造者，也是宇宙的维护者和毁灭者，它的名字是“真理”。人们只要向神表达虔诚的爱，对神进行冥思，神便会显现在人们的灵魂深处。一切外在的化身敬拜、宗

---

① 张占顺：《论印度锡克教的产生》，《上海商学院学报》2007 年第 4 期，第 55 页。

教苦修、种姓区分等都毫无用处。神的“唯一性”、“普遍性”和“无限性”是那纳克思想和锡克教教义的基础。那纳克完全拒绝接受苦行禁欲的神秘主义思想，主张人们应该积极地生活，去过一种世俗的家庭和社会生活。世俗的生活是神赐予人们的一份礼物，为人们提供了获得解脱的机会。那纳克提倡在神面前人人平等，反对歧视妇女、寡妇殉葬和童婚。作为锡克教的第一位师尊，那纳克似乎试图把印度教和伊斯兰教融为一体。

那纳克之后，锡克教相继出现了九位师尊，前后共有十位。1606年，锡克教第五代师尊阿尔琼·戴维死后，由于当时的历史环境和穆斯林的狂热行动，锡克教发生了很大的变化。为了对抗莫卧儿王朝的压迫，锡克教逐渐发展成为一个带有军事化色彩的组织。

到了第十代师尊戈宾德·辛格时，锡克教军事化色彩组织的定位已经很明确了。1699 年，戈宾德·辛格组建了教徒的集体组织——锡克教社团，并宣布把以前集中在师尊手中的宗教和世俗的最高权力转交给社团。为同正统印度教划清界限，他规定锡克教徒成年时必须举行特殊的洗礼——剑礼，即用双锋剑搅匀的水洒身。剑礼之后，男教徒的名字加辛格（狮子），女教徒名字加考儿（公主）。至此，锡克教成了一个纯正的宗教派别，并禁止教徒剪发、吸烟、饮酒和吃肉。

“五 K”是锡克教徒区别于其他宗教教徒的五种外在标志，即蓄长发（kesh）、加发梳（kanga）、穿短衣裤（kachera）、右手戴钢手镯（karicira）和佩短剑（kirpan）。因为每一种标志的印地语都以“k”打头，故简称为“五 K”。在锡克教徒看来，“五 K”分别具有特殊的含义。蓄长发表示睿智、博学、大胆、勇猛，是锡克教成年男教徒最重要的标志。加发梳是为了保持头发的整洁，也可以促进心灵修炼。戴钢手镯象征锡克教兄弟永远团结。佩短剑表示追求自由和平等的坚强信念。穿短衣裤是为了区别于印度教徒穿的长衫。不过，今天的锡克教男子平时很少穿短衣裤、佩短剑，但蓄发、加发梳、戴钢手镯仍然极为普遍，尤其是在梳好头发之后，再包上一条长长的头巾，成为锡克教徒的典型形象。此外，令人印象深刻的是，虽然印度乞丐很多，但锡克教徒中很少有乞丐，因为锡克教强调勤劳、勇敢，而且内部团结、互为兄弟。锡克教寺院往往就是该教的慈善中心。

按照规定，凡承认锡克教义、十位师尊和锡克教的著名经典《戈兰特·萨哈布》者，皆可成为锡克教徒。

锡克教徒主要分布在旁遮普邦和哈里亚纳邦，占印度人口的2%。中国也曾经有过印度的锡克教徒。上海的锡克教会是旅居上海的印度锡克教徒的教会。上海开埠建立租界后，印度人来到上海，他们大多来自旁遮普邦，信奉锡克教，聚居于今广西北路，该地曾被称为锡克路。1863年，公共租界建立，锡克人遂迁居虹口。1943年，汪伪政府“接收”上海公共租界，日本侵略军对洋商企业（轴心国企业除外）实行军管，陆续解雇印度巡捕和司阍，致使印度侨民陷入生活困境。有些人离沪回国，有些人转业牧场，经营乳品。抗日战争胜利后，国民党发动内战，一些洋商企业关闭，牧场经营不景气，印度侨民纷纷离沪回国。戈登路、马霍路、舟山路的锡克教谒师所（印度锡克教徒的礼拜场所）也先后关闭。1949年10月，中华人民共和国成立时，上海印度侨民仅有200余人。1956年，上海市人民政府资助印度侨民离沪去香港谋生，留存上海者不足20人。1962年10月，市政府再次资助留沪印侨去港。宝兴路锡克教谒师所停止宗教活动。

2. 主要锡克教圣地

金庙

金庙位于印度旁遮普邦阿姆利则市，是锡克教最为神圣的地方，被誉为“锡克教圣冠上的宝石”。阿姆利则意为“花蜜池塘”，源于锡克教第四代师尊拉姆·达斯于1577年修建的一座名为“花蜜池塘”的水池。金庙则由锡克教第五代师尊阿尔琼·戴维于1589年主持建造，1601年完工，迄今已有400多年的历史。为了建造一个男人和女人、世界各种宗教信徒都能毫无区别地敬拜唯一神的金庙，锡克教第五代师尊阿尔琼·戴维以非教派化的姿态特邀了穆斯林苏菲派圣人为金庙奠基。因该庙的门及大小19个圆形寺顶均贴满金箔，在阳光照耀下，分外璀璨夺目，长期以来该庙被锡克教徒尊称为“神殿”。金庙位于甘露池的中央，四周水波荡漾。蓝天、碧水、金庙浑然一体，营造出一种静谧、祥和的气氛。圣殿内墙壁上的图案可谓精工细雕、花纹众多，显得金碧辉煌又富有艺术美感。

金庙顶部为一大金圆顶，四角各立有一个小金圆顶，如四个金甲武士护卫着头戴金冠的威严帝王，通体镀满了100多公斤的黄金。圆顶造型恰似一朵倒放的莲花，莲花反插于湖水中，直通大地，表明锡克教对人世间苦难的关心。圆顶的最尖端，直指太空。金庙有四个入口，既代表四个方向，也象征锡克教的开放性。

金庙有一些象征锡克教徒世界观的建筑特色。谒师所并非建于高处，而是建在一个较低的平地上，这样可以让信徒们很容易沿着台阶进入。金庙入口不是一个，而是四个，以体现谒师所的开放性。谒师所被花蜜池塘包围，有三棵圣树，每一棵代表一个历史事件或一位锡克教师尊。谒师所里面有很多纪念牌匾，以纪念锡克教历史事件、圣人和烈士，包括纪念两次世界大战中战死的锡克教勇士。

寺内共分12个区域，除圣殿外，还有香客休息室、诵经堂、法师起居室、修道殿、膳厅、储藏和陈列室等。一条长约50米的大理石桥将圣殿与湖边平台相连，密密麻麻的教徒在桥上摩肩接踵。踏着大理石板漫步湖边，人在各个角度都能看到倒映在湖水之中的金顶圣殿。这种屹立于甘露池中央的建筑设计在建筑世界中堪称罕见。

免费公共食堂是任何一座锡克教寺庙都不可缺少的重要构成部分，也是锡克教寺庙有别于其他寺庙的重要标志。金庙里的免费公共食堂有两层高，每天可为上万人提供免费用餐。如果游客饿了，寺方会提供斋食，累了还可躺在平台上休息，睡至天亮也无人打扰。

安纳波沙希贝镇

安纳波沙希贝镇（Anandpur Sahib）是印度旁遮普邦卢普那加尔地区一城市，被称为“幸福圣城”，是重要的锡克教圣地。安纳波沙希贝镇坐落在喜马拉雅山脉的包围之中，这里风景如画，与萨特累季河一道构成西南边境线。安纳波沙希贝镇初建于1644年，为锡克教第九代师尊得格·巴哈杜尔所建。锡克教徒被莫卧儿王朝逼迫至喜马拉雅山丘陵地带时，得格·巴哈杜尔的脑袋被奥朗则布割去，但锡克教徒将其从德里带到了安纳波沙希贝镇。安纳波沙希贝镇最具吸引力的便是许多谒师所。

六　拜火教和拜火教圣地

1. 拜火教

拜火教音译琐罗亚斯德教（Zoroastrianism），中国史称祆教，流行于古代波斯（今伊朗）及中亚等地，为基督教诞生前中东最有影响力的宗教。公元前6世纪，波斯人琐罗亚斯德创建琐罗亚斯德教，因该教拜火，以火光代表至善之神来崇拜，亦称“拜火教”。同时，该教还拜日月星辰，故又名“祆教”。3世纪，波斯撒桑王朝定拜火教为国教，该教一时在中亚地区盛行。7世纪，大食（阿拉伯）统治波斯后，伊斯兰教取胜，迫使拜火教东移。

拜火教为世界上现存最古老的宗教之一，其教义是哲学上的二元论和神学上的一神论。所谓二元论是指自然界有光明和黑暗两种力量，前者崇拜众善神，后者崇拜各种恶灵。它们都有创造的力量，并组织了自己的阵营，经过长期的较量和斗争，光明终于战胜了黑暗。在光明与黑暗、善与恶的对峙中，人可以自由选择自己的命运。善有善报，恶有恶报，愚痴受到永世的惩罚，真理引向丰颐的生命。拜火教还把人生前的活动分为思想、言论和行为三类，在每一类中又分为善、恶两种，并把三善、三恶与天堂地狱的说教结合起来。这种善恶报应的主张在理论和逻辑上必然要承认灵魂转世和末日审判。

一神论中的“神”指唯一神阿胡拉·玛兹达。阿胡拉即创世主，玛兹达即超智慧。琐罗亚斯德宣称，阿胡拉·玛兹达是唯一神，与阿胡拉·玛兹达相对立的代表黑暗力量的恶神叫阿赫里曼。阿胡拉·玛兹达具有斯芬特·曼纽（良好精神），是一个至善的“亚莎之父”（真理、秩序、正义）。与此相对，阿赫里曼具有安格拉·曼纽（邪恶精神）。拜火教认为，火是阿胡拉·玛兹达的儿子。火的清净、光辉、活力象征了神的绝对和至善，因此火是人们所见的“正义之眼”。对火的礼赞是教徒的首要任务。

早在米底王朝时期，拜火教就是伊朗地区主要的宗教，它起源于伊朗地区古代部落的宗教信仰。在米底王朝晚期，拜火教开始成为官方宗教和巩固王权的工具。到阿黑门尼德王朝时期，拜火教形成了统一的宗教仪式。阿黑门尼德王朝时期是东方各民族文化相互影响、蓬勃发展的时期。虽然阿黑门尼德王朝有许多在宗教传统方面完全不同的地区，无法形成一个统一的宗教体系，但阿黑门尼德王朝历代国王都是琐罗亚斯德教的信徒，他们都自称是阿胡拉·玛兹达的使者。阿黑门尼德王朝时期也是拜火教大发展的时期，这一发展与波斯强大的奴隶制军事帝国的形成需要思想意识领域的统一不无关系，统治者的大力支持使它在百余年间成为中东第一大宗教。大流士在政变中上台以后，征服了许多国家，扩大了帝国的疆域。波斯也成为地跨欧亚非三洲的大帝国。大流士非常重视宗教对帝国的巩固作用，便奉拜火教为国教，把自己的一切行为和政治决策都说成是秉承了阿胡拉·玛兹达的意旨。阿胡拉·玛兹达也成为王权的保护神。通过宣扬宗教、向人民灌输所谓的“弃恶从善”，来麻痹人民斗志。这种软硬兼施的两手政策在当时条件下对于加强帝国统治和稳定起到了一定作用。拜火教受压制是从 7 世纪开始的，633 ~ 654 年，阿拉伯人征服波斯，拜火教受到重创。

拜火教与印度教原本就有联系。公元前 20 世纪左右，原居住在中亚草原地区属于印欧语系的雅利安人越过现今阿富汗和巴基斯坦交界处的兴都库什山脉涌入伊朗高原和印度次大陆西北部地区，创造了自己的文化和宗教。雅利安人信奉多神，特别是火神，并实行烦琐的祭祀仪式，对火的敬拜尤为重要。拜火教的唯一神——光明神阿胡拉·玛兹达与雅利安原始宗教多神崇拜中的主要内容密特拉崇拜有直接的关系，密特拉崇拜在上古是最主要的崇拜类型之一，火、光明、太阳神崇拜都源自密特拉崇拜。波斯被阿拉伯人征服后，拜火教在波斯走向衰弱，但在印度却蓬勃发展起来，印度成了拜火教徒最多的国家。英属印度期间，拜火教在印度经济、娱乐、军事和自由运动中都发挥了显著作用。迁移到印度的拜火教徒也被称为帕西人或伊朗人。当前的拜火教徒数量在260万左右，大多数生活在印度和伊朗。

琐罗亚斯德教在撒桑王朝时盛行于中亚各地，8世纪中叶穆斯林统治波斯、占有中亚后，大批教徒向东迁徙。当时该教在中国新疆的高昌、焉耆、康国、疏勒等地流行。波斯于518年通北魏。拜火教传入中国后曾受到北魏、北齐、北周、南梁等统治阶级的支持。北齐出现了很多祆祠，一时蔚成风气。北周的皇帝也曾亲自“拜胡天”“从事夷俗”。从北魏开始，北齐、北周相继在鸿胪寺中设置火祆教的祀官。唐朝在东西两京都建立祆祠，东京有两所，西京有四所。唐会昌五年（845年），武宗禁传佛教和其他外来宗教，火祆教同时也受到排斥。以后经五代、两宋犹有残存，民间仍有奉祀火神的习俗，在汴梁、镇江等地还有祆祠。南宋以后，祆教在中国几近绝迹。但是在中国山西省介休市有中国唯一一处祆教建筑。

当祆教在中原地区不断遭受打击而日渐衰落之际，其在新疆却进入其发展的鼎盛时期。由于祆教没有取得官方宗教的地位，主要流行于农村，与当地的原始宗教相互渗透、融合，最后演变为民间宗教的一部分，所以，从宋代以后不再见于文献记载。

2. 主要拜火教圣地

桑占

桑占（Sanjan）位于古吉拉特邦南部沿海地区，为印度拜火教第一大圣地，桑占的阿塔什·贝拉姆圣火是10世纪印度帕西人点燃的第一堆圣火。936年，伊朗拜火教徒被穆斯林驱赶，来到印度的桑占，得到了印度土邦王贾迪·拉纳的庇护。自此，这些帕西人成了印度社会的一分子，并与印度教徒一道反抗穆斯林。

那瓦萨里

那瓦萨里（Navasari）位于古吉拉特邦。12世纪初，受巴加利帕西人邀请，桑占的拜火教祭司来到那瓦萨里并点燃了圣火，但后来两派之间产生了摩擦。1741 年，桑占拜火教徒带着阿塔什·贝拉姆圣火离开那瓦萨里，那瓦萨里拜火教徒只好重新建造拜火庙，并于 1765 年重新点燃圣火。为了防止穆斯林的破坏，阿塔什·贝拉姆圣火曾在桑占附近的山洞里放置了 12 年。该洞穴现在成了全印帕西人的朝圣地。

西甘普尔

西甘普尔（Siganpur）位于古吉拉特邦苏拉特附近，是最早敬拜阿达兰圣火之地。为全印拜火教徒朝圣地。

七　基督教和基督教圣地

1. 基督教

根据 2011 年的人口普查，基督教是印度的第三大宗教，大约有 2800 万名信徒，占印度总人口的 2.3%。

在印度古代历史上，孔雀帝国极大地刺激和推动了南亚次大陆的商业发展。由于商业发展，东西方贸易和人员交往频繁，基督教随即传入印度。从公元 1 世纪开始，少数来自巴勒斯坦、叙利亚等地的居民，以避难者的身份，首先在南印度喀拉拉邦马拉巴尔海岸定居下来。当时，马拉巴尔崇尚印度教的当权者采取非常宽容的态度，慨然充当这些刚刚从犹太教分离出来、被誉为“原始基督教先驱”的庇护人。马拉巴尔土邦的王公们还为异教徒提供了尽可能优裕的生活条件和布道场所。由此看出，基督教传入印度的时间，几与原始基督教的产生时间相同。

较为普遍的看法是，耶稣十二门徒之一圣托马斯于公元 52 年来到喀拉拉邦的穆吉里斯，基督教开始被引入印度。马拉巴尔流传的古代神话故事说，光荣的殉道者圣托马斯正是在这座被称为“孔雀之城”的城市中结束了自己的一生。相传，一天，圣托马斯正在潜心祈祷，一只孔雀在他头顶上方蹿来蹿去，此时他的意念是如此集中，竟没有发现那只孔雀。紧接着祸从天降，一个路过此地的猎人发现了孔雀。他开弓放箭，不料误射了这位圣贤。喀拉拉邦也成了圣托马斯基督教派的故乡。

15 世纪以来，随着西欧资本主义的萌芽，西班牙、葡萄牙等国商人掀起一股赶赴世界各地寻求黄金的狂浪，而中国和印度“黄金遍野，香料盈地”的传说又像磁石般吸引他们。1498 年，葡萄牙著名探险家瓦斯科·达·伽马（Vasco da Gama）首航印度成功，为葡萄牙传教士前来印度传教开辟了道路。1541 年，葡萄牙传教士先在果阿成立了耶稣会，这一宗教组织隶属于罗马天主教会。1580 ~ 1595 年，耶稣会先后派遣三个布道团进驻莫卧儿帝国阿克巴王朝。随着东印度公司的建立，英国国教——圣公会的传教士先后在苏特拉、马德拉斯和孟买等地成立了宣教会。大约与此同时，基督教新教也从西方传入印度。通过英国、美国、德国、苏格兰传教士的努力，福音派新教后来被传播到印度各地。这些新教传教士的任务就是将英语教育引入印度，并将《圣经》翻译成印度的各种语言，包括泰米尔语、马拉雅拉姆语、泰卢固语、印地语、乌尔都语等。在印度，大多数基督教学校、医院、保健中心都是罗马天主教传教士为完成传教任务而建成的。

基督教在印度有不同的教派。喀拉拉邦的圣托马斯基督教现在已经分为东西两个教派。东叙利亚圣托马斯基督教派分为叙利亚马拉巴尔天主教会和迦勒底叙利亚教会。西叙利亚圣托马斯基督教派分为马伦卡拉东正教叙利亚教会、马伦卡拉詹姆斯二世党人叙利亚教会、叙利亚马伦卡拉天主教会、玛尔托马叙利亚教会和马拉巴尔独立叙利亚教会。自 19 世纪以来，新教也得到了发展，主要有南印度教会、印度福音派教会、印度圣托马斯福音派教会、北印度教会、印度长老会、五旬节派教会、路德教会、传统的圣公会和其他福音团体。基督教教会成立了成千上万的教育机构和医院，为印度的发展做出了重要贡献。

在印度，有很多基督教艺术品和建筑。教堂的祭坛、雕像、讲坛、十字架、本钟和钟楼等成了印度基督教不可或缺的艺术形式。16 世纪，马拉巴尔部分沿海地区处于葡萄牙人的管辖之下，华丽巨大的欧洲教堂建筑艺术被介绍到了印度。他们的罗马 - 葡萄牙建筑风格吸收了喀拉拉邦的传统建筑风格，建造出了精美的艺术品，这为印度的巴洛克风格奠定了基础。英国统治时期，新哥特式建筑在印度兴起。加尔各答的圣保罗大教堂就是一座典型的哥特式复兴风格建筑。

在印度南部的部分地区、康坎海岸和印度东北部地区的各行各业都有基督徒，印度基督徒在国家生活的各个领域做出了巨大贡献，其中就有前任及现任首席部长、总督和首席选举委员。

2. 主要基督教圣地

仁慈耶稣大教堂

仁慈耶稣大教堂（Basilica of Bom Jesus）位于印度果阿邦，为联合国教科文组织宣布的世界文化遗产之一。教堂建于 1695 年，为印度基督教历史上的一个里程碑。

在印度果阿邦，仁慈耶稣大教堂是最古老的教堂之一。教堂为三层建筑，旁边有一座五层的塔楼，铺有大理石地板并镶嵌宝石，里面装饰华丽、金碧辉煌，为整个果阿最富有的教堂。仁慈耶稣大教堂为传教士圣弗朗西斯科·哈维尔来到果阿后所建，存放着圣弗朗西斯科·哈维尔的遗体，是亚洲最主要的基督教朝圣地之一。哈维尔生前留有遗嘱，要求死后葬在此教堂。后来他带着教徒到印度内地、日本和中国传教，最后病逝于澳门附近。同行者用石灰包裹尸体将其埋葬，以待腐烂后把尸骨带回果阿。两个月后挖出尸体，却见它完好无损，划破尸体，但见鲜血流出。后来尸体又被埋葬了六次，仍没有腐烂，成了木乃伊。尸体最后被运回果阿，葬在仁慈耶稣教堂内，时人为其制作了一个精雕细刻的大银棺。长期以来，遗体吸引着来自世界各地的大量游客，每十年的周年纪念日会将其抬出来巡游一次，供人瞻仰，队伍长达 10 千米。

圣卡塔林娜主教座堂

圣卡塔林娜主教座堂（Se Cathedral of Santa Catarina）坐落于印度果阿邦的果阿旧城，是天主教果亚和达曼总教区主教座堂，是果阿最古老、最有名的宗教建筑，印度最大的教堂，同时也是亚洲最大的教堂之一。教堂是为了纪念葡萄牙贵族阿方索·德·阿尔布克尔克战胜穆斯林而建立的。自 1510 年的胜利日开始，就有了圣卡塔林娜的盛宴，教堂供奉的就是她。新教堂于1562年开始建设，1619年完工，1640年祝圣。最开始的时候，教堂有两个塔楼，但是其中的一个于1776年倒塌，之后也没有进行重建。1953年，教皇庇护十二世授予大教堂“金玫瑰”，并将其放在方济各的陵墓上。

教堂整体为葡萄牙－曼奴埃尔建筑风格，外部是托斯卡纳式，室内是科林斯式。教堂长76米，宽55米，规模巨大，外边为白色，给人一种神圣、庄严的感觉。教堂的塔楼上有一个大钟，被誉为“金钟”，据说这是果阿最大的钟，也是世界上最好的钟之一。除了主祭坛，还有几幅旧画，画面内容源于圣卡塔林娜的生活场景。一扇巨大的镀金屏风立于主祭坛之上。教堂还有一个圣洗池，建于1532年，为西班牙籍天主教传教士方济各所建造，用于洗涤果阿的一些皈依者。

圣莫妮卡修道院

圣莫妮卡修道院（Convent of St. Monica）是东亚最大的修道院，位于果阿邦，供奉圣奥古斯丁的母亲圣莫妮卡。修道院为三层建筑，绕花园式低洼院厅而建。修道院本身就是一处很有美感的建筑。在这里可以看到来自果阿旧城及果阿邦各地的基督教艺术精品，它们大多诞生于16～17世纪，例如镀金多彩的木雕、游行时用的灯具、神龛门、彩绘作品等。

韦兰卡尼

韦兰卡尼（Velankanni）位于孟加拉湾科罗曼德海岸，印度泰米尔纳德邦纳加帕蒂南南部14千米处。韦兰卡尼有一座被称为“健康圣母教堂”的罗马天主教拉丁礼教堂。

健康圣母教堂俗称“东方卢尔德”，其起源可以追溯到16世纪。教堂为哥特式风格，后被葡萄牙人重建，并进一步扩大。1962年，教皇约翰二十三世为教堂雕刻塑形。每年，来自世界各地的2000万名朝圣者齐聚教堂，估计有300万人在一年一度的圣母玛利亚诞辰节（8月29日至9月8日）参拜圣母，祈求健康长寿。

第三章　印度艺术

印度艺术与宗教紧密相关，在很大程度上，印度艺术就是宗教艺术。印度艺术形式多样，包括造型艺术如陶瓷雕塑，视觉艺术如绘画和纺织。强烈的设计意识是印度艺术的特征，从中可以观察到现代和传统之间的联系。印度艺术的起源可以追溯到公元前 3 世纪。印度艺术的现代演变明显受到了印度河文明和希腊风格的影响，更受到了各类宗教的影响，如印度教、佛教、耆那教和伊斯兰教等。印度不同时间、不同地方的艺术风格无不体现出宗教烙印。

印度最早的艺术是岩雕艺术，分为雕刻和绘画。据估计，大约有 1300 处岩雕艺术遗址、25 万件以上的岩雕艺术作品。最早在文迪耶山脉的石窟中发现了岩雕作品，石窟中的岩雕通常描绘的是人类狩猎的场景。

印度河文明时期，人们似乎对大规模的艺术创作缺乏兴趣，但出现了大量陶塑和石雕作品，其中舞女石雕的舞姿表明，当时已经出现了某些形式的舞蹈。此外，陶塑包括牛、熊、斑马、猴子和狗等动物。到目前为止，还没有找到足够的证据来证明这些陶塑的宗教意义，但这些陶塑明显提出了一个问题，即这些动物塑像是否就是印度河文明的宗教象征符号。出土文物中，最著名的是摩亨佐·达罗的青铜舞女像。

公元前 322 ~ 前 185 年为北印度孔雀王朝统治时期。阿育王时期，其大量建造佛塔，最为典型的艺术是石柱雕刻。孔雀王朝之后，佛教艺术兴起，桑奇大塔、巴胡尔特塔和阿马拉瓦蒂塔的栅栏上有大量雕刻，主要说明了佛陀的生活。马图拉是佛教艺术的中心，寺院的外墙和室内均有石雕。阿旃陀石窟、埃罗拉石窟和巴格石窟等有大量的雕塑，通常是佛陀和菩萨等标志性佛教人物。

笈多王朝时期通常被认为是北印度古典艺术的高峰期，艺术作品的内容相当广泛，但幸存下来的作品几乎都是宗教雕塑，如佛教雕像和耆那教的先祖雕像。笈多王朝时期有两大雕塑中心，分别是马图拉和犍陀罗。笈多王朝时期也是印度教艺术的“黄金时代”，这一时期的印度教寺庙建筑风格以繁复为主，与早期的简易风格形成鲜明对比。

南印度的潘迪亚、朱罗王朝有众多的庙宇建筑和雕塑。帕拉瓦王朝的寺庙延续了早期达罗毗荼人的建筑构造，寺庙中有印度教神像雕塑。朱罗王朝的寺庙建筑注重宏大成熟和细节。它们的青铜雕塑和绘画也很有名，青铜雕塑运用了脱蜡铸造术。遮娄其王朝时期，耆那教盛行，巴大密石窟寺为耆那教寺庙。金德拉王朝建造的卡朱拉霍神庙群有很多性雕塑，揭示了中世纪印度社会文化和宗教习俗。这些雕塑引发了学者们正面和负面的批评。

莫卧儿王朝的艺术到胡马雍大帝时开始繁荣。1555 年，胡马雍重建德里苏丹国，从波斯引进了两位最好的画家米尔·赛义德·阿里和阿巴德·阿萨姆德。阿克巴统治期间，波斯艺术家们纷纷前来，印度元素开始出现在他们的作品中。拉其普特的细密画深受印度壁画影响，形成独立画派如康格拉学派。阿克巴死后，他的儿子贾汉吉尔继位。他喜欢画家单独绘画，这一时期绘画体现了个人风格。沙·贾汗继位后，建造了最引人注目的泰姬陵。奥朗则布统治时期，颁布音乐和绘画艺术禁令，莫卧儿王朝的艺术开始走向衰落。与此同时，在印度中南部出现了独特的金属铸造技术，石雕、绘画以及独特的建筑也出现了。

英国殖民统治对印度艺术的影响很大，印度传统风格与欧洲传统风格彼此融合。拉贾·拉维·瓦尔莫油画体现了女性的优雅。1905 年，印度艺术家试图恢复印度文化传统，拒绝英国绘画的浪漫风格，倡导重建亚洲风格（主要是印度民族主义风格）。泰戈尔的堂侄、被称为“现代印度艺术之父”的阿巴宁德拉纳特·泰戈尔及泰戈尔家族的其他艺术家开始将西方前卫艺术风格引入印度艺术。

第一节 音乐

印度音乐极具吸引力，对印度人而言，音乐具有一种“魔幻”力量。作为一种文化符号，尽管在没有人解释的情况下游客很难理解，但它能给游客提供文化上的愉悦感。在一些知名的酒店、宾馆和旅游别墅，游客总能享受到音乐表演。

一 概论

音乐在印度人民心中占有非常神圣的地位。印度文化的多样性、印度艺术同宗教千丝万缕的联系、印度艺术与原始思维的密切联系等特征都体现在音乐中。印度音乐在发展过程中，不断融合各民族的音乐元素。印度土著达罗毗荼人有自己的原始音乐和舞蹈，后来的雅利安人是宗教氛围十分浓厚的民族，祭祀颂歌就是他们的音乐，之后陆续进入印度的希腊-罗马人、蒙古人、突厥人、伊朗伊斯兰信徒和近代进入的荷兰人、英国人等都带来了自己民族的音乐。各民族音乐相融合，共同构成了印度音乐。在印度现代音乐中，可以发现各民族的音乐元素和特征，这些共同构成了印度音乐的总体特色。

印度音乐史大致可分为三个时期：古代、中世纪和现代。史前时期的印度河-萨拉斯瓦蒂河文明城市遗址震惊世人，出土文物中就有刻画着小手鼓、竖琴等乐器图像的印章，绘有原始的维纳琴、拍板等乐器的壁画。值得一提的是，还有一尊青铜裸体舞女雕像，舞女单腿站立，另外一条腿在身体前面弯曲，这个站姿被认为是舞动着的湿婆的前身。这足以证明印度音乐至少在5000年以前就已出现。

梨俱吠陀时代，专业的歌者和乐师开始出现，维纳琴和笛子一类的乐器也被制作出来。宗教性是印度音乐的显著特征，音乐（sangeet，桑吉特，也指声乐、器乐和舞蹈）一词的原意便是神的颂歌。印度教三大女神之一的辩才天女萨拉斯瓦蒂手持的乐器就是维纳琴。吠陀时代，人们经常进行宗教祭祀活动。在祭祀仪式上，祭司吟唱一些不同曲调的祭祀歌曲。在吠陀文学中，不但可以找到这些祭祀歌曲的吟唱规则，还可以找到对不同类型的琴和鼓的描述，也就是说，这些祭祀歌曲就是吠陀时代的音乐。印度的宗教思想家们认为，要表现对神的虔诚、皈依及自我与神的同一，除了音乐没别的更好的方式。正是宗教思想与宗教活动的需要，限定和造就了印度传统音乐的内容和形式。音乐是宣传教义或凡人与神交谈的工具，音乐能感应群兽、感应木石，甚至呼风唤雨、驱邪降妖。

曼特拉（mantra）一词意为咒语、颂歌或真言，由“man”和“tra”两部分组成，“man”意为“心灵”，“tra”意即“引开”。“mantra”便是能将人的心灵从种种世俗束缚中引开的特殊语音。这种充满神力的神圣声音，能够唤醒人的某些意识，不仅是吠陀时期的音乐，而且是吠陀时期人与神交流的工具。音符“欧姆”（OM）可以说是所有曼特拉中最为神圣的一个，由梵文的三个字母“aa”、“au”和“ma”组成，意即全能、无所不在。“OM 不是一个词，它是字母的至尊组合，是一种语调，像音乐一样，超越了年龄、种族和文化的障碍。它本身就是祷告，如果一直重复同一语调，它可能会在身体内产生共鸣，穿入你的灵魂，实现和谐、简单、平和及极乐。”① 人在吟诵“OM”时，思想就会与宇宙声音产生共鸣，进入一种纯粹状态。次于“欧姆”的是“歌雅特”（Gayatri），即“智慧之母”。它是吠陀导师的神秘经文或咒文，可以引导弟子进入神的世界。明白了这一点，就不难理解印度音乐独有的魅力。当我们听印度音乐时，虽然听不懂歌词大意，但那和谐的旋律、神秘的乐音仍震撼着我们的心灵。

佛经中也有关于舞蹈、歌曲和乐器的记载。印度佛经《长阿含弊

① 毛世昌、刘雪岚主编《辉煌灿烂的印度文化的主流——印度教》，中国社会科学出版社，2011，第 293 页。

宿经》中，就有一个运用音乐演奏来说明佛教哲学关于事物的真理是“和合而成”的事例。迦叶说：“诸有智者以譬喻得解，今当为汝引喻。昔有一国不闻贝声。时，有一人善能吹贝，往到彼国，入一村中执贝三吹，然后置地。时，村人男女闻声惊动，皆就往问：‘此是何声，哀和清澈乃如是耶?’彼人指贝曰：‘此物声也。’时，彼村人以手触贝曰：‘汝可做声，汝可做声。’贝都不鸣。其主即取贝三吹置地。时，村人言：‘向者美声非是贝力，有手、有口，有气吹之，然后乃鸣。’”①

古典和后古典时期，出现了很多令人眼花缭乱的乐器。诸如达罗维琴、迦特拉琴、齐特拉琴和库尔米琴，普斯卡拉鼓、班达鼓和米尔丹迦鼓。有人认为，印度音乐的音调是从阿拉伯这样的其他国家借鉴而来的，因为印度语和阿拉伯语的音调很相似。这也说明，阿拉伯音乐与印度音乐相互渗透，阿拉伯与印度在古代就保持贸易和商业往来。从公元纪元开始，印度音乐独特的调式、旋律和节奏开始理论化和体系化。

印度音乐在发展过程中逐渐演变出北印度音乐（印度斯坦音乐）和南印度音乐（卡纳塔克音乐）两大体系。14～16世纪，南印度音乐有了新的变化，开始变得与北印度音乐不同了。北印度体系是波斯、阿拉伯音乐和北印度本土音乐融合而成的音乐体系，受波斯和阿拉伯音乐影响，具有明显的世俗化倾向。南印度音乐受外来影响较小，保持了浓厚的宗教色彩，在演唱、演奏时乐音颤动、滑动的速度较快，即兴的成分相对较少。总体而言，印度音乐是植根于印度古老文化土壤中的奇葩异草，无论在形式、内容还是在审美风格上，都显示出了独特性。20世纪，印度诗圣、作曲家、画家泰戈尔曾对印度民族音乐同西方音乐进行过有趣的比较，认为印度音乐在某些方面与欧洲音乐有根本的区别。“乐调则是我国音乐的主要支柱。欧洲重视丰繁，而我们关注一致。……我国的音乐力图抓住其中的那首歌。它深沉、神秘、协调一致。它

① 糜文开编译《印度文学历代名著选》（上），台湾东大图书有限公司，1971，第148页。

沉寂于天际，冥想中可以获得。与奔驰的丰繁同步前进，是欧洲的风格。聆听、关注永静的和谐，使自己心平气和，是我们的特性。”①

二　拉格

印度音乐极具特色，它那如怨如慕、如泣如诉、绵延不断的旋律，波浪形、曲线式甚至是螺旋式的乐音，丰富多变的节奏和在持续音的伴奏下余音缭绕的即兴演奏，构成了印度音乐多彩的画面。在整个印度音乐中，古典音乐占有极为重要的地位，是印度传统音乐的基础。印度人视音乐为奉献给神的艺术，印度音乐理论竭力要说明的，不是音乐自身的规律或方法，而是某种哲理。

印度最早的音阶为三声音阶、五声音阶，后来发展成七声音阶，即 sa、ri、ga、ma、pa、dha、ni，相当于西方音乐的 do、re、mi、fa、so、la、xi 七个唱名。中国古人把宫、商、角、徵、羽五声和金、木、水、火、土五行相联系，印度人也把上述七个音阶与日月星辰、季节气候、禽兽鸣声、人的不同年龄以及各种颜色等相匹配、比拟，例如这 7 个音阶分别代表孔雀、牡牛、山羊、苍鹭、杜鹃、马、大象的鸣叫声。

印度音乐有独特的理论体系，其中最重要的是“拉格”（Raga）。拉格是印度古典音乐艺术中独具魅力的概念，然而，拉格到底是什么，似乎很难说清楚。拉格的起源可以追溯到 2 世纪，应该是伴随地方音乐的发展而出现的。2～3 世纪最伟大的印度艺术理论家婆罗多的《乐舞论》提到了“吉提”体系，这是一种古代的音乐调式体系，被认为是拉格的前身。5～7 世纪，印度音乐理论著作马坦加的《布里哈德代希》对拉格进行了详细的描述。之后，各地音乐不同的拉格相融合，吠陀与非吠陀音乐拉格相融合。10 世纪左右，《乐舞渊海》对印度音乐的拉格进行了体系化的归纳，说明各民族音乐的融合共同构成了印度音乐。不

① 刘安武、倪培耕、白开元主编《泰戈尔全集》（第 19 卷），刘竞良等译，河北教育出版社，2000，第 212 页。

仅如此，从5～7世纪到11～13世纪，印度古典音乐吸收了土耳其语调、西塞亚语调和波斯语调，拉格也具有了浊音、辅音、谐音和刺音等。5～13世纪是印度音乐的复兴期，各类不同的拉格相融合，共同构成了印度的古典音乐。16～17世纪，一些音乐家将拉格看作超自然力量的化身，于是拉格便富有了美学、“情味”等特色，各种不同的声音就构成了音乐的情和“味”。

拉格不仅有哲学和美学上的含义，还有音乐自身的形态。从音乐自身来说，拉格是一种音乐旋律运动的框架，近似于由调式产生的基本音阶或音调体系，也可以理解为旋律。拉格有很多种，每种拉格有它自己特有的音阶、音程以及特定的旋律片段，并且表达某一种特定的情绪。拉格好像是一种表达特定情感的固定旋律结构，有点类似于我国戏曲音乐中的曲牌。拉格数量庞大，相传，黑天大神有16108个化身，拥有16108个牧女。每个牧女都要唱一首节奏不同的拉格，这样就有了16108种拉格。北印度人把拉格人格化，认为共有六种主要的拉格。每种拉格有五个妻子——拉吉尼（Bagini），即次要的拉格；还有八个儿子及八个儿媳——布特拉（Putra），即派生的拉格。

每一种拉格都有自己固定不变的音群，组成音群的音最少有五个，最多不超过九个，它们围绕相距四度或五度的主音和属音运动，构成特定的旋律片段，表现一种特定的情绪——拉斯（Rasa）。拉斯通常可以分为九种：爱情、幽默、悲悯、暴戾、英勇、恐怖、厌恶、惊奇和平静。印度人把一天中的某段时间和某种特定的情绪联系起来，按一天的时辰规定出相应的拉格，认为某一种拉格只有在某一时辰表演才能表现某种特定的情绪。塔拉（Tara）是印度音乐中的节拍、节奏体系，它和朝鲜音乐中的“长短”有共同之处，但没有基本的节奏型，只表示节拍的基本计数时间，通过分割产生的再分计数时间，才是曲调和鼓声节拍的标准时值。

婆罗多在他的《乐舞论》中系统地阐释了印度古典音乐和舞蹈，提出了一系列理论规则，并在孟加拉的各大庙宇中由庙宇舞女们（黛瓦达西、神奴）将其付诸实践。孔雀王朝时期，特别是阿育王执政时期，印度音乐经由商人和传教士，通过克什米尔和西藏地区传播到了中亚各国。

11 世纪，古典音乐的拉格和塔拉被佛教金刚乘派和自然乘派用来吟唱宗教神秘歌曲。12 世纪初，胜天创作的《牧童歌》就用不同的拉格和塔拉演唱。15～16 世纪，斯里·久伊多诺创作《纳摩－吉尔丹》，以其悲情味丰富了孟加拉音乐。乌达耶吉里和坎达吉里的耆那教石庙以及科纳克的太阳神庙里的雕刻都表明，奥里萨邦的古典和民间音乐、舞蹈曾经相当发达，其乐器也是多种多样，成了印度音乐迷人的篇章。

印度音乐的确是令人吃惊的。不管是传统的还是现代的，音乐占据了印度广播节目的一大部分，约占整个广播时间的 43.6%。1952 年，印度《每周国家音乐》节目开播，标志着古典音乐开始迈向大众化。《每周国家音乐》节目一大特色是包括了大量印度斯坦音乐体系和卡纳塔克音乐体系的音乐、沿海地区音乐以及不同地区的民间音乐，这大大推进了音乐的大众化进程。全印广播电台每年都会进行为期一周的音乐节，即著名的“电台音乐节”。在北方的孟买、加尔各答、昌迪加尔、库塔克和德里以及南方的班加罗尔、卡利卡特、海得拉巴、金奈和维杰亚瓦达等城市，都会举办印度斯坦音乐会和卡纳塔克音乐会。

不可思议的印度文化衍生了不可思议的印度音乐。印度音乐具有鲜明的象征性特点。“斯瓦拉”即音阶音级，每个拉格由 5～7 个斯瓦拉组成，供演奏或歌唱使用。据说，有七位圣人分别在七个岛上、在不同的时间中创造了七种不同的声音，这七种声音代表七个不同的神灵，它们与不同的色彩相联系，这就使印度音乐具有了独特的神秘力量。据印度传说，拉格具有玄妙的力量。据说，有一位孟加拉舞女因唱了一回“喜雨题”而中止了一场旱灾。印度音乐还具有神圣性的特点。根据印度神话，音乐为天神所创，天神的本性是完美，天神的音乐就是他完美本性的显现。印度神话里三大女神之一的梵天神之妻辩才天女萨拉斯瓦蒂就是音乐女神。被称为舞王的湿婆在吉罗娑山起舞时，身体随鼓点舞动，优美无比。相传，有一个名叫那罗陀的演奏者，由于在演奏时漫不经心，被护法神送进了地狱。他看到一些断臂缺肢的男女在哭泣，护法神告诉他，这些人就是他在胡乱演奏时被他扯裂得残缺不全的曲调。那罗陀非常震惊，自此，他的演奏就变得非常完美了。泰戈尔在他的著名戏剧《舞女的祭拜》里塑造了一个为佛教献身的舞女，随着音乐达到高潮，舞女崇高的献身精神最终得到了升华。印度音乐的拉格和塔拉相互配合，不断变化，使人感到印度音乐旋律的时隐时现和无穷变化，让印度音乐具有了摄人心魂的力量。

近年来，印度音乐表演市场发展迅速，音乐活动形式丰富、流派多样。其中，以弘扬印度传统音乐为目的的音乐活动数不胜数，如著名的马德拉斯音乐季、苏菲音乐节、多佛巷音乐节、萨普塔克音乐节。与此同时，印度也十分注重提升国际声望，积极参与、举办国际性音乐节，音乐产业呈现国际化、全球化的发展趋势。在印度众多音乐产品中，宝莱坞电影音乐最受消费者欢迎，拥有较大市场。2012 年，印度电影《贫民窟里的百万富翁》享誉世界，很大程度上归功于其中的音乐。一说到印度电影，人们耳边立马响起激荡人心的印度音乐。

第二节 舞蹈

音乐总是伴随舞蹈，舞蹈也离不开音乐的伴奏。没有音乐，就很难起舞，即使跳起来也干枯无味、没有气氛。在印度，一些地方旅游代理机构经常会安排地方寺庙的舞者为游客跳舞。在乌代浦的豪华宾馆，当地学生经常进行民间舞蹈表演，这不仅让国外游客在快乐中接触到了印度文化，而且让学生们获得了一定的实惠。

印度舞蹈具有久远的历史，公元前 3000 年的摩亨佐 · 达罗古城遗址中就出土了舞女的雕像；到了雅利安人的吠陀时代，舞蹈成为宗教仪式不可或缺的部分；公元前 3 世纪的阿育王石柱上就记载了一个名叫

“迦马萨”的歌舞场。被誉为“印度古代社会百科全书”的两大史诗《罗摩衍那》和《摩诃婆罗多》描述了很多舞蹈场面。《摩诃婆罗多》中，般度五子中的老三、大英雄阿周那流放期间，曾被毗罗陀国王聘请为音乐舞蹈教师，专门给王子们教授音乐和舞蹈。5 世纪时，著名的剧作家迦梨陀娑的戏剧《摩罗维迦和火友王》（*Malavikagnimitram*）中，舞蹈具有了重要作用。

舞蹈在庙宇祭祀活动中具有重要意义。《梨俱吠陀》中就有人们以舞蹈来取悦神的诗句，印度教的雕刻和壁画中可以看到大量的舞蹈造型。印度教三大主神之一的湿婆就被人们尊崇为“舞王”，他以舞蹈来创造或毁灭世界。南印度舞王湿婆神殿的墙壁上，刻有 122 幅健舞的姿势，它们相当于古代的舞谱，是南印度舞蹈的标准动作或规范。

婆罗多的《乐舞论》最早探讨舞蹈，专门探讨了戏剧的结构和舞蹈表演中的表情与韵律。神弓天的《乐舞渊海》和婆罗多的《表演镜诠》（*Abhinaya Darpana*）也是舞蹈论著，它们认为舞蹈包含三个要素。

尼里塔（Nrtta）指的是纯舞蹈或抽象舞蹈，即人体动作不表现任何感情或主题、故事、情节的舞蹈。

尼里提亚（Nrtya）指的是诠释性舞蹈、戏剧性舞蹈和艺术性舞蹈，它注重肢体动作和面部表情对主题、故事和情节的表达。

那提亚（Natya）指的是戏剧表演，包括纯舞蹈和戏剧性舞蹈，具有戏剧性成分，表现手段是说话或唱歌。

一　古典舞蹈

印度舞蹈因地域文化差异而具有强烈的地方色彩，但迷人优雅的肢体动作和手势所呈现的独特气质是一致的。究其原因，是民间舞蹈和古典舞蹈相融合的结果。在印度舞台上居领导地位且最受欢迎的古典舞蹈主要有六大流派：卡塔卡利舞（Kathakali）、婆罗多舞（Bharata Natyam）、库奇普迪舞（Kuchipudi）、卡达克舞（Kathak）、奥迪西舞（Odissi）和曼尼普尔舞（Manipuri）。此外，还有各种各样的民间舞蹈共同展现出印度发达的舞蹈艺术。

1. 卡塔卡利舞

卡塔卡利舞是印度古典舞六大流派中最古老的舞蹈派别，曾盛行于印度南端西海岸马拉雅拉姆语地区的喀拉拉邦。“卡塔”意为故事，“卡利”意为表演，“卡塔卡利”即为“讲故事”，主要表现两大史诗和往世书中的神话故事。卡塔卡利舞包含了“尼里塔”、“尼里提亚”和“那提亚”三大舞蹈要素，形成了具有阳刚之气的舞蹈表演。

16 世纪末 17 世纪初，天才执政者克里希那陀对古老的卡塔卡利舞蹈形式进行了新的改造，卡塔卡利舞才变成了今天的样式。精心制作的服饰、奇异的化妆和艳丽的花冠都带有民间传统的特色。服装有打褶如波浪的白色裙子、红色长袖束腰外衣、花式字体胸革带和打有花结的长花环。头上的花冠闪闪发光，面部化妆需要几个专业人士花上几个小时。化妆师先在脸上画出线条轮廓，然后再涂色，颜色以红色、绿色、黑色、琥珀色和白色为主，显得既奇怪又美丽。卡塔卡利舞人物化妆脸谱化，它主要用线条勾勒、色块涂抹所组成的色彩斑斓的图案脸谱代表同一类人物的性格特征，给人以程式化的审美感觉。正面人物全脸墨绿，额间施黄，眼轮涂墨加以夸张，唇为樱红，一般是国王、英雄或天神等人物。反面人物鼻子两侧和额皆涂红色，脸上涂些绿色，鼻端与印堂处粘有两朵白色小球，以表现性格歹毒的坏人或妖魔。卡塔卡利舞的脸谱以其类型化特点而具有了符号性和指示性，当观众见到这种具有规定性的脸谱后，即刻会意，并认同了它的审美意义。

卡塔卡利舞是一种表现性舞蹈，通过运用面部表情去表现各种复杂的情感，通过使用印度舞蹈传统中常见的肢体动作去传达某种思想。演员的眼、眉、嘴、脸颊、颈项等部位运动自如，变化多端，既细腻入微，又夸张变形。其中眼睛的作用最大，舞者眼睛大而有神、流转自如、美目盼兮、神采奕奕。

卡塔卡利舞的剧目内容，主要取材于印度往世书中丰富的神话传说、古老的两大史诗《摩诃婆罗多》和《罗摩衍那》，此外，还取材于

《佛本生经》中的故事等。

喀拉拉邦卡拉曼达兰舞蹈艺术学校的创始人是诗人瓦拉拖尔，多年来该校专门从事卡塔卡利舞的教学工作，学校教师昆朱·库鲁普和罗乌尼·米农严格训练了一批学生，其中就有戈皮纳特和罗基尼这样的优秀演员。卡塔卡利舞这一古老的舞蹈，正是经由瓦拉拖尔的发展才变成了今天的样子。卡塔卡利舞主要流行于新德里、加尔各答、西孟加拉和喀拉拉等地。

2. 婆罗多舞

婆罗多舞是印度最具代表性的古典舞蹈，也是最符合婆罗多《乐舞论》理论规则的舞蹈，主要流行于南印度。婆罗多舞是南方泰米尔纳德邦的传统舞蹈，其名称源于著名艺术理论家婆罗多。“婆罗多”意为“舞蹈手势”，“bha”为情绪，“ra”为曲调，“ta”为节奏。婆罗多是结合情绪、曲调和节奏的舞动表演艺术形式。直到现在，印度南方婆罗多舞技艺最为娴熟的演出者是黛瓦达西（庙宇舞女，神奴），其演出目的是以舞蹈敬神。

婆罗多舞的历史，可追溯到5世纪印度南方的朱罗王朝和毗奢耶那伽罗王朝，那里的庙宇中雕刻着最早的婆罗多舞姿。婆罗多舞兴盛于20世纪初，热衷印度传统文化的艺术家临摹学习印度的数百座古老石刻、壁画、碑文，婆罗多舞由此得以重生。在婆罗多舞表演中，舞者通常是女性，在舞台表演时伴有音乐，乐器以铙钹和米尔丹迦鼓为主，主要起打拍子的作用。婆罗多舞的服装非常精致讲究，布料是纱丽，舞者从头到手到脚，都佩戴着精巧的珠宝饰品，头上亦戴着花环，非常美丽。

婆罗多舞蹈程式化表演的基本程序首先是“阿拉瑞普”（Alarippu），即一段没有唱词的纯舞段，表示对神的祈祷。阿拉瑞普又有花蕾之意，表示舞蹈者的动作和表情由眼、颈、肩直到手臂和全身，由小到大，像花儿一样逐渐开放。接下来是“尼里塔”，即一段较为复杂和快速的纯舞蹈，伴随旋律，舞者表演多个美丽的舞姿。然后是“沙布达姆”（Sabdam），即舞者根据歌词内容做喜、怒、哀、乐的面部表情和手语动作，第一时间吸引观众的注意力。接着是“瓦纳姆”（Varnam），即舞者完全靠动作和不断变化的面部表情及手语介绍故事的全部情节，是婆罗多舞中最为生动精彩的片段。通常以“提拉那”（Tillana）收束，即一段技巧很高的有音乐伴奏的纯舞蹈。它是婆罗多舞的最后一段，要求表演者动作迅速、激烈、灵巧、多变，并且一气呵成，在闪电般的速度中结束。

婆罗多舞主要盛行于金奈、阿默达巴德、孟买和德里。

3. 库奇普迪舞

库奇普迪舞是一种舞蹈剧，其名称源于它的诞生地——安得拉邦的库奇拉普村落。库奇普迪舞的历史可追溯到公元前2世纪的百乘王朝，克里希那地区挖掘出土的雕刻表明，库奇普迪舞有两大流派：黛瓦达西派和吉利迦派。后来，在毗湿奴派的影响下，逐渐发展为“梵天戏”。

库奇普迪舞虽然与婆罗多舞很相似，但它有自己的风格。舞蹈表演中有纯舞段、歌曲和宾白，很容易引发观众对人生哲理的思考。库奇普迪舞一般由男性表演，女性角色由年幼的男孩扮演。20世纪后，女性演员才登上了库奇普迪舞表演舞台。

库奇普迪舞传统上表现戏剧的剧情，在正式表演前，导演会以特定的仪式来开启。然后乐师以鼓和钹启动节奏，舞者通常会先跳一段敬神舞，然后以印度舞蹈独特的手势自我介绍。库奇普迪舞还有一种壶舞节目，舞者将装满水的壶顶在头上，脚尖上还顶着圆盘，熟练地用脚力旋转圆盘，即使全身摇摆，头顶上的壶水也不会溢出。

4. 卡达克舞

“卡达克”原意为说书人，卡达克舞来源于被叫作“卡达克”的讲述关于印度教神话故事和传说的说书艺人，他们在庙宇中以讲述两大史诗等著作中的故事为业。据说，16世纪的毗湿奴派圣人哈利达萨吉经常给世尊神黑天表演此舞。16～18世纪的绘画表现了这种舞蹈形式的演变过程。

在印度舞蹈中，只有卡达克舞是印度北方重要的古典舞蹈。与南印度不同，北印度经历了一系列的王朝更替。卡达克舞最初是通过舞蹈来讲述保护大神毗湿奴的化身之一牧童黑天与情人拉达的爱情故事，后来穆斯林统治印度，在外来政权的干预下，卡达克舞逐渐吸纳波斯和伊斯兰教文化，成为宫廷舞蹈。可以说，印度教为其奠定了坚实的精神基础，而伊斯兰文化又使它拥有了崭新的艺术成分。

卡达克舞的表演可分为三部分：首先是阿玛德，即问候致意舞段；然后是陀拉，即一系列复杂的舞步；最后是加塔，即通过舞姿、手势表演主题以及故事。

伊斯兰文化对卡达克舞的影响主要表现在舞蹈服装上。男舞者身穿浅色裤子、长衫和束腰外衣；女舞者穿下摆宽大的长裙，纱丽前端在胸前展开，由腰带绑住，后端通过一侧肩膀在身后散开，低端兜起系于腰带中。

卡达克舞最大的特色是，舞者在脚踝上绑着近百个小铜铃，用脚尖舞动旋转，以脚来打拍子，伴随讨人喜欢的表情，热情舞动。卡达克舞的另一大特色是，当正式的舞剧进行到某一段落时，舞者及鼓手可依双方的默契做即兴演出，即兴演出的长短由观众的互动来决定，是舞蹈的高潮。

卡达克舞主要盛行于新德里、斋普尔、勒克瑙、艾哈迈达巴德和瓦尔道拉。

5. 奥迪西舞

奥迪西舞产生于印度东部的奥里萨邦，在奥里萨邦古老神庙的石雕上亦有充分的反映。奥迪西舞的历史可追溯到公元前 2 世纪耆那教国王卡拉维拉。卡拉维拉本人是个音乐舞蹈爱好者，经常在其都城举办舞会。婆罗多的《乐舞论》也提到了奥里萨邦的奥迪西舞，其主要用途是向诸神祈祷。

奥迪西舞起源于印度教，通常作为印度教仪式由神的侍女在敬神和庆祝节日时表演。7 世纪前后，随着印度教在奥里萨邦的兴起，雄伟壮观的舞台也被建成，这在石雕中能够找到痕迹。当时，庙宇舞者的社会地位相对较高。《乐舞论》和《雕刻艺术宝典》对奥迪西舞的表演做了规定，头部、臀部和膝部运动是奥迪西舞重要的动作，特别是臀部扭动成了最具个性的动作，这在印度其他古典舞蹈中是禁忌。因此，奥迪西舞和印度其他古典舞蹈最鲜明的区别是女性化的柔媚和优美，其舞姿的停顿大多数是“三道弯”，从而形成其独特的风韵。

奥迪西舞既可以由个人表演，也可以团体表演。舞蹈题材主要是牧童黑天和牧女罗陀的爱情故事。音乐的节奏和旋律糅合了北印度斯坦和南方卡纳塔克派音乐的特色。

奥迪西舞主要流行于布巴内斯瓦尔、加尔各答和德里。

6. 曼尼普尔舞

曼尼普尔舞由印度东北曼尼普尔地区优美的民间舞蹈发展而来。据民间传说，曼尼普尔与毗湿奴的化身黑天有关。黑天和情人罗陀在幽静之地跳“拉萨·利拉舞”（Lasa – Lila），请湿婆为他们放哨，防止外人打扰。不料雪山神女帕尔瓦蒂经过此地，看到湿婆神情诡异，断定其有什么秘密。雪山神女偷看了“拉萨·利拉舞”后，被迷得魂不守舍，非要和湿婆一起跳这个舞。湿婆在喜马拉雅山选择了一片适于跳这种舞的静谧山谷地带，但地势低洼，淹在水中。于是，湿婆大神用三叉戟劈山排水，填平洼地，开辟出一片可以跳舞之地。舞蹈长达七天七夜，天上诸神为他们伴奏，蛇王身上的宝石（曼尼）把此地照耀得金光灿灿，于是此地就被称为“曼尼普尔”（宝石之地）。

据一些学者的看法，吠陀晚期，曼尼普尔地区的文化高度繁荣。山谷中定居着一个叫梅蒂的部落，部落成员经常进行一些宗教仪式活动，并在仪式上跳舞。这种梅蒂克舞应该是最早的曼尼普尔舞。17 世纪前后，印度教成了印度国教，18 世纪，毗湿奴派在加里波·尼瓦王公的支持下壮大起来，对曼尼普尔舞产生了影响。因此，曼尼普尔舞主要有两大类型。

一是梅蒂克舞，以拉伊·哈罗巴舞和迦米巴舞为代表。二是毗湿奴派舞，主要是各种形式的拉萨·利拉舞。

拉伊·哈罗巴舞是曼尼普尔地区宗教仪式、民间舞蹈与印度神话的一种奇异混合，舞蹈演员和村民都可参与。拉萨·利拉舞是一种歌剧风格的舞蹈，舞者歌舞同步。

与印度其他古典舞蹈相比，曼尼普尔舞重在甜蜜抒情，主要表现牧童黑天和牧女们的激情。曼尼普尔舞最鲜明的特征是服装。扮演罗陀和牧女们的舞者穿一种叫“巴尼格”的圆圈裙，没有褶纹，裙子上罩一件薄纱，腰部系一根腰带，上身穿一件紧身短衣，头戴薄纱巾和帽子。她们的服装色彩同舞蹈气氛非常协调，这使舞蹈显得更加婀娜多姿、优美动人。

曼尼普尔舞主要流行于英帕尔、加尔各答、圣地尼克他和新德里。

二　民间舞蹈

除古典舞蹈外，印度各地还有许多著名的民间舞蹈和部族舞蹈。民间舞蹈有些是宗教性的，有些是季节性的。它们是乡土印度社会、心理和历史积淀的自然表达，通常在民间节庆和宗教仪式时表演，其色彩、服装、语言、音乐和风格都有所不同。

印度的民间舞与古典舞完全不同，种类非常多，遍布印度各地，在社会生活、宗教节日和民俗仪式上它们有不可替代的作用。它们彼此尊重。民间舞的形式多种多样，有男人跳的，也有妇女跳的，还有男女混合跳的。大多数民间舞以载歌载舞的方式进行，鼓是最重要的乐器，它是节奏之魂，所有的舞蹈动作和歌曲都要和着鼓点的节奏进行。其他乐器有弦乐器、弹拨乐器、吹奏乐器等。击掌也是活跃气氛、统一节奏的有效方式。

民间舞在面部化妆上很简单，但服装鲜艳夺目，最能体现民族风情，可说是百花争艳。

下面介绍几种主要的印度民间舞。

1. 喜玛偕尔邦民间舞

喜玛偕尔邦位于印度西北的喜马拉雅山区。该地区风景优美，民风淳朴，孕育了美丽的民间舞。

喜玛偕尔邦最流行的民间舞是“盼及舞”，表演时，妇女们围成一个大圈，身体微曲，双手在头上做出小动作，从一侧向另一侧移动，然后向相反方向移动。

另外一种是“三格拉舞”，原来用于祭拜当地神灵和民间英雄，为男女合舞。男女围成两个互相面对的大圆圈，然后随着舞蹈的进行合为一体，以问答形式对歌，一问一答，你唱我和，气氛极为热烈。

还有一种“圈舞”，男女都可表演，相互搭背，舞步轻快灵活，气氛热烈。

2. 旁遮普邦民间舞

旁遮普邦位于印度西北地区，历史上为“五河之地”。旁遮普邦的民间舞主要是“彭戈拉舞”，由男性表演。性格活泼开朗、言语诙谐的旁遮普人能歌善舞，每到丰收季节，他们总要跳彭戈拉舞来庆祝丰收。舞者只需找块空地，便可敲起鼓，跳起舞。鼓手站在场地中央，以手鼓引领周围舞者舞动。彭戈拉舞技巧高超，队形多变，无矫揉造作之感。用乐曲和手鼓伴奏，旋律优美，和谐有致，而且自然感人。舞者缠头巾，系脚铃，足部的动作异常娴熟。乐曲、手鼓和脚铃合奏出愉快的曲调，加上灵巧、优美的舞姿以及丰富的表情，表现了印度人民战胜自然，获得丰收时的喜悦心情。

“格塔舞”是旁遮普邦最为古老的民间舞蹈。格塔舞非常简单，却很吸引人。在月光明媚的夜晚，人们时不时会围在一起跳格塔舞。他们先围成一个圆圈，然后随着急促的舞点，把圆圈扩大开来。这时三四个人走到圆圈中央开始起舞，其他人一边拍手，一边歌唱。

3. 北方邦民间舞

北方邦最受欢迎的民间舞蹈是表现挤奶人生活的“阿谢斯舞”。表演者身穿灯笼裤，系上小铃铛，手持木棍，和着节奏敲击木棍，时蹲时起，又蹦又跳，起伏不断。

皮革工人则跳“查玛斯舞”，表演者尽力搞笑取乐，姿态笨拙憨厚，滑稽可笑。

“超法拉·凯德舞”为男女合舞，用羊鞭或彩色方巾做道具。

“巴拉达纳提舞”由妇女表演，步伐轻巧，以滑步为主。表演者一只手要弄一个盘子，有时头上顶一个盛水的小水罐，还能保持平衡，很有观赏价值。

4. 拉贾斯坦邦民间舞

拉贾斯坦的意思是“国王之地”，历史上这里有多达几十个大大小小的土邦王。据说，《天方夜谭》中的一些故事就发生在这里，所以这里既是童话的发生地，又是土邦王争夺领土的地方，到处可见的城堡说明这里曾经发生过许多故事。因此，拉贾斯坦邦是印度民间舞蹈的大本营，其风格鲜明的民间舞蹈成为印度特色民间舞的代表之一，其普遍特点是热烈、大方、充满色彩和技巧。

拉贾斯坦邦最流行的民间舞是“古马尔舞”，由妇女在节日、典礼和有喜事时表演，动作以疾速转身为主，彩色长裙旋转成一把把五颜六色的花伞，双手的快速翻腕、脚点的切分节奏以及胯部动作也是其主要特征。有时演员头上顶火盆或水罐，在快速动作下火不灭水不溢。现在，男子也参加表演，技艺高超的演员还把水罐叠加上去，甚至踩在铜盆或刀架上表演惊险动作。

“丘马尔舞”是一种敬神舞，用于表达离愁别绪。舞者热情奔放，手势灵巧，富于感情。

“拉西亚舞”由男子表演，舞者手持长棍，棍的顶端装饰有彩色棉团，表演起来如同一条条彩龙舞动。

“铁舞”由女子表演，她们身上系着小钹，表演时双手持钹，在各个部位敲击作响。演员的脸部被纱巾遮住，嘴里衔小匕首，有神秘感。

5. 古吉拉特邦民间舞

古吉拉特邦位于印度西边的阿拉比海边，是民间舞重镇。

“波瓦依舞”是古吉拉特邦的一种著名民间舞剧，形式很特殊，舞中有音乐、舞蹈和戏剧表演，与歌舞剧相似。到了九夜敬神节，人们就会表演波瓦依舞来迎接波瓦依神母（难近母），这就是舞剧名字的由来。这种舞剧没有舞台，在露天广场或庙宇的庭院内都可以演出。

“格尔巴舞”（顶罐舞）是古吉拉特邦最受欢迎的舞蹈之一。此舞别具一格，舞者头顶带孔点灯的陶罐，其随身体的摆动发出闪烁的灯光，如同钻石一样美丽。

“拉斯舞”表演者以男性为主，妇女偶尔参加，表演者有节奏地敲击手里拿的涂得五颜六色的植物枝棒，边唱边跳。秋月节时，处处可以看到跳拉斯舞的场面。从前，拉斯舞只是表现黑天的生平事迹，但是今天又加进了新的内容。

“迪巴尼舞”由某种特定种姓的妇女在建房打好地基后表演。表演者手持长把木槌，边唱边用木槌敲击地面。

“帕达尔舞”由渔民表演，表演者手持短棒，模仿海上划船的动作。

“达马尔舞”由莫卧儿王朝时期从非洲带来的黑人后裔跳，有非洲部落原始、质朴、粗犷的风格，舞者模仿动物的声音、步态等。

6. 马哈拉施特拉邦民间舞

“莱西姆舞”由男女小孩表演，演员手持缀有哗哗响动的小铜盘的木框，做各种高难度的动作。

“考利亚恰舞”由渔民表演，男女都可以跳，富有生活气息。

“达舍瓦特尔舞”表演者戴着代表保护大神毗湿奴各种化身的面具，表现他们的故事，一边唱歌，一边做出象征性的舞蹈动作。

“迪普里舞”由妇女表演，演员手持短棒和节而击，舞步轻盈欢快。

7. 中央邦民间舞

中央邦位于印度最中间地区，这里部族众多，因而民间舞丰富多彩，各有特点。

“卡玛舞”是男女合舞，女的相互搭肩连臂，振地而舞；男的则在女子前面围成一个圈，搭建各种杂技造型如塔形等。

“高尔舞”演员头戴牛角，模仿牛的动作，表现对牛的崇拜。

“高跷舞”中的跷很长，中间有一个突出节，演员双脚踩在突出节上，表演者上下高跷灵活机动，演员可以一只脚踩高跷不动，另一条腿做高难度动作。

8. 比哈尔邦民间舞

比哈尔邦民族众多，土著尤甚，全邦有 29 个以上。他们能歌善舞，开朗活泼。其舞蹈形式多样，内容广泛，有独舞、集体舞也有男女混合舞，有季节性的、宗教性的，也有表现纯洁爱情的。

“杰达－杰丁舞”是比哈尔邦最著名的舞蹈。杰达和杰丁是两位男女青年，二人相亲相爱，后来杰丁姑娘不幸被一个船夫拐走，情人杰达克服了种种困难，终于找到了杰丁，二人重新团圆。舞蹈歌颂了杰达和杰丁美好纯洁的爱情，表现出主人翁战胜邪恶势力和自然困难的坚强性格。在雨季来临、皓月当空、清辉洒满大地之时，姑娘们便三五成群，聚在院中举行杰达－杰丁舞会，她们用各种动作和表情表演杰达和杰丁的恋爱故事。舞姿优美迷人，自始至终有悦耳的鼓乐伴奏，尤其在表演乘风破浪、船搏激流时，其形象更是生动逼真。

“米玛舞”由妇女表演，表演者站成一排，相互拍旁边人的手掌，边唱边跳，不停晃动身体。

“扎度舞”是男女合舞，表现爱情，舞者热情活泼，充满活力，人数众多，气势磅礴。

“西卡尔舞”表现猎人的生活，如搜猎、打猎、打猎归来等，充满生活情趣。

9. 奥里萨邦民间舞

奥里萨邦位于印度东海岸孟加拉湾，著名的太阳神庙就在这里。

“乔舞”是奥里萨邦最著名的民间舞。乔舞即假面具舞，通常在印度春节期间跳。现在除斯拉伊盖拉地区的人们仍遵循过去的旧俗外，其他地区早已不戴假面具了。夜幕降临时，人们点上灯笼和火把，照得满天通红。鼓声一响，山岳震撼，歌声传来，舞者出场。他们头戴假面具，开始表演。

“帕伊克舞”为展示武力的舞蹈，由男性表演，表演者手持盾牌，相互打击，充满阳刚气和“火药味”。

“恰达雅舞”由男性农民表演，他们模仿动物，如做出或发出鸟类的动作及声音。

“古木拉鼓舞”表演中，演员把小鼓系在身上，边敲边舞，雄浑有力。

10. 西孟加拉邦民间舞

西孟加拉邦是印度伟大诗人泰戈尔的家乡，素有“艺术之乡”的称号。

“喀尔登舞”是西孟加拉邦最著名的民间舞蹈，主要用于敬拜黑天大神。舞者不分男女老幼，不受人数限制。他们衣着简朴，无需化妆，围成圆圈，敲着大鼓即可起舞。随着鼓声的轻重缓急，人们舞动双手，以优美的动作表达各种复杂的思想感情。

“拉伊拜舍舞”表现战争，由男子表演，他们做出打仗动作如拉弓射箭、挥剑冲锋等，舞蹈充满了刀光剑影。

11. 阿萨姆邦民间舞

阿萨姆邦位于印度东北部，部族很多，因而民间舞种类也很丰富。

“盖尔高巴尔舞”（黑天生平舞）为人们所喜爱。这种舞蹈是一种寺院中的颂神舞，专门表演黑天大神的生平。牧童黑天带着一群小牧童出场，魔王随之而来，牧童黑天奋起搏斗，消灭魔王，众牧童随即狂欢起舞，庆祝胜利。

“比胡舞”是阿萨姆邦的另一个著名舞蹈。比胡节是阿萨姆邦特有的节日，也是阿萨姆人民一年一度最欢乐的节日。人们在皎洁的月光下，坐在火堆旁，男女青年在激烈的鼓声和牛角号声中，如醉似狂地跳舞。他们的步伐奔放，手势灵巧，富于感情，姿态多变而优美。

“马衣歌衣那衣舞”表现收获和丰收的喜悦。

12. 安得拉邦民间舞

安得拉邦位于印度东南部孟加拉湾海岸。

“达浦·瓦迪亚姆舞”表演者每人手持一面鼓，用短鼓槌边敲边舞，前后移动，主要特征为身体急剧蜷缩。

“马图里舞”是男女合舞，男的手击小短棒，女的组成另外一组，用手击掌来应和男人的节奏，拍打声此起彼伏，遥相呼应。

“兰姆巴迪舞”表演者为吉卜赛妇女，她们头顶铜罐，双手表演灵巧的动作。

13. 泰米尔纳德邦民间舞

泰米尔纳德邦民间舞蹈非常丰富，且别具一格。

“高尔德摩舞”即棍子舞，是泰米尔纳德邦姑娘们喜欢跳的集体舞。在女子学校，每逢校庆，学生们必跳这种舞。印历每年十月至十一月，泰米尔纳德邦人要过为期半月的牛节。其间，姑娘们塑一尊牛像，节日结束前一天，她们把罐子放在牛像前，开始跳高尔德摩舞，表示对牛的虔诚。跳舞时，每人手执两根木棒，将其与舞伴们的木棒相撞击。

“库米舞”由女子表演。演员们围成一个大圈，一边唱着节奏舒缓的歌曲，一边击掌，和着较慢的节奏翩翩起舞。

“普拉维·阿特姆舞”男女都可表演，道具有由竹子、彩棉和彩纸做成的跑驴和哑马，表演时由人驾驭这些驴、马跑来跑去。

14. 卡纳塔克邦民间舞

“克拉塔舞”的表演者们和节击掌或击短棒，和歌而舞。

“巴拉卡特舞”一般在婚礼上表演，表演者晃动身子，脚下动作幅度大。

15. 喀拉拉邦民间舞

“菲拉卡利舞”是由那雅尔人表演的武术舞蹈，表演者相互搏斗，有利于强身健体。

表演“卡伊克提卡利舞”时，在场地中间放一盏点燃的油灯，表演者围着油灯起舞，步伐轻快，动作简捷，边唱边舞边击掌。

“提鲁瓦迪拉卡里舞”是歌颂爱神的舞蹈，表演者一边唱情歌一边舞蹈，双脚跺地，身体有节奏地摇摆，表现对爱情的向往。

印度有多种部落居民，他们特有的舞蹈在情调、音乐和服饰等方面有令人着迷的力量。部落居民的舞蹈，特别是中央邦、比哈尔邦、西孟加拉邦和东北部一些邦的舞蹈，其乐器诸如鼓、锣和笛子能够演奏出神秘的音乐，舞蹈风格更是令人着迷。

民间舞蹈被认为是印度舞蹈最具本土性的组成部分，这些舞蹈与古典舞蹈相配合，不仅内容丰富多彩，而且各具特色，深受群众欢迎。长期以来，印度民间舞蹈不断丰富和发展，那富于生活情趣的内容和优美的艺术风格在亚洲乃至世界各地都产生了影响。

第三节　雕塑

雕塑是具有国家特色的民族艺术，是最具体、最持久和最完整的艺术表达。印度古代雕塑极其优美，在世界美术史上占有重要地位。印度是一个宗教、哲学异常发达的神话之邦，印度古代雕塑是熔铸“诸神之灵”的艺术，是神话中的象征、宗教中的偶像和哲学中的隐喻。

一　石雕

印度的石制雕塑以圆形雕像和雕板为主，这些雕像有的“站”在露天里，有的被安置在寺庙。

印度人在印度河－萨拉斯瓦蒂河文明时期就开始在石头上雕刻，在印章底面刻上动物、树叶和神像。在距今5000年的摩亨佐·达罗城市遗址中，发现了一尊留着胡须的“主祭司”雕像，这尊祭司雕像的造型严肃厚重，拘谨刻板。络腮胡子梳理得像流苏一样整齐，袒露右肩的长袍上装饰着三叶纹（代表星星），这些都是美索不达米亚早期苏美尔雕像的特征。与苏美尔雕像不同的是，印度河祭司雕像唇髭剃光，下唇肥厚，眼睛半闭，保留着印度河土著居民的面貌。

在同时期的哈拉帕城市遗址中，发现了两尊男性裸体雕像，其中一尊由深灰色石灰石雕刻，另一尊由红褐色砂石雕刻而成，是印度河－萨拉斯瓦蒂河文明雕刻艺术最为精美的标本，可以与希腊艺术相媲美。从出土的雕像看，印度早期雕塑艺术已经表现出了相当成熟的艺术技巧和较高的工艺水平。两尊雕像惊人的自然写实主义风格引起了人们的赞叹和争论，争论的焦点是雕像的来源。因为它们高度写实的造型如此类似希腊雕像，有人猜测它们恐怕是晚近时代地中海世界的舶来品。甚至当英国考古学家约翰·马歇尔（John Marshall）第一次看见它们时，他也不敢相信希腊艺术表现解剖学真实的惊人技巧，竟能出现在远古时代的印度河畔。

印度的造型艺术通常采用两种手法来表现内在生命的活力，一种是夸张的身体扭曲动态，一种强调肌肤膨胀的肉感，两尊哈拉帕雕像的造型恰恰分别代表这两种表现手法。其中，深灰色石灰石雕像主要通过夸张的身体扭曲动态表现内在生命的活力。这尊雕像头颈向左倾斜，左腿又向右扭转，抬起在右腿之上，全身被扭曲成如舞蹈动作般的夸张姿势，被认为是中世纪舞王湿婆的原始形象。还有人认为，这种身体扭曲的夸张动态是以桑奇大塔东门夜叉女雕像为典型的“S形三屈式”造型的滥觞。

公元前3世纪，孔雀王朝阿育王建造了高大且抛光的石柱，以兽头为柱首。虽然柱身有残断痕迹，但仍然无法掩盖其高超的雕刻艺术技巧。其中，最引人注目的是贝拿勒斯城外鹿野苑的狮首石柱。柱首由四只面朝四方、背对背蹲踞的雄狮构成。雄狮蹲踞的圆盘形饰带上刻有四个法轮，每个24根辐条。饰带上还刻有四种动物，分别是大象、奔马、瘤牛和狮子，它们沿顺时针方向呈运动状。下一层是一朵花瓣倒垂的钟形莲花。在狮子的头上，曾有一个刻有32根辐条的石制法轮，象征法律高于暴力。整个柱首华丽而完整，并且打磨得如玉一般光润。现在已知的石柱兽头主要有狮子、大象、骆驼、鹅和马等。在比哈尔邦查姆帕兰地区的拉姆普拉遗址发现的牛头石柱，其构成部件与狮首石柱相似，只是没有碑文。牛头石柱的圆盘形饰带上刻有蛇、忍冬花、棕叶和小圆花。

孔雀王朝之后，巴尔胡特塔、菩提伽耶和桑奇大塔展现出进一步发展了的雕刻艺术。世界著名的巴尔胡特塔建造于公元前150年左右，是巽迦王朝最优美的纪念性建筑物。巴尔胡特塔石栏和石门上的雕刻风格虽然有些古老而原始，但它标志着佛教传统叙事的开端，传达出一种非凡的装饰设计艺术。石门上的夜叉和夜叉女雕像栩栩如生，其中夜叉女站在杧果树下，伸手抓住树枝，乳房硕大丰满，下腹优美突出。女神身姿曲线优美，婀娜多姿，焕发出无限的生命力和青春活力，反映出强烈的世俗生活趣味。石栏上雕刻着大量图案，主要讲述《佛本生经》中的故事和佛陀生活中的事件。巴尔胡特塔雕像成为理解佛教教义不可或缺的意象。在1世纪之前的所有印度雕像中，佛陀总以符号的形式出现，如法轮、空座或雨伞等，从未以人的形态出现过。

公元前3世纪，百乘王朝在德干高原崛起，佛教艺术也得到空前发展。百乘王朝的雕刻艺术具有典范意义，尽管它从来没有被认为是一个独立的流派，但有着自己独特的风格。巴贾寺院洞穴中有丰富的装饰性雕刻，石柱上有莲花冠，顶板上的雕刻描绘了佛陀生活中非常重要的事件。百乘王朝统治者对佛教艺术和建筑的贡献显著，他们在克里希纳河流域建造了雄伟的窣堵波。窣堵波石板上的雕刻以特有的纤细和优雅风格描绘了佛陀的生活场景。佛教艺术的典型建筑形式是窣堵波，桑奇大塔塔门上雕刻的夜叉女被世界美术界公认为标准的S形三屈式印度女性人体标准。雕像为一裸体妙龄少女，三围分明，乳房丰满，神情自若，体态灵活。百乘王朝的雕刻风格也影响了整个东南亚的雕刻。

1～3世纪，贵霜王朝统治期间，引发了一场巨大的文化骚动，印度古典艺术成熟的时代到来了。贵霜王朝的迦腻色加一世是一个伟大的佛教徒，在他统治期间，佛教艺术得到了快速发展。早期佛教艺术家在雕刻中使用符号来代表佛的存在，但从贵霜王朝开始，佛陀便以人的形体出现。目前尚不清楚佛陀的第一尊雕像诞生于何处，但大多数印度学者认为诞生于马图拉，而不是犍陀罗。贵霜王朝时期，雕刻艺术被分为两派：马图拉派和犍陀罗派。

1～3 世纪是马图拉派雕刻艺术发展的黄金时期。大乘佛教的新理念鼓舞了很多雕刻家，用红色砂岩雕刻佛陀像是这一流派的最大贡献。马图拉派借鉴了耆那教艺术风格以及伊朗和希腊罗马式的风格。在马图拉雕刻作品中，最引人注目的仍然是一尊裸体女雕像，她体态丰腴，曲线明显，臀部硕大，乳房丰满，腰部纤细，妖冶性感而不失健美。耳环、项链、腰带、手镯、脚环等装饰又为这座婀娜多姿的裸体雕像增添了无限光彩。雕像充分表现了印度少女的人体美。

最引人注目的犍陀罗佛陀雕像是一个坐着的修行者形象。他身着僧服，长着大耳朵，额头上有第三只眼，头顶凸起，显现出超自然力量的光环。这种雕像既是严格的印度风格，又显然受到了国外艺术的影响，表明这种雕刻艺术融合了本地和外国元素。大多数犍陀罗浮雕描绘的是佛陀的生活场景，佛陀雕像总是身着僧衣、光头。而与佛陀形象形成鲜明对比的是菩萨或佛教圣徒雕像，他们裸露着上半身，身着裙子、围巾、珠宝并长着长发。这种对比意在说明，佛陀是取得顿悟的圣者，而菩萨却走在通往顿悟的路上。犍陀罗雕刻风格显得平淡，佛陀雕像也缺乏笈多王朝时期的灵性。然而，它显得更加优雅且富有同情心。犍陀罗派雕刻艺术经历了两个阶段的发展，第一个阶段是在石头上雕刻，第二个阶段从 4 世纪开始，在灰泥上雕刻。

4～6 世纪，印度雕刻艺术在笈多王朝时期达到顶峰。笈多王朝的雕刻在贵霜王朝雕刻和之前以抽象符号为主的雕刻之间获得了一种平衡。在很多地方，主要在印度中部，大量的印度教、佛教和耆那教的雕像被发现。瓜廖尔出土的飞天浮雕，宋丹尼出土的一对甘达婆飞天雕像，还有其他地方出土的林迦像等都显示出相同的概念和风格。这一时期的雕像主要反映印度教的神如毗湿奴、湿婆、太阳神、难近母等。黑天被认为是毗湿奴的第八个化身，其雕像也在5世纪早期出现，神像左手托住牛增山，保护居民免受洪灾。据说，阿巴蒂的居民们每年都会举行祭祀敬拜雷电神因陀罗，但黑天不赞同这一做法，因为他认为牛增山才是这里真正的保护神，值得人们去敬拜。于是人们转而祭祀牛增山，由此惹怒了因陀罗。天降暴雨，一下就是七天七夜。黑天托起牛增山作雨伞，没有让阿巴蒂的居民受到一点损失。自此，因陀罗赞美并祝福黑天。①

笈多王朝时期，佛教雕刻艺术进一步发展。佛教崇尚的宁静在佛陀雕像的面部得到了表达，微笑暗示佛陀顿悟后崇高宁静的心情和终极的和谐。这些雕像的塑造也有了规定的标准和意义，身体的姿势和手势都是象征性的。事实上，身体不同部位的形状在雕刻家的手册中都有规定：头是鸡蛋形的，眉毛像印度弓，眼皮像莲花花瓣，嘴唇丰满如杧果，肩膀圆如象鼻，腰部像狮子，手指如花朵。在桑奇大塔入口处，有四尊佛像，为5世纪作品。佛像展现的是优雅和安宁，正是笈多时期成熟的雕刻艺术风格。马图拉和鹿野苑是佛教艺术繁荣的中心。乔达摩说教佛像是在鹿野苑的废墟中被找到的，是笈多王朝最高贵、最好的作品之一。光砂岩雕刻的佛像表现了佛陀说教的情景，他端坐在正中，两边挤满了从四面八方赶来听讲的众生，人物神态各异，服饰刻画细腻。他们分两组在佛的两旁展开，构图对称，互相呼应。佛像稳健典雅，所披袈裟，衣纹下垂，如出水状态，头后有圆形背光，体现了佛光普照的思想，衬托出了非常和善的面部表情。

6~9世纪，南印度的遮娄其王朝建造了很多印度教神庙，展现了非凡的雕刻技巧，其中帕塔达卡尔被称为“皇冠上的红宝石”。7世纪左右，南印帕拉瓦王朝的摩诃因陀罗跋摩是位伟大的建造者，他建造了三种岩石类型的岩雕，展示了雕刻艺术的灿烂。其中，阿迪瓦拉哈洞穴

① 毛世昌、袁永平主编《印度古典文学词典》，兰州大学出版社，2016，第363页。

（约7世纪上半期）的雕像为摩诃因陀罗跋摩和他的两个皇后。8世纪，罗湿陀罗拘陀王朝成了德干地区遮娄其王朝的继任者。克利须那二世在埃罗拉建造凯拉萨石窟，在岩雕领域进行了大胆尝试。石窟中有17尊印度教雕像，主要是毗湿奴、湿婆等神像。8世纪下半期，象岛石窟建成。该石窟供奉湿婆，是印度最宏伟的雕刻艺术作品，其中的湿婆三面像是雕刻艺术的珍宝。

10～13世纪，印度雕刻艺术进入新的发展阶段。北方的卡朱拉霍，西部的阿布山、基尔那尔和巴利塔那，南方的哈勒比德，东部的布巴内斯瓦尔和卡那加都是雕刻艺术中心。特别是12世纪金德拉王朝时期建造的卡朱拉霍神庙群，几乎全是表现性爱的雕像，这些雕像形态逼真，刻画细腻，生动传神，似乎能窥视人物的内心活动。

10～12世纪，南印度雕刻艺术在朱罗王朝时期进入成熟阶段。12～13世纪，迈索尔的曷萨拉王朝雕刻主要取材于印度史诗中的神灵。穆斯林进入印度后，由于伊斯兰教反对偶像崇拜，印度雕刻艺术陷入停滞状态。

二　陶塑

陶塑艺术是造型艺术的最早形式，在印度有悠久的历史，可以追溯到印度河－萨拉斯瓦蒂河文明时期。印度陶塑原料主要为橙色黏土。从印度河－萨拉斯瓦蒂河文明遗址挖掘出的陶塑看，其大多为手工制作，而且造型粗糙，其中最具艺术性的是女性陶塑像。女性陶塑像为母亲女神，有隆起的乳房和宽阔的臀部，并戴着大量嵌花饰品。

到了孔雀王朝时期，恒河平原成为陶塑艺术的中心，陶塑被大规模生产。这一时期的陶塑以动物和女性为主，如大象和母亲女神。公元前2～前1世纪，模型艺术在巽迦王朝相当流行。这不仅使陶塑像的数量增加，而且也使单一模压的陶塑像开始出现。巽迦王朝的陶塑像保留了民族特色，有了服饰和头饰，也出现在了巴尔胡特、桑奇和菩提迦耶的佛塔上。拉克希米、母亲女神和夜叉女等陶塑像开始出现，制作者第一次尝试将陶塑像与某些神话故事以及《沙恭达罗》中的故事联系起来。巽迦王朝陶塑像在孟加拉地区尤为常见，大多数情况下，塑像顶部有孔，可以挂在墙上，起到室内装饰效果。需要特别指出的是，巽迦王朝陶塑像没有一个男性人物。到了贵霜王朝时期，陶塑像的数量开始急剧下降。从孔雀王朝到贵霜王朝，陶塑像只有女性，没有男性，其原因未知。陶塑在笈多王朝得到了突飞猛进的发展，单双模压陶塑都很盛行。神像崇拜是笈多王朝时期陶塑快速发展的一个巨大动力。印度教神像苏利耶、湿婆、伐由等在这一时期被大量塑造，半神如甘达婆也被塑造。这一时期，陶塑与佛教关系密切。佛教故事或《五卷书》中的故事通常成为陶塑艺术家的素材。

1981～1983 年，在马哈斯坦迦的城堡废墟中，挖掘出了 1000 多尊陶塑像。这些陶塑像大多数都是残缺的女性塑像，头饰精致，乳房丰满，服饰精美。曼戈尔卡特挖掘出的陶塑像几乎都戴着蛇罩。

三　铸像

印度金属铸像采用蜡模铸造法。在摩亨佐·达罗城市文明遗址中，人们发现了最早的青铜像。其中最有趣的是一尊身材苗条、手臂细长的舞女像。贵霜王朝时期，青铜像主要流行于马图拉附近的塔克西拉和宋柯，但它们并没有给人留下深刻的印象。到了笈多王朝，精湛的金属铸造技巧体现在苏尔唐甘杰（巴加尔布尔地区）的青铜佛像上，该青铜佛像目前保存在伯明翰博物馆。

9～13 世纪，朱罗王朝统治了南印度大部分地区、斯里兰卡、马尔代夫群岛甚至部分印尼爪哇岛。朱罗王朝在诗歌、戏剧、音乐、舞蹈等方面都有建树，也建造了巨大的石窟，并以石雕装饰，但最著名的是青铜器。大型青铜像通常被放置在庙宇神殿外，以供日常仪式和节日游行时使用。朱罗王朝青铜像采用脱蜡技术铸造，数量庞大。敬拜时，这些青铜像都身着丝绸布料，饰以花环和珠宝。其中最著名的是舞王湿婆青铜像，舞姿表达着他创造和毁灭世界的过程。8～16 世纪，南印度青铜像以印度教众神为主，如湿婆、毗湿奴以及他们的配偶。帕拉瓦王朝时期，青铜像的线条流畅，常配以舞蹈动作和手势。朱罗王朝的青铜像以典雅造型和平衡张力为主要特征。维查耶那加尔王朝的青铜像装饰往往变得更加复杂，使身体不够平稳，姿势变得僵硬。

第四节　绘画

古印度人创造了光辉灿烂的文明，使印度得以跻身历史悠久的文明古国之列。印度文化具有多样性和丰富性的特点，而印度美术更是其宝贵的文化遗产。印度美术中人们最为熟稔的是其宗教美术，包括建筑、雕塑以及绘画，印度绘画艺术有非常悠久的历史和传统。印度最早的绘画作品是史前时代的岩画，一些石器时代的岩画诞生于公元前 6000 年至公元初期。在比姆贝特卡岩洞发现的《猎舞图》绘于公元前 5500 年左右。该图中五个猎人围着一头公牛，手舞足蹈，表现了他们捕到猎物时的喜悦心情。另一幅《骑马的人的行列与骑象的人》，气势恢宏，色彩绚丽，画面内容相当丰富。印度河－萨拉斯瓦蒂河文明时期，陶罐上的鸟、树叶和动物图案构图简洁但笔法洗练，造型逼真，气韵生动，充分再现了原始生命的健康活力。位于马哈拉施特拉邦奥兰加巴德西北 100 千米处的阿旃陀石窟壁画是印度古代绘画的典范，其审美情感基调是表现世俗生活情感的“艳情味”和皈依宗教的“悲悯味”。《持莲花的菩萨》生动传神，人物形象生动细腻。莫卧儿王朝时期的细密画反映印度两大史诗题材，对印度绘画产生了巨大影响。19 世纪以后，印度绘画受到了西方绘画艺术的影响，但总体上还是倾向于回归传统。

从古至今，印度绘画基本上是以宗教为目的。经过长期发展，印度绘画已经成为融合各种文化和传统的艺术。印度绘画主要分为壁画、细密画和岩画。

一　壁画

印度壁画主要集中在石窟和宫殿中。最早的石窟壁画出现在阿旃陀石窟、巴格石窟、西坦瓦萨尔石窟和埃罗拉石窟。

印度壁画的历史可以追溯到公元前 2 ~ 前 1 世纪，主要包括自然石窟壁画和挖凿石窟壁画。现存最早的壁画是阿旃陀石窟壁画。阿旃陀石窟位于印度马哈拉施特拉邦的奥兰加巴德地区，其历史可上溯到公元前 2 世纪。石窟中的绘画和岩雕是印度古代艺术最好的样本，特别是那些壁画，其通过手势和姿势表达情绪。联合国教科文组织指出，这些都是佛教艺术的杰作，影响了后来印度艺术的发展。石窟的建造从公元前 2 世纪一直延续到 5 世纪左右。1983 年，阿旃陀石窟被列入联合国教科文组织《世界遗产名录》。

阿旃陀石窟壁画取材于《佛本生经》中的故事，描绘了佛陀的生活场景。画面中出现大量的现实生活场景，有了世俗化倾向。画中所描绘的众多女性形象，体态丰满，姿态优雅，形象高贵典雅。第九、第十窟壁画涉及小乘佛教，应绘制于公元前 2 ~ 前 1 世纪，多采用象征性手法，线条柔和纯朴，运笔大胆，风格豪放。第 16、第 17 窟壁画绘制于 6 世纪左右的笈多王朝时期，画面构图富于变化，布局紧凑和谐，画风沉着老练，色彩典雅，注重对人物神情的刻画和对意境的表达。其中描绘的妇女，均风姿绰约，艳丽动人。第一、第二窟绘制于 7 世纪左右，构图宏大庄重，整体感强，线条稳健，色彩典丽，立体感强，人物装饰也更加华美。

巴格石窟为大乘佛教石窟，于 5 ~ 7 世纪开凿于中央邦瓜廖尔地区。巴格石窟以壁画闻名，原有九窟，今存五窟，其中最著名的是第四窟，也被称为染伽殿，窟内壁画取材于佛教《佛本生经》《譬喻经》。巴格石窟壁画内容已趋于世俗化，如对音乐歌舞、说法诵经、宫廷生活等均有表现。另外，巴格石窟的装饰雕刻亦以华丽精美著称，第四窟的药叉和蛇神形象的出现，则显示了佛教艺术向印度教艺术风格的过渡。

西坦瓦萨尔石窟为耆那教石窟，于5～7世纪开凿于泰米尔纳德邦的普杜库台地区。西坦瓦萨尔在泰米尔语中的意思是“大圣人的住所”。窟顶绘有莲花台，台上有男性人物、动物、花、鸟、鱼等，象征耆那教的布道场。柱子上也绘有舞女、国王和王后。在西坦瓦萨尔石窟壁画中，布道场成了大多数壁画的主题。构图要素经常是一个莲花池，周围是人和鸟、大象等动物，水中有鱼儿在游泳。尽管受损严重，但石窟内室顶部的壁画还是保留了下来。西坦瓦萨尔石窟壁画很多是典型的9世纪潘迪亚王朝时期的作品，这些壁画被认为是中世纪印度最好的壁画，可以与阿旃陀石窟壁画、巴格石窟壁画相媲美。

埃罗拉石窟是世界最大的岩凿石窟之一，位于马哈拉施特拉邦，开凿于600～1000年，为联合国教科文组织承认的世界遗产。埃罗拉石窟中的凯拉什神庙是最大的岩凿印度教神庙，因其规模、建筑、雕塑和壁画成为最引人注目的石窟神庙。11世纪朱罗王朝时期的壁画主要集中在泰米尔纳德邦坦加布尔地区的布里哈迪希瓦拉神庙中。布里哈迪希瓦拉神庙供奉的是湿婆大神，壁画显示的是湿婆跳舞、毁灭恶魔堡和骑着大白象进入天界等画面。

二　细密画

印度细密画自成体系，展现出一派极具装饰色彩的东方异域风情，同时也对亚洲诸国美术产生重大影响。与大规模绘画不同，印度细密画规模较小，多为书籍插图，但细密画也独具特色，复杂而精致，香艳且迷人。

印度本土宗教细密画色彩浓郁，技法稚拙。最早的细密画派是孟加拉地区的帕拉派，可追溯到11世纪。帕拉派强调画面色彩的搭配、精练的技巧和优雅的线条，其作品精致而富有表现力。帕拉派细密画的主题以佛教众神为主。佛经抄本用狭长的棕榈叶做纸张，以两块木板做封面装订成册，插图就画在封面和棕榈叶之上，尺寸不大。古吉拉特派主要创作耆那教抄本插图，早期画在棕榈叶上，后来画在纸张上，构图简洁，颜色单纯，几乎都使用原色而不做调和。最著名的是人物画像，其人物多呈 3/4 侧面，鼻梁突出，佩饰丰富。最早的古吉拉特派细密画是耆那教圣典，如《劫波经》抄本中的插图。后来主要表现毗湿奴派主题，如《牧童歌》《薄伽梵歌》中的场景。但最主要表现的是爱的主题，如《春之恋》，在一幅布卷上画有 79 幅细密画，以表达对春天到来的欢喜。

16 ~ 18 世纪，流行于印度拉贾斯坦地区和喜马拉雅山麓的拉杰特普细密画主要以印度教神话传说为题材。

拉贾斯坦派细密画表现出迷人的风采，体现了艺术家精妙的灵感，比同一时期莫卧儿王朝宫廷细密画更具吸引力。拉贾斯坦派细密画的主题是爱和奉献，展现了拉贾斯坦地区的生活民俗。这些细密画的共同主题是黑天大神的传说，大多描绘牧童黑天和牧女罗陀的恋爱故事。画面很有艳情味，展现男女英雄之间的恋爱关系，主人公如湿婆和帕尔瓦蒂、那罗和达摩衍蒂等。拉贾斯坦派细密画中的女性是理想女性的典型，她们有大大的眼睛、飘逸的长发、坚挺的乳房、纤细的腰肢和红润的纤手。画中女性的内心情感也得到了强烈的表达，艺术家运用艳丽的色彩，渲染出女性人物的内心世界，表现出独特理解。

同样的灵感和主题催生了喜马拉雅派细密画，即著名的帕哈里派细密画。帕哈里派也叫山区派，产生于喜马拉雅山麓的查谟、巴娑里、昌巴、努尔普尔、坎格拉、库尔卢、曼迪和苏凯特地区，其永恒的主题是牧童黑天和牧女罗陀的爱情故事。这些细密画构图生动，线条流畅，色彩对比强烈，人物造型具有象征意味，整体色调清新优雅，充满田园情调，犹如一曲曲神秘而动听的牧歌，被形容为“音乐的绘画”。

莫卧儿王朝时期，印度迎来了艺术的繁荣，建筑、绘画、纺织和雕刻等艺术品类繁多，细密画也进入了最为繁荣的阶段。彼时，印度引进了波斯的细密画，这一时期的细密画风格和内容在很大程度上受限于皇帝的审美趣味。在内容上主要是皇室成员的肖像、宫廷生活、历史事件等，可以说，莫卧儿王朝细密画是皇家的宫廷绘画。在风格上具有西方绘画的写实因素，也有波斯细密画的装饰色彩，同时也融合了印度本土绘画崇尚活力的特点。阿克巴执政时期，其邀请了来自印度各地的100名画家，并委托他们通过梵文文学和波斯语文学进行创作，产生了很多细密画。其中著名的有：《帖木儿家族史》，现保存在巴特那；《拉扎姆传奇》，画卷包括169幅图，现存于斋普尔；《哈姆扎传奇》，讲述伊斯兰教先知穆罕默德的叔父哈姆扎历险的故事；还有《阿克巴传奇》以及取材于《摩诃婆罗多》和《罗摩衍那》的绘画等。阿克巴大帝是莫卧儿王朝的实际缔造者，他创立了莫卧儿皇家画室，对细密画的发展和传播产生了不可忽视的影响。阿克巴童年曾流亡伊朗，接触过波斯细密画，也学过绘画。即位之后，阿克巴认为抄本插图能为自己的政治和文化统治带来很大帮助，便在都城阿格拉专门创建了皇家图书馆抄本画室。莫卧儿的画家和书法家们聚集在画室里分工合作，为各种文献或小说抄本绘制精美的插图。阿克巴时代的细密画主要在文学和历史著作抄本中，包括皇帝本人喜欢的故事和诗卷。

阿克巴之后，贾汉吉尔在其父亲阿克巴的基础上开创了莫卧儿细密画的鼎盛时代。贾汉吉尔是一位绘画艺术爱好者，有非常高的艺术鉴赏能力。在他执政时期，细密画将柔和的线条和美丽的色彩相融合，画面内容主要反映他的生活片段。

沙·贾汗统治时期，绘画艺术并没有与建筑得到同样的重视，但在线条的处理和色彩的选择等方面得到了进一步完善，个人肖像画数量较多。奥朗则布统治时期，皇室取消对绘画的赞助，细密画开始走向衰落。莫卧儿王朝后期，绘画的主题主要局限于后宫和闺房，画面内容以国王和贵族沉迷于饮酒作乐以及女色的场景为主。拉格玛拉细密画后来也被德里学派接受，但没有取得骄人成果。

三　岩画

岩画是一种石刻艺术，是人类祖先以石器为工具，用粗犷、古朴、自然的石刻方式来描绘、记录他们的生产方式和生活内容的艺术创造。岩画也是一种全球现象，遍及世界五大洲，只要有人类文明出现的地方就有岩画。岩画栩栩如生地再现了古人的生活场景，并经受住了时间的考验，成为人类创造力和文化活动的有力见证。

印度岩画分布极广，遍及印度不同的地质带，尤其是沉积岩、变质岩和火成岩地区。其遗址分布从北部的喜马拉雅山麓延伸至南部的喀拉拉邦、泰米尔纳德邦，从东部的曼尼普尔延伸至西部的拉贾斯坦邦塔尔沙漠地区。虽然德干半岛尚未发现岩画遗址，但并不能说不存在。印度岩画主要分布于印度中部文迪亚山脉的丘陵地带，尤其集中在中央邦的部分地区。自 1936 年以来，印度已经对 44 处遗址进行了发掘，其中 32 处位于印度中部地区，北方邦、泰米尔纳德邦等地各有三处，奥里萨邦、卡纳塔克邦和喀拉拉邦各有一处。

岩画遗址通常分布在高原和山地斜坡顶部有岩棚的山谷和峡谷中，这里的砂岩易受侵蚀，存在许多洞穴和岩阴，从远古到近代一直是人们栖息之地，岩壁上留下了不少他们雕刻的图画。在印度众多的岩画遗址中，位于印度中部地区的比莫贝特卡、达拉奇 – 查丹（Daraki – Chattan）和查特普吉纳什 · 纳拉具有十分重要的意义，其中比莫贝特卡为印度岩画界第一处世界文化遗产。

比莫贝特卡（Bhimbetka）是世界上最古老的岩画遗址，被称为“会堂”岩洞，是印度史前艺术最大的储藏室，能将人带回到 35000 年前的历史时期。比莫贝特卡石窟遗址位于印度中西部的马哈拉施特拉邦，即印度高原心脏地区南部边缘的文迪亚山脉丘陵地带，其历史从石器时代一直延续到文明历史时代。这里的山地由巨大的砂石床与山岩构成，因长期水蚀风化而形成许多像屋檐一样突出的岩石遮蔽所，穴居野地的原始先民便在这些岩穴的天然岩壁上绘制刻画，描绘了当时的生活场面。

达拉奇 – 查丹是一处旧石器时代的岩画遗址，位于印度中央邦曼德绍尔地区，是班普拉（Bhanpura）附近伊恩德拉加尔山石英岩拱下一个狭窄幽深的小型岩洞，由拉梅什·库马尔·潘克里于1993年发现。岩洞高约7.4米，宽度由洞口开始递减，洞内的岩壁上有将近500个打磨而成的半球形或近半球形的凹穴。

达拉奇－查丹岩洞高耸于雷瓦河河谷之上，前方是广袤的农田。20世纪60年代，该地区森林茂密，是老虎和其他动植物的庇护之地。雷瓦河岸两边的小山及丘陵蕴藏着丰富的石英岩资源，为旧石器时代早期的古人类提供了制造原料。考古发现，在达拉奇－查丹附近的岩洞中有阿舍利（Acheulean）时期的人工制品，这些人工制品呈现出从旧石器时代早期到中期的转变。由此推断，达拉奇－查丹岩洞内的凹穴可能属于阿舍利文化或随后的过渡期。

查特普吉纳什·纳拉（Chaturbhujnath Nala）岩画遗址位于中央邦曼德绍地区班普拉附近的甘地讷格尔野生动物保护区，是世界上最长的岩画艺术长廊，由三名教师于1977年发现。该遗址的岩画展现了从狩猎觅食的生活模式向驯养牲畜的生活模式过渡的与众不同的画面。

长期以来，学者们根据从对岩棚的调查和发掘中获得的考古证据，比较岩画中的动物图像和铜石并用时代陶器上的类似图像、岩画的叠压关系和风格发展，以及对人类生活方式、野生和驯养动物的描述，将印度岩画大致地划分为石器时代、铜石并用时代以及历史时代。

印度中部地区是岩画的集中分布带，因其悠久的历史，多样的主题、形式和风格，线条的品质、韵律、力量、气势以及强烈的视觉效果，印度中部的岩画逐渐成为印度岩画的代名词。在印度中部，旧石器时代岩画中最具代表性的是凹穴岩画，主要集中在比莫贝特卡遗址和达拉奇－查丹遗址。

比莫贝特卡及其相邻地区的一些早期岩画中，出现了一群绿色舞者在充满活力和不断变换的舞蹈中扭动出“S”形身躯的画面，这应该是晚更新世末期的作品。人们在比莫贝特卡石窟中一个又大又深的凹穴正上方的一块巨石上发现了一条凿刻的曲线。凹穴上面覆盖着阿舍利文化晚期的地层，其被紧紧地包裹在旧石器时代中期的地层中。凹穴岩画是目前所知世界上最古老的岩画，据测距今已有 35 万年。

据统计，达拉奇－查丹岩洞内共有 496 处凹穴岩画，其中 402 处凹穴是圆形或近圆形，85 处是长形（椭圆形），9 处是有棱角的凹穴。几乎所有的凹穴及其周围的基岩都有浅棕铜锈，许多地方有矿物覆盖，体现出风化的不同阶段。岩洞的凹穴可分为四类：碟形大圆凹穴或杯状穴；圆锥形凹穴；小凹穴；类三角形凹穴（有棱角的小凹穴，并有斜剖面，十分罕见）。这些凹穴岩画已被铜锈覆盖，难以看清其具体图案。

在达拉奇－查丹遗址的发掘中，发现了一块带有两条刻线的大圆石。最长的一条刻线长达 293 毫米，并且几乎笔直。沟槽的截面部分呈“U”形，用磨制方法制作而成。达拉奇－查丹附近一座山体基岩上发现了 19 处凹穴，而且分两排排列，各排分别有十个和九个凹穴，呈现一种双线型结构。

这种用简略粗重的线条勾勒事物轮廓的方式表明，旧石器时代早期的人类已经拥有一定的认知能力、创造性冲动和适当的技巧，可以去鉴赏石英晶体的视觉品质和几何形式，设计和塑造圆盘，制作折线和直线等。

旧石器时代岩画通常是绿色的，经常以自然轮廓呈现大型食草性动物，人形常处于动态之中，呈现一种典型的“S”曲线的抽象风格。早期的绿色绘画并未展示舞蹈和捕猎大型食草动物的各种活动场景，绿色风格的人物似乎就是印度先民自己的典型形象。他们展现出来的臂膀和臀部之间不同寻常的肢体弯曲，应该是身体快速移动的姿态。

旧石器时代之后，岩画艺术形式出现了创造性、爆炸式发展。无数的动物、人类形象和各种图案被中石器时代的艺术家们创造了出来，并用于表示他们的环境、生活和思维过程。

印度中石器时代的岩画展现的是一种动态的充满生机的文化生活，

主题和风格相当广泛。这一时期的岩画中，无论是作为装饰纹饰还是用于表现神秘的宗教禁忌，复杂的面具经常出现，而且形式多样。鹿、犀牛、猴子等动物都被用作头饰的蓝本，不同鸟类的羽毛也被用作头饰，肘部连接处的臂饰通常是带着装饰品的挂线或某些系在肘部的装饰品物件，骨珠做的项链或挂在胸前的装饰性鸟骨也很流行。

印度中石器时代的岩画反映了先民的生活场景。在岩画中经常有捕猎场景。带多个倒钩的矛，尖利的骨箭头、骨鱼叉等都是常见的狩猎工具；带犬捕杀动物、将枪头直插动物背部的情景也常出现。米尔扎布尔的岩画展示了猎捕场景，把一只落入陷阱、被利器刺伤臀部的野猪的痛苦神态刻画得淋漓尽致。辛甘普尔的岩画生动再现了一群原始猎人手持棍棒围猎一头野牛、追击一头野猪的情景。哥托蒂的岩画描绘了一群原始猎人围绕两头野牛如醉如狂地跳舞的情景。比莫贝特卡的岩画最内层是黑色平涂的剪影式野牛，中间层是红褐色平涂与线描的牛和马，最外层是白色的骑马人物。其中的舞蹈场景表现出了一定的组织性：舞蹈风格有“步调一致向前向后”“随着脚步节奏拍手”“举手拍头和垂手拍抬起的膝盖”等。在史前生活中，治病巫术具有重要的作用，用扫帚扫遍全身以达到治病目的在岩画中时有表现。死亡出现后，通常会举行仪式，葬礼上同伴们哭泣的场景在岩画中也有描绘。哥托蒂的一幅岩画描绘了一群男人列队表演男根崇拜仪式的舞蹈，系原始生殖崇拜的例证。岩画有很多形象化的巫术符号，反映了原始先民力图以巫术来影响无法控制的环境的愿望、情感和心理。

总体来说，充满活力的外形、生动的体态和视觉上的直观性构成了中石器时代岩画艺术的主要特点。

查特普吉纳什·纳拉岩画展现了一种从狩猎生活向驯养生活过渡的画面。随着畜类（主要是牛类）驯化的开始，一种新的演变趋势开始在旧石器时代晚期米尔扎布尔地区文迪亚上游地区的岩画中出现，这意味着新石器时代——青铜时代的岩画诞生了。

与狩猎和采集食物相比，自给自足的养牛经济逐渐催生了一种稳定舒适的生活。但这也让先民开始丧失在中石器时代采集猎捕食物时与自然之间的紧密联系，失去生命的生机和活力。这一时期的岩画中，线条和笔锋中的动态意识开始消失，人物形象开始重复。岩画中的人物总是在一起走路或跳舞，人类和动物形象变得越来越程式化。捕猎场景虽然仍旧存在，但大规模的集体捕猎活动消失了。相应地，岩画中的猎捕行动变成了独行之人的活动，在遇到猎物时，他会站在那里给猎物致命的一箭。战车也开始出现，前一时期的长矛开始被金属器具取代。

历史时代的岩画不仅描绘了特定时期先民的生活场景，而且出现了许多佛教符号和铭文，有时它们跟着人物形象一起出现。桑奇附近的萨达拉是个佛教遗址，该地出土了绘有佛像的岩棚。在昌巴尔山谷，大型佛教符号，如法轮、菩提树和三宝都被绘制在了岩棚内。古吉拉特邦的一幅岩画描绘了出海帆船，清晰地展示了正在航行中的小帆船的结构和细节。除了船体和水手外，还可以在画中找到舵、桅杆、旗帜和锚。

第五节　建筑

印度建筑艺术散发着自身独特的魅力，在世界建筑史上占有重要地位，其历史可至少上溯到公元前 3000 年。印度河－萨拉斯瓦蒂河文明的建筑属于城市建筑，为印度最早的建筑典范。从发掘遗址来看，城市建设显然经过严格的规划。全城分为上城和下城两个部分，街道宽阔，拥有完整的下水设施，各种建筑，包括宫殿、公共浴场、住宅、粮仓等等，以烧制的砖块为主要材料，石头也被大规模运用，功能以简单实用为主。在如此早的时间拥有如此成熟的城市建筑，着实令人惊叹。

宗教对印度社会有深远的影响。印度是佛教、婆罗门教和耆那教的故乡，又受到伊斯兰教的重大影响，因此宗教建筑在印度始终占据主流地位。佛教庙宇建筑里是供人朝拜的窣堵波或佛陀像，印度教神庙建筑里是地位显赫的男神或女神，耆那教庙宇建筑里是24位超凡脱俗的先祖，伊斯兰教建筑以城堡、陵墓和清真寺为主。

在印度，寺庙就是神的住宅，甚至是神本身。印度的寺庙建筑以一种居高临下的气势和潜在的精神感染着周围的一切。高高耸立的尖塔是其神圣精神的象征，仿佛正在大声宣告神的存在；墙壁、立柱、天花板上千姿百态、色彩绚丽的雕刻又每每使虔诚的善男信女们“心旷神迷”。印度的寺庙建筑不仅是宗教信徒虔诚敬拜的场所，而且是印度人民文化交流和社会生活的中心。寺庙建筑以其所处位置和结构规模支配、影响着周围的一切，使人产生一种永久感。寺庙成了一切社会活动的中心，这里举行的各种节日庆祝活动，场面盛大，热闹繁华，让各种姓、各阶层、男女老少一律有权享受这些娱乐活动带来的快乐。

当伊斯兰教在印度逐渐深入人心时，印度的寺庙建筑已星罗棋布于印度各邦了。这些寺庙除了具有历史悠久的特点外，本身就是各个历史发展时期的文献资料库，组成了一部印度文化史大全。

一　佛教建筑

在印度，佛教建筑的种类主要有窣堵波和石窟。公元前3世纪，孔雀王朝基本统一印度全境，国力强大，其君主崇信佛教，特别是著名的阿育王，他对于修建佛教建筑达到了狂热的程度。阿育王在位期间，大量修建窣堵波，开凿石窟。

1. 窣堵波

窣堵波即佛塔，是印度佛教建筑中最具特色的一种，用以埋葬佛骨，为半球形，又像倒扣着的饭钵，所以也叫“覆钵”。尽管耆那教也有窣堵波，但与佛教窣堵波不同。窣堵波的最初形式是从墓葬建筑脱身而来的半圆形的大坟冢，基本上由塔基、覆钵体、塔刹三部分组成，周围一般建有右绕甬道，设一圈围栏，分设四座塔门，围栏和塔门上饰有雕刻。这些浮雕是窣堵波建筑中最吸引人的部分，既有动植物雕刻，也有佛本生故事。

据佛经记载，佛陀去世后，弟子们将他的遗体火化，意外得到许多晶莹明亮、五光十色、击之不碎的珠子，称为舍利。佛教徒将这些舍利分为八份，分别掩埋在佛陀生前主要活动过的八个地方，并聚土垒石成半圆冢状，作为缅怀、礼拜佛祖的纪念性建筑物，其外形有天穹之寓意。

最早的窣堵波是桑奇窣堵波和鹿野苑窣堵波，相传为阿育王所建。传说，阿育王在他所统领的“八万四千国”中，建造了“八万四千寺”和“八万四千塔”。虽然数字不免有所夸张，但可以肯定的是阿育王时代是古代印度佛教史上的一个重要时期，也是窣堵波建造的黄金时期。桑奇窣堵波、鹿野苑窣堵波以及塔克西拉的达摩拉吉卡窣堵波前竖立的石柱说明了这一点。唐代高僧玄奘法师这样描述鹿野苑窣堵波：“伽蓝西南二三里，有窣堵波，高三百余尺，基趾广峙，莹饰奇珍，既无曾龛，便置覆钵，虽建表柱，而无轮铎。”① 由此可见当时窣堵波建筑规模之宏大。

在斋普尔的贝拉特地区，孔雀王朝独特风格的窣堵波得以复原。位于中印度的巴尔胡特窣堵波周围有封闭的石栏，其历史可追溯到公元前125 年，后来修建了东门。在那格浦尔附近的保尼，另一类型的巴尔胡特窣堵波也被挖掘出来。在南丹格尔，建造于公元前 100 年左右的窣堵波是阶梯状浮雕窣堵波建筑风格的“前兆”，800 年在爪哇建造的婆罗浮屠塔就源于这种窣堵波建筑风格。公元前 1 世纪至 3 世纪，印度东南部的克里希那河沿岸建造了大量窣堵波，其中包括贡都尔地区的阿马拉瓦蒂窣堵波和龙树丘窣堵波，克里希那地区的佳吉亚贝塔窣堵波、甘塔萨拉窣堵波、古迪瓦达窣堵波和巴提波罗鲁窣堵波。这些窣堵波为塔基较低的砖造半球形坟冢建筑，塔基呈矩形，四周竖立着五根浮雕石柱。

在北印度平原，如信德，窣堵波主要为砖造结构，这种结构一直维持到 12 世纪，如鹿野苑窣堵波、沙赫玛赫窣堵波和卡西亚窣堵波。现存的大多数窣堵波为笈多王朝及其以后所建，塔基较高，为圆柱形，呈

---

① （唐）玄奘、辩机：《大唐西域记校注》，季羡林等校注，中华书局，1985，第 572 页。

阶梯状。后笈多时期，窣堵波仍保留了圆柱状塔基，但设计倾向于华丽，如包括多个露台和雨伞状结构。这种设计风格直接影响了包括中国西藏、缅甸、柬埔寨和印度尼西亚在内的地区和国家的佛塔建筑风格。

2. 石窟

概况

古印度人相信大地深处与神灵具有某种神秘的联系，热衷于在坚硬的山岩峭壁上开凿各种洞穴，以供僧人修行或信徒进行宗教仪式，这就是石窟产生的原因。

印度石窟的凿建起始于阿育王时期，阿育王和他的孙子达沙罗陀在比哈尔贾耶地区的婆罗巴山和龙树丘开凿了石窟群，一共七窟，其中六窟都刻有铭文。铭文表明，这些石窟是为生命派隐士而凿。

大约在阿育王之后（公元前 2 世纪左右），印度石窟的凿建迎来了繁荣期。这一时期，石窟建筑主要集中在德干高原，特别是在马哈拉施特拉邦的西高止山脉。那里的地质结构最宜开凿洞窟，其数量之多、类型之全，使其不仅成了印度佛教石窟的代表，也成了世界石窟寺庙的摇篮。

印度佛教石窟开凿时间以公元前 2 世纪至 7 世纪为主，大致可分为小乘佛教时期和大乘佛教时期两个阶段。小乘佛教认为，佛陀获得涅槃后，就再也不应该以人的形象来表现，应以各种象征性的事物代替佛陀。因此，早期印度佛教石窟建筑以素面的佛塔为中心，没有佛像，佛就是塔，塔也就是佛，佛与塔一体。到了大乘佛教时期，佛像又出现在了石窟当中，与之相对应的是，石窟壁画也出现了。这样，一处石窟群包含了建筑艺术、雕刻艺术和壁画艺术，它们反映了一个共同的主题——佛的涅槃。

印度佛教石窟主要用于两种场景：宗教活动和生活起居。与此相对应，石窟也有两种类型：支提窟（Chaitya）和精舍窟（Vihara）。支提窟是宗教敬拜中心，即祈祷堂，也往往是石窟群的中心，其平面呈 U 字形，两侧凿有侧廊。精舍窟即僧房，供僧人起居之用，平面多呈方形，左、右、后三面均开凿有小禅房。

印度现存的宗教石窟总数达 1200 多座，其中 3/4 是佛教石窟，且大半集中在德干高原的西高止山脉，只有少量石窟在比哈尔邦及东海岸的奥里萨邦和安得拉邦。石窟建筑以“群”的形式存在，沿山体崖壁开凿，环绕山间。西印度最大的佛教石窟群主要有浦那地区的巴贾石窟群，孟买的坎赫里石窟群，马哈拉施特拉邦的皮塔尔考拉石窟群、阿旃陀石窟群和埃罗拉石窟群等。这些石窟群可谓鬼斧神工，不仅表现了印度佛教教义，而且体现了印度佛教建筑艺术的高超技艺。在所有的佛教石窟建筑中，最具代表性的要数阿旃陀石窟群和埃罗拉石窟群。

装饰

佛教教义深奥莫测，印度佛教石窟建筑重视将佛经中抽象的教义寓于具体生动的艺术形象之中，让广大僧俗信徒读懂教义真谛。

印度佛教石窟建筑经历了一个从无佛像到有佛像的过程。早期小乘佛教时期，佛教石窟中并未出现明显表现佛教内容的佛像和雕刻。这一时期，巴贾石窟群第 19 窟的门廊上例外地出现了表现非佛教题材的浅浮雕。卡尔拉石窟群第八窟支提窟前廊入口两侧也出现了一对男女组合浮雕，其被认为是印度古代的夜叉和夜叉女。孔雀王朝阿育王时代，桑奇大塔四个塔门上的浮雕以其丰富的内容、宏大的场面以及精湛的技法而闻名。

佛像（以人的形象）的出现始于 2 世纪的印度西北部。贵霜王朝国王迦腻色加一世信奉佛教，大量建造寺院和佛塔，并开始雕刻佛像。但受希腊文化的影响，贵霜王朝的佛像带有浓厚的希腊风格，被称为犍陀罗佛教艺术。贵霜王朝的另一个雕刻中心是位于恒河中游西北部的马图拉，其佛像雕刻为印度传统风格，佛像体格健壮，气质强悍，表情明朗。到了笈多时期，马图拉的雕刻艺术达到鼎盛，佛像也成为纯印度式。马图拉雕刻的佛像，其头发为一圈圈排列整齐的螺旋状右旋螺发（32 相之一），眉毛修长呈倒八字，嘴唇宽厚，眼帘低垂，没有胡须，耳垂拉长，颈部有三道折痕，头后是一轮硕大精美的带有圆形浮雕的大背光。佛像身材高挑匀称，四肢纤长。可以说，笈多时代的马图拉佛像完成了佛像的印度化。

笈多时代是大乘佛教兴盛的时代，佛教石窟中的佛像和菩萨像也迅速增加。除了石窟中佛塔前的大型佛像外，很多较小的佛像也被大量雕刻，石柱、壁柱、窟壁上出现了很多浮雕，壁画也随之多了起来。这些壁画对形式的表达、比例的分割、感觉的召唤、仁慈和优雅的表现、事物本质而非外表的刻画，以及立体感的显现都很重视，画中场景大都取材于《佛本生经》，展现了一个梦境般的世界。

二　印度教建筑

印度教的历史也很长，其前身是婆罗门教，主要的宗教建筑形式是神庙，公元前 3 世纪就已经出现雏形。印度进入封建社会后，佛教走向衰落，大量的印度教神庙涌现。

婆罗门教崇尚“万物有灵，祭祀至上”，认为神灵普遍蕴藏在自然构筑物中，祭祀随处都可进行，因此早期的婆罗门教并不需要永久性的宗教建筑设施来举行宗教祭祀活动。4 世纪初，随着笈多王朝的建立，印度开始进入笈多时代。笈多时代是印度古典艺术的黄金时代，其间，人们开始采用加工过的石材来建造宗教建筑，开启了印度古代建筑的新纪元。笈多时代后期，佛教走向衰落，印度古老的婆罗门教开始向印度教转化，神庙建筑也随之变多。7 世纪末，阿拉伯人开始入侵印度，结束了戒日王的统治，使印度再次陷入封建割据状态。8 世纪初，阿拉伯人占领了印度信德，印度开始进入中世纪时期。这一时期，印度教在吠檀多“不二论”哲学的影响下盛行神秘主义，神庙建筑等造型领域也受到了影响，印度教神庙建筑进入黄金时期。13 世纪初，随着德里苏丹国的建立，印度开始进入伊斯兰教统治时期，印度教神庙建筑也进入衰亡期。这一时期，佛教基本灭亡，印度教在伊斯兰教冲击下也开始衰落，印度教神庙建筑遭到严重破坏。印度北部和中部几乎停止了印度教神庙建造活动，只有印度南部一些地区依然崇尚印度教，并继续建造印度教神庙建筑。他们成了印度教传统文化最后的守护者。随着印度共和国的建立，古老的印度教再次被提倡，印度教神庙建筑也逐渐增多。现代印度教神庙建筑多模仿中世纪庙宇建筑，平面形制简单，宗教气息淡薄，且多采用钢筋混凝土，加上五光十色的彩画装饰，使其显得世俗艳丽。

印度教神庙气势雄伟，被认为是神灵在人间的居所，通常由圣室、前厅、柱厅、门廊四部分组成。圣室即“子宫”，隐喻宇宙生命的胚胎，是神庙最神圣的地方。毗湿奴神庙的圣室内往往供奉着毗湿奴神像或化身像，湿婆神庙的圣室内通常供奉着湿婆林迦或林迦与优尼的合体。圣室上方通常是一个高耸的塔状屋顶，象征神灵居住的宇宙之山——弥卢山。神庙的细部装饰非常丰富，甚至极尽所能。台基、柱子、墙壁、天花板、屋顶到处都有雕刻，整座神庙就像一件巨大的雕刻作品。男女神灵、翩翩舞女、大象战马、侏儒恶魔、花草树木、节日庆典、宗教史诗、战争场面，甚至性爱场景，真是应有尽有。印度教神庙试图以强烈的视觉效果来宣扬神灵的威仪，利用建筑体块错落、起伏的外轮廓以及多样的空间和繁复的细部装饰来营造一种奇特夸张、充满动感的总体形象，以象征宇宙无穷的活力。印度教神庙不仅是神灵的居所，也是印度民众社会文化活动的中心，在印度现实社会中扮演多种角色。

1. 建筑类型

印度教神庙是印度教文化的物质载体，类型多样，造型丰富。其神庙建筑既有石砌式的，又有岩凿式和石窟式的；既有南方达罗毗荼式（Dravida）的，又有北方那伽罗式（Nagara）的。实际上，印度教神庙建筑之间最明显的区别是神庙圣室上方高耸的屋顶，既有曲拱形的（Sikhara，希卡罗）和角锥形的（Vimana，毗玛那），也有四锥形的（Gopura，瞿布罗）。

希卡罗

“希卡罗”意为山峰，这里特指印度教神庙圣室上方高耸入云的屋顶，象征众神居住的宇宙之山。希卡罗呈曲拱形，造型类似于玉米和竹笋，表面通常装饰着线脚和凸出，顶上盖有一块被称为阿摩洛迦（Amalaka）的圆饼形冠状盖石。盖石上方的金属罐形饰是神庙主供神的标志，宝轮（毗湿奴的武器）象征毗湿奴，三叉戟（湿婆的武器）则代表湿婆。希卡罗可能源于古代用以遮蔽吠陀祭坛的竹制建筑，阿摩洛迦就是那块压在顶上稳固结构的大石盖。希卡罗高耸入云，极具奔腾向上的动势，表现了印度教特有的艺术想象力。当然，某种共同的建筑语言形成之后，就会出现大量的风格变体。希卡罗由于比例关系、线脚形式、组合方式、细部装饰和雕刻手法的不同，形成了很多不同的造型。

希卡罗具有一种坚实而独立的雕塑感，内部蕴含一股强烈的、向四周发散开来的张力。林迦具有象征性和神秘性，是印度教湿婆派和性力派崇拜的男性生殖器像、湿婆的象征。在印度教神庙中，林迦竖立于圆形基座（约尼）之上。约尼是湿婆之妻的象征。林迦和约尼的组合具有某种含义，即阴阳二性永不分离，阴阳交合乃万物之本。希卡罗式印度教神庙大多敬拜湿婆大神，主体和笋状屋顶的配合本身就表达印度教的这种观念。

林迦崇拜起源于印度教神话故事，自帕尔瓦蒂去世后，湿婆终日郁郁寡欢，像丢了魂一样四处游荡。一天，湿婆来到了仙人们的隐修林，在他们的妻子面前跳起了裸体舞。这不但没有让这些美丽的女人心生厌恶，反而使她们跟着翩翩起舞。仙人们大怒，诅咒湿婆，湿婆的阳具突然掉落不见。世界顿时黯然失色，圣火熄灭，阳光灰暗，星辰错乱。梵天显现并告诉仙人，舞者就是湿婆大神，要想消除世界乱象，只有重塑林迦，虔诚敬拜。① 所以，印度教把林迦置于神庙内堂，将其看作湿婆大神敬拜。

---

① 毛世昌、刘雪岚主编《辉煌灿烂的印度文化的主流——印度教》，中国社会科学出版社，2011，第288～289页。

8～11 世纪，希卡罗式神庙主要盛行于印度西部和中部，并成为主导性的印度教神庙建筑类型。奥里萨邦布巴内斯瓦尔的林迦罗阇神庙、中央邦克久拉霍的康达立耶·马哈迪瓦神庙以及中央邦乌代布尔的乌代湿婆神庙等都是极具代表性的希卡罗式神庙。林迦罗阇神庙是一个院落式的神庙建筑组群，主体神庙圣室上方的希卡罗高达 45 米，细部装饰精美，顶部的圆饼状盖石上方耸立着金属三叉戟，整体给人粗壮浑厚的视觉感受。

康达立耶·马哈迪瓦神庙的希卡罗高达 31 米，造型与竹笋类似，底层平面呈锯齿形，表面雕刻有线脚和几何图案，呈蜂窝状，顶部是圆饼状的盖石，细部装饰精致美观。主体神庙圣室上方的希卡罗挺拔向上，四周簇拥着 84 座小型希卡罗，显得层峦叠嶂、群峰磅礴。乌代湿婆神庙圣室上方的希卡罗底部是一个 32 角星的平面，细部装饰精细华丽，给人以浑厚有力的视觉感受。

毗玛那式

“毗玛那”意为宫殿，这里特指印度教神庙圣室上方角锥形或棱柱形的屋顶。毗玛那式神庙真正成形于 8 世纪左右，盛行于印度南部和中部。毗玛那式神庙的形式变化很多，但通常都基于一个方形底座，向上升起一个阶梯状的角锥形屋顶，从下到上层层重叠，逐层缩小。毗玛那四周装饰着成排的小型神殿，位于拐角的神殿平面多呈方形，上方冠有一个盔帽形的屋顶；中间的神殿平面呈长方形，顶部是圆筒形的拱顶，上方排列着小型的宝瓶饰，造就了繁缛富丽、节奏变幻的视觉效果。毗玛那的檐口处通常设有马蹄形的窗龛，内部多为神灵雕像，并与上方的小型神殿一样规则地排列着，在丰富细部装饰的同时，也寓意毗玛那是神灵的寓所，屋顶的顶部则是一块多边形的盖石。泰米尔纳德邦的布里哈迪斯瓦拉神庙是毗玛那式神庙最典型的代表，该神庙建于 12 世纪，是一座院落式神庙建筑。主体神庙圣室上方的毗玛那共有 15 层，高达 61 米，顶部的多边形盖石重达 80 吨。

瞿布罗式

“瞿布罗”意为门塔，这里指印度教神庙院门上方高耸的四锥型屋顶。瞿布罗式神庙成形于 13 世纪，是伊斯兰统治时期印度南部最醒目的神庙建筑。瞿布罗通常采用砖木泥灰等较轻的材料建造，底层为长方形平面，从下到上沿着长边逐层内收，在立面上构成一条柔和的曲线。瞿布罗表面布满各种线脚和人物雕像，繁复杂乱，顶部是圆筒形的条状盖石，上方通常是一排宝瓶饰。最初的瞿布罗作为神庙的院门，形式非常简单，后来它的高度和体量不断增加，其高度甚至超越了神庙圣室上方的屋顶，成了整座庙宇的标志。泰米尔纳德邦马杜赖的米纳克希神庙是瞿布罗式神庙的代表作，四周院门上方的瞿布罗高达 46 米，表面装饰着五光十色的塑像，包括印度教男女诸神、王国贵族、平民百姓、动物怪兽等，从上到下密密麻麻，令人眼花缭乱。

2. 建筑装饰

印度教神庙建筑的艺术风格有些类似于欧洲的巴洛克建筑艺术风格，神庙常常因为其表面精美繁复的细部雕刻而被称为雕刻作品。印度教神庙建筑表面的细部装饰多采用雕刻的手法来表现，这种雕刻手法在建筑装饰中具体表现为圆雕和浮雕，其中浮雕居多。宗教神灵和动物多采用高浮雕的方式表现，具有一定的视觉冲击。几何花纹图案多采用浅浮雕的方式表现，既丰富了装饰效果，又衬托了神灵和动物的形象。大象、狮子等大型动物通常用圆雕的方式来表现，且与主体神庙建筑分开，被置于神庙屋顶上方或神庙入口附近。绘画也是印度教神庙的装饰手段，通常表现为室外彩画和室内壁画。室外彩画多集中在神庙圣室上方高耸的塔状屋顶上，而室内壁画多出现于神庙内部的天花板上。

印度教神庙的装饰题材丰富多样，宗教神灵、动物造型、花草图案、史诗场面以及民众生活场景，都被转化成雕刻和绘画作品，用来装饰诸神在人间的居所。神庙的各个部分布满各种装饰，而且不同部位的装饰题材也不相同。印度教神庙装饰题材的多样性源于吠陀教的泛神思想。印度教虽然经历了从吠陀教、婆罗门教到印度教的演变，但万物有灵的教义没有变。从神话时代开始，动植物就颇受珍爱，被认为带有神性。考古证明，古代印度的房屋和艺术品上就出现了大量动植物图案，如牛、象、蛇、树、草等。在印度教神话中，神可化身为万物，万物也就是神的显现。印度教神庙上的动植物雕像不只是装饰，更是神本身。阿难陀意即无止境，被当成是蛇王，盘踞在帕塔拉界。他是生主迦叶波之子，为毗湿奴大神的惰性所化。他有 1000 颗头颅，头上镶嵌有 1000 颗宝石，照亮了所有的地方。他不停地转动眼睛，手持权杖，头顶大地，打个哈欠就会地动山摇。敬拜他就能让人掌握所有的天文地理知识。图拉西草（Tulasi）被认为是圣草。相传毗湿奴的三个妻子——恒河女神、萨拉斯瓦蒂和拉克希米吵架，萨拉斯瓦蒂就诅咒拉克希米变成了图拉西草，毗湿奴也答应娶图拉西为妻。①

印度教神庙的台基多采用石材建造，装饰多集中在台基的外表四周。台基通常被横向的线脚分割成多层，从下到上逐层内收，表面排列各种动植物雕像，台基底部通常雕刻几何花纹图案。

柱厅是敬拜之地，是整个神庙建筑内空间最大的部分，其细部装饰多集中在内部的立柱和顶部的天花板上。印度北部的神庙建筑，柱厅平面多为十字形，四周是立柱和栏杆，通透开敞。柱厅四周的栏杆与门廊相连，表面装饰着人物雕像和几何花纹图案。柱厅顶部是圆形的天花藻井，与底部地面的方形凸出相对应。圆形藻井从下到上逐层向中心内收，表面布满各种精美的线脚和几何花纹图案。顶部是一个精美的垂花，上方是一个金字塔形或圆拱形的屋顶，表面布满横向的线脚和凸出，从下到上逐层内收，汇集到顶部的宝瓶底部。印度南部的神庙，平面多为方形，内部规则排列的立柱支撑上方的平屋顶，四周通常是实墙，并凿有布满几何图案的窗户，外墙由壁柱分割，底部通常装饰动物雕像，并利用柱头拖梁与上方的弧形挑檐相接，壁柱之间镶嵌着神龛，

① 毛世昌、袁永平主编《印度古典文学词典》，兰州大学出版社，2016，第 27、661 页。

里面是各种神灵的雕像。内部的立柱与北部神庙建筑一样，从上到下由不同的截面构成，细部装饰精美繁复。

门廊是神庙的入口引导空间，其平面多为方形，开敞通透，其装饰多集中在两侧的栏杆和立柱上。栏杆外表面通常由横向的线脚划分，顶部是台面，下方雕刻几何图案。中部通常排列人物雕像，多为少女形象，神态各异，动作夸张。立柱的顶部通常由不同的截面构成，表面布满各种线脚和几何花纹图案。柱子上方的托梁多为十字形，与上方的横梁构成了完美的过渡。

圣室通常是一个黑暗封闭的方形小室，单侧设门，与前厅相连，内部供奉神像或神灵的象征物，是整个神庙最神圣的地方。圣室内部通常光滑整洁，几乎没有装饰，体现了神灵空间的纯粹性。圣室入口门洞的门框四周布满各种线脚、神灵雕像和几何花纹图案，精美繁复。

三　伊斯兰教建筑

印度伊斯兰教建筑是穆斯林侵入印度次大陆后，印度教文化与伊斯兰文化相糅合而出现的建筑艺术。

1. 发展概述

奴隶王朝时期（1206～1290 年）

在印度伊斯兰教建筑中，德里的伊斯兰教建筑占据了重要地位。穆斯林于 712 年开始入侵印度，但直到库杜布－乌德－丁·艾巴克攻占德里，建立印度第一个正式的伊斯兰政权，才开启了印度伊斯兰教建筑艺术的历程。1192 年，库杜布－乌德－丁·艾巴克攻占印度德里，开始创建印度奴隶王朝。为纪念穆斯林征服印度教王国，库杜布开始兴建库瓦特·乌勒清真寺和库杜布高塔。“库瓦特·乌勒”意即“伊斯兰的威力”，是借宗教的名义彰显新统治者的威力。库瓦特·乌勒清真寺修建于德里以南 10 千米处一座被拆除的印度教神庙基址之上。1231～1232 年，德里苏丹国奴隶王朝的伊勒图特米什扩建该寺，完成了库杜布高塔。据东门铭文记载，建造材料取自被捣毁的 27 座印度教和耆那教神庙。清真寺长方形庭院三面围墙回廊的成排石柱都带有印度教或耆那教神庙的浮雕装饰图案，其中人和动物的雕像已被毁坏。西侧 11 座尖拱门组成的连拱廊屏壁，带有铭文和阿拉伯花纹的装饰。库杜布高塔是印度伊斯兰教建筑艺术的最早范例，环绕塔壁的横条浮雕饰带既装饰有阿拉伯纹样和《古兰经》铭文，也点缀着源自印度传统艺术的藤蔓图案和花彩垂饰，融合了波斯式的精巧绚烂与印度式的自然美丽，形成了一种新颖的风格。

奴隶王朝时期，另一种伊斯兰教建筑——陵墓也被引入印度。伊勒图特米什建造了现存最早的两座陵墓，其中一座是苏丹·高丽陵，由伊勒图特米什于 1231 ~ 1232 年为其长子纳西尔 – 乌德 – 丁·马茂德而建。该陵墓有明显的印度教建筑风格痕迹，石柱、柱头、楣梁以及装饰纯属印度教湿婆庙风格，只有拱门和圆顶显示出伊斯兰教建筑风格。另一座是伊勒图特米什为自己建造的陵墓，位于库瓦特·乌勒清真寺的“齐拉伯”墙后面。该陵墓除“齐拉伯”那一面墙之外，每边都有一个入口，在“齐拉伯”墙上插进了三个“米哈拉布”。墓穴在建筑的下面，入口在北面，东面或中轴上的建筑入口与扩建以后的清真寺的墙靠得很近。这种形式被克雷斯韦尔定义为“华盖陵墓”，为印度后来的陵墓建筑模式开创了先例。

卡尔吉王朝时期（1290 ~ 1321 年）

伊勒图特米什执政时期，伊斯兰教建筑在借鉴印度教建筑风格的基础上进行创新，并极力脱离印度教风格的影响。到了卡尔吉王朝时期，伊斯兰教建筑方法和装饰风格发生了革命性变化。最早完全按照伊斯兰教风格建造的建筑是扎马特·卡纳清真寺，该寺建于德里哈兹拉特·尼扎姆 – 乌德 – 丁·奥利亚的陵墓之上，体现了卡尔吉王朝和图格拉克王朝的建筑风格。

伊斯兰教在印度扩大版图之后，阿拉 – 乌德 – 丁·卡尔吉利用战利品对库瓦特·乌勒清真寺进行了第二次更大规模的扩建。虽然这一浩大工程没有完工，但可以在其基础上继续建造。这组建筑群的北入口被称为“阿莱·达尔瓦扎”，是阿拉－乌德－丁·卡尔吉倒台前唯一建成的部分。三个外立面被精心镶嵌上白色大理石与红色砂岩相映衬的大量雕刻。附着在大门两侧的那些双层窗，只有里面那层才真正透过镂空石头花格穿透墙面，这旋即成为一种喜闻乐见的“印度－伊斯兰”形式。装饰设计的连贯性、大门上排列着略呈马蹄状拱券的“矛尖”，以及砌体质量的大幅度提高，使若干学者推断许多土耳其塞尔柱克泥瓦匠为此工程云集印度。

图格拉克王朝时期（1321～1414年）

吉亚斯－乌德－丁·图格拉克在位期间，一种比卡尔吉王朝时期朴素且节制得多的建筑样式传入印度。单调风格开始盛行，红砂岩和大理石墙也被放弃使用，代之以碎石和石膏墙。图格拉克王朝时期的建筑也以斜面墙、突角拱、有城垛的柱头、顶饰和多重小圆顶为特色。

图格拉克王朝的主要伊斯兰教建筑是图格拉卡巴德堡和图格拉克陵墓。1325年，吉亚斯－乌德－丁·图格拉克意外去世，他的陵墓也开始动工。陵墓建在了一个秀丽的湖中小岛上，以一条堤道连接图格拉卡巴德堡。陵墓本身是华盖类型，有三个入口，其特征不太像堡垒。外墙明显朝内倾斜，以白色大理石板为装饰，起到门上过梁的作用。拱券上的“矛尖”缘饰让人联想起卡尔吉时期的丰富装饰，但拱券形状已经变成四心圆拱状，主要的穹顶从八边形基座上建起，以白色大理石包镶，不再是葱头状，但在形状、材料和精致的尖顶饰物等方面都接近后来的莫卧儿穹顶。

吉亚斯－乌德－丁·图格拉克时代的厚重形式和稳固结构被延续了下来。菲鲁兹·沙·图格拉克是一位伟大的建筑家，他于1354年开始建造一座新的堡垒，即克特拉·菲鲁兹·沙。该建筑现在差不多已完全倾圮，它起初是由一系列呈放射状对称的走廊构成。走廊环绕一个稳固的核心呈金字塔状升起，在其核心部位安放了一根著名的阿育王石柱。第二层和第三层的角部是安放在低矮的实心塔上的“卡垂”阁。

赛义德王朝时期（1414～1451年）

赛义德王朝时期的建筑特色主要是釉瓷砖饰、石膏雕刻、莲花顶和一些印度教或类似印度教文化的图案。赛义德王朝统治时间短，建筑少，穆罕默德·沙的陵墓体现出建筑风格的过渡特色。

洛迪王朝时期（1451～1526年）

西坎达尔·洛迪（1489～1517年）的陵墓采用彩色釉瓷砖饰，其最重要的特色是双冢。西坎达尔·洛迪时期的首相米衍·包伊亚建造的莫特·基清真寺是最好的标本建筑，也是这一时期最大的清真寺。穹顶宽敞，拱形开口比例恰到好处，加之白色大理石、彩色瓷砖和红色砂石的采用，使该寺极具魅力。

莫卧儿王朝巴布尔（1526～1530年）和胡马雍（1530～1556年）及苏尔王朝统治时期（1540～1556年）

莫卧儿王朝的开国者是中亚察合台突厥人巴布尔，为蒙古人成吉思汗和帖木儿的后裔，原为帖木儿汗国的国王，被乌兹别克人逐出中亚后率军南下，于1526年攻入印度，建立了莫卧儿帝国，统治了北印度和中印度的大部分地区。

莫卧儿帝国的开国君主巴布尔和第二代君主胡马雍的时代，是莫卧儿建筑的草创时期，这两代君主戎马一生，营造建筑较少。1526年，巴布尔入侵印度，经帕尼特战役击溃德里洛迪王朝，建立莫卧儿帝国。帕尼特战役胜利之后，巴布尔便开始规划一座宏伟的建筑，但他在位时间太短，来不及完成如此宏大的建筑。据他在回忆录《巴布尔纳玛》中的描述，这位中亚草原骄子怀念故乡的自然景色，热衷于开辟花园。巴布尔时代的大型建筑多已荡然无存，遗留至今的只有两三座较小的建筑，包括帕尼帕特的卡布里·巴格纪念性清真寺、罗希尔坎德的桑巴尔大清真寺和阿格拉洛迪古堡内的清真寺，风格上受土耳其和波斯的影响较大。

胡马雍在位十年，莫卧儿王朝经历了动荡的十年。1540年，胡马雍众叛亲离，被比哈尔的阿富汗将军舍尔·沙驱逐出国，亡命波斯和阿富汗 15 年，于 1555 年才重返印度复兴莫卧儿帝国，翌年不慎摔死在德里皇宫藏书楼楼梯上。残存的胡马雍时代建筑只有阿格拉的一座清真寺和旁遮普邦希萨尔县法特巴德的一座清真寺，后者饰有波斯风格的彩釉瓷砖。

舍尔·沙逐走胡马雍后，建立了苏尔王朝。苏尔王朝仅有短短 17 年的统治时间，但成了印度伊斯兰教建筑史上的过渡时期，也是莫卧儿建筑走向混成风格的起点。舍尔·沙曾兴建了第六座德里城，即“古堡”。古堡内的吉拉·伊·库赫那清真寺虽规模较小但气势宏大。1540 年，舍尔·沙开始在比哈尔邦沙哈巴德县萨萨拉姆湖中的高台基上建造陵墓，该陵墓设计独特，气魄宏大，体现了印度教和伊斯兰教建筑思想的融合，堪称印度伊斯兰教建筑的杰作。舍尔·沙陵实际上奠定了莫卧儿王朝建筑的基础，为阿克巴时代的建筑铺平了道路。

莫卧儿王朝阿克巴统治时期（1556 ~1605 年）

阿克巴是莫卧儿王朝的第三代君主、王朝的实际缔造者。1556 年，阿克巴继承王位，此时的莫卧儿王朝仍处在初期建设阶段。作为一位开明君主，阿克巴主张伊斯兰教和印度教文化的融合，其建筑也体现出了印度教的传统因素。阿克巴首建的项目不是清真寺，而是其父胡马雍的陵墓。1564 年，宏伟的胡马雍陵开始兴建，它延续了波斯清真寺建筑的布局模式，平面为八角形，双重圆顶结构，不仅成为莫卧儿王朝建筑中的一个里程碑，而且成了沙·贾汗的泰姬陵的原型。阿克巴还在都城阿格拉建造了伟大的宫殿城堡，该城堡始建于 1565 年，1573 年竣工。位于城堡内的王室夫人的住所贾汉吉尔宫最能引起人们的兴趣，该宫殿用红色砂岩建成，内部庭院采用了帖木儿的对称原则，体现了印度次大陆的建筑特色。大厅位于北部和南部，柱子带有浅雕刻，墙面和托臂饰以精美浮雕。俯瞰河流的庭院效仿河中地区的宫殿建筑风格，东面是一个凹龛，走廊带有细长的浮雕石柱，中央有一个单个水渠供水的尖头水池。不同的建筑风格反映了王室文化传统的多样性，因为阿克巴的婚姻联盟包括了印度的拉其普特贵族和来自印度次大陆、波斯和中亚的贵族。

最能体现阿克巴时期建筑特色的是法塔赫布尔·西格里城（意为“胜利城”），该城建造于阿格拉南部岩石山脊之上。法塔赫布尔·西格里城的建筑效仿帖木儿的建筑形式和风格，最为出色的是建于1571～1574年的清真寺和建于1568～1578年的凯旋门布兰德瓦查，其高度和跨度均超越了帖木儿位于沙尔撒布兹的宏伟凹龛。最大的清真寺因其高耸的中央大门而著称，这是莫卧儿王朝对作为对立面主导元素的帖木儿经典特色的诠释。祈祷大厅内部镶嵌在红色砂岩上的白色大理石饰有几何图案，以彩画装饰并镀金的立面上饰以阿拉伯式花饰和植物图案。以白色大理石建造的萨利姆圣殿是庭院的另一个焦点，方形的带圆顶和有着精致门廊的大厅效仿了古吉拉特邦沙克合基的陵墓建造风格。

莫卧儿王朝贾汉吉尔统治时期（1605～1627年）

贾汉吉尔时代是莫卧儿王朝建筑的过渡时期，这一时期的建筑虽然没有阿克巴时代的出色，但也有一些优秀的建筑发挥了应有的作用。贾汉吉尔时代建筑风格的变化是主要的建筑材料逐渐从红色砂岩变为白色大理石，风格渐趋于优美和高贵典雅。贾汉吉尔的王后努尔·贾汗仪态万方，才华超群。1611年，贾汉吉尔大婚后，努尔·贾汗开始主持皇家建筑的建造，她特有的优雅的审美趣味促进了贾汉吉尔时代建筑向典雅优美的方向转变。贾汉吉尔遵循传统，将莫卧儿的统治与帖木儿祖先和印度次大陆古老王朝的根基联系起来，下令将自己的家谱雕刻在一根坍塌的孔雀王朝时期的石柱上，并用对神的祈祷文进行点缀，最后将其重新竖立在阿拉哈巴德的城堡里。

贾汉吉尔时代最重要的建筑当属位于西坎德拉的阿克巴陵墓，陵墓的帖木儿式大门再次证实了王朝艺术和政治的方向。该陵墓虽然没有胡马雍陵墓那么盛大，但仍然显示了阿克巴时期刚健的建筑风格。红砂岩和白色大理石镶嵌拼出婉约风格的高大陵墓门，透露出风格转变的迹象。

莫卧儿王朝沙·贾汗统治时期（1628～1658年）

沙·贾汗时代是莫卧儿王朝建筑的黄金时代，宏伟与新颖虽不及阿克巴时代的建筑，但在豪华富丽与装饰精美上则更胜一筹，以致沙·贾汗时代的建筑被誉为“尺寸巨大的珠宝”。沙·贾汗时代的建筑以白色大理石为主要材料，并用玛瑙、碧玉、红玉髓等各色宝石和金银镶嵌。材料的改变引起了建筑技术的相应变化，镶嵌法便应运而生。镶嵌法是先在墙面上依据图形凿出凹槽，然后将小石嵌入，再将表面磨平。材料和技术的变化也带来了风格的变化，拱门顶部的弯曲更多地以中央一个尖头、两侧各有三四个半圆弧的方式装饰，波纹状连弧的连拱门或连拱廊成了这一时期建筑的主要特征之一。圆顶的形状也发生了变化，从朴素的覆钵式圆顶变为在颈弯处收缩的鳞茎状或球根状圆顶。这一时期的建筑风格从阿克巴时代有力的男性建筑风格演变成了高贵典雅的女性建筑风格，这一风格纯正简洁而不失优雅，从而达到了一种完美和谐的建筑层次，后来被称为印度伊斯兰教建筑的“新古典主义”。

统治期间，沙·贾汗似乎很在乎为自己的统治留下印记，于是开始大兴土木。继位后不久，他就改建了拉合尔和阿格拉的城堡建筑结构。从此，繁花似锦的花园中央，耸立起一座座用白色大理石建成的精致小巧的亭阁，彻底取代了阿克巴时期的红色砂岩建筑物。为了躲避炎热天气，他拆毁了阿克巴时期建造的阿格拉红色城堡的高楼，重新建造了多柱式大厅，以利于空气流通。白色大理石柱子镶嵌着花饰，大厅临河而建，置身其中可以享受河水带来的清凉。沙·贾汗渴望能驻留在祖先胡马雍的都城，于是着手在德里建造自己的都城——沙贾汗纳巴德。该城于1639年破土动工，1648年竣工，享誉整个伊斯兰世界。城堡结构总体对称，所有建造物以小连拱廊相连，形成一个整体。一弯水流穿过层层花园和楼宇，带来阵阵清凉和潺潺水声。整座建筑装饰朴素，以花饰为主。柱石、柱廊、御座上都装饰着白色大理石雕刻的浅浮雕花饰。

莫卧儿王朝奥朗则布统治时期（1658～1707年）

奥朗则布统治时期，印度伊斯兰教建筑呈衰落趋势。奥朗则布是一位励精图治、摒弃奢华的君主，他厌恶沙·贾汗时代的豪华装饰。在他统治时期，仅建造了几座清真寺和陵墓，且材料低廉、风格简朴，体现了俭朴而古板的清教徒精神。

拉合尔的巴德沙赫清真寺是奥朗则布时代最大的清真寺，但比起德里的贾玛清真寺，显得更加端庄、拘谨甚至刻板。1660～1661 年，奥朗则布在德干奥兰加巴德为妻子拉比亚·道拉尼建造了拉比亚陵。大部分拉比亚陵是在砂岩石上涂抹白灰，这些白灰现在已斑驳脱落。1699 年，奥朗则布在德里红堡为自己建造了莫迪清真寺，该寺虽采用了白色大理石，但不如阿格拉城堡的珍珠清真寺纯净华美。

2. 建筑类型与风格

建筑类型

清真寺是伊斯兰教建筑中最为重要的一种，是穆斯林进行拜、课、斋、朝、念五功的场所。“清真寺”一词在阿拉伯语中意为“磕头的地方”，也即“清净无染、真乃独一、至清至真”之地。印度清真寺的礼拜殿平面呈长方形，礼拜殿内设礼拜墙，礼拜墙和入口相对，以便穆斯林朝着麦加朝拜。讲坛位于礼拜墙右边。殿外是空阔的广场，广场东、南、北三面建有高墙，与西面的礼拜殿合为一体。主要入口设在东面，信徒由此进入就可以直接望见并走向礼拜殿。较大的清真寺在东、南、北三面还建有回廊。寺侧往往建有高耸峭拔的宣礼塔。印度清真寺规模宏大、格局疏朗、庄重肃穆。

印度穆斯林将陵墓建筑发展到了前所未有的精美程度，其构思源于莫卧儿王朝君主们的宗教观念。14～15 世纪，印度的工匠学会了砌筑真正的券拱和穹顶，而且很快将其运用于陵墓建筑。德里苏丹国时期，陵墓的体积比较小，只是一个四方形加上一个穹顶，并装饰有带顶盖的诸多小亭子。后来，陵墓建筑与园林建筑相结合，呈现出《古兰经》中的天堂花园意境，建造者精心雕琢装饰，极尽豪华之能事。

城堡是莫卧儿王朝时期主要的建筑类型之一，一般会选在有一定高度的地基上，三面有山或河流。城堡主要由宫殿构成，还有附属的供皇室专用的礼拜寺，甚至陵墓，可以说是一种以宫殿为主的综合性建筑群。

园林是莫卧儿王朝对印度艺术最大的贡献。莫卧儿王朝时期的花园是根据《古兰经》对天堂花园的描述建造的。“敬畏的人们所蒙应许的乐园，其情状是这样的：其中有水河，水质不腐；有乳河，乳味不变；有酒河，饮者称快；有蜜河，蜜质纯洁；他们在乐园中，有各种水果，可以享受；还有从他们的主发出的赦宥。”① 根据经文描述，天堂花园中应当有成荫的树林、流淌的河水、白皙美丽的女子、外墙、星散分布且装饰华美的建筑物。莫卧儿王朝时期的花园被称为“四分花园”，即在一个被围起来的四边形空地里，两条垂直的河流从中间将其划分为四块，有时每一块又被一分为四，每一块即一个花坛。这些花坛里种植有果树和其他植物，其中以玫瑰为主。围墙带有锯齿状城垛，有高耸的大门。较大的花园通常有四个大门和作为外墙角标志的小八角楼。

建筑风格

在印度伊斯兰教建筑中，装饰有非常重要的作用和地位。伊斯兰教建筑装饰艺术就是纹饰艺术，大致可分为植物图案、几何图案和文字图案。纹饰往往是基于一种图案，辅以各种形式，变化多端。几何纹有多边形、星形和糅合书法笔画的圆形等形式。植物纹中，花卉等植物已经没有具象、天然的美术形态，而是纯粹的装饰图案。书法文字纹饰是伊斯兰教建筑特有的装饰艺术。

印度伊斯兰教建筑常用镶嵌、绘画、雕刻或镂空透雕的方法来装饰点缀建筑，从而使建筑更具审美效果。印度伊斯兰教建筑喜用红砂岩和大理石，结合雕刻等工艺，展现出丰富的色彩和美感。

圆拱顶是印度伊斯兰教建筑的显著特征。清真寺和陵墓大多以大穹顶为中心，集中式构图，四角有与主穹顶外形相似的小穹顶作为衬托。

① 转引自梁工《〈古兰经〉文学成就初探》，《固原师专学报》（社会科学版）1986 年第 4 期。

拱门也是印度伊斯兰教建筑的重要组成部分，配合圆拱顶，呈现出装饰与建筑的高度统一。此外，红色砂石配上白色大理石的层间腰线，形成了绝美的“印度－伊斯兰”视觉色彩，创造出极富特色且精致的建筑艺术。

第六节 文学

古印度文学是了解印度早期历史极具价值的资源。古印度最早的文学是口传形式的，在雅利安人进入印度之前，印度河流域文明就已经有了导师教育的风俗。导师制的实质是：孩子在他的少年时代就要离开家乡，前往他导师的所在地修行，在那里，他可以获得绝对有价值的教育，但教育方式是口头传授。印度的神话、传说或者历史就是通过这种导师与学生面对面传授知识的教育方式流传下来的。然而，这种口传教育的弊端是无法完整保存内容，随着时间的推移，很多有价值的知识慢慢被人忘记。为此，口传文学开始转向书面文学，也就是今天我们所说的梵语文学。古印度文学可分为两类：神圣文学和世俗文学。

一 神圣文学

神圣文学首先指吠陀文学。“吠陀”即知识，吠陀文学为最古老的梵语文学，印度教最古老的经典文本。吠陀文学被认为是天启文学，即“听的文学”，最初由导师口传给一个或几个弟子，如此代代相传。“吠陀”分为四部，分别为《梨俱吠陀》、《耶柔吠陀》、《娑摩吠陀》和《阿闼婆吠陀》。

《梨俱吠陀》最为古老，是四大吠陀中最为重要的一部，有1028首梵语颂诗，大部分颂诗为祭司往圣火里献祭品时所使用。《梨俱吠陀》中的很多颂诗赞美不同的吠陀神，用于祭祀时吟诵。其中最为迷人的是写给黎明和朝霞女神乌莎，热烈赞美她的美丽与无私奉献精神的颂诗。

遍照之曙光，升起于东方，
脱离夜黑暗，纯洁现本相。
乌莎天之女，遐迩放明光，
愿为黎民利，开路示航向。
多彩司晨女，现身于东方，
犹如竖祭杆，围绕祭坛场；
冲开黑暗闸，两扇障碍门，
霞光从中发，净化尤晶亮。
仙子最富足，今日放异彩，
教导归信者，施舍物与财。
黑色波尼怪，昏睡在梦乡，
堕入暗渊中，永不觉天亮。
乌莎圣天女，愿汝之神辇，
是旧还是新，驶临今日祭。
慷慨天光神，财富恩赐予：
吟七火神子，九或十日斋。
洁净光仙子，按时套骐骥，
遨游虚空界，一日行程中。
沉睡众生界，二足及四足，
唤醒此物类，起来做活动。
请问在何处，是何古仙姬，
加被诸利普，所委事得成？
乌莎撒银光，漫步银色路，
无异无衰老，同一难分辨。

——《乌莎女神赞》①

---

① 转引自袁永平主编《泰戈尔的大爱思想》，兰州大学出版社，2016，第153页。

《耶柔吠陀》主要规定了祭祀中要遵守的细节，包括祭司的祷告、套语和献祭品等。《娑摩吠陀》里面的颂诗供歌者在祭祀时吟唱。《阿闼婆吠陀》问世较晚。每部吠陀又可分为四种主要的文本类型，即本集，主要是一些咒语；梵书，对吠陀本集中仪式、献祭等的详细解释和说明；森林书，梵书的补充说明；奥义书，用来破解宇宙和人生的奥秘，解决诸如宇宙的起源、出生和死亡、物质世界和精神世界等问题。

到了吠陀后期，出现了专门研究吠陀的学科——吠陀支。吠陀支主要分为六支，即语音学、礼仪学、语法学、语源学、韵律学和天文学。这些学科的发展有助于正确理解吠陀，它们慢慢变得越来越体系化，出现了一些吠陀流派，而且每个流派都有自己的经典文本——《吠陀经》。

“仪轨经”是与祭祀仪式相关的经典，行文大多使用歌诀式的“经”体。仪轨经可分为四类。随闻经，亦称“天启经”。这种经书是关于婆罗门教神圣仪式的指导手册。主要内容是按照梵书里讨论的方法，教授如何进行大型的祭祀活动。有一些随闻经的成书时间可能是梵书时代末期。家宅经，亦称“家范经”。主要内容是说明家庭祭祀的方法和日常生活中应遵守的规则和礼仪，适用于婚礼、葬礼、新生儿起名礼等。法经，其主要内容是说明社会上应遵守的一般准则、风俗习惯、四个种姓的义务等，具有法律性质。绳法经，即“测绳的法规”，附在一些随闻经里。主要内容是关于神庙、祭坛等的建造和测量。里面有一些几何和建筑问题的具体求解，在研究印度数学史方面非常重要，是印度几何和建筑方面最早的作品。

吠陀文学涵盖了公元前2500～前500年的历史，是研究吠陀时期雅利安民族历史的最佳资料。

四大吠陀之后是两大史诗——《罗摩衍那》和《摩诃婆罗多》，史诗勾勒出了一幅印度教社会生活真实而生动的画卷，被誉为“印度古代社会的百科全书”。它以文学的形式反映了古代印度社会的政治、经济、法律、教育、艺术、伦理道德、战争、哲学、礼仪、种姓关系、瑜伽等方面。

《罗摩衍那》被认为是印度的第一部诗。为此，《罗摩衍那》也被称作“第一史诗”，其作者蚁垤也被称为“第一诗人”。据说，蚁垤和罗摩是同时代的人，罗摩被流放期间拜访过蚁垤，悉多被罗摩遗弃后也住在蚁垤的隐修地，罗摩与蚁垤之间的关系是蚁垤创作《罗摩衍那》的诱因。相传，蚁垤在塔摩萨河畔目睹了猎人射杀一只交欢中的麻鹬鸟后，感情迸发，吟唱了诗句：“啊，行猎人，你也不会活得太久，你竟射杀了正沉迷交欢的一只麻鹬。”于是，梵天要求蚁垤以同样的诗句创作罗摩的故事，并向蚁垤讲述了罗摩的过去和未来，蚁垤据此创作了24000颂的《罗摩衍那》。史诗分为7篇500章，7篇为：《童年篇》《阿逾陀篇》《森林篇》《猴国篇》《美妙篇》《战斗篇》《后篇》。蚁垤将此诗教给罗婆和俱舍，他们俩在罗摩举行马祭时诵读了此诗。《罗摩衍那》的作者通常被认为是蚁垤，但西方学者提出了不同的观点，认为部分《童年篇》和整个《后篇》是后来插入的。《罗摩衍那》的版本也有三种，每种版本中大约有1/3的部分各不相同。孟买版本流行于印度北方和南方；第二种版本是孟加拉版本；第三种是克什米尔版本，流行于印度西北方。从现存的这三种版本看，《罗摩衍那》最初是用方言创作的，后来在不同时间，被不同的人翻译成了梵文。①

《摩诃婆罗多》的意思是“伟大的婆罗多族的故事”。全书共18篇，分别为《初篇》《大会篇》《森林篇》《毗罗吒篇》《斡旋篇》《毗湿摩篇》《德罗纳篇》《迦尔纳篇》《沙利耶篇》《夜袭篇》《妇女篇》《和平篇》《教诫篇》《马祭篇》《林居篇》《杵战篇》《远行篇》《升天篇》。该史诗以列国纷争时代的印度社会为背景，叙述了婆罗多族两支后裔俱卢族和般度族争夺王位继承权的斗争。印度教徒认为，多读《摩诃婆罗多》就能消除自己的罪恶，这说明了《摩诃婆罗多》的神圣性。据现代学者考证，《摩诃婆罗多》的成书年代约在公元前4世纪至4世纪之间。在这

① 毛世昌、袁永平主编《印度古典文学词典》，兰州大学出版社，2016，第518页。

漫长的800年的成书过程中，《摩诃婆罗多》大致经历了三个阶段：最初是8800颂的《胜利之歌》，后来演变成2.4万颂的《婆罗多》，最后扩充为10万颂的《摩诃婆罗多》。关于这部史诗的作者毗耶娑，我们目前所知道的都是传说，很难断定他是真实的历史人物还是虚构的人物。他既被称作这部史诗的作者，又是这部史诗中的人物。史诗本身提供的故事是：毗耶娑是渔家女贞信在嫁给象城福身王之前的私生子。贞信和福身王生下的两个儿子——花钏和奇武先后继承王位，都没有留下子嗣就死去。于是，贞信找来在森林中修炼苦行的毗耶娑，让他与奇武的两个遗孀同房，生下两个儿子——持国和般度。此后，毗耶娑仍然隐居森林，但他目睹和参与了自己的后代持国百子（俱卢族）和般度五子（般度族）斗争的全过程。在般度族五兄弟升天后，他用三年时间创作了这部史诗。《摩诃婆罗多》的中心故事至多只占全诗篇幅的一半。围绕这个中心故事，穿插进了大量的神话传说和寓言故事。此外，史诗中还有大量宗教、哲学、政治和伦理等方面的说教，最著名的是《毗湿摩篇》中的《薄伽梵歌》。①

《摩奴法论》是印度古代最权威的法律经典，对印度教的各个方面都有详细规定。《摩奴法论》为和谐社会之父摩奴所作，该书共12章。第一章写了圣典的起源和世界的起源，被认为是后来加上去的；第二章描写感官及压制官能的重要性，主要描写了婆罗门的品质；第三章写户主在学习吠陀之后的责任和义务，提到了八种不同的婚姻，也提到了保护妇女和儿童的措施；第四章写婆罗门种姓有研究吠陀的义务，并提到了沐浴者的职责；第五章写了圣洁与非圣洁食物及将非圣洁食物圣洁化的方法、女人及女人的职责；第六章描写林居者或苦修者的职责；第七章写国王和大臣的职责；第八章写法律与正义，包括正义行为的法律、解决争议的方法和措施、评判案例的方法，案例包括债务、非法销售、合作关系、斗争、盗窃、卖淫、边界争议等，指出所有问题都应通过法

① 毛世昌、袁永平主编《印度古典文学词典》，兰州大学出版社，2016，第391～392页。

庭解决；第九章写夫妻权利，包括财产所有权、分配权以及国王对此事的责任；第十章描写了社会不同阶层和混合阶层的责任，以及危险时期人们的责任；第十一章首先写有关苦修、教规、献祭和祭祀的情况以及牧师的酬费等，然后写对罪犯的惩治和对凶手及妓女的救赎；第十二章是轮回理论，描述了人的今生对下世的影响以及通过自我认知获得救赎的方法。《摩奴法论》是印度现在法律的基础，在公元前200～200年陆续编写而成。

往世书是一组梵语古代神话传说故事，总共18部，是非吠陀文献的一部分，被认为是古印度神圣文学中较接近历史真实的部分。《长寿字库》这样描述往世书：往世书是用来描述创造、替代创造、历史、摩奴时期以及谱系的。“创造”与“替代创造”之间是更新，“历史”指仙人与元老的历史，“摩奴时期”指不同摩奴的时代。关于往世书的描述甚至在梵书中也存在。因此推测，往世书的出现至少可以上溯到史前时代。奥义书认为往世书是史诗，与两部大史诗一起称为“第五吠陀”。由此可以看出往世书历史久远。往世书的文学性远不及《摩诃婆罗多》，却详尽地反映了婆罗多文化。往世书是印度社会、文化、宗教与政治的奠基之作，是印度艺术的源泉。

三藏经典是佛教经典文学，结集了佛陀弘法45年的教义，以巴利文记录而成。其中包括：经藏、律藏和论藏。佛教的三藏经典是由亲耳听闻佛陀言说的阿罗汉们结集而成的。佛陀虽然已经入灭，但是他生前的教诲，毫无保留地流传下来，一直流存到今天。佛陀虽然没有著书立论，可是他的教义，却由他的弟子们以超凡的记忆，一代一代以口头方式流传下来。

经藏主要收录了佛陀在各种场合所讲述的教义，其中也包括佛陀弟子的弘法记录。律藏记录了比丘和比丘尼生活的戒律，详细记载了佛陀布道的戒律，也间接记载了当时印度的历史、风俗、习惯、艺术和科学等有价值的史料。论藏包含了佛教所有高深的哲理，对每一件事物都加以详细分析和说明，也被称为“分析的教义”。

《佛本生经》是佛经中最具文学性的作品之一，是巴利文佛经中收录的民间故事与其他故事，主要讲述佛陀释迦牟尼前生的故事。按照佛教的说法，释迦牟尼在成佛以前，只是一个菩萨，还逃不出轮回。他必须经过无数次转生，最后才能成佛。这样，在佛教传说中就出现了一大批佛本生的故事。按照佛家的说法，释迦牟尼在成佛之前，经历了无数次轮回转生，曾做过国王、王子、婆罗门、商人、妇人、大象、猴子、鹿等，每一次转生，便有一个行善立德的故事，这些故事被称为“本生故事”。现存的《佛本生经》共收有 547 个佛本生故事，它们被收集在巴利文经藏《小尼迦耶》中，为《小尼迦耶》15 部之第十部。《佛本生经》被称为古印度“民间寓言故事大集”，是可与希腊《伊索寓言》并列的古代世界寓言文学宝典。

耆那教的《仪轨经》相传为公元前 4 世纪的巴德拉巴胡所著，主要讲述了耆那教早期历史和一些有价值的事件。

二　世俗文学

印度典籍浩如烟海，在这些历史价值非凡的作品中，《利论》占据首要位置。《利论》又叫《政事论》或《治国安邦术》，是印度最古老的政治学著作，为公元前 4 世纪孔雀王朝政治家乔底利耶所著。书中包含丰富的政治、经济、法律、军事、外交思想，系统地论述了君主统治国家的种种问题，主张实行中央集权统治，国王掌握国家的最高权力。《利论》中包含大量的民法与刑法内容，对研究古代印度的土地所有制、财产关系、奴隶制度和种姓制度等有重要价值。

印度文学博大精深，公元前 700 ~ 前 500 年，潘尼尼的语法专著《八章书》诞生了。公元前 4 世纪，语法学家迦旃延为《八章书》作注。该书对孔雀王朝以及孔雀王朝之前的印度政治都有所介绍，具有很高的历史价值。公元前 2 世纪巽迦王朝时期，梵语文法学家波颠阇利完成了《大疏》。该书与迦梨陀娑的历史剧《摩罗维加和火友王》

一道展现了巽迦王朝前期的历史。梵语佛教经典《天譬喻经》，或称《诸天传》，主要介绍阿育王、布舍耶密多罗、巽迦王朝诸王以及金币的使用等。《神通游戏》，或称《方广大庄严经》，讲述佛陀生平传说。《大事记》讲述佛本生的故事。《岛编年史》和《大编年史》中记载了大量的早期印度传说，主要为孔雀王朝和萨基耶王朝时期的传说。

500 年前后，毗舍怯达多写的梵语剧本《指环印》对难陀王朝和早期孔雀王朝的历史有所展现，故事情节是：孔雀王朝新朝宰相贾纳吉耶想使智勇双全的前朝宰相罗查归顺，打听到罗查的妻子儿女藏在珠宝商家，并捡到了罗查的指环印后，贾纳吉耶伪造文书，挑拨罗查和盟军首领反目，罗查于是被逐，新王月护要处死珠宝商，罗查为救商人，同意归顺新朝。

7 世纪，戒日王创建戒日王朝，成为印度古典文化的集大成者。他为中国人所熟悉主要是玄奘西游的缘故。玄奘访印期间，正值戒日王治世，玄奘颇受礼遇。单就印度历史而言，他是最具影响力的帝王之一。戒日王信奉印度教湿婆派，但对其他宗教也都采取扶植政策。戒日王爱好文艺，在宫廷中供养了一批著名文人。他自己也是一位文学传记作家，他所著的《龙喜记》、《璎珞记》和《钟情记》三部剧本，为研究 7 世纪印度历史的重要资料。

12 世纪，卡尔哈纳的梵语著作《诸王流派》是一部克什米尔历史著作，详尽介绍了克什米尔诸王历史以及印度其他各地的重大事件。

第四章　印度节日、饮食和瑜伽

第一节　节日

印度可能是世界上节日最多的国家了。印度是一个宗教性国家，各宗教都有自己的信徒，他们有不同的信仰、神话和传说。几大宗教如印度教、佛教、耆那教、锡克教等都有自己的节日，加上政治节日和民间节日，印度的节日可以说是五花八门，时不时就有庆祝活动。

一　重要国家节日

1 月 26 日——共和日

印度共和日为 1 月 26 日，这一天举国欢庆，庆祝印度成立共和国。1947 年 8 月 15 日，印度摆脱英国殖民统治获得独立。1950 年 1 月 26 日，印度签署宪法，宣布成立共和国，很多市民庄严宣誓，要为建立一个主权民主的印度共和国而努力奋斗。共和日的庆祝活动主要是在新德里和各邦首府举行大规模的阅兵和游行，来自不同地区的民间舞蹈和游行队伍体现了国家不同文化的大融合。每逢此日，全印度各邦首府都会举行庆祝盛会和巡游活动，其中尤以首都新德里的大巡游最为壮观，届时包括总统、总理在内的政界要员，各国外交使节都将出席庆典。大巡游通常在新德里市中心的拉杰大街（Rajpath）举行，这条大街连接着象征印度政治心脏的总统府和印度门。整个庆典基本由军队分列式和文化表演两部分组成，前后历时两个多小时，充分展现了现代印度的国威军容和丰富多彩的民俗。

1 月——大壶节

大壶节（宫巴库会）也叫圣水沐浴节，是印度教最大的宗教集会，也是世界上参加人数最多的节日之一。每逢此节，教徒们集中在圣河沐浴。一般认为，有四个大壶节，分别为赫尔德瓦尔大壶节、阿拉哈巴德（普拉亚格）大壶节、纳西克（纳西克和特里姆巴克）大壶节和乌贾因大壶节。每个地方的节日集会地并不同，赫尔德瓦尔大壶节在恒河举行，阿拉哈巴德大壶节在恒河、亚穆纳河和萨拉斯瓦蒂河交汇处举行，纳西克大壶节在哥达瓦里河举行，乌贾因大壶节在希布拉河举行。印度教徒认为，在这些圣河沐浴可以洗去罪恶。

大壶节在上述四个地方轮流举行，每 12 年一轮。但一个地方与一个地方之间的相隔年限并不一致，并非都是三年。赫尔德瓦尔大壶节与纳西克大壶节之间的时间间隔为 3 年左右，但纳西克大壶节和乌贾因大壶节有时在同一年举行，有时相差一年。大壶节的具体日期根据皮克拉·萨姆瓦特历和占星术而定，即根据木星、太阳和月亮的位置而定。赫尔德瓦尔和阿拉哈巴德大壶节通常每六年举行一次。

大壶节源自印度古老的神话传说，相传印度教提婆（天神）与阿修罗（恶魔）之间发生了一场大战，其原因是这样的：神魔为了长生不死药——甘露而搅乳海，搅出甘露平均分配。他们以龟王为支点、曼陀罗山为搅棍、蛇王为搅绳，各抓一端，共搅乳海。乳海上漂浮出一个大壶，盛满甘露，引发神魔争抢。争抢持续了 12 天，争抢过程中，甘露溢出，滴落在了 12 个地方，其中四个在印度，它们就是赫尔德瓦尔、阿拉哈巴德、纳西克和乌贾因。因此这四个地方的大壶节庆祝活动成了难得一见的宗教盛事。在印度教徒看来，天上一天就是人间一年，争抢持续了 12 天，节庆活动就要每隔 12 年举行一次。由于甘露盛在壶（宫巴）中，该节日就叫大壶节（宫巴库会）。[①] 庆祝从 1 月 9 日开始，为

① 毛世昌、刘雪岚主编《辉煌灿烂的印度文化的主流——印度教》，中国社会科学出版社，2011，第 279 页。

期42天。

大壶节始于何时，没有史料记载。644年，玄奘描述了一场由戒日王主持、数百人集体在两河交汇处沐浴的仪式，其目的是洗去他们的罪恶，这应该是对大壶节最早的历史记载了。人们普遍的看法是，商羯罗大师在普拉亚格国开启了大壶节，以促进各地圣人的聚会。然而，学者们怀疑这一说法的真实性。

大壶节是印度非常盛大的节日，其最大的特点是集会和沐浴。1895年，马克·吐温看了大壶节庆典之后写道："它是如此美好，信念的力量可以使众多老弱病残之人毫不犹豫地聚在一起，他们对这种不可思议的旅程毫无怨言，忍受着痛苦却不抱怨。这是爱还是恐惧，我不知道。无论是哪种冲动，其行动都是超乎想象的，不可思议的。"

3月——霍利节

霍利节（Holi）也叫洒红节，是印度和尼泊尔印度教徒的春节，也是庆祝丰收的感恩节。霍利节象征正义战胜邪恶，冬去春来。霍利节持续一天一夜，开始于印历法尔衮月（介于公历2月底和3月中旬之间）的月圆之夜。霍利节作为一个古老的印度教宗教节日已被南亚很多非印度教徒接受。近年来，霍利节已传播至欧洲和北美地区，成为人们庆祝春天、爱和嬉戏的节日。

霍利节的起源与印度神话有关，版本很多，但最流行的说法是与波罗诃罗陀（Prahlata）有关。为了给死于众神之手的弟弟西冉尼亚克刹报仇，恶魔阿修罗之王西冉尼亚卡西普决定苦修，他的苦修赢得了梵天的恩赐：无论是在室内还是室外，无论是白天还是晚上，无论任何武器，无论是在陆地上、水中还是空中，无论是人还是动物都无法杀死他。西冉尼亚卡西普傲慢地认为自己就是神，所有人都只能崇拜他。然而，他没有意识到的是，他的儿子波罗诃罗陀却不这么想。波罗诃罗陀一直敬拜毗湿奴大神，这激怒了西冉尼亚卡西普。西冉尼亚卡西普决定除掉儿子，但所有的手段都没有成功。勇士们用力砍他，他根本不痛；万条毒蛇咬他，他仍感觉不到；八头大象踩他，他却无动于衷。西冉尼亚卡西普很无奈，又使出了投毒、推下悬崖、幻术等手段，结果还是伤不了他一根头发。西冉尼亚卡西普的妹妹霍利嘉有烧不死的本领，她抱着波罗诃罗陀坐在火中，大火熊熊，波罗诃罗陀毫发未伤，而霍利嘉却被烧死。当西冉尼亚卡西普听到波罗诃罗陀念叨毗湿奴时，气得手持利剑、暴跳如雷。波罗诃罗陀说毗湿奴无处不在，在石头中、在树上、在宫殿的柱子里。西冉尼亚卡西普怒砍柱子，奇怪的是毗湿奴化身人狮（既不是人又不是动物）从柱子里跳出来了。人狮眼睛恐怖，舌如短剑，牙如新月，毛如钢针，通体发光如亿万个太阳。就在黄昏时分（既不是白天，也不是黑夜），西冉尼亚卡西普家门口（既不是在室内也不是在室外），人狮把西冉尼亚卡西普放在大腿上（既不是在地上、水中，也不是在空中），然后用狮爪子（不是任何武器）撕开他的腹部，挖出他的肠子并缠在脖子上跳舞。随后，人狮瞬间变成了毗湿奴，祝福波罗诃罗陀后消失了。① 为了纪念正义战胜邪恶、善良战胜凶残，人们点燃篝火，泼洒颜料，象征助纣为虐的霍利嘉被烧死，象征正义的波罗诃罗陀生还。这种活动后来演变成了霍利节。

霍利节是印度教传统节日，节日前几天，人们就开始收集木材和可燃材料，将其放置在公园、神庙、社区中心和其他开放空间。柴堆的顶部放置一尊霍利嘉雕像，象征人们对她的欺骗行为的憎恶。节日前夕，通常在日落或日落之后，柴堆被点燃。人们围着篝火载歌载舞，象征正义战胜了邪恶。霍利嘉篝火将燃烧整整一夜，第二天早上，篝火熄灭，霍利节嬉戏和庆祝活动正式开始。节日当天没有传统的祈祷仪式，只有聚会和纯粹的享受。儿童和年轻人成群结队，带着颜料、水枪和装满颜料水的气球，往对方身上撒颜料或喷射彩色水。对很多人而言，霍利节是交际的一天，人们可以通过尽情玩耍和欢笑、忘记和原谅来修补破损的关系。

---

① 毛世昌、袁永平主编《印度古典文学词典》，兰州大学出版社，2016，第 479 ~ 480 页。

每年春天的霍利节是印度仅次于灯节的第二大节日。在距离首都新德里约100千米的北方邦布拉吉地区，妇女可以肆无忌惮地以“棒打男人”的方式来过节。该节日演绎了一个流传已久的神话传说：印度南德冈（Nandgaon）的克利须那王曾常常到巴萨纳（Barsana）嘲弄自己的妻子及她的朋友，引起当地女士的不满，因而她们用棍棒赶走了克利须那王。久而久之，这个传说便演变成了如今的打男人节。这一有悖于印度社会“男尊女卑”传统的奇特习俗，吸引了大批外地民众蜂拥前往。节日当天，妇女们会每人手拿一根长长的、足有碗口粗的竹棍或木棒，早早地赶到当地一个叫巴萨纳的小村庄，守在村口及小巷等要塞之地等待男人们的到来。与此同时，所有的男人则要汇集在另一个叫南德冈的村庄，穿上准备抵御棒打的厚衣服，带上盾牌，载歌载舞向巴萨纳进发。两方相遇后，一场“恶女打男”的好戏便立即上演。

妇女棒打男人既不能是明显的假打，也不能让男人身受重伤。晚上，男人们疲惫地回到家中，而白日里“凶神恶煞”的妻子定要端上最好吃的甜食来抚慰。按照当地的民间说法，霍利节期间的一顿痛殴不但不会让男人心怀不满，反而更有利于家庭和睦。“棒打男人”可以让地位低下的女人体验一回“当家做主”的感觉。

3～4月——耶稣受难日

耶稣受难日（Good Friday）是基督教节日，时间是复活节前的一个星期五。基督教徒会在教堂举行宗教仪式。

7～8月——戴圣线节

戴圣线节（Raksha Bandhan）又称兄妹节、手足节、扎护身绳节等，在印历每年施拉万月（公历7～8月）的月圆日举行。

在节日这一天，姐妹把圣线系在兄弟的手腕上，祝福他们幸福长寿。兄弟给姐妹一些礼物作为回报，表明他们有照顾姐妹的责任。印度的兄妹节是纪念兄弟姐妹之间圣洁之爱的节日，代表了爱心、关怀及手足情谊。对已婚妇女来说，兄妹节更是有特殊的意义。在印度北部农村，异族结婚是相当普遍的。大量印度教已婚妇女在每年的兄妹节都要回娘家，她们的兄弟成了她们潜在的安全管家。

兄妹节的来源说法较多，一般认为是出自往世书中记载的一段神魔大战的故事。相传，神魔激战 12 年，魔王占了上风。天帝因陀罗心中担忧，便向祈祷主（诸神的导师）请教。因陀罗之妻因陀罗尼（Indrani）听到二人的谈话后，向二人保证自己有扭转局势之法。次日晚上是月圆之夜，她准备好祭祀用品，预备好彩线一条，并用神咒把线变成圣线，然后系在丈夫右腕上当作护身符。祈祷主也在因陀罗手腕上系了一条吉祥圣物。之后因陀罗重上战场，果然神力倍增，击溃魔军。自此，因陀罗战胜魔王之日便成了节庆，该月圆之日就有了戴圣线的传统。[①] 人们相信，戴圣线会让人健康幸福。后来，戴圣线逐步演化为表示兄妹友爱的神圣节日——戴圣线节。这个故事强调的是圣线的保护力量，也表明圣线在古印度其实就是护身符。

8 月 15 日——独立日

1947 年 8 月 15 日，印度取得独立并成为主权国家。独立日是印度的国定假日。庆祝活动的主会场为印度首都新德里，届时会在红堡举行升国旗仪式，并由印度总理发表电视讲话。

8 ~9 月——克达德·萨尔节

克达德·萨尔节（Khordad Sal）是琐罗亚斯德的诞辰纪念日，是世界各地的拜火教徒，尤其是印度的帕西人热烈庆祝的节日。这一天，除了举行祈祷仪式，人们还会打扫干净屋子，在孩子的额头点上朱砂，让孩子穿上新衣服，拿上芬芳的鲜花，吃上美味的食物。以如此盛大的场面来纪念这个日子，其实质是帕西人重新审视他们的生活的一个机会。

8 ~9 月——象头神节

象头神加内沙是湿婆和帕尔瓦蒂之子，印度的智慧之神、财富之神、群主、湿婆的万军之王。在印度，人们相信象头神会带来成功和幸

① 毛世昌、刘雪岚主编《辉煌灿烂的印度文化的主流——印度教》，中国社会科学出版社，2011，第 274 页。

福，因为他是创生和破除障碍之神，也能协助信众接近其他神祇。印度教徒在结婚、朝圣、出远门、拜师、开店时都会敬拜象头神，象头神成了印度的家庭守护神。

加内沙的象头与印度的神话传说有关。小时候，加内沙为正在洗澡的母亲帕尔瓦蒂守门，但父亲湿婆硬要进去。在遭到加内沙的阻拦后，湿婆一气之下砍了他的头。帕尔瓦蒂悲痛欲绝，湿婆只好砍下一个象头给儿子安上。[①] 为了补偿儿子，湿婆下令众神都要尽全力帮助象头神。从此，只要象头神有什么愿望，诸神就会竭尽全力帮他扫除一切障碍。于是象头神就成了扫除障碍之神，受到众多信徒的膜拜。

象头神为何只有左象牙而没有右象牙也与印度神话传说有关。相传，《摩诃婆罗多》的构思者广博仙人毗耶娑在经历了班度与俱卢两个王族的争权战争后，悟得真理，在脑海中浮现出史诗词曲，可他无法做到边口述边记录，便求助于创造神梵天。经梵天指点，仙人找到加内沙请求帮忙。加内沙用自己的神笔记录广博仙人口述的内容，但由于史诗内容有如海量，以至于把神笔都写坏了。为了不打断仙人的思路，加内沙急中生智，折断自己的右象牙，蘸上墨水，继续记录仙人的口述，最终完整地记录下了被誉为印度最伟大经典巨作之一的《摩诃婆罗多》。[②] 因此，今天我们看到的象头神只有左象牙而没有右象牙。

今天，象头神在印度广受敬拜。象头神节为期十天，庆典规模盛大，一般在公历 8 ~ 9 月。节日第一天，加内沙的塑像被抬出来进行夸耀和展览。节日第十天，加内沙的塑像在音乐与舞蹈中进行公众游行，然后将其沉浸在附近的河流、湖泊或海水中，塑像黏土溶解后，加内沙被认为是回到了吉罗娑山湿婆和帕尔瓦蒂的身边。印度各地都会庆祝象头神节，马哈拉施特拉邦、古吉拉特邦和查蒂斯加尔邦的庆典则更为盛

---

① 毛世昌、袁永平主编《印度古典文学词典》，兰州大学出版社，2016，第 207 页。

② 毛世昌、刘雪岚主编《辉煌灿烂的印度文化的主流——印度教》，中国社会科学出版社，2011，第 119 页。

大。在果阿邦、泰米尔纳德邦、卡纳塔克邦、安得拉邦和中央邦，加内沙被当作家神敬拜。

8～9月——黑天诞辰节

黑天诞辰节（Janmastami）是一年一度的印度教节日，用以庆祝黑天的诞生。庆祝活动一般在印历帕德拉月（公历8～9月）的第八天午夜时分举行，因为黑天被认为就诞生于那个时间。黑天诞辰节是印度教毗湿奴派的重要节日，在曼尼普尔邦、阿萨姆邦、西孟加拉邦、中央邦、拉贾斯坦邦、古吉拉特邦、马哈拉施特拉邦、卡纳塔克邦、喀拉拉邦、泰米尔纳德邦、安得拉邦和其他地区都很盛行。

在印度神话故事中，黑天是提婆吉和富天之子，毗湿奴的第八个化身，出生在印历帕德拉月第八天午夜时分，降生地为马图拉。黑天出生在一个混乱的年代，到处是迫害，自由荡然无存，邪恶无处不在。黑天出生后，他的父亲富天将他带到亚穆纳河畔的高库尔，在那里给他找了养父母南达和耶雪达。年少时，黑天经常在弗林达森林吹笛子，和牧女罗陀等人调情，他们的爱情故事是印度艺术中永恒的主题。在摩诃婆罗多大战中，黑天成了般度五子的军师，阵前讲述了著名的《薄伽梵歌》。

黑天诞辰节期间，印度教徒要禁食、唱歌、一起祈祷、准备和分享特别的食物。晚上要守夜并到黑天庙敬拜。一些主要的黑天寺庙会组织《薄伽梵歌》朗诵活动。许多社区会组织舞会，跳拉沙·利拉舞。该舞蹈在马图拉地区特别流行。在曼尼普尔邦、阿萨姆邦、拉贾斯坦邦和古吉拉特邦的部分地区人们也跳这种舞蹈。该舞蹈是由很多的业余艺术家团队来跳，民众伴以欢呼高唱，舞蹈在节日前几天开始。

10月2日——甘地诞辰日

甘地诞辰日（Gandhi Jayanti）也叫国父日，是印度的一个全国性节日，以纪念国父甘地。莫罕达斯·卡拉姆昌德·甘地（Mohandas Karamchand Gandhi），被尊称为“圣雄甘地”（Mahatma Gandhi），印度民族解放运动的领导人、印度国民大会党领袖。甘地出生在一个印度教家庭，父亲是当地土邦首相。19 岁时，甘地远赴英国学习法律。1893 年，甘地来到英国统治下的南非，领导南非印度人争取权力。甘地把印度教的仁爱、素食、不杀生的主张，将其同《圣经》《古兰经》中的仁爱思想相结合，并吸收了托尔斯泰等人的思想精髓，形成了非暴力不合作理论。1915 年，甘地回到印度，开始为印度的独立而奔波，他很快成为国大党的实际领袖，使“非暴力不合作”成为国大党的指导思想。二战后，印巴分治，冲突不断，甘地多次以绝食来感化双方，呼吁团结。1948 年 1 月 30 日，甘地遭到印度教顽固教徒刺杀。

甘地是印度国父，也是提倡非暴力抵抗的现代政治学说——甘地主义的创始人。他的思想带领国家迈向独立，脱离英国的殖民统治。他的“非暴力”哲学思想影响了全世界的民族主义者。甘地诞辰日是印度三个国家法定假日之一。联合国大会于 2007 年 6 月 15 日宣布将每年的 10 月 2 日定为“国际非暴力日”。

9～10 月——九夜节

九夜节（Navratri）也称圣母节、难近母节、杜尔迦节，是印度全国性的主要节日之一。九夜节在阿斯万月（公历 9～10 月）的第一天开始，第十天结束，全国均有庆祝活动，但在西孟加拉邦最为隆重。节日期间，到处都建有杜尔迦神像棚，里面安置着斩妖除魔的杜尔迦。杜尔迦神像有些恐怖，怒目喷火，长舌外吊，一手拿着血红的刀，一手提着血淋淋的牛魔头，脚下踩着牛魔身。在西孟加拉邦，节日的前九天要敬拜杜尔迦神像，第十天便将神像沉浸在河水或池水中。在迈索尔，人们将大象盛装打扮，驱赶到大街上高呼游行。

据印度教神话，水牛魔玛西萨通过苦修从梵天大神那里得到的恩赐是：除了女人，任何人也无法杀死他。水牛魔凭借恩赐在天宫行凶作恶，把众天神赶出天宫，自己登上了天王宝座，搅得三界不宁。由此爆发了一场可怕的战争，水牛魔亲临战场，战争持续了 50 天。众神陷入绝望境地，湿婆知道后来到战场，拿出三叉戟迎战水牛魔。就在两者打斗得难分难解之时，毗湿奴从昏迷中醒来，与湿婆联手对付水牛魔。水牛魔现出原形，尾巴捂住头冲向敌人，用牛角卷起很多山头向敌人掷去。毗湿奴吹响螺号，大战水牛魔。恶魔们震慑于螺号之音，怯于参战。水牛魔为了使他们鼓起勇气，化身狮子怒吼着冲进神军，将神军杀倒一片。毗湿奴用飞轮对战狮子，狮子化成碎片，水牛魔再次现出原形，牛角直刺毗湿奴的胸部，毗湿奴逃向天界。湿婆看到情况不妙也骑上公牛逃到吉罗娑山，梵天随后也骑着天鹅逃走了，众神在因陀罗的指挥下继续作战，战争更加惨烈，最终以水牛魔占领天界告终。几个世纪过去了，众神集结祈求梵天，从梵天的脸部生出一个女人，汇聚了众神之力与荣耀。这个女人就是杜尔迦，她长得极为漂亮，且有十八条臂膀。美丽的女神骑着狮子挑战水牛魔，水牛魔一见倾心，陷入爱河。女神宣布她只会嫁给能在战场上打败她的人，水牛魔决心打败她，又是一场恶战。水牛魔迎战杜尔迦，杜尔迦用毗湿奴的飞轮击中他的喉咙。水牛魔倒地死去，众神胜利的呼声如雷震荡。[①] 九夜节是纪念难近母战胜牛头魔的节日，在古代也成了王公将士出征的吉祥日子。

10～11 月——排灯节

排灯节（Diwali）又叫屠妖节，是印度最大的节日，通常在公历 10 月中旬至 11 月中旬之间。排灯节是最受印度教徒欢迎的节日，彼时到处张灯结彩，烟花四放，象征光明战胜黑暗、正义战胜邪恶、知识战胜愚昧、希望战胜绝望。节日庆祝通常为期五天，第一天为购物日，家家购买新用具，特别是厨具；第二天为张灯日，家家门前点灯，室内更是灯火辉煌，喜气祥和；第三天为正式的灯节日；第四天为放松日，停止所有交易，很多人参与赌博撞大运；第五天为结束日，兄弟姐妹相互看望。最主要的排灯活动在最黑暗的新月之夜举行。在排灯夜之前，人们会打扫、装修屋子。到了排灯夜，人们就穿上新衣服，点亮灯火，在家里向生育和财富女神拉克希米祈祷。祈祷之后，全家人开始分享家庭盛宴，家庭成员之间交换礼物。

---

① 毛世昌、袁永平主编《印度古典文学词典》，兰州大学出版社，2016，第 399～400 页。

关于排灯节的起源有很多说法，其中最流行的说法是为纪念罗摩、悉多、拉克什曼和哈努曼回归阿逾陀。相传，罗摩带领妻子悉多、弟弟拉克什曼和神猴哈努曼打败楞伽魔王罗婆那返回阿逾陀。当时正是黄昏时候，百姓点燃一盏盏灯，照亮道路，欢迎英雄凯旋。排灯节由此形成，以庆祝正义战胜邪恶。而根据印度西部传说，排灯节与毗湿奴智胜魔鬼巴厘有关。巴厘苦修，众神感到了威胁，便请求毗湿奴帮忙。毗湿奴化身侏儒丈量土地，制服巴厘并释放了被他关押的囚犯，其中就有财富女神拉克希米和障碍扫除者象头神加内沙。拉克希米和加内沙给人类带来了繁荣昌盛。此外，还有说法是：为期五天的排灯节从拉克希米诞辰日开始，而她的诞辰日恰好是神魔搅乳海日。也有说排灯节那天晚上，拉克希米嫁给了毗湿奴，一起回到了维昆达。这样，排灯节庆祝活动意味着来年过上幸福生活。在西孟加拉邦，人们敬拜迦利女神。在印度北部地区，也有敬拜黑天的。

11 月——儿童节

印度儿童节是 11 月 14 日，即印度独立后第一任总理贾瓦哈拉尔·尼赫鲁的生日，尼赫鲁也因此被人们亲切地称为尼赫鲁大叔，以表现他对孩子们的爱。该节日始设于 1964 年，节日当天大多数学校都要举行文艺表演。

二　重要地方节日

1. 北部

旁遮普邦和哈里亚纳邦

1 月　罗西利节（Lohri），即送冬迎春节，预示着冬季的结束与春天的到来。晚上家家户户在门口点燃篝火，孩子们唱着民歌，表达人们的喜悦心情。

喜马偕尔邦

2 月　巴桑特·潘查米节（Basant Panchami），即迎春节，家家户户都要放风筝。

3～4 月　吉娃拉姆吉结集（Jwalamukhi Fair），在喜玛偕尔邦康格拉东南最有名的朝圣中心吉娃拉姆吉举行。

4 月　摔跤和箭术比赛节，参与人数达千人。

5 月　河水节，流行于库鲁；仲夏节，流行于达兰萨拉。两节期间，人们会举行滑翔、民间舞蹈表演、高尔夫以及花卉展活动。

12 月　滑冰狂欢节，节日期间，人们会举行火炬游行竞赛活动。

德里

12 月　哈兹拉特·赫瓦贾·尼扎姆－乌德－丁·奥利亚逝世周年纪念日，庆祝活动在大圣人哈兹拉特·赫瓦贾·尼扎姆－乌德－丁·奥利亚的墓地举行。

北方邦

1 月　佛浴节（Magh Mela），盛行于阿拉哈巴德桑格姆地区，信徒们每天早晨都要进行圣浴，为期一个月。

2 月　国际瑜伽周，一些知名瑜伽大师就瑜伽体位进行交流。

3～4 月　马图拉庙神车节，为期十天，毗湿奴大神和配偶拉克希米被搬上华丽的庙车，游走在马图拉的大街上。

罗摩诞辰纪念日，盛行于阿逾陀。

拉贾斯坦邦

2 月　沙漠节、颜色和音乐之节，在沙漠之城贾沙梅尔要进行为期三天的庆祝活动。

纳高尔牛市交易日，一年一度的纳高尔牛市据说是世界最大的牛市，其中还穿插了许多有趣的游戏和动物比赛。

3 月　大象节，随着音乐舞蹈的节奏，进行马球竞赛，在象与人之间展开拔河比赛。

3～4 月　冈加乌尔节（Gangaur），高丽女神的荣耀日、妇女节。这个节日让斋普尔和乌代普尔极具魅力。节日期间，女人们唱歌跳舞，并将高丽女神像沉入皮丘拉湖。

2. 东部

西孟加拉邦

2月　瓦桑特·潘查米节（Vasant Panchami），也称知识节。在该节日，辩才天女萨拉斯瓦蒂受到人们的热烈敬拜。在萨拉斯瓦蒂神殿，每逢考试的时候，许多学生都会来祭拜，祈求获得好成绩。在知识节期间，寺庙中更到处都是学童。

2月20日　罗摩克里希纳诞辰纪念日，大圣人罗摩克里希纳诞于2月20日，他的信徒在这一日要举行庄严的纪念活动。

4月14日　孟加拉新年，人们唱歌跳舞迎接新年，家家户户张灯结彩。

10月　杜尔迦节，为期五天。

比哈尔邦

3月　华氏城节庆日，古印度华氏城遗址巴特那城将举行大型节庆活动，以纪念其古老且丰富的文化遗产。

11月　松布尔集会节，亚洲最大的牛市展，为期14天，在迦尔迪克月（公历11月）的满月日举行。

奥里萨邦

4月　丰收节，为期三天，收稻之后进行。

6~7月　普里神车节，敬拜毗湿奴的化身扎格纳特大神的节日。节日期间，神车被装扮得异常华丽，车上安放大力罗摩和须跋陀罗神像。在歌舞伴奏中，神车游走于城市各条大街。

12月　科纳克舞蹈节，节日当天由印度古典舞蹈家表演舞蹈，场面异常壮观，通常在科纳克太阳神庙举行。

3. 东北部

阿萨姆邦

1月　收获节，妇女收割完冬稻，每个村落都要建造茅草棚，青年男性身穿艳丽服饰，彻夜宴饮舞蹈。

6～7月　雨水节，与密宗派女神迦摩吉娅有关，庆祝活动通常在古瓦哈提的迦摩吉娅女神庙举行。雨水节在雨季，因为此季节相传为女神迦摩吉娅的月经期。

10～11月　拉萨·利拉舞蹈节，拉萨－利拉舞为黑天大神所创，该节日是为庆祝曼尼普尔舞的诞生。

梅加拉亚邦

4月　丰收节，为卡西人的节日，他们因丰收而感恩天神，为期五天。

10～11月　瓦格拉节（Wangala），印度加罗人敬拜太阳神的节日，庆祝活动以全民歌舞为主。

米佐拉姆邦

4月　查普查尔·库特节（Chapchar Kut），又名春日节。每年的这个时候，米佐人都会欢度他们最开心的节日——查普查尔·库特节。当天，服饰艳丽、充满活力的年轻男女会一起表演精彩的竹竿舞。

特里普拉邦

3～4月　加利亚节（Garia Puja），为期七天。

7月　卡奇节（Kharchi Puja），为期七天，敬拜14位神。

4. 西部

马哈拉施特拉邦

8月　埃罗拉节，一种在埃罗拉石窟举行的舞蹈节。

8～9月　象头神节，为期十天，敬拜财富之神加内沙。

果阿邦

1月　三王节，纪念看望圣婴耶稣的东方三王。传说，很久以前从东方来了三个国王——黑脸国王、黄脸国王和白脸国王，给人们带来了幸福和欢乐。他们还专门给小孩送礼物。为了庆祝传统节日三王节，人们开始群聚在街上等待花车游行。当载着三王的花车来临时，演员们会撒下无数的糖，代表三王从遥远的东方带来了礼物。此时大人小孩都陷入抢糖的疯狂中。

2～3月　狂欢节，为期三天，以音乐、舞蹈和结集为主。

4月　莱莱·贾特拉节（Lairai Jatra），清晨，人们会进行场面壮观的渡火仪式。

古吉拉特邦

1月　国际风筝节，风筝节在印度被称为“玛克桑格拉提节”（Makar Sankranti），其中又以古吉拉特邦的国际风筝节和拉贾斯坦邦的沙漠风筝节最为著名。

10～11月　神灯节，排灯节的第十天，人们会在吉尔纳尔山举办庆祝仪式。

九夜敬神节，为期九天，敬拜女神安芭。每天晚上，妇女们都要举行舞蹈敬拜仪式。

5. 南部

卡纳塔克邦

1月　帕塔达卡尔舞蹈节，盛行于帕塔达卡尔的遮娄其王朝古城遗址。

8月　圣·菲洛米娜节，在迈索尔，人们会举行敬拜圣·菲洛米娜神像的庆祝活动。

11月　汉比节，又称舞蹈节，盛行于古维查耶那伽尔国的都城汉比。

泰米尔纳德邦

1月　庞格尔节，也叫丰收节，是泰米尔人一年中最为重要的节日。庞格尔节的第一天是“布吉－庞格尔”，人们不论贫穷与富裕，都要沐浴更衣，把家里打扫得干干净净，并举行仪式，拜祭太阳和土地，给他们的犁和镰刀涂抹含有檀香的油脂，用这些农具来收割新年的第一季稻米。庞格尔节的正日子在第二天，家家户户煮甜牛奶米粥。早上日出之时，人们一起高呼“庞格尔”，并将新年的第一季稻米和糖撒入罐中。煮好的米粥也叫“庞格尔”，第一份“庞格尔”要供奉给太阳神苏利耶，所以这一天也被叫作“苏利耶－庞格尔”。第三天是“马图－庞格尔”，即谢牛日，人们感谢公牛帮助耕耘土地、母牛提供牛奶，并向牛行礼、给牛洗澡，在牛角上套上亮丽的套子，挂上漂亮的珠链和花环，给牛吃甜米粥。

浮神节，女神米娜克西是印度南方传说中湿婆的妻子，财神俱毗罗的女儿，出生时有三个乳房并发出鱼腥味。遇到湿婆后腥味消失，做了他的妻子。米娜克西和湿婆的神像在满月日会被放在大水塘中，装载神像的船只挂满了彩灯和花环，让夜晚变得五彩斑斓。

提雅加洛舍节（Thyagaraja），提雅加洛舍是18世纪南印度音乐家和圣人，提雅加洛舍节属于古典音乐节。

4月　泰米尔和泰卢固新年，通常在4月中旬。

11～12月　灯节，在满月日之夜。

喀拉拉邦

8～9月　欧南节（Onam），每年9月左右在喀拉拉邦举行。欧南节是喀拉拉邦重要的节庆，节庆期间，许多地方都会举行蛇舟比赛和武术比赛。

第二节　饮食

印度饮食就如它的地域一样多样化，地域不同，饮食各异、口味不一。到印度旅游，或许很难在不同的地域吃上口味相同的饭菜。到印度饭馆，种类繁多的饭菜很容易让旅客不知所措。印度传统烹饪喜欢用大量的红辣椒，人们对印度传统饮食的第一印象是烫辣。实际上，这种印象是错误的，它主要源于印度饮食图片的诱导。今天，一些较好印度饭馆的餐桌上看起来烫辣的饭菜，实际上根本不怎么烫辣。烫辣印象是印度传统烹饪造成的，是人们缺少与印度烹饪的接触带来的。

一　素食王国

印度人饮食习惯的形成在很大程度上与宗教有关。古印度圣人们将食物分为两类：悦性食物和惰性食物。悦性食物包括蔬菜、坚果和谷类食品，含有香料。惰性食物包括肉类和鱼类，比较辛辣。

印度是一个宗教王国，大多数印度人信奉印度教，其余人信奉伊斯兰教、基督教、锡克教、佛教等。印度教由吠陀教演变而来，吠陀教认为万物有灵，动物当然也不例外。在印度教神话中，各种各样的动物成了神的坐骑，甚至成为神最亲密的伙伴、忠诚的仆人。毁灭神湿婆的坐骑是公牛南迪，保护神毗湿奴的坐骑是大鹏迦鲁陀，火神阿耆尼的坐骑是山羊，辩才天女萨拉斯瓦蒂的坐骑是天鹅。不仅如此，罗摩能够战胜魔王罗婆那，关键是有个得力助手——神猴哈努曼；公牛南迪不仅是湿婆大神的坐骑，还是他的守护者；毗湿奴大神睡觉时躺在蛇床上，蛇王阿难陀伸出九个头颅作他的华盖。这些动物慢慢成为印度教重要的崇拜对象，于是就有了动物神。

印度教崇拜化身，毗湿奴大神就有很多化身。每当世间出现邪恶，毗湿奴总会化身为不同的形象主持公道，重建正义。洪水来临时，他化身为鱼拯救世界；大地沦陷时，他化身为野猪托住大地。神猴哈努曼本身就是湿婆与帕尔瓦蒂化身为猴子结合的产物，象头神加内沙是湿婆与帕尔瓦蒂化身为大象结合的产物。迦叶波的妻子维纳塔诞下的不是人形的神，而是一颗蛋，蛋中孵化出了迦鲁陀。[①] 这些动物或者是神的化

① 毛世昌、袁永平主编《印度古典文学词典》，兰州大学出版社，2016，第731～732、207、213页。

身，或者是神的后裔，从根本上说是神本身。南迪意即“欢喜、高兴”，他是一位温驯而又快乐的神，被认为是湿婆大神最忠实的信徒。印度建有神牛南迪庙，其雕像常被放在神庙的大厅或门廊里，接受信众朝拜。据文字记载，南迪是只白色公牛，耳朵短而松垂，牛角向后卷曲，颈部下有很大一片垂肉，最为典型的是其背部有一大块隆起的肉瘤。正如雕像所展示的，印度教的神牛以及整个印度次大陆地区最常见的牛，一般都是白色或浅灰色。因此，印度教徒敬牛如神，也禁食牛肉。

印度是佛教的发源地。虽然佛教在印度已趋于衰微，但其教义并没有消失。佛教“五戒”之一便是“不杀生”，认为人应当断荤，因吃荤会使人增长淫欲嗔恨，乱人心性，并落下因果，障其福慧，难出轮回。佛本生故事中，释迦牟尼在成佛前经历了无数次轮回，曾经转生为鸟、象、鹿等。传说佛陀转生为雉鸟时，不畏艰难灭火救生。“精舍侧不远，有窣堵波，是如来修菩萨行时为鸟群雉王救火之处。昔于此地有大茂林，毛群羽族，巢居穴处。惊风四起，猛焰飙急，时有一雉，有怀伤悯，鼓濯清流，飞空奋洒。”①

耆那教教义更是严格地规定了素食的选择、饮食的时间，就连职业也与屠宰伤害生灵有关，尽量把个人对生命的伤害减至最少。基督教教义亦指出，天主给人类的食物是“全地面上结种子的各种蔬菜、在果内含有种子的各种果树”，但“凡有生命带血的食物”，人们是不可吃的，否则，天主一定会追讨血债。

圣雄甘地就是一位严格的素食主义者。他以“非暴力”哲学思想，带领印度彻底摆脱英国的殖民统治，迈向独立。甘地吃素的理由非常简单而坚定，不是出于健康，而是出于道德，他认为人具备保护低等动物的能力，而不是残害饮食，并以此立下誓言。他经历了伦敦留学、印度

---

① （唐）玄奘、辩机：《大唐西域记校注》，季羡林等校注，中华书局，1985，第542～543页。

独立运动、二战，直至生命的最后一刻仍坚守这份信念，并对世界的素食观产生不可磨灭的影响。

因此，对原生态的忠诚、对宗教的信仰使印度人成为坚定的素食主义者。可以毫不夸张地说，印度是素食王国，素食文化是印度饮食文化中最基本的特色之一。

二　饮食习惯

受传统制约，很多印度人是严格的素食主义者，他们放弃食肉。然而，这并不意味着他们放弃美食，恰恰相反，花样繁多的素食扮演了烹饪主角。

1. 日常食俗

印度的气候千差万别，致使印度南北方饮食习惯也有差异。在印度，北方的喜马拉雅山终年白雪皑皑，而南端却是热带的酷热气候。因此，印度的菜肴，南北口味各异。南印度人口味重，嗜好有刺激性的食物和调料，如咖喱、洋葱、辣椒等，因此南印度的食物经过一番料理后，颜色看来格外鲜红。相比之下，北印度人的口味就清淡多了。他们无论添加咖喱或洋葱，都不像南方人那样越刺激越好。

印度人的主食主要是大米和面食。北方以小麦、玉米、豆类等为主，东部和南方沿海地区以大米为主，中部德干高原则以小米和杂粮为主。印度人的副食分肉食和素食两类。印度人不吃牛肉，但喝牛奶及其他乳制品。肉类以山羊、羔羊、鸡、鱼虾为主；蔬菜则有茄子、番茄、洋葱、菜花、鲜辣椒、豌豆、土豆、圆白菜、菠菜、小扁豆等。印度人最喜欢吃山芋，山芋被认为是“菜中佳品”。

水果、坚果等在印度的日常饮食中具有重要作用。印度人非常喜欢香蕉树，因为香蕉和香蕉树的树心可以食用，纤维可以织布，香蕉叶还可当作盛食物的盘子。以干净的香蕉叶代替盘子盛食物由来已久，并成为印度饮食的特色之一。在水果中地位最高的要数杧果，人们用杧果做菜，以杧果为原料制成各种腌菜、酸辣酱、糖果、果汁、果脯、果酒和果酱。杧果还常被用作贡品，人们每天用新鲜的杧果树叶接来清水，在日出时分淋撒在神龛前面。印度人将杧果视为其文化遗产的一部分，世界上许多国家的首脑或知名人士都收到过印度领导人赠送的杧果极品——“阿尔芒索”。

印度人不爱喝汤，认为任何一种汤都不如水来得爽快。印度人吃饭时，喝上五六杯水是极为正常的事情，水与奶茶成了印度餐桌上的“汤食”。这种习惯的形成与印度菜式的刺激性调味有关。印度菜的神奇就在于它的调料，所使用的调料几乎达到了“世界之最”的地步，很多菜的调料都不下十种。其实，在印度人的生活中，他们早已在日复一日的烹饪中熟练使用各种繁杂的调料，也正是由此造就了印度菜神秘而丰富的味道。

最具吸引力的素食是塔利。“塔利”即金属盘，有点类似于套餐。据印度饮食传统，一顿像样的塔利应该平衡六种口味，分别是甜、咸、苦、酸、涩、辣。餐馆通常会提供素食塔利或肉类塔利，供顾客选择。菜一般要盛在金属小碗中，放置在圆形托盘的边缘。饭菜主要包括大米、木豆、蔬菜、烤肉和甜菜。米饭通常是主食，置于托盘中央，而配菜如蔬菜咖喱等要放置在托盘边缘。不同地区，塔利是不一样的，要根据地方特产而定。一般来说，面包、薄饼、烤肉和咖喱是少不了的。然而，在南印度，米饭是唯一的主食。日落时分，街头会有很多类型的小吃，其中鹰嘴豆、咖喱角、炸蔬菜、鸡蛋饼、爆米花等特别受欢迎。

在沿海地区，大多数正统印度教徒吃鱼肉，尽管在其他地方他们是素食主义者。喀拉拉邦的大虾和东部地区的鲱鱼、龙虾一样有名，都是受欢迎的食物鱼。在靠近奈尼塔尔的比姆塔尔，人们可以自己抓鱼，自己酥炸新鲜的鱼片。在果阿邦，人们可以吃上炸牡蛎、炸贻贝和咖喱虾。

“敦都里”即筒状泥炉，是用于烹饪和烘焙的一个圆柱形黏土或金属炉。筒状泥炉的热量产生于炉内木炭或柴火的燃烧，炉内温度可达到480℃，这种烹饪法在印度很受欢迎。筒状泥炉可烧烤出许多不同类型的食物，最常见的有敦都里烤肉、烤饼、敦都里烤鸡等。

咖喱为印度的特色调料。印度人做菜喜欢用调料，如咖喱、胡椒、辣椒、花椒、茴香、豆蔻、丁香、肉桂、生姜、大蒜等，其中用得最多、最普遍的是咖喱粉。咖喱粉是用胡椒、姜黄和茴香等20多种调料合成的一种香辣调味品，呈黄色粉末状。在某种意义上，可以将印度饮食文化称为咖喱文化，这种饮食文化以香辣味道为特色。印度人对咖喱粉可谓情有独钟，几乎每道菜都用，常见的有咖喱鸡、咖喱鱼、咖喱土豆、咖喱菜花、咖喱汤等。

为了补充不吃肉引起的蛋白质摄入不足，印度人会喝大量的牛奶，甚至会在茶水中添加一部分牛奶。另外，豆类食品因含有较多蛋白质，也随之成为主要的印度美食，甚至还是印度人宴请宾客的主食之一。印度还是飞饼的故乡，吃印度飞饼，可以在两层饼之间放肉和蔬菜，味道更能让人回味。

2. 节庆食俗

新年当天，从凌晨直到午夜，印度人实行禁食。过了午夜各家才品尝准备好的饭菜，互相祝贺新年。印度从每年10月31日起为新年，共五天。新年第一天，许多地区以禁食一天一夜来迎接新年。初食礼是为婴儿开始吃食物而举行的一种仪式。当婴儿长到六个月后，具备了吃饭能力时会为其举行这种仪式。这一天，一般给孩子吃点米饭等食物，同时还要喂孩子点蜂蜜和牛奶粥等，有时还用银碗喂孩子牛奶稀饭，此后，小孩才开始吃饭。

佛陀诞辰节是印度佛教节日，于印历二月十五日举行。节日当天，人们不吃肉，只喝牛奶，向出家人施舍、放生，不少人还去圣地朝拜。

杜尔迦节是印度的主要节日之一，也是西孟加拉邦最大的节日。每年从10月2日开始，连续欢庆五天。走进神棚，靠近门口的两侧是争先恐后排队吃祭品的人群。祭品放在一个用树叶做成的半圆形杯子里，看上去有拳头大小，里面放有煮熟的黄豆、几片黄瓜和一些甜食。据说吃了这些东西，就会吉祥如意、驱灾避难。

比胡节是印度阿萨姆邦最大的民间节日。比胡节有三个，庆祝时间也有区别，包哈格比胡节在 4 月中旬庆祝，马克比胡节在 1 月中旬庆祝，迦迪比胡节在 10 月中旬庆祝。比胡节的由来与乡村农耕有关，在比胡节当天，人们会做些特别的食物，诸如勒杜（一种甜食）、比塔（米制品）等。

灯节是印度教的重大节日之一，每逢这一节日，人们都热烈庆祝。灯节仪式上，向每人分发名叫“崩加莫里得”的供品（用牛奶等五种材料混合而成，基本上呈牛奶状），倒在每个人手中有半酒杯多。接受这一供品的人伸出双手，一饮而尽。若有剩余，按规矩，要把剩下的部分全部涂到自己的头上。由头顶前边涂起，逐渐往后。仪式结束后，按照印度风俗，主人请在场的客人吃点心和水果，并同他们的邻居交换甜食、水果等，相互祝贺，希望都能招财进宝。

第三节　瑜伽

人有精神和身体两个层面的需求，整体人格健全之人需要在两者之间保持平衡，需要两者相和谐、相统一。瑜伽练习便是让两者和谐统一的途径之一。瑜伽源于古印度，其含义为“一致”、“结合”或“和谐”，是探寻“梵我一如”的修炼方法。古印度仙人强调，通过控制人的意念便可达到与神合一的状态。但如何才能做到呢？他们给出的答案是瑜伽。然而，现代人所谓瑜伽，并不是为了提升精神，而是为了提高人体免疫力。不仅如此，有些人练习瑜伽，仅仅是为了治疗病症。但实际上，练习瑜伽不仅是为了身体健康，而且是为了提升精神。

作为游客，通常觉得瑜伽是很神秘的东西，对于瑜伽练习可以让人身心合一的说法更是无法理解。但是，一旦开始练习，他们就会意识到瑜伽练习不仅意味着身体健康，还意味着心念的冥思。瑜伽并不神秘，瑜伽练习遵循一定的自然规则，它是科学、艺术、哲学、文化乃至宗教的综合。

一　印度瑜伽哲学思想简介

关于瑜伽的起源有多种推断，但它在古印度的源远流长是毋庸置疑的。在印度河谷摩亨佐·达罗遗址出土的文物中，就有一个上彩釉的印章陶器，上面描绘了一位莲花式坐姿的男人，而莲花式坐姿是瑜伽行法中最基本的姿势。类似的印章在哈拉帕遗址中也有发掘，说明瑜伽修行在雅利安人到来之前1000年就已出现。除了印度河流域文明出土的文物之外，原始瑜伽的踪迹还可以在世界上现存最古老的宗教典籍、婆罗门教的重要经典——《吠陀本集》中找到，尤其是《梨俱吠陀》和《阿闼婆吠陀》。宗教苦行在《梨俱吠陀》中极受重视，其中有对仙人通过苦行之法接近梵界的记载。

史诗时代，瑜伽得到了进一步发展，完成了瑜伽行法与吠檀多哲学的合一。《奥义书》中的哲思是通过智瑜伽（智慧和知识的瑜伽）的冥想实践获得的，冥想对圣人获得直觉的洞见起到了极其重要的作用。瑜伽作为一种修行方法，最早出现于《鹧鸪氏奥义书》中。同一时期的《白骡奥义书》中，瑜伽修行法得到系统的阐述：静坐的姿势要胸、颈、头保持一致，挺直身体，坐姿对称，使“意”通过各种器官进入心；呼吸要求气息长而细，从鼻孔出入；控制意念要像制服野马一样；静修要选择一块清洁平整的地方，无火、烟、沙石和水塘，不分心、不刺眼、可避风；修行中容易出现雾、烟、太阳、荧光、闪电、水晶、明月等幻想；瑜伽的现实作用是超出生、老、病、死的束缚；瑜伽要达到的最终目的是亲证梵我、获得最终的解脱。最终，瑜伽成了一种获得解脱的手段。《慈氏奥义书》中出现了瑜伽的“六支行法”：调息、制感、禅定、执持、思辨、三昧。《薄伽梵歌》在一切瑜伽圣书中最为有名，该书提出三条可以达到解脱的道路：业瑜伽、智瑜伽和奉爱瑜伽。业瑜伽的意思是：根据自己的职责行动，但不要追求它的结果；专注于自我，漫游于诸根境而不为所动；冥想自我，控制心意，闭锁感官；满足于自我，安住于梵界并且履行自己的职责。其冥修姿势为：端坐并控制心猿和意马，凝聚心神于一点，为净自我修瑜伽；头颈躯体要端直，保持安稳不摇荡，意注自己鼻尖顶，切勿顾盼于四方。《薄伽梵歌》让瑜伽实践第一次进入日常生活，它已不是《奥义书》中传统苦行和冥想的智瑜伽，而是日常生活中的积极瑜伽，由此完成了瑜伽行法与吠檀多不二论超验哲学的合一，使瑜伽这一“民间信仰”中的灵修实践由异端逐渐成为正统，由强调行法到行为、信仰、知识三者并行不悖。

著名瑜伽大哲帕坦伽利（Patanjali）的《瑜伽经》在印度瑜伽发展史上具有里程碑式的意义。帕坦伽利并非瑜伽的创立者，却是瑜伽的集大成者，被尊为“瑜伽之祖”。传说中，帕坦伽利是蛇王在湿婆的祝福下转世人间成为瑜伽之祖的。据说帕坦伽利的母亲哥妮卡是个瑜伽行者，希望将自己所学传给一位贤能之士，但一直未能如愿。在生命的最后时刻，她向太阳神祈求，希望能赐给她一位贤者。她双手捧水向太阳神祷告，看到手中出现了一条小蛇。小蛇瞬间化成人形，向她说：“我想做你的孩子。”哥妮卡答应了，并为他取名帕坦伽利。

瑜伽修行以达到三昧状态为最高境界，《瑜伽经》对三昧的特征和主要种类进行了论述，并提出了达到这种状态的基本修行之法。“三昧”（Samadhi）音译“三摩地”或“三摩提”，意为“等持”“定”等，主要指心专注一处而不散乱的安定精神状态，需要通过人的修习才能达到。三昧就是瑜伽行者抑制心作用后所达到的状态。《瑜伽经》一开始就对“瑜伽”下了定义：“瑜伽是对心作用的抑制。”心作用有正知、不正知、分别知、睡眠和记忆五种。“正知”是日常生活中一般的真实认识，主要指通过现量、比量、圣教量获得的认识；“不正知”是对事物的虚假认识，不表明事物的真实特性；“分别知”由言语表达的认识产生，它对事物进行区分或类别划分，没有实在性；“睡眠”是一种心识的形态，它依赖于不实在的原因；“记忆”是对以前所经历事物的未遗忘的感觉印象。

三昧可分为若干种，最基本的是两组：有想三昧和无想三昧、有种三昧和无种三昧。“有想三昧”是还带有一定思虑情感的状态，虽然也是一种入定的状态，但还伴随着人的想象等自我意识。“无想三昧”则摆脱了各种杂念，不存在现行的心作用，仅保留作为潜在能力的心作用，是一种较高程度的三昧状态。“有种三昧”是一种对心作用的抑制状态，但抑制得还不是很彻底。修行者虽然逐步排除了当时的杂念或印象，但还没有彻底消除过去行为（业）所产生的残存潜势力（种子）。“无种三昧”则是把有种三昧中残存的潜势力也消除掉或加以完全抑制，达到了修行的最高境界。

数论派或瑜伽派哲学中有两个实体，即物质性的“自性”和精神性的“神我”。数论派及瑜伽派认为，自性在神我作用下可以生成世间事物或人生现象，也即自性和神我通过相互作用的形式结合在一起会产生轮回，而轮回是充满痛苦的。二者的结合或轮回现象的产生，与人们不能正确辨别二者有关。要想摆脱轮回中的痛苦，就要有对自性和神我两个实体的辨别智慧。瑜伽修行的目的就是通过抑制心作用而打消种种影响人把握事物本质的观念，体悟最高智慧，去除产生轮回的根源。也就是说，当自性与神我不再相互作用时，人就会进入“无种三昧”状态。

要抑制心作用、进入三昧状态，就必须进行相应的修行。《瑜伽经》集中论述了瑜伽修行的“八支行法”（八个具体步骤），分别是：禁制、劝制、坐法、调息、制感、执持、静虑、等持。“禁制”是修行者必须遵守的规定（戒律），共有五条：不杀生、诚实、不偷盗、净行、不贪。“劝制”是修行者应奉行的道德准则，亦有五条：清净、满足、苦行、学习与诵读、敬神。“坐法”是修行时保持身体的安稳，姿态轻松自如，阻止外界的干扰。“调息”是在坐法完成后对呼吸的调节和控制，即注意调节呼吸时气息活动的内外范围、呼吸的间隔时间、停顿的次数等。“制感”是对身体的感觉器官进行控制，使它们与相应的感觉对象脱离接触，让心不受外界干扰。“执持”是在修行时心注一处，即把心贯注在任选的某物上，使之凝定而不散乱。“静虑”是上述执持状态的进一步发展，即心持续集中于禅定对象上。“等持”即三昧，是修持的最高阶段。这时，只有静虑的对象发出光辉，心与禅定对象冥合为一，主观意识犹如完全不存在。在三昧状态中，自性和神我各自独存，实际也就终结了轮回状态，摆脱了痛苦。

帕坦伽利之后，出现了许多瑜伽派别，其中重要的有瑜伽奥义书、密教和哈达瑜伽。这些瑜伽派别认为，纯粹认知、推理甚至冥想都不是达到解脱的唯一方法，只有通过苦行修炼技术所带来的生理转化和精神体会，才能达到梵我合一的境地。这样，身体的修习成为瑜伽的核心，通过身体的修习可以直接达到解脱。

19 世纪末 20 世纪初，印度瑜伽大师斯瓦米・维韦卡南达将瑜伽带到西方国家。20 世纪 80 年代，瑜伽作为一个体育锻炼系统在西方国家大受欢迎。今天，瑜伽已经成为世界广泛传播的一种身心锻炼修习法，从印度传至欧美、亚太、非洲等，因为它对心理的减压以及对生理的保健等明显作用而备受推崇。

许多研究试图证明，瑜伽练习可作为癌症、精神分裂症、哮喘、心脏病的辅助性治疗方法，但研究结果喜忧参半。2016 年 12 月 1 日，瑜伽被联合国教科文组织列为非物质文化遗产。

二　哈达瑜伽

瑜伽经过几千年的发展演变，已经衍生出很多派别。这些不同派别的瑜伽，对修习者来说都是通往精神世界的工具。

哈达瑜伽（Hatha）是瑜伽的一个分支，强调通过机体练习掌控身体，通过心灵练习使心灵不受外物束缚。“哈达”一词具有深奥的意义，“哈”和“达”分别代表微观宇宙的“太阳”和“月亮”，“瑜伽”

是二者的合一，是男与女、日与夜、阴与阳，冷与热、柔与刚以及其他任何相辅相成的两个对立面的平衡。哈达瑜伽并不只是追求超验体验，还要把身体修炼为终极解脱的工具。哈达瑜伽行者通过修炼出无疾病、无普通人体限制的瑜伽之体来达到解脱。

哈达瑜伽重视身体修炼，在净身、坐法和调息等瑜伽技术方面有很多改进。净身方法有六种：净胃术、净肠术、净鼻术、净目术、净腹术、净脑术。其中净胃术和净肠术最为常用。净胃术是把长长的湿布吞入胃中，吸收肠道中的不洁之物；净肠术是靠肛门的吸力来完成对大肠和直肠的清洗；净鼻术是把一长约 23 厘米的布条塞入一个鼻孔，然后从嘴里拉出来，再从另一个鼻孔进行一次；净目术是目不转睛地盯视一个物体直到眼睛流泪；净腹术是一种滚动腹部肌肉的方法；净脑术用以清醒脑部，快速地通过鼻子吸气，然后尽力吐气。

坐法有很多种，根据哈达瑜伽的观点，人体是由许多脉管和脉轮构成的，人的生命气息通过脉管进行环流，而宇宙的能量却潜伏在脉轮里。人体有许多脉管，其中 72 根较为重要，而在所有瑜伽技术中起关键作用的只有三根：伊达（Ida）、品格拉（Pingala）和苏舒姆那（Susumna）。苏舒姆那即中脉，从脊柱的基座直至头顶，像一根直而空的管子，上下端口张开，但在不洁净的情况下中脉的底部是封闭的，因为这里有一条睡着的昆达里尼蛇（Kundalini）堵塞了那个进口。中脉左、右两边的通道即为伊达（左脉、月亮脉）和品格拉（右脉、太阳脉），左脉从左鼻孔开始，右脉从右鼻孔开始，两条通道接着通向两眉之间中点靠后的眉心轮（Ajina），从此又沿着中脉互相交错而下，最后向内和向下通入中脉底部开口。左右两脉沿着中脉，从基座到顶端分布有不同的脉管交汇点，横向辐射出多条支脉，有如车轮，因此叫“脉轮”。各轮形状、支脉数各不相同，分别为各种气及“七大元素”的中心点。各轮均为莲花形，莲瓣数目不等，莲心及莲瓣上有梵文咒字，为该轮震动之音。

人体总共有七个重要的脉轮。（1）脊根轮（Muladhara），位于肛门与生殖器之间的脊柱底部，是一朵四瓣的红莲花，其中是一个黄色正方形，象征地元素；正方形中间是一个倒立的三角形，象征会阴；三角形中间是一个自在林迦，其头像宝石一样耀眼夺目，如闪电般明亮的昆达里尼像蛇一样围绕林迦八圈，睡着的昆达里尼用口或头堵住林迦的口，阻塞了梵门和通往中脉的路。该轮与物质的黏合力、惯性、声音的产生、嗅觉、下气、因陀罗神等相关。（2）生殖轮（Svadhisthana），位于男性生殖器的根部，是一朵六瓣朱红色的莲花，莲花中间是与伐楼那神神秘相关的半个银色月亮，月亮中间是大神毗湿奴和女神拉基尼。此轮与水元素、白色、气息、味觉和手等相关。（3）脐轮（Manipura），在肚脐的位置，是一朵十瓣蓝色莲花，中为三角形，其中端坐着大神鲁陀罗和女神拉基尼。此轮与火元素、太阳、视觉、平行气等相关。（4）心轮（Anahat），在心脏处，是一朵十二瓣血红色莲花，中间一正一反两个三角形交错，其中心为一个金三角围住一闪亮的林迦；两个三角形之上是皮那基大神和卡基尼女神。此轮与风元素、触觉、男性生殖器等相关。（5）喉轮（Vishuddha），位于喉部，是一朵烟紫色的十六瓣莲花，在莲花内有一弧形蓝色区域，其中心是一个白色的圆，里边有一头大象。此轮与白色、空、声音、皮肤相关。（6）眉心轮（Ajina），位于两眉之间的中心，又称"第三只眼轮"，是一朵只有两瓣的白莲花，在其中一个倒立的三角形内有一个林迦和性力的形象，最高湿婆与性力女神为其主人，女神六面六臂端坐白莲花之上。此轮主司意识。（7）顶轮（Sahasrara），位于头顶，是一朵千瓣莲花，中心是满月，围住一个三角形，正是在这里湿婆和性力达到彻底的统一。这里是中脉的最高点，是昆达里尼穿过六轮之后所抵达的最后目的地。不过顶轮不再属于身体，它已超越了身体的层面。

调息是哈达瑜伽中一项主要的技术，通过它可唤醒"蛇力"，使之进入中脉，开始向头顶上行。哈达瑜伽主要有三种调息法：入息、出息和持气。持气分为共持和独持。共持需要入息和出息，独持反之。共持的作用是把蛇力引入中脉，独持则是促使蛇力沿着中脉上行至顶轮的主要方法。

“蛇力”（原始的能量或生命力）是哈达瑜伽和密教思想修行的中心，其观点是：人体是个小宇宙，真实地反映了大宇宙的基本结构，为宇宙阴极在人体上的体现。人体的神圣力量一方面体现在蛇力中，另一方面体现在生命气息中。蛇力是精神修炼过程中更为基本的潜能，经过调节之后而集聚起来的生命气息将冲击蛇力并使之沿着中脉上行。蛇力如百万太阳般耀眼，潜伏于人体中脊根轮处，堵住了中脉下面的入口。哈达瑜伽的任务就是让蛰伏的蛇醒来并上行至人体的顶轮、湿婆之所在。湿婆大神和性力女神的合一正是哈达瑜伽的最后目标。

哈达瑜伽与印度教教义有明显的联系。印度教大神湿婆被认为是瑜伽之神，他在喜马拉雅山上的吉罗娑山（中国西藏的冈仁波齐峰）修炼数千年，通过严格的苦行和冥思获得深奥的知识和神奇的力量。他腰围一条兽皮裙，头顶发髻，颈缠一条眼镜蛇，共有三只眼睛（一只长在前额上），四只手臂，分别持三叉戟、水罐、手鼓和念珠。毒蛇代表死亡，虽然死亡总包围着他，但他超越了死亡。毒蛇还代表休眠的能量，这种能量是精神征服的源泉。三只眼睛代表太阳、月亮和火三种光源，透过它们他可以透视时间——过去、现在和未来。他的坚毅赢得了雪山神女帕尔瓦蒂矢志不渝的爱情。传说爱神迦摩在湿婆修苦行时打扰，湿婆第三只眼喷射的神火把爱神烧得形销骨灭，但爱神并没有死，只不过没有了形体，所以说爱是无形的。

越来越多的瑜伽研究表明，瑜伽练习有利于促进放松、减轻压力。根据弗雷的看法，瑜伽是一种绿色环保活动，与任何精心设计的锻炼计划有同样的功效。瑜伽练习尤其适合用于物理治疗，可作为一个完整的运动项目和物理治疗程序。

印度主要的瑜伽修炼地如下。

大吉岭位于喜马拉雅山东部，是有名的避暑胜地，气候凉爽宜人，风景优美，从西孟加拉邦的西里古里乘坐世界文化遗产小火车可以到达。这里在喜马拉雅山深处，可以避开喧嚣和炎热，呼吸着喜马拉雅山的新鲜空气，喝着喜马拉雅山圣水，专心修炼瑜伽。

瓦拉纳西坐落于恒河岸边，是很好的瑜伽修炼地，这里有许多道行高深的瑜伽高手。

西姆拉地处喜马拉雅山西部，很接近大吉岭。

瑞施凯什位于恒河上游，是恒河从喜马拉雅山流下后的第一站，这里恒河水清洁如珍珠，鱼翔浅底，喜马拉雅山风景如画，是练瑜伽的胜地。著名的印度帕坦伽利瑜伽学院就位于瑞施凯什附近的圣城哈里德瓦尔。

弗林达万位于德里与阿格拉中间的马图拉市，在瑜伽文化中被称为“整个宇宙中最神圣的地方”，是国家级别的瑜伽教育培训中心。这个神秘的地方数千年来都是瑜伽修习者一生中一定要朝圣的地方。

第五章　印度博物馆和历史遗址

博物馆是征集、典藏、陈列和研究代表自然和人类文化遗产的实物的场所，并对那些有科学性、历史性或者艺术价值的物品进行分类，为公众提供知识、教育和欣赏对象的文化教育机构。走进博物馆，可以领略人类文化的博大精深。文化遗址是最能重现一定历史时期社会风貌的地方，它可以带领人们穿越时空，感受某一历史时期的社会气象。

第一节　博物馆

一个无法否认的事实是，任何一个文化遗产地都只能展现历史的某一横断面，在几千年的历史文化面前总显得苍白无力，而弥补这一缺陷的便是作为文化遗产中心的博物馆。

印度独立后，世界越来越多的博物馆开始征集并展出印度艺术品，引发了人们极大的兴趣。世界各地的人们陆续来到印度，让印度民众开始意识到博物馆的重要性。16 世纪末至 17 世纪初，很多个人、宗教团体以及行政机构开始征集漂亮、奇异且有纪念价值的王室物品。为了提升社会声望，他们将这些物品主要用于室内装饰，装饰客厅甚至卧室。征集物包括各类实物，有书、画、雕刻、硬币、武器和珠宝等。17 世纪末至 18 世纪初，个人收藏变得相当普遍。当藏品变得越来越多时，收藏家们开始质疑藏品的价值，需要有鉴别眼光的人来评估藏品的价值。18 世纪末至 19 世纪初，这些收藏家开始展出自己的藏品，其中有些收藏家同意将藏品捐赠给大学和研究机构。这些藏品第一次由私有变为公有，于是博物馆开始出现了，比如 1814 年的加尔各答印度博物馆和 1851 年的金奈政府博物馆。

博物馆属于非营利性机构，对公众开放，为社会发展提供服务，以学习、教育以及娱乐为目的。统计数据显示，在欧洲，大约 68% 的参观者会带着孩子来博物馆度过假期和周末，其首要目的是愉悦；约 25% 的参观者是为了获取知识；只有约 7% 的参观者是为了研究。在伊朗和巴基斯坦，三类参观者的比例分别是 82%、16% 和 2%。这一数据表明，参观博物馆主要是为了愉悦，博物馆也就成了主要的文化旅游吸引物。

印度博物馆大致可分为三类：国家博物馆、邦博物馆和城市博物馆以及地方博物馆。

一 国家博物馆

印度有四大国家博物馆：加尔各答印度博物馆、海得拉巴的萨拉尔·詹博物馆、新德里国家博物馆和阿拉哈巴德博物馆。

1. 加尔各答印度博物馆

加尔各答印度博物馆始建于 1814 年，是印度最古老和最大的国家博物馆，位于加尔各答市中央。加尔各答印度博物馆藏有最能代表印度古代文明的大量作品，其藏品可以追溯到公元前 3500 ~ 前 1700 年的印度河 – 萨拉斯瓦蒂河文明。该馆收藏范围较广，藏品丰富，有艺术、考古、人类学、生态学、地质学、动物学、植物学等方面的文物。其中，古钱币约有 5 万件，是世界上最重要的印度钱币收藏地。加尔各答印度博物馆是世界 15 大博物馆之一，其藏品之富让人不可思议。

从文化分期、风格、发展阶段以及地理分布等方面看，加尔各答印度博物馆的藏品非常齐全，没有文化断代情况。在这里，人们仿佛能看到印度辉煌的过去。第一层有佛教、印度教、耆那教艺术、青铜神像、东南亚宗教艺术、孔雀王朝早期艺术、史前文化、人类学、民族乐器等部门。展出有举世闻名的阿育王石柱柱头狮子，公元前 2 世纪的男女神像如意树雕刻，1873 年发现的帕鲁德塔门、栏杆等雕刻，犍陀罗雕像，秣菟罗出土的雕刻群，贵霜王朝的佛坐像，三体并列的夜叉像等。此外，莫卧儿、拉杰普特两派的细密画收藏亦不少。第二层有动物、地质、染织工艺、货币等部门。

2. 海得拉巴的萨拉尔·詹博物馆

海得拉巴的萨拉尔·詹博物馆坐落在一个独特的公园里，以其丰富的古董和艺术品贮藏而闻名印度。这个博物馆由尼赞七世在 1920 年建成，是典型的印度撒拉逊风格建筑。博物馆有佛教展馆、婆罗门教展馆、耆那教展馆、武器和盔甲展馆、古币展馆、阿旃陀展馆等。海得拉巴的萨拉尔·詹博物馆因藏有大量西方文物而享有盛誉。馆藏物品有玉器、油画和远东瓷器，很多曾被卖到印度和欧洲市场。海得拉巴的萨拉尔·詹博物馆可以让人们体验 19 世纪和 20 世纪初印度贵族的奢侈生活，许多藏品反映了英属印度时期印度工艺的巨大成就。

3. 新德里的国家博物馆

国家博物馆只有五十几年的历史。1949 年，从印度各地博物馆征集而来的藏品在总统府进行展出。1960 年，在印度总理尼赫鲁倡议下，国家博物馆在著名的新德里人民大道建成。建成后，在博物馆专家格雷斯·摩尔利的指导下，国家博物馆在短短六年之内就征集到了大量藏品。之后，因得到杰出的印度艺术专家斯里·C. 斯瓦拉摩穆提的关照而得以进一步充实。

馆内藏有印度不同地区和时期的各种珍贵历史文物，包括古代印度铜器、陶器、石刻、古玩、钱币、武器、油画、装饰品等艺术品，同时还藏有部分珍贵的外国文物，其中就有中美洲和拉丁美洲前哥伦布时期的艺术品。国家博物馆的主要任务是收集古代艺术品和各类文物、举办展览、保护和维修展品、编印出版物及开展文物教育活动。

4. 阿拉哈巴德博物馆

阿拉哈巴德博物馆位于风景如画的钱德拉谢卡尔·阿扎德公园，是印度的国家级博物馆之一，以其丰富而独特的藏品闻名。阿拉哈巴德博物馆主要展示了阿拉哈巴德的发展历史。博物馆藏有丰富的艺术作品，有古代马图拉的雕塑、罗维奇的绘画以及甘地的手稿等。此外，阿拉哈巴德博物馆还藏有定居于印度的享誉世界的俄罗斯画家亚历山大·罗里奇的作品，他的喜马拉雅山风景画深刻触及了印度人的精神世界。该博物馆还藏有贾瓦哈拉尔·尼赫鲁个人代表作品，作品描绘了印度独立斗争中令人难忘的瞬间。该博物馆是考古学家、历史学家的一个研究中心，是考古学、艺术和文学的出版机构。

阿拉哈巴德博物馆拥有大量罕见的雕塑、绘画和陶器，这些珍品为公元前3～20世纪恒河－亚穆纳河交汇地一带的文物。

二　重要的邦博物馆和城市博物馆

一些旅游城市中的博物馆在吸引游客方面起相当大的作用。马图拉、阿拉哈巴德和瓦拉纳西等城市之所以能吸引游客，关键在于人们想了解印度人的宗教背景。幸运的是，这些地方都有非常重要的博物馆。

1. 马图拉博物馆

马图拉博物馆收藏了大量贵霜王朝的艺术品，为贵霜王朝艺术品最为丰富的博物馆。马图拉位于德里南部的亚穆纳河畔，是贵霜王朝时期雕刻造像的中心。这里是传说中印度教主神毗湿奴的故乡，佛陀和耆那教先祖也曾在此说法，印度三大宗教都在此地流行，商业和文化的发达促进了马图拉雕刻艺术的发展。

马图拉博物馆藏有大量贵霜王朝时期的雕刻艺术作品，包括石雕、陶器、青铜器和碑刻等，而且其中有些藏品格外弥足珍贵。在这些馆藏品中，最为人乐道的是药叉女造像。贵霜王朝时期的药叉女造像比古风时期更大胆，更崇尚肉感，几乎全裸的造型、夸张的乳房和臀部、纤细的腰肢、妩媚的面部，反映了当时的生殖崇拜信仰。药叉女三屈式的身材充满活力，成为后世女神造型的范本。马图拉药叉女还有一个重要的特征是，足下通常踩着一个匍匐的侏儒，象征大地的繁殖能力。在马图拉雕塑中，体现男女欢爱和醉饮的题材并不鲜见，这种纵情享乐的市井艺术与犍陀罗禁欲苦行的僧院艺术形成了鲜明对比。值得留意的是，与药叉女的妩媚妖娆相反，马图拉的佛像雕刻显得粗犷孔武，充满阳刚气概。

2. 孟买的威尔士王子博物馆

孟买是商贸旅客首要的观光地，每年都要接收全国 40% 以上的游客。他们会选择象岛石窟去看看 7 世纪的“三位一体神”雕像，选择卡勒石窟、巴雅石窟和坎赫里石窟去看看公元前 2 世纪至 2 世纪的佛教雕像，当然也绕不开孟买的威尔士王子博物馆。威尔士王子博物馆成立于 20 世纪初，位于孟买南部的印度门附近，坐落在维多利亚花园之中，为哥特式建筑。威尔士王子博物大约有 5 万件展品，主要分为三个部分：艺术、考古和自然历史。

3. 泰米尔纳德邦博物馆

泰米尔纳德邦博物馆位于金奈，有一些独特的艺术藏品，比如来自安得拉邦的阿玛拉瓦蒂窣堵波和其他窣堵波的雕塑，这些雕塑为公元前 2 世纪至 4 世纪的作品。泰米尔纳德邦博物馆的藏品与当地的艺术风格相配合，共同反映了犍陀罗派和马图拉派的主要艺术风格。显然，对那些想要了解印度教文化的游客来说，泰米尔纳德邦博物馆是非常具有吸引力的。毗邻该博物馆的是著名的艺术画廊，里面有一些精美壮观的青铜像，包括罗摩、拉克什曼和悉多。这些青铜像因精美的工艺而享誉全球。

实际上，印度各邦都有一个或更多的艺术、考古和人类学博物馆，其中大多数都非常有趣，具有吸引游客学习和观赏的潜力。诸如位于布巴内斯瓦尔的奥里萨邦博物馆、巴特那的比哈尔邦博物馆、昌迪加尔的旁遮普邦博物馆以及那格浦尔的古吉拉特邦博物馆等。

三　特色博物馆

在印度，有几座博物馆开始是作为保存历史、自然文化遗物棚而建造的，后来逐渐发展成为小型博物馆，这些小型博物馆或多或少具有所在地特色，主要收藏所在地特定历史时期的历史文物，成了所在地旅游景点的中心，对游客产生了巨大的吸引力。

1. 新德里手工艺博物馆

新德里手工艺博物馆是一个很受欢迎的博物馆，是新德里繁忙城市生活中一处令人耳目一新的风景。手工艺博物馆可带你领略那些经过精心设计的乡村环境，这些乡村模仿了典型的印度村庄设计。博物馆布景很漂亮，由著名建筑师查尔斯·科雷亚设计，可以说，该博物馆是一个典型的印度村庄的复制品，展现着“印度乡村”主题。小屋是由泥和干草堆做成的，干草屋顶显得很不整洁。泥土和沙子铺成的小路，是游客进入博物馆时的必经之路。一路上，人们可以看到各类工匠坐在这些棚屋下展示着他们的技能和艺术作品，描述着乡村生活的本质。博物馆里的乡村氛围和宁静环境让游客体验到了工作之余的轻松惬意。

新德里手工艺博物馆建于1956年印度独立后，当时印度政府认为有必要保留其丰富但日渐衰落的传统艺术和工艺作品，于是通过开展项目来开发和展示这些美丽的作品。此后，该博物馆规模稳步扩大，直至发展到目前的规模。

新德里手工艺博物馆藏有各式各样的传统工艺品，从陶器到手工制作的珠宝，不同部落的手工艺品种类齐全。在博物馆展出的一些工艺品中，有陶器、木雕、金属制品、雕像和玩具雕塑等；也有民间绘画、部落纺织品以及来自比哈尔邦、西孟加拉邦和其他邦的手工珠宝。该博物馆分为五个不同的展廊，分别是雕塑品展廊、部落和民间艺术品展廊、仪式工艺品展廊、宫廷工艺品展廊、纺织品展廊。这些展廊展示着各种各样的收藏品，包括灯具、香棍燃烧器、青铜和贵重金属制品、珠宝、石器、木雕、日常用具、黏土娃娃、木制玩具、部落面具、竹子、藤条和陶土工艺品等。

今天，该馆拥有大量的部落和乡村纺织品、工艺品，成为研究人员、设计师、学生和工匠参观的理想之地。

2. 新德里国家现代美术馆

1954 年，新德里成立了国家现代美术馆，收藏了 3000 件以上的艺术作品，代表了一百年来印度流行的各种风格和流派，其中有很多杰出艺术家（如泰戈尔）的代表作品。

3. 圣蒂尼克坦泰戈尔博物馆

泰戈尔是印度最伟大的诗人，于 1913 年获得诺贝尔文学奖，是亚洲第一个诺贝尔文学奖获得者。他为印度赢得了世界声誉，他的获奖不仅是印度的光荣，也是亚洲的光荣。他一生写了 2300 多首诗歌，他的诗不仅为印度读者所喜爱，而且为广大的中国读者所喜爱。泰戈尔的一些诗句作为名言为中国读者所引用，泰戈尔的诗被编入中国中小学语文课本。可以说，泰戈尔已成为一个文学符号，成为中印友好和中印文化交流的象征。

泰戈不仅是伟大的诗人，而且是伟大的作家、散文家、画家，是集剧本写作、导演和演员为一身的戏剧家，又是集作词和作曲为一身的音乐家。他一生写了 4 部长篇小说、8 部中篇小说、150 多部短篇小说、36 部戏剧和 340 多篇散文，他是印度和孟加拉国两个国家国歌的词作者和曲作者。他一生创作了 2000 多幅绘画。他用文学艺术的形式全面反映了印度社会的各个方面。说泰戈尔是印度文学艺术的天才和全才一点也不为过。

泰戈尔还是伟大的哲学家，他的思想集中了佛教哲学、印度教哲学、耆那教哲学以及其他东西方哲学的精华。他是伟大的社会活动家，一生访问了亚洲、欧洲和美洲许多国家，是伟大的文化使者和友谊的传播者。他是伟大的爱国者，一生与自己祖国印度的人民同呼吸共命运。

泰戈尔的灵魂里渗透着博大深厚的印度文化，他的所有作品、语言和行为显示着印度文化，他是印度文化的象征，是印度文化的一部百科全书。

不仅如此，泰戈尔熟知“古今印外”的文化，他的作品和言行里不时反映出他对国外文化的深刻了解，他出行几十个国家，游览了许多地方，接触并结交了许多外国政界和文化界人士。他的诗作和其他文学作品极大丰富了世界文学宝库，所以泰戈尔又是属于世界的。

1941 年 8 月 6 日，泰戈尔在加尔各答祖居宅第里平静地离开人世，成千上万的市民为他送葬。就在泰戈尔离开人世的第二年 7 月，圣蒂尼克坦泰戈尔博物馆成立。该博物馆的成立归功于诗人儿子的慷慨捐赠，几十年来，特别是自 1912 年以来，诗人的儿子一直在悄悄地搜集与父亲有关的大量物品。起初，这些物品被存放在乌达雅纳楼房的一间偏房中，那间偏房是诗人泰戈尔生前的居室。就这样，一所小小的博物馆逐渐形成了，后来慢慢发展成为一个研究中心，乃至一所大学——印度国际大学。

圣蒂尼克坦泰戈尔博物馆的目标明确，就是收集、收藏并展出与泰戈尔有关的遗物，为研究泰戈尔并传播其思想的人们提供便利。

馆里原来陈列着泰戈尔 1913 年荣获的诺贝尔文学奖的奖章、奖牌、获奖证书等。2004 年 1 月，这些珍贵的纪念物被盗，至今没有破案。瑞典诺贝尔奖委员会又复制了一套，赠送给圣蒂尼克坦泰戈尔博物馆。

4. 加尔各答泰戈尔故居博物馆

另外还有一座泰戈尔博物馆，其就在加尔各答恒河边乔拉桑科泰戈尔故居内。内有一间中国室，展有徐悲鸿、徐志摩与泰戈尔的合照，还有中国学者对泰戈尔的研究作品以及兰州大学排演的泰戈尔的戏剧《齐德拉》碟片等。

5. 新德里尼赫鲁纪念馆

新德里尼赫鲁纪念馆为尼赫鲁生前住处，因庭院前有三座手持长矛的古代武士铜像又称“三偶像公馆”。馆内展出有用各种文字出版的尼赫鲁言论集、著作以及他个人的生活照片等。

贾瓦哈拉尔·尼赫鲁（Jawaharlal Nehru），印度政治家、独立运动领袖、印度独立后第一任总理，出生在阿拉哈巴德的婆罗门贵族家庭。1905 年就读于英国哈罗公学，两年后进入剑桥大学三一学院，三年后获自然科学荣誉学位。后又进入伦敦内殿法学会，1912 年获律师资格。

同年回国，在阿拉哈巴德高等法院任律师，并投入争取印度独立的政治运动中。

1916 年 5 月国大党年会上他第一次遇到甘地，甘地坚持反英斗争的行动使他很感动。1918 年起任国大党全国委员会委员。1919 年阿姆利则惨案发生后，参加国大党组织的调查委员会。1920 年参加甘地领导的非暴力不合作运动，次年被捕入狱。印度独立前先后八次被捕，在狱中度过九年。1923 年、1927 年先后两次任国大党总书记。1926～1927 年尼赫鲁游历了欧洲和苏联，受到马克思主义和苏联社会主义建设的影响。1928 年与鲍斯共同建立全印独立同盟。

1929 年，尼赫鲁当选为国大党主席，他主持下的国大党拉合尔会议提出印度完全独立的政治斗争目标。此后成为全国知识分子和青年的领袖，并多次当选为国大党主席。第二次世界大战后印度民族运动迅速发展，独立要求愈加强烈，1946 年 9 月英国初步移交政权，印度临时政府成立，英印总督兼任总理，尼赫鲁任副总理。1947 年 3 月，蒙巴顿方案公布，印度和巴基斯坦分治，8 月 15 日印度作为自治领独立，尼赫鲁任总理。

1951～1964 年，尼赫鲁执掌印度大权。任内，在经济上实行“五年计划”，实施土地改革；20 世纪 50 年代中期，提出“民主社会主义”口号，欲在印度建立“社会主义类型社会”，建立国有企业，农业方面实行乡村发展计划和合作化。外交上，尼赫鲁实行不结盟政策，拒绝参加各国际军事集团。1954 年 6 月，与中国总理周恩来共同提出著名的和平共处五项原则。1955 年尼赫鲁参与发起并参加了在印度尼西亚举行的万隆亚非会议。在尼赫鲁、铁托和纳赛尔的发起下，1961 年不结盟国家首脑会议在南斯拉夫首次举行。

贾瓦哈拉尔·尼赫鲁可以说是一位平易近人的总理，不管是贫民还是贵族，都能接近他。在他的住处，每天早上都有大批的人去见他，他也乐意接见。尼赫鲁的真诚打动了前去拜访的人，这所他生前居住了

17 年的庭院里到处留下了人们对他怀念。他活着的时候，人们来这里拜访他。他死后，人们照常来这里缅怀他。于是，这所庭院成了人们纪念他的场所。

新德里莫迪路 1 号是印度开国元勋尼赫鲁的纪念馆。自尼赫鲁离世之日起，他的书房和居室就被原封不动地保护了起来。书房中存有大量书籍，书桌上摆放着圣雄甘地像和佛陀神像，佛陀神像旁是《薄伽梵歌》。居室布置简朴，一张简易床完全超出了游客对这位国家领袖生活场景的想象。床的两边是两张佛陀像，这似乎成了他的伴侣。1964 年 5 月 16 日夜以后，他的手表、纸垫、铅笔和《薄伽梵歌》手抄本就一直静静地躺在他的居室中。馆内，摊开的书卷、发黄的老花镜、旧式拨号电话等一如他在世时的样子，仿佛主人只是暂时离开。这座纪念馆内陈列的并不仅仅是尼赫鲁个人的照片，其中有不少他与甘地的合照，这主要是因为尼赫鲁和甘地在争取印度独立斗争中建立了非常密切的合作关系和深厚的友谊。

尼赫鲁的办公室后来被重新装修，但其中的家具和他使用过的东西被原封不动地搬到了公馆的另一间屋中。命运总会捉弄人，他办公桌上的日记表明，5 月 27 日将是他新任期的开始日，但命运没有让他顺利走上新的岗位。

6. 新德里英迪拉·甘地纪念馆

新德里英迪拉·甘地纪念馆为印度前总理英迪拉·甘地的居所，英迪拉·甘地（Indira Gandhi），著名的印度女政治家，是印度独立后首任总理贾瓦哈拉尔·尼赫鲁的女儿。她分别担任了两届印度总理，在最后任期内遇刺身亡。她一方面为印度在冷战时期的发展做出了不少贡献，但另一方面其政治管理上的方针令其政绩蒙上阴影。因其领导印度十六年间的政治方针相当硬朗且立场坚定，故后人称其为“印度铁娘子”。1984 年被刺杀后，其居所也就成了纪念馆。新德里英迪拉·甘地纪念馆是一个非常幽静的旅游景点，保存有她生前所有的物品，其中包括她被刺杀时鲜血染红的纱丽。馆中收藏的报纸详细叙述了她的生平，书房、卧室和厨房等都被完整地保存了下来。在花园中她应枪声倒下的地方，还存留着她的血迹。

7. 加尔各答比尔拉工业与科技博物馆

加尔各答比尔拉工业与科技博物馆于1987年5月2日向公众开放，为国家博物馆之一。博物馆藏品主要展现科学技术的发展进步、技术对人类的贡献以及现代技术在工业领域的运用。博物馆设置多个展廊，可分为四类：机械工程、电子工程、矿冶工程和自然科学。展品按时间顺序排列，展现科学技术的发展历程。如今，加尔各答比尔拉工业与科技博物馆被认为是最好的教育媒介，人们可以在这里愉快地学习。

第二节　历史遗址

印度从来都不缺少历史遗迹。事实上，印度历史悠久，拥有无数的历史遗迹，这让外国游客，甚至是国内游客在选择旅游地时眼花缭乱。该重点去哪里？看什么？哪些地方可以不去？这真是些难以回答的问题。对于一个只对印度文化历史感兴趣的游客来说，在这个问题上的取向上会更加困难。困难还在于，尽管近年来旅游区的条件得到了很大改善，但还是无法提供适合所有游客的住宿条件。1971年，在F. R. 阿尔钦的倡导下，联合国教科文组织委员会列出了65个可被优先考虑的遗址。该名单中的遗址覆盖了印度的整个历史，可以说从史前一直延续到19世纪。

1972年，联合国教科文组织通过了一项决议，制定了一项关于保护世界文化和自然遗产的公约。该决议的目标是：在文化和自然两个方面定义世界遗产；从成员国中列出纪念地名单；实施保护措施；呼吁各国人民携起手来，为保护、恢复和保存历史遗迹做出贡献。

印度是一个拥有丰富文化和自然遗产的国家，有奇妙的堡垒、茂密的森林和迷人的自然风光。1977 年 11 月 14 日，印度加入联合国教科文组织世界遗产缔约国行列，截至 2018 年 7 月 4 日第 42 届世界遗产大会闭幕，印度共计拥有 37 项世界遗产，其中文化遗产 29 项，自然遗产 7 项，文化与自然混合遗产 1 项，数量位列世界第 6。

文化遗产：

①阿格拉古堡（Agra Fort）；

②阿旃陀石窟群（Ajanta Caves）；

③埃洛拉石窟群（Ellora Caves）；

④泰姬陵（Taj Mahal）；

⑤默哈伯利布勒姆古迹群（Group of Monuments at Mahabalipuram）；

⑥科纳拉克太阳神庙（Sun Temple，Konarak）；

⑦果阿的教堂和修道院（Churches and Convents of Goa）；

⑧法塔赫布尔西格里（Fatehpur Sikri，胜利之城）；

⑨汉皮古迹群（Group of Monuments at Hampi）；

⑩卡杰拉霍古迹群（Khajuraho Group of Monuments）；

⑪埃勒凡塔石窟（Elephanta Caves，象岛石窟）；

⑫帕塔达卡尔建筑群（Group of Monuments at Pattadakal）；

⑬朱罗王朝现存的神庙（Great Living Chola Temples）；

⑭桑吉佛教古迹（Buddhist Monuments at Sanchi）；

⑮德里的顾特卜塔及其古建筑（Qutb Minar and Its Monuments，Delhi）；

⑯德里的胡马雍陵（Humayun's Tomb，Delhi）；

⑰印度山区铁路（Mountain Railways of India）；

⑱菩提伽耶的摩诃菩提寺（Mahabodhi Temple Complex at Bodh Gaya）；

⑲温迪亚山脉的比莫贝卡特石窟（Rock Shelters of Bhimbetka）；

⑳尚庞 – 巴瓦加德考古公园（Champaner – Pavagadh Archaeological Park）；

㉑贾特拉帕蒂·希瓦吉终点站/前维多利亚终点站（Chhatrapati Shivaji Terminus/Formerly Victoria Terminus）；

㉒德里红堡群（Red Fort Complex）；

㉓简塔·曼塔天文台（The Jantar Mantar，Jaipur）；

㉔拉贾斯坦邦的高地城堡（Hill Forts of Rajasthan）；

㉕古吉拉特邦帕坦县的皇后阶梯井（Rani - ki - Vav at Patan，Gujarat）；

㉖那烂陀寺考古遗址/那烂陀大学（Archaeological Site of Nalanda Mahavihara/Nalanda University）；

㉗昌迪加尔/勒·柯布西耶的建筑作品——对现代主义运动的杰出贡献（Chandigarh/The Architectural Work of Le Corbusier，an Outstanding Contribution to the Modern Movement）；

㉘艾哈迈达巴德历史城区（Historic City of Ahmadabad）；

㉙孟买维多利亚和装饰艺术建筑群（Victorian and Art Deco Ensemble of Mumbai）。

自然遗产：

①凯奥拉德奥国家公园（Keoladeo National Park）；

②卡齐兰加国家公园（Kaziranga National Park）；

③马纳斯野生动物保护区（Manas Wildlife Sanctuary）；

④孙德尔本斯国家公园（Sundarbans National Park）；

⑤楠达戴维山国家公园和花谷国家公园（Nanda Devi and Valley of Flowers National Parks）；

⑥西高止山脉（Western Ghats）；

⑦大喜马拉雅山脉国家公园保护区（Great Himalayan National Park Conservation Area）。

文化与自然混合遗产：

干城章嘉峰国家公园（Khangchendzonga National Park）。

一　北方邦历史遗址

1. 阿格拉

泰姬陵

泰姬陵是印度知名度最高的古迹之一，是莫卧儿建筑的最大荣耀、印度伊斯兰教艺术最完美的瑰宝、世界遗产中令世人赞叹的经典杰作之一。泰姬陵位于印度北方邦阿格拉的亚穆纳河畔，是一座由白色大理石建成的巨大陵墓，是莫卧儿王朝第五代皇帝沙·贾汗为了纪念他最心爱的妃子亚珠曼德·贝侬·比古姆而建造的陵墓，表达了一个国王对他亲爱的妃子刻骨铭心的爱。泰姬陵被誉为“完美建筑”，是世界七大奇迹之一。泰姬陵的“泰姬”二字是音译，为皇冠之意，因此并不能用于称呼陵墓的女主人。亚珠曼德·贝侬·比古姆是沙·贾汗父亲贾汉吉尔第20个妻子努尔贾汗的侄女，1612年与当时还是王子的沙·贾汗结婚，被赐予“慕塔芝玛哈”的封号。泰姬陵被赋予“泰姬”之名是因为它在建筑与装饰方面恰到好处的比例和完美的平衡。

1630年，亚珠曼德·贝侬·比古姆在南征的军营中分娩第14个孩子时难产而亡，临终前向沙·贾汗提出了四个愿望，其中一个便是为她建造一座美丽的陵墓。她当时36岁，已婚18年，对她的丈夫沙·贾汗来说，失去的不只是亲爱的妻子，还是一个精明的顾问。据说他穿了两年丧服，头发也因悲伤而变白了。他发誓要建一座配得上他妻子的、无可比拟的陵墓，以纪念他的妻子。1633年，泰姬陵在印度北部亚穆纳河转弯处的大花园内开始动工兴建。此处位于亚穆纳河下游，十分空旷，沙·贾汗可以从河上游的阿格拉古堡上望见此处。当时极负盛名的建筑师拉何利，以德里的胡马雍陵为蓝图，动员2万名来自世界各地的工匠、书法家，融合中亚、波斯和印度本土风格，历时22年完成了这座伟大的纯白大理石艺术建筑。泰姬陵的建筑材料来自印度各地和亚洲其他国家，碧玉来自旁遮普邦，绿松石、玉和水晶来自中国，青金石来自阿富汗，蓝宝石来自斯里兰卡。

泰姬陵整体上为一个长方形，长 580 米、宽 305 米，占地约 17 万平方米。四周被一道红砂石墙围绕，正中央是陵寝，陵寝东西两侧各建有清真寺和答辩厅，两座式样相同、对称均衡的建筑相呼应。陵寝四角各有一座高达 40 米的圆柱形尖塔，每座尖塔均向外倾斜 12°，内有 50 层阶梯。陵寝中央有一块大理石纪念碑，上面刻着波斯文："封号宫中翘楚泰姬玛哈之墓。"站在陵墓旁边回廊中央的石板上，可以感受到强烈的回音，令人迷蒙不已。大门与陵墓由一条宽阔笔直的用红石铺成的甬道相连接，左右两边对称，布局工整。在甬道两边是人行道，人行道中间修建了一个"十"字形喷泉水池。泰姬陵的前面是一条清澈水道，水道两旁种植有果树和柏树，分别象征生命和死亡。

泰姬陵主体建筑呈八角形，中央是半球型的穹顶。外观以顶级纯白大理石打造，内外镶嵌美丽的宝石（水晶、翡翠、孔雀石），拼缀出美丽的花纹与图案。陵墓每一面都有 33 米高的拱门，陵前水池中的倒影，让泰姬陵看起来好像是两座。主体下方挖有 18 口井，每口井都以一层石头、一层柚木的方式，把地基层层叠起，以降低地震对主体的伤害。陵墓内部只靠室外射入的阳光照明，在大理石屏风内有两副空石棺，沙·贾汗与亚珠曼德·贝侬·比古姆的真正长眠之地在地下另一土窖中。

月光花园是泰姬陵的又一道风景，吸引游客前来见证这永恒爱情的象征。与泰姬陵洁白的大理石结构相匹配，花园中长满了各种各样的白色花朵，既有本土的，也有外来的。月光明亮的夜晚，这里的景象尤其迷人，给人一种梦幻般的、恍若仙境的感觉。湛蓝的天空下，草色青青托着晶莹洁白的陵墓和高塔，显得其如冰如雪。倒影清亮，荡漾在澄澈的水池中，闪烁颤动，飘忽莫测。

如前所述，沙·贾汗对妻子的去世深感悲痛，于是决定为她建造一座世人从未见过的陵墓。这段哀怨缠绵的历史使泰姬陵成了爱情的象征，这段爱情的"生命"也因泰姬陵的光彩而被续写，光阴轮回，生生不息。印度诗人泰戈尔称泰姬陵是"永恒面颊上的一滴眼泪"。什么都可以随着时间的流逝而消亡殆尽，“生命和青春，财富和荣耀”，唯有爱情以及爱情的见证——泰姬陵“在岁月长河的流淌里，光彩夺目，永远，永远”。泰姬陵因这段爱情而大放异彩，沙·贾汗及其妻子也因这份“天长地久有时尽，此恨绵绵无绝期”的思念而被世人铭记。

泰姬陵的构思和布局充分体现了伊斯兰教建筑艺术的庄严肃穆和宏伟气势，整座建筑富于哲理，是一个完美无缺的艺术珍品。

阿格拉古堡

阿格拉古堡是17世纪莫卧儿王朝重要的纪念性建筑。截至1638年，阿格拉一直是莫卧儿王朝的都城，位于德里东南约150千米处的亚穆纳河畔，是一个景色优美的小镇。阿格拉古堡是由红砂岩建成的坚固堡垒，围墙长2.5千米，把莫卧儿统治者的皇宫围在中间。准确地说，阿格拉古堡是一座有围墙的城市，堡里的建筑宛如童话故事里的宫殿。

1526年第一次帕尼帕特战役之后，莫卧儿王朝的创建者巴布尔占据了洛迪王朝易卜拉欣·洛迪的皇宫阿格拉堡。后来，巴布尔在城堡内建造了阶梯井。1530年，他的继任者胡马雍在城堡内被加冕为王。1540年，谢尔·沙·苏瑞在比尔格拉姆击败胡马雍。1555年，城堡再次回到胡马雍的手中。1556年，阿迪尔·沙·苏瑞的大将希姆重新占领阿格拉。1558年，莫卧儿王朝的第三代君主阿克巴意识到阿格拉在军事上的重要性，定都阿格拉。此时的阿格拉堡为砖造结构，阿克巴采用红砂岩对其进行重建，这是红砂岩第一次被运用于宫殿和城墙建造中，城堡也因此得名“红堡”。城堡于1565年开始修建，1573年基本竣工，历时8年，动用大约4000名建筑工人。

阿格拉古堡是阿克巴大帝花费近十年心血建起的一座极其奢华的宫殿，雄伟的古堡俯瞰亚穆纳河。从阿克巴时代开始动工，城堡经过几代莫卧儿皇帝的修建，到了阿克巴的孙子沙·贾汗统治期间，城堡终于成为一座无比壮丽的皇家都城，有了今天人们见到的样子。18世纪初，阿格拉古堡被马拉达帝国入侵并占领。此后，古堡在马拉达人与其敌人手中几经易手，最终于1803年落入英国人之手。

阿格拉古堡占地38万平方米，呈半圆形，弦部平行于河。古堡由两层城墙、两条地沟及大大小小16座城堡构成，是一座固若金汤的城池。城堡四面建有四门，其中吉兹利门朝河而开。最值得一提的两个大门是“德里门”和“拉合尔门”，“拉合尔门”通常也被称为“阿玛·辛格门”。德里门朝西开，面向市场，被认为是最雄伟的大门和阿克巴时代的杰作。它建于1568年左右，具有极高的安全性，为国王出入的正式通道。德里门配以一座木制吊桥，可用来跨越护城河。德里门后还有一门，叫作“大象门”，门口有两座真人大小的石头守卫大象骑士雕像，用于提高安全性。城堡北边被印度军方（特别是空降旅）占用，因此德里门不对公众开放，游客只能通过阿玛·辛格门进入。

从某种意义上说，古堡赋予阿格拉新的生命，在印度建筑史上占有非常重要的地位。整座古堡中约有500座设计精美的建筑，集印度教和伊斯兰建筑艺术之大成，庄严而华丽。其中一些被沙·贾汗拆毁，改建成了白色大理石宫殿，还有一些在1803～1862年被英国人破坏，只有东南方临河而建的将近30座莫卧儿王朝建筑幸存了下来。

古堡之内有威严的觐见宫、恬静的观鱼院、精巧的珍珠清真寺等，亭台楼阁，令人目不暇接。其中最为华丽的是枢密宫，白色的大理石宫墙光彩照人，镀金的宫顶熠熠生辉，镶嵌宝石的柱子耀眼夺目。幽雅的公共大厅全部由红色砂岩建成，三排白色的灰泥粉饰过的饰有孔雀图案的柱子托起大厅的平顶。先前，大厅里饰有织锦饰物、丝绸地毯、绸缎天蓬，国王就在这里与大臣们共商国是，如今这些饰品已被掠夺一空。

阿格拉古堡内修有一处白色八角亭，为沙·贾汗所建。与阿克巴不同，沙·贾汗对白色情有独钟，于是毁掉了城堡中一些早期的红砂岩建筑，代之而建的是白色大理石建筑。据说，晚年的沙·贾汗被儿子奥朗则布囚禁，经常在此八角亭中垂泪，因为在那里，他可以怀着无限的思念之情遥望泰姬陵，倾诉他孤寂悲凉的心声。

其他名胜还包括渔宫、皇家浴室、宝光清真寺以及宫女用品市场等。

1568 年建成的私人会客厅，是国王会见王公贵族和国外使节的地方。隐于西墙后的是天主清真寺，国王沙·贾汗被囚古堡时曾在此寺祈祷。私人会客厅后的出口通向一座两层的亭子，国王沙·贾汗临死前曾于此眺望整个城市。游廊环绕，幽雅的亭子上饰有精致的镶嵌材料，四周是制成格子状的栏杆，亭上是大理石制成的尖顶。后宫是国王的卧室，因此它的设计以舒适为主，墙上蜂巢状的结构是为了隔热而设计的。

古堡内的建筑在设计风格上是混合型的，有些是典型的莫卧儿设计风格，有些则是典型的印度设计风格。

西坎德拉的阿克巴陵

西坎德拉位于阿格拉西部郊区，为莫卧儿王朝皇帝阿克巴陵墓所在地。阿克巴陵是莫卧儿王朝的建筑杰作，建于 1604～1613 年。

阿克巴陵在阿克巴离世时尚未建成，由他的儿子贾汉吉尔建造完成。阿克巴生前对自己的陵墓进行了设计并选定了地点，他死后，贾汉吉尔并不喜欢这种设计，便进行了一番改造，并于 1613 年建设完成。奥朗则布执政时期，拉贾·拉姆领导下的贾特人反叛，控制了阿格拉古堡，洗劫了阿克巴陵墓，掠走了墓中的黄金、珠宝、银子和地毯，同时毁掉了其他东西，甚至打开了阿克巴的头骨。奥朗则布一气之下活捉拉贾·拉姆，并将其杀害。直到英国寇松勋爵时期，陵墓才得到全面修复。

莫卧儿帝国的建筑讲究对称，阿克巴陵也不例外。陵墓以红砂岩为主要材料，正门为方形，四角各成立面，剑尖形拱顶门左右对称。建筑顶层有四座方形凉亭，四角各有高耸入云的白色宣礼塔。墙壁皆以白色、黄色、棕色、黑色大理石镶嵌成诸多几何、花草图案，工艺精美。门前有草坪，进门即为空旷的陵园，中央为主体建筑，左右为花园，角落有三层尖塔。园内绿草如茵，花木葱郁，高大的棕糖树点缀其间。陵园整体如平放的十字架，主体建筑前后左右皆有清真寺，寺前有方形水池，主体建筑分四层，顶层为白色大理石构造，正中有方形拱顶，余者皆为红砂岩建筑。宽阔的拱形门两边对称排列着五座小拱门，上层方形拱顶的凉亭鳞次栉比、错综复杂，就像种满了蘑菇，看得人眼花缭乱。

依提玛德－乌德·道拉陵

依提玛德－乌德·道拉陵坐落在阿格拉亚穆纳河左岸，陵墓主人为贾汉吉尔的岳父——其妻努尔贾汗的父亲。依提玛德－乌德·道拉为封号，其名为吉亚斯·贝格。陵墓花费六年（1622～1628 年）时间建成。

陵墓位于带有花园的四合院中央，是第一座白色大理石建筑。正因如此，它成了连接阿克巴建筑风格和沙·贾汗建筑风格的桥梁。陵墓通常被称为“珠宝盒”，也被看作泰姬陵的原型。这座贾汉吉尔时代的美丽建筑分为两层，四角建有四座柱形尖塔。陵墓整体为白色大理石建筑，大理石墙壁上镶嵌着宝石，有红玉髓、碧玉、青金石、缟玛瑙、酒瓶或更为复杂的装饰物。室内装饰对泰姬陵的修建极具启发意义。陵墓在花园陵墓史上占有重要地位，是莫卧儿王朝沙·贾汗和阿克巴两大建筑风格间的过渡作品。

2. 法塔赫布尔·西格里城

法塔赫布尔·西格里城位于印度北方亚格拉市西南 40 千米处，有“印度庞贝城”之称，曾经是莫卧儿王朝阿克巴大帝的皇都（1570～1586 年）。当初阿克巴大帝选址时，认为该地是一处难得的风水宝地，于是在此建起了都城。整个法塔赫布尔·西格里城是按照阿克巴大帝的审美观建造的，但因为它创建之初缺乏长远规划，建成不久就被遗弃。

阿克巴是印度莫卧儿王朝的第三代统治者，被认为是莫卧儿帝国的真正建立者和最伟大的帝王。如果说沙·贾汗是一位多情浪漫的诗人，那么阿克巴就是一位博学多才的哲人。阿克巴试图以伊斯兰教为基础，融合印度教、耆那教等建立一种和谐综合的文化，并将这种综合体现在建筑当中，法塔赫布尔·西格里城就是这种融合风格的集中体现。

关于法塔赫布尔·西格里城的建造有一个传说。据说，距阿格拉 40 千米处的一座山岩附近有一个村子名叫法塔赫布尔·西格里，伊斯兰教苏非派圣人谢赫·沙利姆·奇斯蒂（Shakikh Salim Chisthi）在此讲经布道。渴望后继有人的阿克巴带着王妃们向圣人求子，奇妙的是，第二年阿克巴果然得子，便认为法塔赫布尔·西格里是一处吉祥之地，并决定在那里建造一座新城。1569 年，阿克巴在圣人住所附近开始修建新城，随后便将帝都从阿格拉迁至此处。1572 年，阿克巴出征并征服了古吉拉特，为了庆祝此次胜利，阿克巴将法塔赫布尔·西格里城命名为“胜利城”，并随后下令在新都中建造“胜利门”。阿克巴没有料到这里缺水，1585 年，他不得不再次将都城迁回阿格拉，胜利城变成了一座废弃的皇城。

胜利城坐落于一块山岩之上，其城墙用红砂岩建成，显得雄伟壮观。皇城宽约 1600 米，三城垣长约 300 米。城中建有宫殿、楼台、花园和清真寺等，几乎所有的建筑都是阿克巴时代建造的。胜利门高高的台阶使得城门更显巍峨，令人肃然起敬。通向贾玛清真寺的甬道上，两旁绿树荫翳，远处的建筑直指苍穹。气势恢宏的贾玛清真寺，顶部布满了小亭子，纤秀灵动与厚重庄严相映成趣。南面为一座八角形高大建筑，是贾玛清真寺的大门楼。虽然皇城被废弃，但城中的清真寺一直沿用至今。

胜利城建筑群最具特色的是其开放灵活的空间组合和兼容折中的艺术风格，显示了设计者杰出的规划设计能力和工匠高超的建筑技艺。宫殿主体建筑以红砂岩为材料，并装饰有镶嵌各种细密精致花纹图案的白色大理石。宫殿建筑主要有觐见宫、五层宫、土耳其苏丹宫、内宅及水池花园等。觐见宫分为勤政殿（Diwan - i - Am，公共议事厅）和枢密殿（Diwan - i - Khas，私人议事厅），勤政殿是阿克巴大帝接见臣民，商议国是的地方，枢密殿是阿克巴与重要官员秘密会谈的场所。其顶部的平台上修建有小亭子，是阿克巴大帝与不同宗教信仰、不同文化背景人士进行辩论的场所。其内部中央是雕刻精细的石柱，风格非常独特，由柱头、柱身和柱基三部分组成，分别是印度教、伊斯兰教和耆那教风格。五层宫为一座宝塔式建筑，共五层，最高一层是土耳其式圆顶凉亭。宫殿群中央的大型水池花园属于典型的波斯天堂园风格，水池中央设立一座平台，由四座桥通向四周。这里是当年国王大臣欣赏歌舞表演的地方，国王的寝宫就在水池的旁边。梦宫（Khwabgah），顾名思义，是皇帝的寝宫、最美丽的皇家建筑，配有卧室、密室和小浴室。这座双层楼高的红色砂岩建筑是“胜利城”最精心的建筑之一，走廊通向后宫。

内宅为妃子们的住处，建筑别致，屋顶多覆绿色琉璃瓦。阿克巴大帝的王妃来自不同地方，信奉不同宗教，有来自拉贾斯坦信奉印度教的，有来自土耳其信奉伊斯兰的，还有来自果阿信奉基督教的。阿克巴按照她们不同的信仰和喜好，分别为她们建造了不同风格的寝宫。乔达·巴依宫（Jodha Bai's Palace）为印度教皇后玛利亚姆·乌滋·扎玛尼的宫殿，是后宫最大、最重要的组成部分，设施相当齐全。室内装饰有印度教图案，如天鹅、鹦鹉、大象、莲花、念珠等。玛丽亚姆宫（Mariyam's House）是阿克巴的母亲哈米达·巴努·贝格姆（Hamida Banu Begum）的住所，室内精美的柱子中，有一根上面雕刻着罗摩和哈奴曼神像。为了可以享受地道的土耳其沐浴，阿克巴在土耳其王妃的寝宫旁建造了一间很大的土耳其式浴室，专供土耳其爱妃使用。土耳其苏丹宫（Turkish Sultana's House）是阿克巴两位土耳其皇后的寝宫，墙裙板描绘了森林和花园的场景。果阿基督教妻子的寝宫小而精致，内部刻有非常美丽的花纹。法塔赫布尔·西格里城的空间组合和建筑形式不仅体现了阿克巴的贵族作风，而且展示了他开放并蓄、灵活变通的一面。尽管阿克巴信奉伊斯兰教，但他同时也能包容其他宗教的存在，而且他本人花费了大量的时间来研究这些宗教的“精髓”。

城中唯一的白色建筑是伊斯兰教苏非派圣人谢赫·沙利姆·奇斯蒂的墓地。该陵墓外部全部用大理石建造，其中几扇透格窗用整块大理石雕成，图案精美，为伊斯兰教建筑风格。建筑外部的弓形仿木构梁托则是耆那教艺术风格，上面支撑着印度教风格的单坡石板屋檐，顶部的穹顶是典型的伊斯兰艺术风格。由于这位圣人准确预言了阿克巴大帝长子的出生，现在仍然有许多求子的妇女会在墓地周围的大理石屏格上系上丝带。

法塔赫布尔·西格里城不仅仅意味着一个巨大工程，它更以自身的质量、规模、建筑风格的变化多端而为后人所瞩目。这里的建筑并不是简单地随机堆砌，而是按照一定的规律形成了富有节奏感的建筑群。它的建筑风格清新而富有创造力，如同其他保存下来的莫卧儿帝国的古建筑一样，城内的大多数建筑物将印度和伊斯兰文化完美地融合在一起，主流建筑一般采用印度风格的梁柱并配有伊斯兰风格的拱顶。但总的来说，法塔赫布尔·西格里城的局部建筑风格、布局要优于整体。漫步其间，细细体会其规划布局、建筑遗迹和雕塑风格，会让人惊叹这座沉稳而华丽的建筑群风格之集大成。

二　拉贾斯坦邦遗址

1. 斋普尔

斋普尔位于新德里西南250千米处，是印度游览胜地，印度教、耆那教中心，拉贾斯坦邦首府。斋普尔是一座很有诗意的城市，被称为“红粉之城”，全城一片粉红色，不但屋顶、墙壁为粉红色，就连女性的纱丽也多为粉红色，比其他地方浓艳。人们把斋普尔称为“玫瑰城”，因为最珍贵的玫瑰是粉红色的。斋普尔就像玫瑰那样惹人喜爱，让人易生梦幻。实际上，斋普尔曾有过一个巨大的玫瑰园，其中长满了芳香的玫瑰，那是喜爱玫瑰的王公建造的。后来王室衰败了，玫瑰园也荒芜了，但是，玫瑰城这个名字沿用至今。

斋普尔王宫保存完好，内有10多座富丽堂皇的亭台楼阁，种有许多奇花异树，其中以章达拉宫最突出。宫殿高七层，主体采用了印度教古朴浑厚的建筑风格，宫顶门廊又巧借伊斯兰教拱形穹顶的建筑形式，显得既质朴端庄，又妩媚壮丽。现在王宫已改为博物馆，陈列了许多珍贵的历史文物。

斋普尔市中心有座纯印度风格的古建筑，这就是斋普尔的象征——风宫。它是一座粉红色半圆形五层建筑，顶部一座座拱形圆塔，彼此相连，宛如一座塔山。正面有无数扇用红砂岩镂空雕成的角形窗户，密如蜂巢，拱形窗楣雕以各式图案，十分精美。据传，这里是供古代后妃登临眺望全城景色的地方。

风宫是供王公贵族乘凉的地方。印度气候炎热，酷暑难耐。酷热之时，人们热得心烦意乱，国王便率嫔妃们登上风宫。风宫内凉风习习，令人精神为之一爽，非常惬意。风宫的建造充分显示了印度劳动人民的智慧。

2. 乌代普尔

乌代普尔有“白色之城”、“梦城”、“东方威尼斯”、“湖城”以及“旭日之城”等称号，是一座位于拉贾斯坦邦环境幽雅、洁白如雪的古都城。乌代普尔是麦瓦尔王朝的都城，创建于 16 世纪。强大的莫卧儿王朝阿克巴大帝来袭，当时的麦瓦尔土邦王乌代·辛格二世为了躲避追击，决定将都城从奇托加尔城迁到山谷中易守难攻的乌代普尔。1818 年，乌代普尔成为英国的殖民地。1947 年印度独立后，乌代普尔划归拉贾斯坦邦管辖。

乌代普尔以其历史、文化、景点和拉其普特时期的宫殿而成为印度著名旅游胜地。

城市宫殿坐落于皮丘拉湖东岸，始建于 1559 年。殿外花木扶疏，湖水相伴，殿内曲径通幽，宝石镶嵌。宫殿为乌代·辛格所建，体现了拉贾斯坦和莫卧儿建筑风格的融合。宫殿的主要入口是一座三拱大门，建于 1725 年。进入三拱大门，庭院、阶梯、走廊和花园布局严整。宫殿现在拥有一个博物馆，馆藏有许多古董、文章、绘画、皇家时代装饰家具和餐具。

水上皇宫坐落于皮丘拉湖中，建于 1743 ~ 1746 年，以白色大理石建成。被称为“白色之城”的乌代普尔有不少白色外墙的宫殿、民居和寺庙，其中最具代表性就是这座湖中宫殿。宫殿“浮”于水中，从日出到日落，宫殿的颜色在纯白、金黄、淡红之间变幻，直至太阳落入湖中，宫殿重新恢复到宁静无瑕的纯白。乌代普尔因此也被认为是拉贾斯坦最浪漫的城市。水上皇宫以前是藩王避暑的夏宫，印度独立后，王室为弥补特权丧失带来的诸多不便，便把夏宫改建为五星级湖宫酒店以增加收入。

季风宫（Sajjan Garh）既是跟踪该地区季风云团运动的天文中心，也是避暑胜地，用白色大理石建成，位于阿拉瓦利山脉的班斯达拉峰，海拔 944 米。登上季风宫，可以看见城中湖泊、宫殿和周围的乡村，对乌代普尔进行全景式俯瞰。

贾格迪什神庙（Jagdish）为印度教寺庙，建于 1651 年，坐落在乌代普尔中央，为贾格特·辛格一世所建。寺庙的建筑规模宏大，神殿白色大理石外墙表面满是雕刻，其精美程度和艺术价值不亚于卡朱拉荷。走上高高的大理石台阶，走进巍峨深邃的神殿，里面总是挤满了虔诚的信徒。

侍女花园（Sahelion Ki Bari）修建于 1710 ~ 1734 年，坐落于城市北部郊区，是一个受欢迎的旅游景点。侍女花园是为乌代普尔王妃的 48 位陪嫁少女而建，花园中建有喷泉、亭阁、莲花池和大理石象。

皮丘拉湖（Pichola）位于城西，无疑是这座城市的魂魄。它于 1362 年建成，名字来源于附近的皮丘拉村。蓝天白云下，一汪清澈的湖水如长轴画卷铺在眼前，浩浩荡荡向天边延伸而去。湖中，无数野鸭和水鸟要么三五成群，踏着绿波惬意地游弋，不经意间在如镜的湖面上划出道道波纹；要么展翅翱翔长空，高亢回旋的啼声为寂静的皮丘拉湖平添了无限生机。正是拥有了皮丘拉湖，乌代普尔才成为沙漠里的绿洲，焕发出勃勃生机。

3. 高地城堡

拉贾斯坦邦的高地城堡共有六座，分别是奇托格尔堡（Chittorgarh Fort）、贡珀尔格尔堡（Kumbhalgarh Fort）、伦塔波尔堡（Ranthambore Fort）、杰伊瑟尔梅尔堡（Jaisalmer Fort）、琥珀堡（Amber Fort）和加戈隆堡（Gagron Fort）。它们是 8 ~ 18 世纪该地区藩王权力的证明。这六座城堡分别位于拉贾斯坦邦的不同城市，为拉其普特时期的军事建筑。城堡依据地形，因地制宜，凭借山岭、沙漠、河流和密林等天然屏障，组成坚实的防御体系。在高大宏伟的城堡中，宫殿、庙宇、集市应有尽有，反映了印度中世纪及中世纪后期建筑风格的演变。这些城堡虽不及欧洲城堡之秀丽瑰美，却显得雄浑古朴。

奇托格尔堡是印度最大的堡垒之一，坐落在拉贾斯坦邦一座 180 米高的小山上，占地面积为 2.8 平方千米。奇托格尔堡是印度古国梅瓦尔的都城，堡区内有宫殿和寺庙等。据说，奇托格尔堡建造于 7 世纪，但还有一种说法是，此堡为般度五子中的布军所建。这座城堡中曾出现过许多伟大的印度勇士，如戈拉、巴达尔、兰纳、普拉塔普、贾迈、帕塔等。奇托格尔堡总共有七个大门，正门以史诗里的大英雄罗摩命名，叫“罗摩门”，其他六门为帕丹门、百伦门、哈努曼门、加内沙门、乔德拉门和拉克什曼门（拉克什曼是罗摩的弟弟，他忠心耿耿地保护流放森林的哥哥罗摩和嫂嫂悉多）。所有的门为石造结构，主要用于军事防御。

奇托格尔堡内有高塔、宫殿等建筑，雕刻精美，雄伟壮观。胜利塔是由 15 世纪拉其普特国王库姆巴建造的一座九层高的大塔，以纪念他在 1440 年击败马尔瓦和古吉拉特的统治者。这座塔高 37 米，外壁有雕刻。从下面城镇的任何地方都可以看到这座塔。要到达塔顶，就必须爬 157 级台阶，在塔顶可以看到周围的美景。塔的内壁上雕刻着神、武器等雕像。名誉塔是一座 22 米高的塔楼，建于 12 世纪。名誉塔由一个商人建造，以献给耆那教的第一代先祖利沙巴。塔身有七层高，上面雕刻着耆那教神像。库姆巴宫坐落于胜利塔附近，为乌代普尔的创建者乌代·辛格王公诞生地。他出生后被女仆拯救，女仆用自己的儿子换走乌代·辛格王子，并用果篮子将其安全带出，结果她自己的儿子被班毕尔杀死。帕德米妮宫临池而建，为一座三层楼高的白色建筑。传说，阿拉丁·卡尔吉想见帕德米妮王妃一面，得到了通过镜子来观看王妃镜像的许可。王妃站在池水舟上，卡尔吉只能看镜像，不能回头看。如果他转过身去，就会被割断脖子。这一瞥，帕德米妮的美丽使卡尔吉着了迷。

为了占有她，卡尔吉起兵杀死了她的丈夫拉坦·辛格。帕德米妮的人生故事是奇托格尔历史上一个永恒的传奇。莫卧儿王朝阿克巴统治时期，这座亭子的铜门被拆除，并被运往阿格拉。

琥珀堡位于斋普尔的旧都安泊尔一座能俯视全城的山丘上，城堡围墙沿山脊而建，逶迤起伏，像一条巨蟒盘卧在山峦之巅。在山顶怡乐宫前，有一组布局壮观的建筑群，其建筑风格各异，彼此呼应，相得益彰。它们居高临下，气势巍峨，下方有一条护城河，周围环绕着蜿蜒的高墙。不同于“粉红之城”斋普尔其他建筑的颜色，琥珀堡由奶白、浅黄、玫瑰红及纯白石料建成，远看犹如琥珀，故被称为“琥珀堡”。

琥珀堡内有数座独立建筑物，其中又以镜宫最为著名。宫殿用玻璃嵌壁，在阳光下，镜宫流光溢彩，异常夺目。其镶嵌镜片和彩色宝石的手法，与著名的泰姬陵如出一辙。只需燃起一盏烛光，即可光芒闪烁，堪称世上绝无仅有的景象，非常奇妙。

贡珀尔格尔堡被誉为“印度长城”，是古印度重要山地要塞之一，建于 15 世纪。在堡垒外围，借助山脉、河流的走势，修筑有一条蜿蜒 70 千米长的坚固城墙，沿途还建有 32 座烽火台，用以拱卫城堡。贡珀尔格尔堡的山脊城墙上建有箭楼、敌楼、烽火台，均为印度建筑风格。城墙内部有 300 多座寺庙，长期以来没有受到战争的侵扰，至今都保存得完整无缺。寺庙建筑体格宏大，雕刻精美，集印度教与伊斯兰教建筑风格于一体。虽然这里位于印度著名的旅游大邦拉贾斯坦邦，但它并不属于常规旅游线路的一部分。这里没有火车站，没有巴士，只能租车或包车到达。加之知道印度长城的人也不多，所以这里游人零星也就不足为怪了。

杰伊瑟尔梅尔堡用黄色砂岩建造而成，是拉贾斯坦邦最古老的城堡之一。杰伊瑟尔梅尔是古印度通往国外的贸易地，现因临近巴基斯坦，所以军事地位十分重要。大部分建筑采用金黄色的岩石雕刻而成，耸立在沙漠平原上，距今已有 800 多年的历史。每到日落，城堡反射出金子般的光辉，也被叫作“金城”。古堡中的耆那教寺庙气势恢宏，雕刻精细，极具价值。杰伊瑟尔梅尔堡有苦难的“记忆”。1295～1315年，城堡遭遇了莫卧儿帝国的残酷侵略和洗劫。今天的城堡已不再有历史上的动荡和喧闹，取而代之的是一片安宁祥和。虽说地处沙漠之中，但城堡依山傍水，风景迷人。从里到外，城堡共筑有三道城门，每道城门都由巨石砌成。人们相信，杰伊瑟尔梅尔堡原是天上的宫殿，只因中了魔法师的咒语，一夜之间，被移到了荒凉的塔尔沙漠腹地，这个故事已经被记载在《一千零一夜》里。

4. 简塔·曼塔天文台

斋普尔的简塔·曼塔天文台是印度最重要、最全面、保存最完好的古天文台，由19部以固定装置为主体的天文仪器组成。这些天文仪器是已知古代观测装置中的不朽杰作，并在许多方面有自身的特点。天文台中的萨穆拉日晷（Samrat Yantra）是世界上最大的石制日晷。简塔·曼塔天文台的名字来自梵语词“jantar”（装置、机器）和“mantar”（咨询、计算）。因此“简塔·曼塔”的字面意思是“计算的机器”。

斋普尔的简塔·曼塔天文台是斋普尔城的建造者萨瓦伊·杰伊·辛格二世（Sawai Jai Singh II）的杰作。天文台是当时的星象家用来观测天象、预测事务的场所。碧绿的草坪上散布着众多奇形怪状的砖砌建筑，以及世界上最大的日晷，每个都有特别的用途。精准的观测设施体现出古代印度人民的聪明和智慧。

斋普尔简塔·曼塔天文台的天文仪器被用来观测三类主要的天球坐标系统：地平坐标系统、赤道坐标系统和黄道坐标系统。在天文台的天文仪器中，有一台名为“卡巴拉”（Kapala Yantra）的观相仪可以在两种天球坐标系统间转换。简塔·曼塔天文台中有两座日晷已有300年的历史，其上有许多用来测时间的格子，这让它们好像是现代的而不是年代久远的仪器。院内有12座三角形的小建筑，代表12个星座。天文台里面的每一个仪器都有专门的用途，比如测量星星的位置、高度和方位角，计算日食等。

斋普尔的简塔·曼塔天文台展现了莫卧儿王朝末期印度人对宇宙的

认知以及探究天文学的能力。该天文台建筑为砖石结构，而天文仪器以砖石和铜器制成。这些天文观测仪器的原理出自古代印度梵文典籍，并辅以莫卧儿王朝时期的伊斯兰天文学数据。这些天文仪器使人们可以观测星体位置。该天文台既在建筑工艺上有所创新，又从 18 世纪印度不同的宗教和社会思想中获得灵感，是托勒密式定位天文台的一个典型代表。

天文台的建造者萨瓦伊·杰伊·辛格二世是莫卧儿王朝末期的一位国王，对天文学和数学有浓厚的兴趣。他引进了古希腊和伊斯兰的很多天文学著作，并修建了天文学图书馆。他一生共建了五座天文台，其中三座分别位于德里、斋普尔和瓦拉纳西。德里的简塔·曼塔天文台跟斋普尔的很像，为几座造型奇特的建筑，是萨瓦伊·杰伊·辛格二世建造的第一座天文台。

三　泰米尔纳德邦遗址

1. 坦贾武尔的布里哈迪斯瓦拉神庙

泰米尔纳德邦坦贾武尔（Thanjavur）的布里哈迪斯瓦拉（Brhadisvara）神庙坐落在金奈西南约 350 千米处，是朱罗王朝时期南印度乃至东南亚寺庙建筑的典范。布里哈迪斯瓦拉神庙也叫罗阇罗杰斯瓦拉神庙，为朱罗王朝国王罗阇罗阇一世于 1003～1010 年建造。布里哈迪斯瓦拉神庙是印度现存最高的神庙，向后人展示了古代活跃在南印度泰米尔地区朱罗王朝的繁盛景象。

朱罗王朝是帕拉瓦王朝之后南印度最大的印度教王朝，9～13 世纪曾经统治了大半个印度半岛，创造出许多朱罗式建筑。朱罗王朝君主罗阇罗阇一世统治时期是南印度历史上一个光辉的时代，这个非凡的人物因坦贾武尔宏伟的布里哈迪斯瓦拉神庙而永垂不朽，该神庙在他修建或修复的 50 个圣殿中是最为雄伟壮丽的。

布里哈迪斯瓦拉神庙的规划和开发利用了轴向对称的几何规则，寺庙建筑群整体院落为长方形，几乎由两个堆叠的正方形构成。寺庙东西长约240米，南北宽约120米，院落由回廊环绕，用花岗岩砌成。神庙的大门精雕细刻，非常华美，两侧还雕有巨大的守门神像。寺庙内有神牛殿、两座相连的宽敞礼拜殿、前殿和主圣殿，它们建在同一条东西走向的轴线上。

布里哈迪斯瓦拉神庙是湿婆神庙，主神殿位于寺院中央，里面供奉的湿婆林迦是印度现存最大的石雕林迦。主殿前面是南迪神牛殿，殿中是一座将近6米长的南迪神牛雕刻卧像。该神庙最有特色的部分是带塔主殿，它矗立在一块每边长25米的基坛上，为印度教毗玛那式庙宇建筑的典范。基坛由大块檐板平行组合而成，上面刻满了人物形象。直塔分13层，棱角分明，高61米。各层互相平行，由下而上逐渐缩小。最上层托着一块外形美观的盔帽形盖石，重达80吨，四面装饰着带翼的小神龛。这座“空洞”的建筑物创造出一种把林迦同宇宙连接在一起的“孔隙”，其装饰之精细、神龛和壁柱之众多，使它成为朱罗艺术的一件杰作。在底部，平行的两堵墙把主殿围住，形成一条两层高的通道。下层以其壁画之精美而著称于世，主殿第一层走廊上雕有舞王湿婆的多种舞姿。主殿内部分墙壁有大量壁画，内容多与湿婆神话有关。

布里哈迪斯瓦拉神庙企图把精神世界和尘世凡间融合在一起，是朱罗王朝的一座历史、文学、艺术和建筑纪念碑，也是1000年前南印度日常生活的见证。神庙内墙上刻满了铭文，使神庙富于世俗生活气息。铭文除了把与寺院生活有关的事件记录下来外，还率先记录了王罗阇罗阇一世统治时期的重大事件，使布里哈迪斯瓦拉神庙成为他那个时代城市与农村生活的中心。

2. 康凯康达朱罗普拉姆

康凯康达朱罗普拉姆（Gangaikondacholapuram）位于坦贾武尔东北部约70千米处，朱罗王朝国王罗金德拉一世（Rajendra I）统治时期成为都城，从此作为朱罗王朝国都250年左右。

罗金德拉一世是罗阇罗阇一世之子。1025年，罗金德拉一世建成康凯康达朱罗普拉姆并将其定为都城。罗金德拉一世统治时期，朱罗王朝的疆域得到扩展，向北直达恒河三角洲。为了展示自己的功劳，罗金德拉一世仿效其父罗阇罗阇一世，在康凯康达朱罗普拉姆修建了又一座布里哈迪斯瓦拉神庙。该神庙的建筑风格与坦贾武尔的大体相同，圣塔高达53米，优雅地呈曲线上升态势，并有多处凹角，建筑工艺更为精致。神庙最重要的部分是长方形小型殿堂，内有150根设计简单的柱子。在这间多柱殿堂里，可以看到后来闻名遐迩的“列柱厅”建筑的雏形。

3. 马杜赖

马杜赖（Madurai）位于金奈西南方470千米处，是古潘迪亚王朝国都，有灿烂辉煌的文化。马杜赖也是印度教七大圣城之一、达罗毗荼文化的中心，以宏伟的寺庙建筑、精美的雕刻艺术而著称于世。

马杜赖位于韦盖河畔，有“东方雅典”之美称。这是一个有着超过2500年历史的古老城市，据说为潘迪亚国王库拉舍迦罗（Kulasekara）于公元前6世纪修建。相传，马杜赖之名源于天上掉到人间的神酒（Mathuram）的故事。这里的人们建造了一座神殿献给湿婆，湿婆便赐福人们，神酒沿着他盘结的头发遗落在这里，此地由此而得名。实际上，马杜赖的历史是从公元前3世纪开始的，几乎一直属于潘迪亚王朝。纳亚克王朝时期是马杜赖的繁盛时期，艺术、建筑、学术都达到了巅峰，这里最美丽的地标性建筑米纳克希神庙就体现了这一点。

米纳克希神庙位于韦盖河南岸，是马杜赖的城市标志，也是印度南方最负盛名的神庙。米纳克希神庙实际上是一座供奉湿婆和他的妻子米纳克希的双神庙宇。寺庙里供奉着米纳克希女神、湿婆、他们的孩子象头神加内沙以及神牛南迪。该神庙的神殿呈梯形，庙顶有“经轮”状饰物，外墙由无数雕像组成，非常宏伟。外围筑有三道围墙：第一道墙四周开门，门上方建有小塔；第二道墙的门上装有屋顶，里面是庭院，门朝东开；第三道墙东面开门，里面便是圣室、门厅和内殿。圣室上方建有一座小塔。三道围墙内有样式新奇的柱子构成的柱廊。柱廊的柱子上雕刻有人像，有些比真人还要大。997根石柱上皆有精巧的雕刻，柱廊可作为信徒休憩之处。

米纳克希神庙东西南北各有一座高耸的印度塔门，尤以南门最为壮观，高 48 米，各个塔门上雕刻着以印度教神话为主题的浮雕。庙群中央建有一漂亮的巨型金莲池——“金百合花池”，神庙南门倒映碧池，景致优美。

站在城市的任何角落都可以看到米纳克希神庙，它简直是城市的象征。马杜赖就是一座以米纳克希神庙为中心，沿着神庙围墙的环状道路逐渐向四方扩展开来的城市。

四 卡纳塔克邦遗址

1. 汉比

汉比（Hampi）是卡纳塔克邦贝拉里的一个村，距贝拉里 74 千米。这是个令人神往的地方，曾经是统治整个南印度的印度教王国毗奢耶那伽罗王朝的梦幻之都。汉比原本是在一块只有岩石的荒地上建立起来的城市，由于伊斯兰教势力的入侵和破坏，这里现在已变为一片废墟，成了一座僻静的小村庄。

汉比毫无疑问是印度近代城市中最大的一个，仅核心区域面积就超过了 25 平方千米。但是如今留下来的只有那些石头建造的城墙、城门、神庙和圣殿等，这些历史遗址和周围荒凉的巨型岩石群融合在一起，让汉比有了不寻常的魅力。汉比历史遗迹群有两个中心：神圣中心和皇室中心。两个中心被山谷自然分开，神圣中心主要由几组神庙构成，皇室中心则包括祭祀台、皇室居住地以及娱乐场所。

维鲁巴克沙（Virupaksha）神庙建于 15 世纪，是整个汉比古迹群中唯一仍然在使用中的神庙，神庙位于汉比中心集市大街最西端，其建筑风格明显受到达罗毗荼风格的影响。在小镇任何地方都可以看见它烦琐而精美的塔楼，上面雕刻着无数的神像，神态各异，栩栩如生。神庙内供奉的是湿婆的化身及其配偶。神庙的塔楼大部分已经倒塌，但是从残留下来的高大柱廊就可以想象它当年的盛景。神庙前是一条大街，向东延伸。那里有一个环绕着柱廊的方形水池，池中央有一座精致的小凉亭，在静静的水面投下美丽的倒影，与周边的岩石山体形成一幅让人如痴如醉的风景画。

汉比标志性的雕像是一尊高达6.7米的人狮化身雕像（人狮是印度教主神之一毗湿奴的第四化身），该雕像双眼突出，青面獠牙，双腿盘踞端坐于蛇床之上，蛇王阿难陀为他当华盖。①

维特拉（Vittala）神庙是汉比古迹中最为出色的神庙，大约建于16世纪早期，敬拜保护神毗湿奴。神庙坐落在一个巨大的矩形院落内，东、南、北三面都有塔门。从东面的塔门进入，首先映入眼帘的便是那辆精致绝伦的石制战车，它被两只生动的浮雕大象牵引着向前驶去，惟妙惟肖，无疑给整座神庙增添了光彩。院落中央是神庙的主体建筑——圣殿，包括东侧的柱厅、西侧的主殿和当中的砖制塔楼。圣殿外墙的基座上雕刻有牵着马匹的人像，基座上间歇排布有供奉毗湿奴的圣龛。柱厅的美丽之处在于这些石柱都是用一整块的花岗石雕刻而成的，据说用手指轻轻去弹还能发出不同的美妙乐声。维特拉神庙南北两侧各有一间柱厅，南面的尤其精妙，到处是雕刻精美的廊柱，在黄昏的斜阳下呈现出绝妙的光影效果。每根柱子上刻有姿态各异的神像和半兽半神像，柱子的形状基本相似，柱子顶端安装了刻满花纹图案的盘形顶架，支撑着一块天花板。天花板上饰有一朵荷花，花瓣是平镶在板内的。

摩诃那瓦米（Mahanavami）平台是皇室中心最大的古迹群落，穿过周边围绕的高大城墙进到内部，首先便可看到一座方形的多层平台，顺着当中的楼梯拾级而上，站在高台上远眺四周，皇室中心的风景一览无遗，尽收眼底。平台的四周底座上雕满了各类浮雕，属于典型的毗奢耶那伽罗风格，简洁而生动。浮雕内容包罗万象，但最让人印象深刻的是女性舞者雕像，它们千姿百态、栩栩如生。

位于皇室中心的哈扎拉·罗摩神庙也被称作“千罗摩”神庙，是

① 关于人狮化身的故事见本书“霍利节”部分。

献给印度教罗摩大神的。哈扎拉·罗摩神庙在整个汉比及其周边中所处的轴心位置说明了其在城市规划中的重要地位。站在主殿的柱厅当中，向北可以通过拱门看到马堂加山的顶峰，向东则可以看到玛利亚万陀山，这两座山都跟《罗摩衍那》密切相关。哈扎拉·罗摩神庙和周边建筑群的关系相当奇特，它正好处于东面的宗教仪式中心和西面的居住中心的中点上。同雕刻得精美繁复的外观比起来，哈扎拉·罗摩神庙主圣殿的内部显得有些单调。从神庙东侧的大门进到内部，两侧的内墙和通向主殿的柱厅内到处是生动的雕刻，总共描绘了印度教史诗《罗摩衍那》当中的108幅场景，如瓦尔米基给国王讲故事、罗摩的父亲十车王献身火海、罗摩将自己的戒指送给神猴哈努曼、哈努曼纵身跳到楞伽岛等。

莲花宫是汉比古迹群中保存最好的建筑之一，虽然拥有一个诗情画意的名字，但实际上它的功能是皇帝和大臣们的议会厅。莲花宫前是一大片修剪得整整齐齐的绿草坪，从远处看上去很像一座两层的小凉亭。莲花宫在印度教神庙建筑风格的基础上融入了很多伊斯兰建筑的元素。岩石基座、双层屋檐、屋顶上九座尖耸的金字塔楼都彰显了印度教神庙的建筑艺术，而那些层层叠叠的拱券和窗户则明显是伊斯兰建筑风格。两种风格的巧妙结合也说明了毗奢耶那伽罗国王们的创造性。历经了几个世纪的岁月沧桑和侵略者的恣意破坏，这座美丽的建筑早已铅华褪尽，然而它优雅的风姿在阳光下依旧闪耀着夺目的光华，宛若一朵出世高洁的莲花。

象棚是皇家中心最壮观的建筑物，它由11间排成一条直线的巨大房屋组成。据说每一间房屋都可以同时容纳两头大象。

汉比古迹是个令人神往的地方，从林立的建筑物中依稀可以看出这个村庄的古老。

2. 艾荷洛

艾荷洛（Aihole）距离卡纳塔克邦的巴达米约35千米，距离帕塔达卡尔约10千米，这里遗有很多遮娄其王朝早期的建筑。

7～8 世纪，艾荷洛建有 70 多所古代庙宇，其中保存最完好的建筑是印度教杜尔迦神庙。杜尔迦神庙是现存最古老的石造印度教神庙建筑之一，建筑平面前方后圆，正面入口有门廊，入口台阶在门廊两侧耳方向。室内空间的外侧有环廊，内部为列柱厅形式，祭坛处的布局与佛教的支提窟内部相似。建筑的屋顶为石板缓坡屋顶，祭坛上部的塔估计为后世添加。建筑的装饰主要集中在正立面附近的柱身、顶棚表面以及基台的立面上，品质相当高。杜尔迦神庙供奉湿婆大神、女神杜尔迦和毗湿奴大神，但杜尔迦神庙之名本身与女神无关。在当地方言中，“杜尔迦”为堡垒之意，其神庙名称也应与此有关。

拉德·汗寺是现存最古老的石造印度教神庙建筑之一，建造于 5 世纪，其名称源于一位在此逗留过的穆斯林王子。建筑平面为正方形，内部的列柱形成内外两圈空间，中心是圣牛南迪的祭坛，祭坛上部有高出屋面的部分。正立面前面是门廊，建筑的屋顶逐层从中间向四周倾斜。建筑的外墙暴露外圈柱子，中间三间有石板镂空窗。浮雕装饰主要集中在正立面的门廊、墙面、立柱以及基台的立面上。拉德·汗寺供奉毗湿奴、湿婆和神牛南迪。

胡其马利古迪神庙属于早期印度教神庙建筑，建造于 7 世纪。神庙平面及形体构成比较简洁，平面为矩形，正面入口有单开间门廊，入口台阶设在正中，室内空间的外侧有环廊，内部设有祭坛，屋顶为石板缓坡屋顶，祭坛上部的塔比后来的同类建筑要简洁许多。建筑的装饰主要集中在正立面附近、屋顶檐口和塔身，浮雕形象生动细腻。胡其马利古迪庙敬拜印度教三大主神：梵天、毗湿奴和湿婆。

3. 巴达米

卡纳塔克邦的巴达米（Badami）是遮娄其王朝又一著名都城，内有几座早期查卢克亚风格的庙宇，包括结构型庙宇和石窟庙宇，它们坐落在巴达米小镇旁的山坡上。石窟群为遮娄其王朝时期建造，位于巴达米南山，共由四座石窟组成，是印度教石窟艺术的源头。

石窟1①由红色砂岩石雕凿而成，其开凿年代可以溯及578年，而且可能是岩洞群中最先动工的一个。该石窟最吸引人的地方就是拥有18只手臂的舞王湿婆雕像，该雕像一共展现了81种舞姿。

石窟2供奉的是毗湿奴大神，窟中有他化身侏儒和野猪的雕像，分别讲述了侏儒三步丈量三界的故事和野猪拯救大地女神的故事。传说恶魔西冉尼亚克刹将大地拖入海底，诸神无奈，只能求助于毗湿奴。毗湿奴化身为一头野猪，潜入海底，与恶魔搏斗了1000年，最后杀死妖魔，用猪嘴将大地拖出大海。

石窟3是一个美丽万分的石窟，是艺术理念的纯粹表达，是雕塑技艺的极致呈现，其俨然成为德干高原地区艺术的最佳体现。前廊列柱的柱头上雕有一对对半裸的男女天神、蛇神和药叉，他们并肩站在果树下相互依偎。窟中雕像主要有毗湿奴的化身之一——罗摩，他头顶高冠、手持弓箭、胸披花鬘，尽显王者风范。毗湿奴大神的雕像比较特别，他手持海螺，坐于（而不是躺在）巨蛇（纳迦）之上。还有毗湿奴化身人狮的雕像等。②

石窟4是这些岩洞中唯一的耆那教石窟，完工时间只比上述三个石窟晚了100年左右，规模最小，大概开凿于7～8世纪。石窟中供奉的是耆那教祖师的雕像。

4. 贝卢尔

贝卢尔（Belur）位于卡纳塔克邦迈索尔地区哈桑县（Hassan）境内，曾经是霍伊萨拉（Hoysala）王朝的都城。

霍伊萨拉是12～14世纪印度卡纳塔克南部的一个王国，最初只是北部遮娄其王国的一个附属国。12世纪初，其国王毗湿奴筏驮那（Vishnuvardhana）为获得独立发动一系列战争，其中最重要的是塔拉卡

① 本书中所用洞窟编号均为印度考古协会（ASI）所编。

② 毛世昌、刘雪岚主编《辉煌灿烂的印度文化的主流——印度教》，中国社会科学出版社，2011，第96～105页。

德（Talakad）战役，霍伊萨拉打败朱罗王朝，取得胜利。此后，毗湿奴筏驮那又征服了一些小国，尽管未能使霍伊萨拉赢得完全的独立，但仍然为霍伊萨拉王国的百年基业奠定了基础，被尊为霍伊萨拉王国的开国之君。

1152 年，毗湿奴筏驮那逝世，其子那拉斯马一世（Narasimha I）继位。那拉斯马一世沉溺于后宫声色，国势衰微。他的儿子巴拉拉二世（Ballala II）一怒之下篡夺了王位。在其统治之下，霍伊萨拉王国的统治达到了顶峰。他对内镇压了一些难以控制的酋长，对外击败了好几个王国，并与朱罗王朝和亲，全面介入了泰米尔地区的政治冲突。他的孙子索美斯瓦拉（Someshwara）是在南部泰米尔地区长大的，继位后热心于该地区的政治，对霍伊萨拉王国北部疏于管理，还将王国一分为二，交给自己的两个儿子那拉斯马三世（Narasimha III）和罗摩那塔（Ramanatha）管理，导致内战爆发，国家元气大伤。最后，那拉斯马三世的儿子巴拉拉三世（Ballala III）统一了霍伊萨拉王国，但此时国力已大不如前，再没有力量对抗来自北方的穆斯林入侵，被迫臣服于北方强大的德里苏丹国。1342 年，在与马都拉苏丹（Madura）的冲突中，巴拉拉三世战死，其后裔虽然继承了王位，但王国从此一蹶不振，直至灭亡。

霍伊萨拉王国修建的神庙在印度享有非常特殊的地位，这些神庙平面都呈星形，没有了高耸入云的庙顶建筑，同马杜赖或坦贾武尔的神庙比起来，显得有些不够高大雄伟。让霍伊萨拉王国神庙声名大噪的是那些密布在神庙外壁上的装饰和浮雕，列柱、天花板、庙门、侧壁、柱头、托架以及壁面都是霍伊萨拉建造者精雕细琢之处，其复杂和精细程度在全印度是首屈一指的，被西方人称作“印度的巴洛克”。

贝卢尔因切那克萨瓦（Cennakesava）神庙而闻名。该神庙建于 1117 年左右，是“印度文明的瑰宝”。神庙完全以石材建成，有繁复精湛的浮雕、匀称优美的线条。神庙坐西朝东，位于院落的中间，依次是门廊、柱厅、前厅和圣室。基座底下建有一锯齿形平台，平台整体上呈星形，台阶两侧装饰着角锥形的神龛，雕刻精美。基座由横向的线条划分，装饰着神龛和几何花纹图案。

门廊平面呈长方形，两侧设有栏杆。圆形立柱从上到下布满线脚，饱满圆润。柱子上方的托梁处装饰着向外倾斜的 38 尊女性雕像，显得健康、活泼、丰满、端庄。柱子中间镶嵌着凿有几何形窗洞的石墙，上面雕刻着各种神灵，显得过于繁复。柱厅平面呈十字形，四周围着厚厚的带孔屏饰。内部的立柱从上到下由不同的截面构成，多为圆饼状和锯齿状，它们同上方的横梁一样，雕刻着各种神灵和精美的图案。部分柱子以及所有的天花板和石梁上的雕像多得使人眼花缭乱。大厅四根中央列柱上的托架塑像造型优美，全都是腰身纤细、乳房硕大、珠光宝气的舞女。圣室呈方形，内部设有壁柱。外墙表面由上下贯通的大型壁柱分割，中间装饰有神龛。有趣的是，神庙采用平屋顶，初看令人有些诧异，但总体上给人一种低矮厚重的感觉。

5. 哈勒比德

距离贝卢尔不远的哈勒比德（Halebid）在 12 世纪初成为霍伊萨拉王朝的都城，庙宇文化得到了长足发展。其壁画及雕塑描绘了当年人们的日常生活、信仰、战争、音乐和舞蹈等。

霍伊萨利斯瓦拉（Hoysaleswara）神庙是建于 12 世纪的印度教湿婆庙，也是哈勒比德最大的古迹。寺庙建在一个很大的人工湖畔，是一座双庙，分别为国王殿和王后殿，里面供奉着湿婆林迦。两座几乎同样大小的建筑物经由交叉甬道连在一起，加上前面的神牛南迪亭，显得雄伟壮观。它和切那克萨瓦神庙一样，采用平顶样式，没有高耸的庙顶。两座庙宇的外部表层有许多呈星状的凸出部分，步入庙门，就能看到一幅大而精致的雕塑艺术品。庙宇墙壁呈锯齿状，底部是六条水平浮雕带饰，上面雕有大象、狮子、天鹅和人物，每尊人物雕像的大小相当于真人的一半。单从雕刻装饰和建筑工艺上看，该神庙就显得相当精美壮观了。

6. 索姆纳特布尔

索姆纳特布尔（Somnathpur）的克萨瓦神庙建于1268年，是霍伊萨拉王国留下来的最后杰作，也是保存最完整、最能体现霍伊萨拉风格的庙宇建筑。神庙坐落在星形的平台之上，有三座神祠，各神祠均衡地建在主殿四周而形成一个综合建筑体。三座神祠均带塔，塔的凸形垂檐自基座起沿水平线方向分成若干层。墙上密密麻麻全是极其精美的浮雕，底下几层是大象、战马、骑士以及植物花卉图案，排列整齐。稍高一些是载歌载舞的神像，它们形态各异，栩栩如生：有的雕像闭目站立，手持法器，威严庄重；有的雕像手舞足蹈，载歌载舞，十分欢乐。这么多的雕像居然没有任何两个是重复的，不愧为印度的巴洛克。性爱似乎是印度教庙宇永恒的题材，这里也不例外，虽不像卡朱拉荷那般明目张胆、比比皆是，但也冲击着游人的眼球，吸引着人们的注意力。庙中列柱厅的天花板也颇惹人注目，一块天花板就是一个圆形屋顶，沿同一轴心自下而上逐渐缩小为一个个圆环，与俯视它的助拱相连，宛如一顶漂亮的雨伞盖在一块巨石上。

据说，整个神庙是由工匠将石头雕刻好了之后一块块拼起来的，而且拼接工作没有用任何水泥（那时候也没有），全都用刻在石头上的插销。整个神庙完全可以一块块拆卸下来，然后运到另外一个地方再拼起来，可见当时的建筑设计能力已经达到相当高的水平。

五　安得拉邦遗址

龙树丘（Nagarjunakonda），又称龙树山，南印度佛教遗迹，因2世纪南印度龙树菩萨而得名。龙树丘位于克里希纳河中游右岸的台状丘陵地，3世纪时，为婆罗门教和佛教中心、南印度甘蔗王朝首都，是一处与阿玛拉瓦蒂（Amaravati）齐名的佛教遗迹。

据说，龙树丘的考古遗迹源于一次偶然发现。1926年，一名地方学校的老师发现了一块古代石柱，此地被认定为考古发掘地。截至1960年，这里发现了大量从石器时代至中世纪的古代遗迹。

龙树丘之名源于龙树菩萨。龙树出生于婆罗门家庭，后皈依佛教，成为佛学大师。龙树活跃于150～250年，是大乘“中观”学说的开拓者，在佛教史上被誉为“二代释尊”“八宗共祖”等。他的学说博大精深，将佛教哲学推向了更高的境界。龙树也被后世佛教徒尊为“千部论主”，其著作很多，比较重要的有《中论》《十二门论》《大智度论》《七十空性论》《回诤论》《广破论》《六十颂如理论》等。其中流传最广、影响最大、最能反映龙树思想和成就的著作是《中论》。

《中论》的主要内容是“缘起性空、八不中道、真俗不二、实相涅槃”。所谓“缘起性空”，即世间万物皆无质的规定性，无法自主本身、独立存在，只有通过相互关联、相互依存才得以存在，一变则一切变。“八不中道”即不生、不灭、不常、不断、不一、不异、不来、不出，这是龙树基于对佛教最高存在——空境的认识而提出的。在他看来，生灭、常断、一异、来去这四对范畴是一切存在的基本范畴，也是我们的认识之所以成立的根据。龙树通过“八不”对之前佛教认识范畴进行了否定，同时也就否定了人们所认为的范畴是实有的、有自性的、永恒的看法。“真俗不二”是龙树对佛教“真谛”和“俗谛”的再认识。“真谛”即佛教所认为的绝对真理，是觉行圆满之人——佛最圆满的认识。“俗谛”即佛教所认为的相对真理，是普通人不圆满的认识。要使普通人能够通达佛教“真谛”，就不得不使用“俗谛”来讲解佛法。因为不经过这个过程，将很难通达佛教“真谛”。如此看来，“真谛”的实现离不开“俗谛”，“俗谛”的归宿是“真谛”，也即“真俗不二”。“实相涅槃”是“缘起性空，真俗不二”的进一步推论。既然“真谛”离不开“俗谛”，成佛也就离不开众生，彻底、完满的解脱不仅需要“自度”，还需要“度他”，不仅要自己成佛，还要众生一起成佛。只有整体性的解脱才能进入恒常喜悦、清净寂静的境界。这就是所谓的“实相涅槃”。①

① 参见伊丽莎白·纳珀《藏传佛教中观哲学》，刘宇光译，中国人民大学出版社，2006。

龙树丘周围有一些石头筑造的防御工事，说明它曾经是一座城堡。在东部山脚和整个山谷发现了毁坏的窣堵波，规模大小不一。也有一些寺院遗址，表明这里曾经相当繁华。在龙树丘发掘出土了大量重要的古印度铭文、陶器、雕像等，其中有“佛足”石雕、水晶舍利匣等，所有雕刻遗物与寺塔均为3世纪时的作品。所发现的碑铭记载，当时此地有身为王族贵妇的虔诚佛教徒，属于多闻、化地、西山各部派的佛寺，供锡兰僧尼居住的僧院等。此地的僧院为精舍与窣堵波结合而成，以第38号遗迹为例，其中央大厅周围有三面僧房、支提窟与供有佛像的祠堂。祠堂一侧有一具形态独特的窣堵波建于基坛之上，并附有厨房与厕所。

六　马哈拉施特拉邦遗址

1. 阿旃陀

阿旃陀（Ajanta）石窟位于印度马哈拉施特拉邦北部的文达耶山悬崖上，西距奥兰加巴德106千米。石窟环布在新月形的山腰陡崖上，面临瓦格拉河，高低错落，绵延550多米。“国东境有大山，叠岭连障，重峦绝巘。爰有伽蓝，基于幽谷，高堂邃宇，疏崖枕峰；重阁层台，背巖面壑。”① 石窟以壮丽的建筑、精美的雕刻和壁画震惊世人。

阿旃陀石窟的开凿分为两个时期，公元前2～前1世纪开凿的石窟为前期窟，即小乘佛教期；5～6世纪开凿的石窟为后期窟，即大乘佛教期。据玄奘大师记载，阿旃陀石窟是阿罗汉为感恩图报而建造的。“阿折罗，阿罗汉所建。罗汉西印度人也，其母既终，观生何趣，见于此国，受女人身。罗汉遂来至此，将欲导化，随机摄食，入里乞食，至母生家。女子持食来施，乳便流汁。亲属既见，以为不详。罗汉说本因缘，女子便证圣果。罗汉感生育之恩，怀业缘之致，将酬厚德，建此伽蓝。”② 佛

① （唐）玄奘、辩机：《大唐西域记校注》，季羡林等校注，中华书局，1985，第895页。

② （唐）玄奘、辩机：《大唐西域记校注》，季羡林等校注，中华书局，1985，第895页。

教进入大乘期，石窟内外也都随之装饰上了佛像，连之前石窟的内部也都画上了壁画。伴随多个王朝的兴衰，石窟群逐渐被灌木吞没，一直静静地沉睡到了19世纪。据说，1819年英国军官约翰·史密斯被老虎袭击而陷困境，逃到瓦格拉河谷中，正当他准备开枪射击时，看见了被枝叶遮盖的岩壁上的奇异景象——一些装饰精美的马蹄形窗户，阿旃陀石窟由此得以重见天日。

阿旃陀石窟距今已有2000多年的历史，从建筑形式上基本分为支提窟与毗诃罗窟两大类，总共29窟。其中有五窟（9号、10号、19号、26号和29号窟）为支提窟，其余皆为毗诃罗窟。支提窟的特征是有穹形天顶，庙堂后部安放一钟塔形石雕圣物，圣物内安放佛舍利。早期修建的石窟比较简朴沉稳，内无端坐正中的佛像，一般只用象征手法来纪念佛陀，因为小乘佛教并没有将佛人格化。毗诃罗窟内部陈设简单，有石床、石枕和佛龛。

阿旃陀石窟的绘画和雕刻是佛教艺术的经典之作，具有广泛的艺术影响力。让阿旃陀闻名于世的是其杰出的壁画，保留最好的是1号、2号、16号和17号窟。各壁画间没有间隔，连成一片，讲述众多的故事。其中有关于佛陀诞生、出家、修行、成道、降魔、说法、涅槃的壁画，也有反映古代印度人民生活及帝王宫廷生活的画面。最吸引人的要数画中的众多女性形象，她们个个体态丰满、姿态优雅、高贵典雅，反映了印度古典艺术的美学思想。人物、花卉、宫廷、田舍、飞禽、走兽等，构图大胆，笔调活泼，具体细腻，有声有色。这些壁画成了中亚、中国及日本古代佛教绘画之源。如果说埃罗拉石窟群以其巨大的规模征服人，那么阿旃陀石窟群就以其美丽打动人。

1号窟建于7世纪的笈多王朝时期，如宫殿般豪华，是大乘佛教建筑的典范。窟前拱门和六根大柱上雕有佛像、飞天和仙女等，刻画手法细腻精巧，形态优美。进门中间是一间大厅，四周布满壁画。殿后正对大门有一尊3米高的佛陀雕像，从正面和侧面可以看出他的快乐、痛苦、冥想三种不同的神态。佛像左边是最著名的持青莲菩萨像，妙相庄严，头戴宝冠，肌肉匀称；右边与持青莲菩萨的对称处有金刚手菩萨像，活灵活现。天花板和前廊右侧画着欢迎伊朗使节举行晚宴的情景，可窥探帝国昔日的繁荣景象。

2 号窟开凿时代最晚，其前廊壁与藻井等处都有壁画。虽然为后期开凿的中等规模的石窟，但保存良好，值得一看。石窟有气派的大厅和精工细凿的精美石柱，殿后正对大门处也有一尊佛陀雕像，旁边的佛龛也刻满佛像。大厅周壁上都雕刻着佛本生的故事，左廊中央刻画的是佛陀出生的场面，左上方是未来佛弥勒菩萨，后廊右侧排列的是哈里提千手佛。精美的天花板让人印象深刻。

9 号窟极具象征意义，代表了佛的心灵、身体。3 米高的窣堵波代表佛的涅槃，苍穹式拱顶上刻有一条条线状石条，代表佛的肋骨。

10 号窟是小乘佛教祈祷大厅，被认为是最古老的洞窟，建造于公元前 2 世纪。

16 号窟外有一条小路，是在岩石上凿成的。石阶下有一门，门外两旁各有一只直接在岩壁上雕出的大象，栩栩如生。据说，唐朝玄奘法师在 638 年曾航行到此登岸，参观阿旃陀石窟。“伽蓝门外南北左右，各一石象。闻之土俗曰：‘象时大声吼，地为震动。’”① 窟内左边墙上的壁画，展现的是乔达摩出家修道时他妻子的哀伤。乔达摩出家修道后，妻子耶输陀罗斜坐在椅子上，微微低头，忧伤欲绝的神情活现于画面。石窟的石柱上和天顶仿木结构上有很多精美的佛像。

17 号窟为 4 世纪的大乘佛教窟，有漂亮的天顶画、壁画、精美石柱、大佛像等。走廊墙壁上有十二宫圆形巨轮，也叫十二宫洞。石窟由花柱厅、圣室、小礼拜堂和僧房组成。花柱厅里有 20 个八边形的大柱子，上面绘满图案。圣室中有尊巨大的佛像，旁边有菩萨侍奉，上面有飞天环绕。门框上方有 7 尊现世佛和 1 尊未来佛，还有一组讲述公主和

① （唐）玄奘、辩机：《大唐西域记校注》，季羡林等校注，中华书局，1985，第 897 页。

情人故事的绘画。17 号窟里的壁画种类最多，右壁有佛在兜率宫说法的画面，生动地描绘了众多善男信女骑象、骑马、乘车从各地赶来，集中精力听讲的情景。画中人物表情各异，不同的坐骑也被刻画得生动逼真。

19 号窟是支提窟，被认为是印度佛教艺术最完美的典范之一，建于 5 世纪后期。窟中的碑铭表明，该窟是笈多时期乐善好施的一个王子捐资建造的。这个窟有美丽的前饰面、马蹄形窗户，入口两边各有一尊姿态优雅的佛像，还有很多考究的佛像雕刻布满窟前，这些佛像的仪态和比例优美至极。

20 号窟规模较小，大厅没有柱子，正面就是佛堂。前室凸出，雕刻有圆柱，与两端雕刻出来的壁柱和上方的托梁构成框架，里面是佛陀雕像。

26 号窟是阿旃陀规模最大的佛殿窟。石窟起源于自然洞窟，原为苦行僧和比丘居住地，后发展成僧院和礼拜堂，再经人工开凿而成。26 号窟主要模仿木造寺院而建，在石头上仿照木造建筑雕刻出柱子和梁。支提窟内部有两层楼高，天顶呈圆筒形，并雕刻有仿木椽。为了让石窟更像木构建筑，整个石窟从走廊到佛殿，都使用了这种仿木雕刻。

阿旃陀是佛教石窟发源地之一，对后期的佛教石窟艺术有很大的影响。佛教东渐之后，阿旃陀等石窟艺术也随之传入了中国、朝鲜、日本以及东南亚一些国家和地区，并对当地的雕刻、绘画产生了重要影响。中国著名的敦煌、龙门、云冈石窟中有不少珍品就是阿旃陀风格的再现，有的不仅形式相似，内容上也极为相近。

2. 埃罗拉

埃罗拉（Ellora）石窟位于马哈拉施特拉邦奥兰加巴德市西北约 30 千米处，可以被称为印度寺庙石雕建筑的集大成者。在蜿蜒 2000 米长的陡峭岩壁上，34 座分属于佛教、印度教和耆那教的石窟依次排开，向世人昭示着古印度源远流长的历史文化和容忍宽恕的民族精神。埃罗拉石窟是世界寺庙石雕建筑的典范，既显示出了精美的寺庙外观造型，又表现出精巧的寺庙内部结构。

埃罗拉石窟群凿建于4～11世纪，坐东面西，自南至北绵亘1500米，是古印度佛教、印度教和耆那教三教艺术的杰作。南端的1～12窟为佛教石窟，里面有寺院、佛像、讲经堂等，主要的雕像是释迦牟尼像。居中的13～29窟为印度教石窟，这里的神像五花八门，但最多的要数湿婆和毗湿奴的神像。北端的30～34窟为耆那教石窟，窟内多为裸体立像，身上缠着藤条，长发披肩，象征耆那教苦行不渝、返璞归真之意。

埃罗拉的佛教石窟开凿于7～8世纪，形制基本沿袭阿旃陀的支提窟和毗诃罗窟。第10窟为支提窟，其余均系毗诃罗窟。一般而言，佛教石窟较印度教石窟朴实，但由于当时佛教已渐式微，不少佛教石窟已偏离了笈多时代的审美观，逐渐走向复杂华丽的风格。

第10窟是唯一典型的支提窟，为大乘佛教石窟。石窟富丽堂皇，支提窗已从早期的马蹄形变为图案化的三叶形。窟殿宽13.1米，纵深26.2米，长排列柱导向半圆形后殿，末端是一座岩刻窣堵波，周围通布庄严妙相、足踏莲花佛像。佛龛供奉着高约3.3米的笈多式佛陀雕像，两旁侍立的是赤莲花菩萨和密迹金刚菩萨。众像体态匀称，慈眉善目，表情自然，栩栩如生。

第5窟为最大的毗诃罗窟，宽17.6米、长35.1米，24根罗曼式柱头的列柱把长方形窟殿分为中殿和侧廊，侧廊共凿有20间小室，两排狭长的石凳纵贯中殿。

第11窟为双层窟，每层设有佛龛，供奉一佛二菩萨，此外尚有苏姬塔、金帕拉、多罗、飞天等许多雕像布满壁面。

第12窟为三层窟，是佛殿与僧舍混合窟。窟殿由24根列柱支撑，后壁雕满了长排菩萨，主龛佛像的侍者为蛇神那伽。第二层有一道长廊、四柱的前室和16柱的大殿，整体犹如一座佛教的万神殿，雕刻着成排的佛、菩萨、多罗女神像。窟内石柱和柱脚都雕有花卉人物图案。

埃罗拉的印度教石窟共17窟，开凿于7～9世纪，形制可分为四类：第一类是只有一个列柱门廊和一间密室，类似佛教的毗诃罗窟，如第 15 窟；第二类与第一类相似，但密室周围绕以走廊，如第 14、21 窟；第三类是窟殿呈十字形，中央设有密室，有多处入口，如第 29 窟；第四类为用独块巨岩雕刻出的整座独立式寺庙，全部细节模仿建筑结构，如第 16 窟。印度教石窟气魄宏大，装饰豪华，既吸收了佛教寺院的特点，又综合了南北方印度教神庙的风格。其雕刻既延续了笈多王朝后期的风格，又融合了遮娄其王朝的刚劲厚重与帕拉瓦王朝的纤细优雅，形成了印度巴洛克艺术风格。

下面介绍五处具有代表性的石窟。

第 14 窟为罗婆那窟，平面呈长方形，前方是 16 柱大殿，后方是走廊环绕的密室（圣所）。在大殿南北侧壁的壁柱之间装饰着 10 余块高浮雕嵌板，表现有关湿婆、毗湿奴的神话故事。罗婆那窟开凿于700～750 年，其名源于印度教史诗《罗摩衍那》中“罗婆那撼动吉罗娑山”的故事。据说，十首魔王罗婆那占据楞伽岛后，不可一世，跑去吉罗娑山见湿婆。被湿婆的坐骑神牛南迪拒之门外后，罗婆那狂妄地撼动吉罗娑山，结果惹恼了湿婆。为了惩罚他的无理和狂妄，湿婆用一个脚趾踩住吉罗娑山，山便不再晃动，罗婆那也被压在山下动弹不得。最终，罗婆那不得不向湿婆表示忏悔，为湿婆大唱赞歌多年后才被释放。“舞王湿婆”雕像八臂分持手鼓、斧头、三叉戟或做各种手势，身体向右扭曲，右脚尖点地，动态夸张，舞姿刚健，充分体现了宇宙生命的活力。

第 15 窟为“十化身”窟，开凿于 8 世纪。窟殿有两层，下层是 14 根方柱的浅廊，上层是 42 根列柱的大殿，后壁凿有供奉湿婆林迦的密室。侧廊壁龛中装饰着表现印度教神话场面的高浮雕嵌板，右壁和后壁的浮雕多与湿婆有关，左壁的浮雕包括毗湿奴的各种化身。十化身窟之名与印度教神话故事中毗湿奴大神的十个化身有关，这些表现化身的浮雕中，“毗湿奴的人狮化身”最富戏剧性和想象力。毗湿奴化身为狮头人身的那罗辛哈从柱子中显现，八臂狂挥，扬鬃怒吼，猛扑向倨傲的魔王西冉尼亚卡西普，魔王转身欲逃，肩膀却被大神一手抓住，挣脱不得。

第16窟为吉罗娑窟，是埃罗拉石窟群中最为著名的石窟，代表印度岩凿神庙的顶峰，堪称世界建筑艺术的奇迹。神庙由整块天然巨岩雕刻而成，分门楼、祠堂、前殿和主殿，殿宇嵯峨，气势雄浑。主殿长50米、宽33米、高30米，气势恢宏，壮丽不凡。吉罗娑窟不但以雄伟著称，而且整体匀称得恰到好处，特别是那些呼之欲出的浮雕简直让人不敢相信这是1000多年以前的杰作。神庙的装饰雕刻壮丽豪华，“罗婆那摇撼吉罗娑山”、“阇陀优奋战罗婆那”、“舞蹈的湿婆”、“湿婆战胜死神”和“杜尔加大战水牛怪”等，被公认为印度巴洛克艺术的最高杰作。

第21窟为罗摩窟，约开凿于7世纪。高台基上的门廊正面侧壁有恒河女神雕像，女神伫立在鳄鱼（摩伽罗）背上，侏儒随侍，身姿微呈三屈式，扭曲适度，风姿绰约，被公认为印度女性雕像的珍品。窟内的岩壁上亦有大量取材于湿婆神话的高浮雕嵌板，其中七母神雕像的造型亦极丰美。

第29窟为悉多窟，在平面设计上类似于孟买附近的象岛石窟，密室位于约45米见方的十字形大殿中央。殿内的高浮雕嵌板亦多表现湿婆神话，但雕像造型缺乏动态和生气。

耆那教石窟共有五窟（第30~34窟），建于9~13世纪。形式上仿印度教石窟，但规模不如其宏伟壮丽。第30窟叫秋达吉罗娑，是仿制第16窟吉罗娑石窟的作品，从天然岩石中凿出神像，但规模小，雕刻缺乏前期的活力。第32窟最为著名，称为“因陀罗·瑟帕”，建筑雕刻最为精美华丽，在双层列柱大殿的壁龛中，雕刻有一尊高达17米的尼犍子石雕像，即耆那教始祖筏驮摩那大雄（Mahavira）的石雕。

3. 象岛

象岛（Elephanta）石窟是中世纪印度教石窟，位于印度孟买以东10千米阿拉伯海中的象岛上，地属印度的马哈拉施特拉邦。象岛石窟艺术属印度教建筑中的马拉他派，即利用石材或巨大岩石凿成，其建造时间较长，整座石窟与雕刻装饰浑然一体，十分壮观。

象岛是一个幽静而美丽的地方，印度名为“加拉普利”，意为石窟城，源自该岛南部一个村庄的名字。16 世纪葡萄牙人上岛时，在登陆地点发现了一头石雕大象，所以将此岛取名为象岛。随潮水涨落的不同，象岛的面积也在 10 平方千米至 16 平方千米之间变化。象岛被一个小山谷分成两座小山丘，菩提树、杧果树、棕榈树、阿育王树、凤凰树等遍布山谷，景色十分秀丽。但它最吸引人的地方还是岛上一座座历史悠久的石窟。

象岛石窟雄伟壮美，大多由岩石外部向内开凿，形成了一座座巧夺天工的地下神殿。雕刻的题材多与印度教有关，表现了印度教湿婆大神的故事，也有表现古印度人民生活情景的。岛上一共有两组石窟，第一组规模较大，由五座印度教石窟组成；第二组规模较小，由两座佛教石窟组成。

石窟中最大的是 1 号窟，约建于 8 世纪，为一凿空山岩的湿婆庙。窟平面呈十字形，列柱林立，边长约 40 米，西端另凿一座供奉湿婆林迦的独立式方形祠堂。祠堂四门两旁各立有两尊高浮雕守门神巨像，石窟门廊两侧及窟内岩壁上有九幅巨大的高浮雕嵌板，所刻内容为印度教大神湿婆的各个不同侧面。

最为著名的是 5 号石窟，窟中有高约 5.5 米的石刻巨型胸像“三面神像”。正面代表创造之神梵天——手托净瓶，神情庄严，睿智超脱；左面代表毁灭之神湿婆——手握毒蛇，双眉微皱，口露獠牙，面目狰狞；右边代表守护之神毗湿奴——手拈莲花，表情温存，面带笑容。神像象征着生、住、灭、转化和解脱等宇宙创造、守护和破坏的过程，这尊不朽的杰作几乎与泰姬陵齐名。

石窟内湿婆斩杀阿达卡的石雕像展现了智慧对愚昧的胜利，湿婆一面挥动利剑砍杀象征黑暗的魔鬼，一面用一只碗盛接污血以防止其溅落地面。记述湿婆与帕尔瓦蒂完婚及对弈场面的石刻则洋溢着生活气息。舞王湿婆石雕姿态优美，动作灵活。象岛石窟的雕刻独具特色，造型淳厚、雄劲而典雅。可以说，象岛石窟是印度石窟中的一朵奇葩。

4. 卡利和巴贾

卡利（Karle）石窟位于孟买东南方约160千米处，开凿于公元1～2世纪，是早期佛教石窟群。卡利石窟群只有一窟为支提窟，其余全是毗诃罗窟。支提窟呈纵深状，为马蹄形空间，由37根紧密排列的八角柱隔成中央厅堂及侧边回廊。中央厅堂顶部为穹形天顶，侧廊为平顶，平行排列的岩凿肋拱为仿木结构。门厅前的石柱上雕有钟形顶板及四狮柱头，门厅中门两侧雕有施主像，造型准确，形体健硕，富有肉感。

巴贾（Bhaja）石窟位于孟买东南方约130千米处，开凿于公元前2世纪左右的巽迦时代，是早期印度佛教石窟建筑的代表，德干高原最古老的佛教中心。该石窟群拥有29座石窟，分别以第12窟和第16窟两个支提窟为中心。石窟周围的岩壁上雕琢有栏杆、窗户、壁龛和楼台，给人一种天上人间、琼楼玉宇的氛围。

巴贾石窟亦由支提窟和与其相邻的毗诃罗窟组成。支提窟正面建筑大都已毁，仅存有仿木结构的石椽檩、拱门、栏杆及小支提拱等。内部平面为马蹄形长殿，凿有窣堵波，窟内雕像几乎全毁，仅残存若干头像和女像。毗诃罗窟正面亦残破不堪，然窟内雷神巡天雕像和太阳神驱逐黑暗雕像及大量的人物、动物雕像却极为精彩，造型质朴厚重。

5. 贾特拉帕蒂·希瓦吉终点站

贾特拉帕蒂·希瓦吉终点站位于印度孟买市内，原名维多利亚终点站，为孟买郊区一座历史悠久的火车站。它作为印度中央铁路公司总部，是印度最繁忙的火车站之一。

车站建成于1888年，为弗雷德里克·威廉·史蒂文斯（Frederick William Stevens）所设计，是一座华丽的威尼斯哥特式建筑，展现出维多利亚时期意大利哥特复兴建筑风格与传统印度建筑风格的融合。内部的木雕、瓷砖、铁饰和黄铜扶手，售票处的铁格子，巨大楼梯的栏杆，以及其他装饰物都是孟买美术学校学生的作品。这座车站是19世纪铁路建筑先进结构和技术奇迹的实例。整个建筑布满了精美的石雕和石刻，浓缩了19世纪东西方建筑文化的精华，古老典雅，漂亮奢华，其引人注目的石头圆屋顶、塔楼、尖拱和不规则的地面设计，都接近传统的印度宫殿建筑。英国建筑师和印度工匠相互协作，融合了印度的建筑传统和风格，形成了孟买独一无二的新风格，这是两种文化交汇的典范。

车站建造耗时10年，被命名为“维多利亚终点站”，以纪念在位的维多利亚女王即位50周年。1996年，马哈拉施特拉邦政府为了恢复印度名称，把“维多利亚终点站”更改为“贾特拉帕蒂·希瓦吉终点站”。贾特拉帕蒂·希瓦吉是17世纪马拉特联邦的缔造者，反抗莫卧儿王朝统治的印度民族英雄。他领导起义反对莫卧儿帝国的统治，建立了马拉特政权（后来形成了马拉特联盟，其发展为印度当时最强大的政权）。

七　奥里萨邦遗址

1. 科纳克

科纳克（Konarka）是一印度小镇，坐落在印度东部奥里萨邦的孟加拉湾附近。这个人口不足2万的小镇却因为拥有一座古印度教建筑瑰宝——太阳神庙而闻名于世。

科纳克太阳神庙是印度著名的、历史悠久的神庙。关于这座神庙的来历，却是众说纷纭，莫衷一是。一种说法认为，黑天大神的儿子为太阳神苏利耶所救，为了答谢太阳神的救命之恩，黑天大神特意修建了这座庙宇，取名科纳克，意即“太阳之乡”。另一种说法是，13世纪羯陵伽国王那罗辛诃·提婆向太阳神苏利耶祈求治好他脊柱变形的毛病，为此他修建了这座神庙。考古学家认为，当时奥里萨地区战乱不绝，国王那罗辛诃·提婆修建此庙，是为了庆祝打败穆斯林入侵者、感谢太阳神。这座屹立在海岸上的宏伟建筑，如今大部分被摧毁，只剩下原来的一半，但这只剩残垣断壁的建筑仍然不失当年的魅力，深深地吸引着来自世界各地的游客。

在奥里萨邦，科纳克、布巴内斯瓦尔和普里一起构成了奥里萨寺庙建筑的金三角。科纳克太阳神庙是奥里萨邦宗教建筑的里程碑，也是印度建筑史上的杰作。该神庙远望是黑色的，又被称作“黑塔”，庄严地屹立在孟加拉湾广阔的沙原上。太阳神庙用砂岩建成，有宏伟的外形、完美的比例、精美的雕刻。外观采用太阳神苏利耶战车的形状，表达的是太阳神勇往直前不可阻挡的气势。

在印度教神话中，太阳神苏利耶红脸金舌，三眼四臂，通身发光，两手拿着百合花，另两手做祝福状，坐于红莲之上。他乘坐由 7 匹（代表一周有 7 天）战马拉动的战车，战车两侧有 12 个（代表一年有 12 个月）装饰精美的车轮。他能呼风唤雨，支配运动与静止，甚至其他众神。他的战车按照固定的规律运行，缚住天地，使其永久稳固。他是地上第一个献祭的人，把火种赐予人类，因此像天帝因陀罗和火神阿耆尼一样，被视为最重要的吠陀神之一。

太阳神受人敬拜是因为太阳代表生命，日出是生命的开始，日落则是生命的结束。关于太阳的热量问题在印度教神话中有一个故事：太阳神苏利耶的妻子萨姆吉娜（Samjna）无法忍受丈夫的热量，便委托自己的贴身女仆（影子）替自己照顾丈夫，而自己去净修林苦修。苏利耶与女仆生活多年，并没有发现真相。一次，女仆因生气而诅咒了萨姆吉娜的儿子。苏利耶意识到她并不是自己的妻子，感到十分伤心，便前往森林寻找妻子。他通过冥想发现妻子萨姆吉娜化身母马修行，自己也就化身为公马，与萨姆吉娜生下了双马童。萨姆吉娜向她的父亲建筑神毗首竭摩说明了与丈夫分离的缘由后，毗首竭摩用自己造的吹风扇给苏利耶降温，去掉他 1/8 的光焰，使苏利耶的热量保持在能接受的范围内。建筑神毗首竭摩用这些剩余热量铸造出了毗湿奴的法轮、湿婆的三叉戟、俱毗罗的飞车以及塞建陀的武器萨克蒂。①

---

① 毛世昌、袁永平主编《印度古典文学词典》，兰州大学出版社，2016，第 561 ~ 562 页。

犹如太阳神的战车，科纳克太阳神庙主体由 7 匹石雕战马牵引，两侧有 12 个装饰精美的车轮，令人联想到这座庙宇就是一辆太阳神的战车，呈现出大气磅礴的气势。该庙分为互相关联的两个部分——圣殿和门厅，舞厅和用斋殿是附属建筑。圣殿上有一个曲线窗花格的尖顶，现已缺损。其外形如同金字塔形的顶部，充分显示了羯陵伽建筑风格。门厅前部是一座雕有装饰的舞厅，尽管圣殿已成废墟，但舞厅还是完整无损。其构思的巧妙和比例尺寸设计的完美使这座寺庙成为印度最杰出的古迹之一。圣殿内设有三尊由黑石雕成的太阳神像，分别代表早晨、中午和黄昏的太阳。每天清晨从海上升起的第一束朝阳便映射在太阳神像头上，而且无论一日当中太阳在什么位置，始终都能照在这三尊太阳神像的头上。

科纳克太阳神庙的石雕战车周身布满了数千幅图案和雕像，反映出天、神、人的各种境界和场景，包括音乐、舞蹈、情爱、狩猎、战争、宫廷生活，以及鸟类、动物、植物和几何图形等。可以说，凡是印度教徒想象得出的图案和题材，墙壁上都有。雕刻的图案画面宽大，生气勃勃，富有浓郁的生活情调。在寺庙的前面有一个纳塔迪尔，是朝拜太阳神的人施礼膜拜之处。寺庙入口处由两尊巨大的雕像把守，最上面是一只威猛的雄狮扑在大象身上，大象的下面压着一个人。据说雄狮和大象象征着金钱与权势，这座雕像表现的意思是如果人贪婪金钱与权势，就会落得被其吞噬的下场。该神庙雕像最大的特点之一是有些画面整体描绘了情爱场面，表现方式大胆直白。

2. 布巴内斯瓦尔

布巴内斯瓦尔（Bhubanesvar）是印度东北部的一座海滨城市、奥里萨邦首府。数百年前，它成为敬拜印度教湿婆大神的中心，成千上万座庙宇在这里被修建起来。湿婆大神既是毁灭之神，也是再生之神。在尚存的 500 多座庙宇中，林伽罗阇（Lingaraja，林迦王）神庙是旧式建筑风格的典范。“布巴内斯瓦尔”意指“神的住所”或“乾坤之王”，由于拥有众多圣地，它也有“东方大教堂”之美称。

布巴内斯瓦尔以“神庙之城”著称，大多数神庙位于距离市中心以南2000米处的宾度－萨洛瓦拉（Bindu－Sarovara）水池附近。林伽罗阇神庙和维塔尔·杜尔（Vital Duel）神庙坐落在水池西边，帕拉苏玛勒斯瓦拉（Parasumaresvara）神庙和姆克特斯瓦尔（Mukteswar）神庙位于水池东边。沿着姆克特斯瓦尔神庙向东走10～15分钟，就到了拉杰拉尼（Rajrani）神庙和巴拉梅斯瓦拉（Brahmesvara）神庙。

林伽罗阇神庙即林迦王神庙，建造于11世纪。神庙由四部分组成：54米高的主塔、29米高的大殿、供养厅和舞蹈厅。此外还有许多石雕和神像。远远就能瞥见竹笋状高耸的尖塔，塔墙凹处饰有小型角塔模型，塔内是空的，里面附有几间房室，沿着厚厚的塔墙内壁有一条阶梯通往各间内室。殿里供奉的是巨大的湿婆林迦像，即一块未雕琢的花岗石。湿婆林迦每天都沐浴在水、牛奶和荨麻酒中。位于神庙东北隅角的是一座帕尔瓦蒂神庙。

姆克特斯瓦尔神庙建造于10世纪，是布巴内斯瓦尔最美丽的神庙之一，以其美丽绝伦的砂岩雕刻而著称。神庙还有装饰精美的大门、侏儒塑像和一尊微笑着的狮子雕像。姆克特斯瓦尔神庙小巧玲珑，雕刻精美繁缛，不愧为“奥里萨建筑的微型珍宝”。位于姆克特斯瓦拉神庙和公路之间的玛里奇（Marichi）水池，据说对治疗女性不孕症有奇效，那里也是一个美丽的小憩之处。

帕拉苏玛勒斯瓦拉神庙位于靠近布巴内斯瓦尔到普里的公路旁，宾度－萨洛瓦拉水池的东边，林伽罗阇神庙的东北边，是布巴内斯瓦尔最古老的湿婆神庙，建造于7世纪末期。神庙内雕刻着许多复杂的图案，有美丽的象雕、马队塑像和雕琢复杂的窗子。

拉吉拉尼神庙建造于11世纪，坐落在一个美丽的花园里，是一座献给梵天神的神庙，属于布巴内斯瓦尔后期神庙作品。神庙以雕刻精致的塔楼而闻名，四周是八尊守护者雕像——因陀罗（东方）、阿耆尼（东南方）、阎摩（南方）、尼利提（西南方）、瓦鲁那（西方）、伐由（西北方）、俱毗罗（北方）和伊舍那（东北方），它们从各个不同的方向保护着神庙。

巴拉梅斯瓦拉神庙为湿婆林迦神庙，有 1000 多年的历史。神庙以其复杂的雕刻而闻名，神庙内有一座超过 18 米高的主塔楼，在门廊北面墙上是一尊湿婆配偶拉克希米的塑像。

维塔尔·杜尔神庙修建于 8 世纪，神庙内供奉迦梨女神。女神戴着一条八个牛魔怪颅骨制成的项链，身披长袍，长袍掩盖了那条颅骨项链和她屁股下的尸体。女神手上托着一条蛇、一个碗、一把盾、一把三叉戟、一道雷电和一支神箭，这样的塑像展现了迦梨女神最可怕的一面。

3. 乌达耶吉里和坎达吉里

奥利萨邦布巴内斯瓦尔市区以西 6 千米处的乌达耶吉里（Udayagiri）和坎达吉里（Khandagiri）两座小山中，掩藏着古代耆那教和佛教石窟遗址。石窟大约于公元前 2 世纪开始凿建，是耆那教徒和佛教僧侣苦修的居所。这些石窟规模或大或小，有天堂窟、大象（加内沙）窟、胜利窟、老虎窟和王后窟等。

从建筑特征看，最为有趣的是王后窟和大象窟，两窟走廊门楣上方均装饰着华丽的浮雕饰带。王后窟是一座两层石窟，有两个守门神巨像。紧挨王后窟的是老虎窟，外形如野兽下巴。各种各样的石窟反映了昔日的辉煌。

八　中央邦遗址

卡朱拉荷（Khajuraho）位于印度中央邦北部，其精美的性雕刻闻名世界，被誉为“世界最大最全的性雕像馆”。今天，卡朱拉荷只是一个小村子，但在 1000 年以前，它是拉其普特人建立的昌德拉王朝的首都。卡朱拉荷之名源于两棵金灿灿的卡朱树（枣椰树）。起初，在卡朱拉荷城的主城门上，点缀着两棵卡朱树。后来，卡朱树长满整个城中，而且相当茂密，故而得名卡朱拉荷。

卡朱拉荷神庙群建于孱德拉王朝的鼎盛时期（950～1050 年），其主塔像一座山峰，“主峰”四周围绕着层层叠叠的“小峰”，具有重峦叠嶂之感。卡朱拉荷原有神庙85座，现存22座，其雕像在印度是最精美的，艺术水平是最高的。卡朱拉荷的雕像几乎反映了人类所有的性爱方式，是对《性欲经》最生动直观的展示。这些雕像表现得极其大胆露骨，惊世骇俗，但并没有给人淫秽之感，反而使人在心灵上产生震撼。雕像神情淡定，姿态优美，如同有一种神奇的力量，让人的思绪穿过石像，追寻印度文化的深厚底蕴。

《性欲经》大约出现在3世纪下半叶，一般认为是犊子氏（Vatsayayana）所作。该书是最早探索人类性爱的著作之一，“不仅破解了性爱技巧，而且全方位地破解了男女之间的关系”。[①] 10世纪的瑜伽派在印度社会拥有大批信徒，而该派的宗教仪式常常包括性交活动，后来受到婆罗门哲学家的严厉指责。瑜伽派认为，性爱是人从肉体上与湿婆进行神秘结合的象征。在瑜伽派的宗教教义中，生命的永恒真谛在于自身能够保持永恒，而性爱正是完善这一信仰的最好途径。人生的努力就是要战胜衰退和腐朽，达到永恒，这种努力正是神和力的神秘结合，表现方式便是性爱，因为它是生命和健康最有力的证据。信徒们认为，只要虔诚而适度地参加这项宗教仪式，便可获得健康长寿和精神满足。在卡朱拉荷的性雕像里，这种教义获得了完美展示。

卡朱拉荷幸存有三大神庙群——西庙群、东庙群和南庙群，其中西庙群最为庞大，也最具艺术价值。古代工匠们用精巧的双手化腐朽为神奇，耐心地凿刻出一件件造型优雅的雕像，有的雕像生动表现了少女刚起床时伸懒腰的情景，有的表现了妇女洗浴后的情景，有的则表现了小孩从脚掌上面取刺的情景。除了性雕像以外，还有大量的关于宫廷生活和战争场景的雕像。从这些雕像上可以发现一件很有趣的事情，即雕刻家们用了很大的精力去刻画人物身上的肌肉，尤其是人物发力时绷紧的二头肌和小腿肚肌肉。

---

① 毛世昌、刘雪岚主编《辉煌灿烂的印度文化的主流——印度教》，中国社会科学出版社，2011，第310页。

西庙群在巴米塔－罗阇那迦路西边，有许多最为精美的雕像。内有12处庙宇，它们各有所长。乔萨特瑜伽行者庙拥有64座女瑜伽行者雕像，她们个个都是羞花闭月的仙女，服侍着暴戾的迦梨女神。野猪庙供奉毗湿奴的化身之一——野猪，野猪雕像的全身刻有764个小象。拉克什曼那庙是一座毗湿奴神庙，底座四角各有一个神龛，是卡朱拉荷最为壮观的庙宇之一。主神庙的走道装饰极其豪华，走道一边的浮雕表现了众神和魔鬼搅乳海的故事，另一边的浮雕是毗湿奴的十大化身。入口处上面的过梁上刻有财富女神拉克希米、创造神梵天和毁灭神湿婆的神像。庙内的主神毗湿奴长有四臂三头，其他雕像都极其精美。庙内顶上用许多雕刻的小圆圈组成了一朵硕大的神秘莲花，庙外的墙壁上刻有许多栩栩如生的性爱场面，极具感染力。维斯瓦纳塔庙与南迪庙坐落于同一基座上，其雕像群中一对对男女的体态和表情非常细腻、优美。太阳神庙内的神像高1.5米，穿着高靴子，驱赶着七匹马拉的车子。迦梨女神庙供奉着湿婆配偶帕尔瓦蒂的神像，神像通体黝黑，为帕尔瓦蒂斩妖除魔时的形象——迦梨女神。庙的外壁上雕刻着反映性爱艺术的雕像。坎达利亚马哈戴维神庙是卡朱拉荷最壮观、最大的神庙，像体比例、体态、神情以及装饰都达到了中印度神庙艺术的顶点，也是印度神庙建筑最辉煌的成就之一。“坎达利亚”是“洞窟”之意，指湿婆大神在吉罗娑山的住处。该神庙本身像一座砖石堆成的大山，庙内有四座神龛，其中一个神龛中供奉着林迦，其余三个中供奉着湿婆、梵天和毗湿奴雕像。庙群大外壁上有三排雕像，全是男欢女爱的场面。

东庙群在卡朱拉荷村汽车站东边1.5千米处。哈努曼神庙只剩下922年赫里沙国王写的碑文。梵天庙位于卡朱拉湖边，庙内有梵天的四面像，是卡朱拉荷最早的建筑。侏儒庙建于1050～1075年，外壁上刻有精美的天女像。帕尔斯瓦纳特庙建于950～970年，外壁上有上中下三排雕像，形象逼真，题材广泛。奥迪那特神庙的顶塔是典雅的吉罗娑山造型。南墙上刻有一座妇女雕像，其手中拿着一封远方来信，显得极度悲哀，另一只手紧握，似乎在努力克制内心的悲情。还有一座天女雕像，其体态柔美，双脚舞动，浑身焕发着青春气息，似乎要从墙壁上跳下，来人间起舞。另一座天女雕像一边照着镜子，一边梳妆，似乎春情荡漾，要秘密会见心上人。

南庙群中的杜拉迪欧庙是卡朱拉荷最精美的神庙。庙中供奉着湿婆林迦，外壁上有三排雕像。查图布甲庙建于 1100 年，为毗湿奴神庙，庙中供奉着 3 米多高的毗湿奴神像，其表情超然。

九　古吉拉特邦遗址

1. 朱纳格特

朱纳格特（Junagadh）是古吉拉特邦第七大城市，位于吉尔纳尔山脚，距邦首府西南甘地讷格尔及艾哈纳达巴德 335 千米处。朱纳格特意即“古堡”，也称索拉特（Sorath），源自印度独立前的土邦朱纳格特。

朱纳格特最古老的遗址是佛教石窟，这些石窟并非真正意义上的石窟，而是供僧侣居住的石洞，其开凿时间要追溯到公元前 3 世纪左右的孔雀王朝阿育王时期。卡帕拉·科迪尔（Khapara Kodia）石窟群是朱纳格特最古老的石窟，为公元前 4 ~ 前 3 世纪孔雀王朝阿育王时期开凿的石窟，也被称为汗加尔宫。这些石窟位于古苏达山湖畔，为佛教比丘住所。巴瓦·毗亚拉（Bava Pyara）石窟群坐落于朱纳格特东部，为佛教和耆那教石窟。这些石窟分三行开凿，其中第二行为平顶支提窟。

孔雀王朝时期该市最著名的一座城堡为乌沛科特城堡，为孔雀王朝月护·孔雀于公元前 319 年所建。直到 6 世纪时，这个城堡还一直在使用中，之后被掩埋了近 300 年，直到 976 年又被重新发掘出来。

马哈巴陵墓也许是印度最美丽、最奇妙的建筑之一，但鲜有人知。这是曾经的穆斯林统治者马哈巴特·汗二世（Mahabat Khan II）的陵墓，于 1878 年开始建造，历时 14 年。陵墓的奇妙之处在于印度、伊斯兰、哥特式等各种建筑风格的融合。内墙和外立面的繁复雕刻、法式长窗、从底至顶的盘旋楼梯、大圆顶和石柱，各种建筑要素在这里融为一体，共同构造了这座奇特建筑。

2. 莫德拉

古吉拉特邦的莫德拉（Modhera）位于马赫萨纳地区，因太阳神苏利耶神庙而闻名。该神庙建造于1026～1027年，其结构类似于奥利萨邦科纳克太阳神庙，为索兰基王朝最早、最宏伟的建筑。莫德拉太阳神庙按照轴对称方式建造，大致由三部分构成，分别为神殿、礼拜堂和水塘，三部分位于同一条轴线上。该太阳神庙以砖石材料建造而成，神殿用来供奉太阳神苏利耶。礼拜堂为一座由八根石柱支撑的圆顶建筑，门口支柱上雕刻着12阿提贴神像。

最迷人的要数水塘了，其构造展现了阶梯井的特点，四面都有通向底部的符合几何学构造的台阶，台阶上有108个小小的、雕刻精美的神龛。

3. 索姆纳特

古吉拉特邦的索姆纳特（Somnath）神庙距朱格纳特市中心79千米，是印度教湿婆神庙，为印度教12湿婆林迦庙之一。索姆纳特之名与很多印度教神话故事有关，“索姆纳特”意即“苏摩之主”，苏摩（Soma）即月亮。索姆纳特神庙也被称为“不朽之寺”，因为它在历史上多次被毁，又多次被重建。

索姆纳特神庙分为底部、墙面和尖顶。底部和墙面布满雕刻，主塔近50米，尖顶部分很有特色，围着中心塔还建有角塔。索姆纳特神庙供奉的是湿婆林迦，据说湿婆大神在索姆纳特以光束形象显现。

4. 吉尔纳尔山

古吉拉特邦的吉尔纳尔山（Girnar）也被称为“山顶之城”，位于朱纳格特附近。吉尔纳尔山有五座主峰，其中第三座主峰戈拉克纳峰最高，海拔高达1118米。山上有一些著名的神庙，在当地人及印度教徒中，此山享有崇高的地位。

吉尔纳尔山是古吉拉特邦的最高峰，被认为是比喜马拉雅山更为古老的山脉，是耆那教徒和印度教徒朝圣之地。郁郁葱葱的绿色森林被耆那教徒认为是神圣之地，据说耆那教的第22位先祖于此处涅槃。此山也被印度教徒看作圣地，梵天、毗湿奴和湿婆三位一体神的化身达陀陀里耶（Dattatreya）也曾待在此地。

在印度教神话中，有一个三位一体神化身为达陀陀里耶的故事。静修中的曼陀仙人被当作匪盗头子抓捕，判处以鱼叉插死的死刑。正当曼陀仙人在鱼叉上痛苦万分时，因不守贞洁而臭名昭著的希罗瓦蒂肩扛着丈夫厉声前往妓院。厉声嘲弄曼陀仙人，仙人极其愤怒，便诅咒厉声在日出之前破头而亡。希罗瓦蒂伤心至极，反过来诅咒太阳不再升起。结果第二天太阳真没有升起，由此诸神慌乱中来找三位一体神。三位一体神找到了阿陀利仙人的妻子阿纳素雅，请她劝希罗瓦蒂收回诅咒。劝说成功后，阿纳素雅向三位一体神索要赏赐，其要求就是让三位一体神降生为自己的儿子。于是三位一体神便降生为阿纳素雅之子达陀陀里耶。①

5. 团结塑像

古吉拉特邦的“团结塑像”位于古吉拉特邦讷尔默达河的一个岛上，为纪念印度独立运动领导人萨达尔·帕特尔而修建。塑像高 182 米，大约为美国纽约自由女神像的两倍。

1875 年 10 月 31 日，帕特尔出生于西印度的古吉拉特印度教家庭。1924～1928 年，他出任艾哈迈达巴德市政委员会主席，1928 年因在古吉拉特邦的巴多利县成功组织反对政府征税的农民运动而成名，被甘地誉为印度的萨达尔（领袖）。他重实践，办事果断，极具号召力，被英国当局视为眼中钉。帕特尔因参加民族独立运动 4 次被捕入狱，在国大党内享有很高声望，加上他长期追随甘地，因此成为国大党领导机构中的铁腕人物。1931 年任国大党主席，1937 年整顿国大党的组织，1946 年选举国大党主席时，得到 15 个邦国大党委员会的提名。印度独立后，出任政府副总理，兼内政部部长等。在政府中同贾瓦哈拉尔·尼赫鲁权

① 毛世昌、袁永平主编《印度古典文学词典》，兰州大学出版社，2016，第 152～153 页。

力均衡，凡重大问题均需他们两人同意，史学家把印度独立初期的这一段历史称作“双头政治”。

帕特尔是国大党内右翼势力的代表，1948 年他领导的国大党领导机构通过修改党章，驱逐了国大党内的国大社会党等党派。他反对工业国有化和废除封建地主制，主张让工业家经营工业，增加国家财政收入。他致力于印度各种族的融合，并极力保护穆斯林。1950 年 12 月 15 日，萨达尔·帕特尔在孟买逝世。

6. 巴德拉堡

巴德拉堡（Bhadra Fort）位于印度古吉拉特邦的艾哈迈达巴德，为艾哈迈达·沙一世于 1411 年建造，城堡中有精美的皇家宫殿、清真寺以及大门。城堡被称为“巴德拉”是因为马拉地人在这里建造了巴德拉迦梨女神庙。

巴德拉堡占地约 18 万平方米，城墙坚固，有 14 座塔楼、8 扇大门。在艾哈迈达·沙一世统治期间，这座城堡被用作皇家庭院。在堡垒的东侧，有一扇三拱通道大门，雄伟壮观，被称为“三门”（Tina Darwaza），曾经是皇家贵族进入城堡的入口。

阿扎姆·汗宫为阿扎姆·汗所建造。阿扎姆·汗又名米尔·穆罕默德·巴奎尔，是一位莫卧儿总督。1637 年，他建造了阿扎姆·汗宫，其入口大门高达 5.5 米，通往一座八角形大厅。在莫卧儿时代，它被用作客人休息的地方，在英国统治期间，它被用作医院和监狱。

阿扎姆·汗宫北翼是巴德拉迦梨女神庙，庙里供奉有一尊黑色四臂女神像。相传，财富女神拉克希米夜间来到巴德拉堡大门口，守夜人认出了她，并请求她在得到国王许可之前不要离开城堡。为了留下拉克希米，他自杀了，用生命为城堡换来了繁荣。

7. 贾玛清真寺

艾哈迈达巴德是印度古吉拉特邦的第一大城市，印度的第七大城市。1411 年，古吉拉特邦国王艾哈迈达·沙一世在阿尚瓦尔城基础上进行扩建，将其改为现名。城内伊斯兰教建筑众多，造型各异，其清真寺和陵墓多具有印度古建筑风格。

艾哈迈达巴德的贾玛清真寺（Jumma Masjid）是印度历史最辉煌的清真寺之一，建于1423年，由国王苏丹阿默德沙罕建造。建筑材料为黄砂岩，混合了印度教与伊斯兰教建筑风格。清真寺处于老城的心脏地带，由256根柱子支撑，有15个拱顶。建筑群中央是一座长75米、宽66米的庭院，庭院三边由柱廊围绕，祈祷大堂占据了第四边——东边。庭院各边相互连通，形成一个完整自足的整体。清真寺入口处是建于1441年的艾哈迈达·沙一世的陵墓，墓为圆拱顶形，墓前还建有一座三层拱门式凯旋门。

8. 尚庞－巴瓦加德考古公园

尚庞－巴瓦加德考古公园坐落于印度古吉拉特邦的潘奇马哈斯县，靠近由古吉拉特苏丹马哈茂德·伯克达（Mahmud Begada）兴建的古城尚庞，并由巴瓦加德山上的高地堡垒拱卫。该考古公园内的遗迹包括青铜时代的史前遗址、早期印度都城的城堡、16世纪时古吉拉特王国首都的遗址，以及8～14世纪的宫殿、清真寺、陵墓、庙宇、阶梯井和蓄水池。建于巴瓦加德山上的卡力卡玛达寺（Kalika Mata Temple）一直是印度教的圣地，常年吸引着大量的信徒。该遗址是莫卧儿王朝之前唯一一个完整的伊斯兰城市。尚庞－巴瓦加德考古公园记录了从印度文化到伊斯兰文化的历史变迁，同时也保留了15世纪晚期至16世纪早期莫卧儿帝国的伊斯兰教建筑。

尚庞－巴瓦加德考古公园所在的古吉拉特邦是位于印度最西部的一个邦，自古就以商业发达闻名。古吉拉特邦具有悠久的历史文化传统，这一传统可溯源至哈拉帕文明时期（约公元前2500年）所建的遗址中。该遗址是在古吉拉特邦最古老的城镇——艾哈迈达巴德县的洛塔尔被发现的。喀奇县的苏尔科特达和拉杰科特，以及拉杰果德县的苏瑞那萨加特是这一文明最早的遗址。这些城镇皆为棋盘式布局，街道布局也十分规整，房屋用烧好的砖和灰浆砌成，历经岁月的排水系统、浴室和公共浴池，无不显示出一种先进发达、自觉的文化意识以及对城市完善的管理。这充分表明，当时古吉拉特在城市规划布局和建筑方面处于极为先进的水平。

从考古遗迹和文字记录来看，尚庞地区早在青铜时代就有人定居了。但是，在公元400年之前，该地区一直没有很繁荣的文明。据当地传说，时母的右脚拇指踩到了这里的群山，由此衍生出了山里的神明。

自13世纪始，穆斯林统治者使古吉拉特的建筑遗产得到进一步丰富。古吉拉特拥有印度最丰富的伊斯兰教建筑，并以“唯一完整的伊斯兰城市”而著称。

古吉拉特印度教–伊斯兰教建筑的第一阶段，引进了圆屋顶、半圆拱门、对角斜拱门、蜂巢形图案装饰和方墙四角圆穹顶支撑拱、古吉拉特菱形花纹装饰和花卉图案以及雕塑和古兰经文镌刻。古吉拉特印度教—伊斯兰教建筑的第二阶段于艾哈迈达·沙一世统治时期开始出现。第二阶段开始的标志是他在统治的早年于艾哈迈达巴德新建造了一座清真寺。艾哈迈达巴德的清真寺显示出这种建筑从立面空白相对质朴的风格，发展到建有雕柱连拱廊围屏的类型，体现了印度教–伊斯兰教建筑风格的融合。这一阶段留下的一些最为壮观的建筑遗存是阶梯井。这些井不仅用于沐浴，还与仪典有关，这一仪典可追溯到拉其普特时期。气势恢宏的阶梯一直通到地下水面，陡直的井壁上布满了各种雕刻。在第三阶段，古吉拉特的伊斯兰建筑在莫卧儿王朝的统治下达到了最后阶段，其风格更加奢华。在这一阶段，建筑物装饰变得更为华丽。

尚庞城堡最初由统治古吉拉特的索兰奇王朝兴建，后来在金齐肖汉人统治时期得以加固。1484年，苏丹马哈茂德·伯克达占领了该城堡，并将其命名为穆罕默德巴德·尚庞。城防自毛利亚高原（Mauliya plateau）始，跨越附近的丘陵并终于山下的平原。城防规模浩大，城墙由砂岩建成，且在连接处修有要塞，要塞处建有瞭望台。城墙上砌有若干城门，城内则有军营和监狱。

沿庞–巴瓦加德考古公园内最早的寺庙坐落在巴瓦加德山上的毛利亚高原，兴建于10～11世纪，供奉的是拉库利萨神（Lakulish）。该寺庙已经废弃，仅有部分残余。遗迹内可以见到拉库利萨、湿婆、梵天和毗湿奴的造像。该寺庙按传统印度教神庙样式（Hindu Temple Architecture）修建。

公园内游人最多的寺庙为卡力卡玛达寺。寺内供奉有三座女神造像：中间的造像为时母，左侧的造像为巴忽查拉女神（Bahuchara Mata），右侧的造像依然为时母。该寺庙为古吉拉特邦第三大夏克提神庙，同时也以怛特罗崇拜闻名。游客可乘一条740米长的单缆索道到达卡力卡玛达寺，该索道每小时能运输1200人次，是印度全国最高的索道。

尚庞－巴瓦加德考古公园内最重要的清真寺是迦玛清真寺。该清真寺由苏丹马哈茂德·伯克达兴建，接近尚庞城堡东门。迦玛清真寺混合了印度传统风格和伊斯兰建筑风格，内部装饰优雅，被誉为“西印度地区最精致的清真寺”。迦玛清真寺修建于高台之上，有一个中央穹顶、两座30米高的宣礼塔、172根石柱、7座壁龛和数扇雕饰华丽的门。莫卧儿建筑风格据说起源于本地，并综合了印度宗教的教义以及伊斯兰教的思想和建筑工艺，迦玛清真寺的中央穹顶就体现了各种风格的结合。清真寺表面装饰有太阳、钻石、瓶罐和藤蔓样式的浮雕，也有常见于早期寺庙的荷花标志。清真寺内还有三处椭圆形壁画，一处在讲台上方，两处在讲台侧面，三处壁画均刻有《古兰经》中的箴言。两座宣礼塔中的一座于1812年的一场炮战中受损。

尚庞－巴瓦加德考古公园具有悠久的历史和极高的考古价值，一些古老的传统文化依然可以从中寻得根源。

9. 皇后阶梯井

古吉拉特邦帕坦县的皇后阶梯井坐落于萨拉斯瓦蒂河河畔，是一口带有台阶的、人可以自由上下的井，也是印度古吉拉特邦帕坦地区的特色建筑。皇后阶梯井既可以说是一口井，也可以说是一座宏伟壮丽的地下宫殿。阶梯井长约64米，宽约20米，深约30米，整体呈东西走向，分为七层。台阶层层向下，多达3500多级。阶梯式结构既是古印度人聪明才智的体现，也是古印度石匠高超技术的证明。一般认为，皇后阶梯井修建于索兰奇王朝时期，用来纪念索兰奇国王布希密迭夫一世（Bhimdev I）。布希密迭夫一世是索兰奇王朝的创立者穆拉雅加（Mularaja）之子，而阶梯井大约是在布希密迭夫一世的继承人卡然迭夫一世（Karandev I）在位时期完成的。

在阶梯井的底部，有一扇小门，这扇门连接了一条 30 千米长的隧道，该隧道曾经被当作国王的逃生通道，通往帕坦城附近的西德普尔镇，但该隧道如今已经被砂石填满。

阶梯井的一大特色是分布于井壁上的雕像，每一层的池壁上都排列着各种各样的雕像：神像、人物、动物，几乎包括了印度教中所有主要的大神。阶梯井内有超过 500 座大型雕像和超过 1000 座小型雕像，这些雕像与印度神话故事相关，常常能与文学作品的内容呼应。井壁上伸出成对的竖直扶手，扶手由井壁支撑，上面布满精美的刻饰。皇后阶梯井因精美的雕刻艺术而被称为“印度阶梯井中的皇后”。作为一座从地表到地下反向修建的神庙，皇后阶梯井突出表现了水的圣洁。

皇后阶梯井曾被萨拉斯瓦蒂河的洪水冲毁，掩埋于淤泥之中，直到 1980 年左右才被印度考古调查局发掘出来。阶梯井上的浮雕因此得以恢复原貌，成为印度最精致的阶梯井遗址之一。

皇后阶梯井遗址是世界考古史上的一大奇迹，折射出了印度 11 世纪历史、建筑、雕塑以及科学技术和宗教艺术的灿烂光辉。皇后阶梯井反映了印度匠人阶梯井修建技术的高超，其精湛的技术、复杂的工艺和精致的细节使其成为玛鲁 - 古嘉拉式建筑的典范。

十 德里遗址

印度首都德里可分为历史悠久的旧城区（旧德里）及新规划的新城区（新德里）。旧德里保存了大量文化古迹，新德里则是现代化的大都市，新旧德里之间隔着一座印度门。

旧德里历史悠久，大街小巷纵横交错，街道两旁商店林立，传统工艺品应有尽有，空气中散发出一种燃香和咖喱香混合在一起的香味。首陀罗和“不可接触者”阶层大多生活在这里。

新德里位于德里南部，始建于 1911 年 2 月，1947 年被定为印度共和国首都。新德里矗立着许多雄伟的现代建筑，有宽阔的大街和草坪、整齐的林荫道，处处鲜花盛开，显现出大国首都的气派。

“德里”（Delhi）一词的来源众说纷纭。有人认为，德里就是印度史诗《摩诃婆罗多》中般度族的都城天帝城（Indraprastha）。德里是印度第三大城市，拥有很多人文景观，如红堡、库杜布塔、胡马雍陵、贾玛清真寺、古堡、莲花庙、甘地陵等。

1. 红堡

印度德里旧城的红堡是印度最大的皇宫，举世闻名。红堡坐落于德里旧城东北部、亚穆纳河畔，为 17 世纪莫卧儿王朝第五代国王沙・贾汗所建造。红堡于 1638 年动工，1647 年建成，历时近 10 年。当年莫卧儿王朝的沙・贾汗大帝决定从阿格拉迁都德里，由此动工修建新宫殿。宫殿以阿格拉红堡为蓝本，全部用红砂岩建成。无论远眺还是近观，都发出黯红色光彩，十分诡秘艳丽，“红堡”也因此得名。

红堡是一座用赭红砂岩建成的壮丽宫殿群，呈不规则八角形，极巍峨，南北长 915 米，东西宽 548 米，四周城墙高达 20 米。红堡共有五扇城门，城墙上还有两座八角形圆尖顶的瞭望台，确有帝王气势。红堡所有内殿都是用大理石和其他名贵石料砌成的，殿间及柱间墙壁上有花卉人物浮雕。整块大理石镂空的窗板上，镶嵌着各色宝石，璀璨夺目。

勤政殿（公众议事厅）是一座三面敞开的殿宇，只有东墙上原有用宝石镶嵌拼成的绚丽图案。殿内有大理石宝座，高约 3 米，上面刻有花鸟、树木等浮雕，雕工细腻。最为气派的是四根用大理石与珍贵宝石制成的柱子，其支撑着整座大殿的拱顶。

红堡内最华贵的地方是枢密殿（私人议事厅），此处有“人间天堂”之誉，其全部用白色大理石建造。三面是拱门，一面为镂空方形窗户，外形像一座雕饰华美的凉亭。枢密殿中原本放置着举世闻名的“孔雀王座”，据说此王座极其珍贵，因为上面镶嵌着世上最珍贵的珠宝。王座背面是一只用彩色宝石镶嵌而成的孔雀，孔雀立于一棵绿宝石与钻石镶成的彩树上，因而“孔雀王座”成了价值连城的罕见宝座。如今，这个王座已不复存在，只能见到一个空架。上方的墙上还能看到当年国王沙·贾汗下令雕刻的波斯文诗句：“如果说地上有天堂，天堂就在这里。”

在这人间天堂之中，有娱乐消遣宫，宫中的24根柱子镶嵌的全是宝石和钻石。中央有白色大理石喷泉，喷泉置于大理石雕成的大莲花中。红堡内有多处浴室，浴室装饰精美，天花板上的花卉图案让人觉得仿佛置身花海。走廊的最南端就是“天堂中的天堂”——寝宫。沙·贾汗的妻妾们住在兰玛哈勒宫（多彩宫），宫殿的天花板上以金银镶嵌图案，池塘和莲花池映射出白色大理石宫殿的倒影，这也是莫卧儿王朝最出彩的装饰图案。

1659年，奥朗则布在父亲浴室的西边修建了私人清真寺——莫迪清真寺（珍珠清真寺）。整座清真寺用白色大理石建成，祷告室的地面以黑色长方形大理石铺设。

以前红堡四周处处是喷泉，宫内到处流水潺潺，水流来自地下。但随着时光流逝，地下泉早已干涸。

2. 库杜布塔

库杜布塔（Qutab Minar）坐落于德里西南15千米的梅特乌里村，是德里的一处标志性建筑。库杜布塔是一座刻有阿拉伯语铭文的古伊斯兰式建筑，是德里最高的建筑物，也是印度最高的宣礼塔，被称为“印度七大奇迹之一”。

1206年，德里苏丹国库杜布－乌德－丁·艾巴克在穆罕默德遇刺身亡后建立了德里苏丹国。1193年，在库杜布战胜德里的最后一个王国后，为庆祝胜利开始兴建此塔，并在第三任苏丹国王伊勒图特米什时期建成。库杜布塔所在的地方，原来是印度教寺庙。13世纪工程完工标志着伊斯兰教在该地占据了统治地位。今天在这里既可以看到印度教文化的遗迹，又可以看到伊斯兰教的古迹。

库杜布塔距今已有800多年的历史。塔以红砂岩和大理石为建筑材料，呈圆形褐红色。塔高72.5米，共有379级台阶，直径从底部的14.3米逐步缩小至顶层的2.7米。据说，库杜布塔原来有七层，现仅剩五层，每层间用一个环形阳台相隔。第一层高29米，第二层高15.5米，以上各层递减数米。塔的造型美观，建筑风格别致。第一层至第三层用红砂岩建造，每层塔身外表有凸出的装饰性折纹，而且造型各不相同。底层是交错的三角形和半圆形，第二层是半圆形，第三层是三角形。最高两层塔身无折纹，用白色大理石建造，中间用红砂岩，形似缠在塔身上的红色腰带。

3. 胡马雍陵

胡马雍陵（Humayun's Tomb）位于新德里东南郊亚穆纳河畔，是莫卧儿王朝第二代君主胡马雍及其皇妃的陵墓。胡马雍陵是伊斯兰教与印度教建筑风格相结合的典范，是印度第一座花园陵寝。著名的泰姬陵也是以此陵为范本而建。

胡马雍陵坐北朝南，陵墓主体主要以带有浓郁印度风格的黑白色大理石及红砂岩为建筑材料。陵墓主体为高24米的正方形建筑，四周是四扇线条柔美的半圆形拱门。陵墓顶部是一个以白色大理石雕成的半球形体，圆顶上竖立一金属小尖塔，光芒四射。这是典型的伊斯兰教建筑特色，整座建筑庄严宏伟，为印度乃至世界建筑史上的精品。寝宫内部呈放射状，通向两侧高22米的八角形宫室，宫室上面各有两座圆顶八角形的凉亭，为中央的大圆顶作陪衬，宫室两面是翼房和游廊。胡马雍和皇后的墓冢在寝宫正中，两侧宫室有莫卧儿王朝五个帝王的墓冢。胡马雍陵的另一特色是拱门及窗户上皆雕有极为细密的格纹和几何图形。

胡马雍陵是1565年由皇后哈克·贝克姆主持修建的，这位皇后（一位波斯学者的女儿）在1542年初与流亡的胡马雍结婚。胡马雍的陵墓是阿克巴时代莫卧儿建筑风格发展史上的一个里程碑，它巧妙地融合了伊斯兰教建筑和印度教建筑的风格，开创了伊斯兰教建筑史上的一代新风。这组建筑群规模宏大、布局完整。陵园平面整体呈长方形，四周环绕着长约 2 千米的红砂岩围墙。陵园内景色优美，棕榈、丝柏纵横成行，芳草如茵，喷泉四溅，简直就是一个布局讲究的大花园。从精细的红砂石镂花、花园式内景到四周墙壁上的拱形大门，这一切构成了典型的莫卧儿风格。

4. 贾玛清真寺

贾玛清真寺（Jama Masjid）是全印度最大的清真寺，也是“世界三大清真寺之一”，位于德里古城东北角，为莫卧儿王朝沙·贾汗大帝所建。“贾玛”意为“星期五”，贾玛清真寺意即“礼拜五清真寺”，开建于 1650 年 10 月 19 日（星期五）。

莫卧儿帝国第五代君王沙·贾汗对建筑艺术近似“疯狂”，修建了泰姬陵和红堡后，又修建了这座清真寺。也许这里没有印度教神庙那般色彩纷呈，但为静默的祈祷营造了肃穆氛围。清真寺占地广阔，整个神庙长 75.5 米、宽 24 米，占地面积达到 1170 平方米。清真寺共有三扇宏伟气派的大门，其中东门尤为壮观华丽，为帝王专用。中心庭院铺以红砂石，可同时容纳 2 万多名信徒。庭院中央是长方形水池，供信徒朝拜前清洗手脚。西面的礼拜大殿面向麦加的方向，神圣至极。寺顶是三个白色大理石穹形圆顶，上面镀以金圆钉和黑色的大理石条带，圆顶中央的尖塔为铜质。清真寺两侧各建有一座以红砂石和白色大理石堆叠而成的叫拜塔，叫拜塔各三层，每层都有阳台和大厅，大厅中还有宽敞的壁龛，为做礼拜时教长所站立的位置，塔内的 130 级台阶通向塔顶，在顶部的白色八角凉亭里眺望远方，旧德里的景象尽在眼中。

贾玛清真寺可谓建筑学中的奇迹，整座建筑完全没有使用木料。地面、顶棚和墙壁都使用精磨细雕的白石，以铅水灌缝，坚不可摧。两座尖塔与白色的伊斯兰圆顶相映衬，在阳光下闪耀着光芒。

5. 古堡

之所以称之为“古堡”（Purana Qila），是因为它比阿格拉红堡更古老、历史更悠久，其建造应当归功于莫卧儿王朝的第二代君王胡马雍和阿富汗的部族首领谢尔·沙·苏里（Sher Shah Suri）。古堡最初是莫卧儿王朝胡马雍的居所，短短几年后，胡马雍被谢尔·沙赶走。此后，谢尔·沙在这里建立起了苏尔王朝，并对古堡进行了一番扩建。15 年后，胡马雍夺回古堡，但不久后便从楼上跌落，意外身亡。

古堡耸立在野外一片绿色之中，为一座长方形建筑。古堡雄伟大气，异常庄严。一条宽阔的护城河围绕着古堡，与古堡西面的亚穆纳河相连。漫步在古堡中，寂静、荒烟蔓草的残垣展现着自身的美。古堡中有一处荒废的清真寺，清真寺拥有精美的石雕。此外，古堡中还有一处著名景点，即一座八角形的藏书楼，据说是胡马雍失足坠楼丧命的地方。

古堡就如一扇窗，透过“窗子”可以窥视古印度亦真亦幻的迷人历史。德里的历史可以分成七座城堡的故事来讲述，这些城堡由不同的统治者在 11 ~ 17 世纪依次建造起来。这座古堡为德里第六座城堡，建于 16 世纪。考古发现，该城堡的历史可以追溯到公元前 300 年。有人认为，文明起源的中心——天帝城很有可能就在该城堡之下的某个地方。天帝城是印度史诗《摩诃婆罗多》中般度族的都城，对于统治者来说，没有什么比这个更能宣称自己的合法性了。

6. 科特拉·菲鲁兹·沙

科特拉·菲鲁兹·沙（Kotla Firuz Shah）是一座城堡，为德里苏丹国的穆斯林统治者菲鲁兹·沙·图格拉克所建造。

菲鲁兹·沙·图格拉克特别钟情于阿育王石柱，现在德里保存的两根阿育王石柱都是由他从外地移来的。据载，德里历史上一共出现过七座城堡，科特拉·菲鲁兹·沙是其中的第五座。令人欣慰的是，德里所有的城堡都有不少遗迹保留下来。科特拉·菲鲁兹·沙留给世人的是一片巨石建筑群，其中有清真寺，也有皇宫区。除了旅行者之外，那儿至今仍有许多伊斯兰教徒前往，他们在坍塌的清真寺广场上虔诚地聚集并朝拜，仿佛沉浸在当年穆斯林统治的辉煌之中。

实际上，遗址内最令人向往的并不是皇宫和清真寺，而是一座奇怪的金字塔状建筑。这种建筑形式在印度的其他地方都无法见到，可以说是菲鲁兹·沙的独创。金字塔状建筑高大雄伟，从远处就可以望到，但它的用途只有一个：存放阿育王石柱。

在建筑的顶部，如同定海神针一般，一根石柱耸立在最高端，睥睨着整个世界。菲鲁兹·沙显然想通过这种方式让人们相信他的正统地位，并炫耀自己的实力。

7. 莲花庙

莲花庙位于德里东南部，是一座风格别致的建筑，既不同于印度教庙宇，也不同于伊斯兰教清真寺，甚至不同于印度的任何宗教寺庙。莲花庙建成于 1986 年，是崇尚人类同源、世界同一的大同教庙宇。

莲花庙的外形酷似一朵盛开的莲花，故称“莲花庙”。庙高 34.27 米，底座直径为 74 米，由三层花瓣组成。寺庙建筑材料全部采用白色大理石，底座边上有九个连环的清水池，拱托着巨大的“莲花”。以莲花为寺庙造型，与印度的历史有一定关联。印度教和佛教都奉莲花为神圣之物，印度教女神中很多都手持莲花，女神拉克希米就是红莲转生。在佛教中，不管是佛像还是菩萨像，有很多就坐在莲花上。在当代，印度人又将莲花奉为国花，所以莲花庙一建成就备受印度人的喜爱。莲花庙的内部设置十分简单，高大空阔的圣殿内既无神像，也无雕刻、壁画等装饰性物件，唯有光滑的地板上安放着一排排白色大理石长椅。莲花庙的周围是一大片碧绿的草坪，其间点缀着一簇簇鲜花。

大门右手旁的铜制栏写着该庙的宗旨，“无论何种宗教、种姓都可以来这里祷告、休闲”。作为一个独立的世界性宗教，大同教的信仰并不具有排他性，这是它与其他宗教最大的不同之处。在这里，任何教派的信徒都可以心平气和地坐在一起诚心祈祷、休息。

该庙是目前全球七座大同教庙宇中最新的一座，占地面积达 26.6 公顷。整座建筑在体现民族特色的前提下，充分显示出现代化的大气。值得一提的是，寺庙所需资金均来源于印度及世界各地的大同教信徒。

8. 甘地陵

莫汉达斯·卡拉姆昌德·甘地，印度民族独立的领袖、非暴力与不合作运动的倡导者。甘地出生于印度西部卡提阿瓦半岛一个土邦大臣家庭，属吠舍种姓，自幼就受到了印度教和耆那教“非暴力”思想的影响。1883 年，甘地远赴英国伦敦大学学习法律，回国后在孟买做律师。1893～1914 年，在南非任一穆斯林商社法律顾问，目睹了印度人遭受的种族歧视。1906 年起，领导印度侨民开展被称作“萨蒂亚格拉哈”（掌握真理）的非暴力抵抗运动，反对英、荷殖民者的种族歧视政策，逐渐形成“非暴力抵抗”的政治主张，并获得一定的成功。1915 年回国后继续开展非暴力抵抗斗争。1920 年 12 月，国大党那格普尔年会通过甘地拟定的“非暴力不合作运动方案”，从此，“非暴力不合作”成为国大党的指导思想和纲领性策略，甘地成为国大党最有权威的精神领袖，并发动和领导了 1920～1922 年和 1930～1934 年全国范围内轰轰烈烈的非暴力不合作运动。1924～1934 年、1940～1941 年任国大党主席。1948 年 1 月 30 日，因反对教派纠纷，被印度教极端分子戈兹刺死。

甘地长期为印度民族独立奋斗，曾十多次绝食，三次被捕入狱。在反英不合作运动中身体力行，为抵制洋布亲自手摇纺车织布。为反对英国食盐专卖权，和群众一起自煮食盐。提倡印度教和伊斯兰教团结，实行社会改良和妇女、贱民的地位平等，在人民群众中享有极高威望。因阶级局限性，反对暴力革命，对超出“非暴力”范围的群众斗争采取敌视谴责的态度，以致向英殖民当局妥协。但他发动的非暴力不合作运动具有极广泛的群众性，沉重打击了英国殖民统治，为印度独立奠定了基础。由于为印度独立做出的杰出贡献，甘地被印度人民尊为国父“圣雄”。

甘地陵位于新德里东郊亚穆纳河畔，是焚化甘地遗体之处。陵园呈凹形，在陵园正中，静卧着一座黑色大理石陵墓。陵墓是一个普通正方形平台，高约 1 米，长、宽约 3 米。墓后是盏长明灯，昼夜不熄，这是印度争取民族独立精神的象征。陵墓正面刻有：“嗨！罗摩！”这是甘地遇难倒地时喊出的最后两个字。罗摩是印度史诗《罗摩衍那》里的英雄，被认为是印度教中保护之神毗湿奴的化身。陵墓没有任何装饰，依地而建，纯朴大方，就如甘地的生活一样简朴、如甘地的胸怀一样旷达。

甘地纪念馆就在甘地陵不远处，展有甘地生前读过的书、穿过的衣物、用过的纺车等。

9. 国王大道

国王大道是印度共和国首都新德里的礼仪大道，东西走向，西起芮希那山丘的印度总统府，向东经过胜利广场和印度门到国家体育场，聚集了总统府和议会以及各个政府部门办公所在地。它承载着印度人的骄傲，是带有政治属性的标志区，如同中国北京的长安大街。两侧为草坪、树木及池塘。南北走向的人民大道与其相交，向北通往德里的金融中心——康诺特广场。新德里城市规划由英国建筑师埃德温·鲁琴斯制订，国王大道是规划的中轴线。印度政府每年 1 月 26 日在这里举行全国最盛大的共和节庆祝活动。

在这块印度最为神圣的街区，除了人们想象中的凝重庄严，还到处充满着生机。园林工人、游客、学生在树下随意休息、看书，甚至持枪的军警也不必一个姿势伫立良久，他们三五成群地在树荫下聊天、防晒……日出日落之际，很多人会以这座百年建筑为背景来拍风景。两侧草坪上一整天都是人来人往，反而让这块凝重严肃的街区显得更有生机。①

印度国家的最高象征——总统府坐落于拉伊西纳小山上，居高临下，傲视四方。总统府始建于 1929 年，初名“维多利亚宫”，印度独立后，改名总统府。总统府为一座宫殿式建筑，坐西朝东，规模宏大。巨大的穹顶呈半球状，主体以赭色砂岩石建造，带有莫卧儿王朝的建筑风格。前面是空旷的草地，绿草与鲜花争艳。每当有外国元首或政府首脑来访，这里总会有仪仗队检阅仪式，场面庄严威武，气派非凡。总统府东北方向不远处的议会大厦呈飞碟形。高大的棕榈树围绕四周，如忠诚的卫士；平展的草坪环绕大厦墙周，像绿色的地毯，使议会大厦显得雄浑别致。总统府正前方是两栋重要的国家机构部门大厦，东向延展出一条笔直宽阔的国王大道，大道尽头是高大雄伟的建筑——印度门。印

① 《印度：随性背后的秩序》，《解放日报》国际副刊，2017 年 12 月 2 日。

度门是一座具有象征意义的纪念性建筑，以红砂岩堆砌而成。拱门高约42米，宽约20米。门的最高处火炬燃烧，象征着烈士的英灵永垂不朽。

10. 康诺特广场

康诺特广场（Connaught Place）是德里最大的商业中心，既是规模巨大的广场，又是别致的市场。

作为广场的康诺特，形制为圆形，中央是个小公园，周围建筑呈环形排布，形成了内向和外向的两层圆圈。外圈对着环形的大街，内圈则对着一个圆形大花园。整座建筑物里外互通，八条街道从中心向周围散发开去。广场中央为喷泉水池，喷泉周围林木扶疏。大花园内绿树成荫，百花鲜艳，是休息、纳凉以及聚会、闲聊的好去处。

作为市场的康诺特，到处都是商店，商品琳琅满目，让人目不暇接。购物中心、高级饭店、银行、旅行社等应有尽有，简直就是游客购物的天堂。

康诺特广场集购物、休闲、娱乐于一体，可供游客任意选择。

第六章　生态旅游与其他旅游胜地

第一节　生态旅游与印度人的自然观

生态旅游是一个21世纪才流行起来的概念，20世纪80年代，环境保护主义者首先提出“生态旅游”的概念，这随即得到了国际旅游业界的广泛关注。对生态旅游这一概念的解释很多，目前可以查到的有关生态旅游的界定已多达上百种。国际生态旅游协会将其定义为“对自然界负责任的一种旅游活动，即在保护自然旅游目的地生态环境的前提下提高当地居民生活质量”。有关学者对生态旅游也进行了一定的论述，但争论颇多，对生态旅游的内涵也是众说纷纭，莫衷一是。简单来说，生态旅游是一种以在观赏生态环境、领略自然风光的同时，普及生态知识、维护生态平衡为目的的新型旅游，致力于在不改变生态系统完整性的前提下，保持旅游需求、生态需求和当地居民收入之间的平衡。

印度是一个拥有地理多样性的国家，自然景观多姿多彩。当恒河平原进入炎热季节时，北部山区还在等待积雪融化。德干高原即使在冬季也是繁花满树，火红的、粉红的、雪白的、紫色的花朵令人眼花缭乱。地理多样性使动植物种类繁多，植物种类多达15000种以上，哺乳动物在50种以上，鸟类在2000种以上，爬行动物在500种以上，昆虫的种类在3万以上。因此，鹰击长空、鱼翔浅底、蛇行草上的画面在印度并不难看到。千姿百态、变化多端的自然界使印度人自古以来就学会了尊敬自然。面对自然，印度人少有征服者的姿态。在印度人的观念中，自然处于与人类相对平等的地位。

早在吠陀时代，印度人就形成了天人合一的自然观，万物有灵便是这种自然观的体现。毗湿奴大神的十个化身中不仅有人，还有动物；象征着智慧与知识的大神是象头人身；正义的化身哈努曼是一只猴子；雪山、河流都可化身为女神。印度教所崇拜的神总是摆脱不了自然的影子，自然界的生物都可能具有灵性，可以与人类交流。《阿育吠陀》不仅是一种医学知识，而且代表着一种健康的生活方式。根据《阿育吠陀》的观点，人与自然应该和谐共存，而疾病的产生是由于这种和谐被打破了，通过利用自然界及其产物恢复这种基本平衡是《阿育吠陀》医学的主要目的。于是，印度人形成了合理利用和明智保护所有自然资源的传统，植物果实、果汁和根，如图拉西、彼帕等成了治疗疾病的良药，瑜伽成了最佳的治疗方法，结核病患者可被带到海边、山区和森林吸收新鲜的空气，关节炎患者可以泡温泉。印度人在接受大自然各种元素带来的物质利益的同时，向大自然表达了他们的敬重与爱，这使印度的生态环境得到了完美的保护。森林（净修林）不仅是人们赖以健康生存的环境，也是动物的避难所。对生态的保护是通过建造神圣的净修林来完成的，森林的神圣性保障了野生动物资源的生态稳定状态。

印度自古以来就以其与自然共生的态度来开展生态旅游。去印度旅游，既可以满足游客探索多彩自然的好奇心，如可以观鸟、划船、冲浪、徒步、登山，也可以享受天人合一的田园牧歌生活，如入住净修林、进行瑜伽修行，感受印度仙人的生活。

印度文明起源于森林，是典型的森林文明。在印度，很多地方都有圣林。圣林是献给神的礼物，是神的住处，也是各类生物的乐园。这些神圣的树林被认为是古老的自然保护区，那里的所有生物都免受伤害。早在上古时期，印度的森林就已经是人格化的森林了。

响应兽的吼声，
虫鸟发出低鸣，
仿佛随着音乐伴奏，
森林女舞蹈，备受尊敬。

……

有油膏香气，散发芬芳，

食品富饶，不事耕种，

兽类的母亲，森林女神，

我对她作这番歌颂。[①]

森林中，人与万物一同生活，共同成长，和谐相处。迦梨陀娑的戏剧《沙恭达罗》对净修林有这样一段描写：

树底下是从鹦鹉穴中雏儿嘴里掉下来的野稻。

别的地方又可以看到磨因拘地种子的光滑石墩。

麋鹿在人身旁依依不舍，听到声音并不逃掉。

溪旁的小路上印着树皮衣上流下来的成行的水痕。[②]

这些描写即使不是对诗人所处时期真实生活的再现，也体现出人与自然和谐相处的诗歌理想。在印度教中，有些植物与神有密切的联系，如湿婆与贝拉树、毗湿奴与图拉西草、达陀陀里耶与无花果。因此，印度人对自然的态度是：自然界的任何生物都是伤害不得的，它们和人一样享有生存权，并受到神的保护。《摩奴法论》规定："砍伐了果树、灌木、藤蔓、树枝或者开花的草本植物，应该念诵一百节赞歌。"[③] 圣林中大量的濒危生物受到宗教保护，为印度的旅游业发展做出了巨大贡献。

圣林的起源可以追溯到远古时代，印度各地发现了超过 5 万处神圣的树林。卡纳塔克邦、喀拉拉邦、马哈拉施特拉邦、中央邦、梅加拉亚邦、喜马偕尔邦、曼尼普尔邦、奥里萨邦、拉贾斯坦邦、泰米尔纳德邦

① 转引自袁永平主编《泰戈尔的大爱思想》，兰州大学出版社，2016，第 255 ~ 256 页。

② 转引自袁永平主编《泰戈尔的大爱思想》，兰州大学出版社，2016，第 256 页。

③ 《摩奴法论》，蒋忠新译，中国社会科学出版社，1986，第 228 页。

和比哈尔邦都有大量的圣林。在锡金，建有佛教寺院的小树林非常普遍。不同的邦对圣林的称呼也不同，如喀拉拉邦的考乌、泰米尔纳德邦的库伊尔卡杜、拉贾斯坦邦的萨兰、西孟加拉邦的加兰、喜马偕尔邦的德万、曼尼普尔邦的乌曼格拉等。

圣林的存在使印度成为世界上野生动物种类最繁多的国家之一。虽然非洲是野生动物种类最多的地区，但就单个国家而言，印度可能是野生动物种类最多的国家，这里有很多值得夸耀的野生动物，如狮子、老虎、豹、犀牛、野牛和大象。印度也有丰富的鸟类。在印度任何一个城市，人们都会看到各种各样的鸟群。因此，一个去印度的游客，不仅会被印度丰富的历史文化遗迹吸引，还可以去森林小憩，去动物园、植物园或野生动物保护区参观，在领略了辉煌灿烂的印度文化之后，去感受天人合一的原生态生活，真正实现回归自然。

第二节　国家公园与自然保护区

南亚次大陆地形复杂，气候多样，物种丰富，生物学价值举世瞩目，成为研究生物地理学和生态学的活的实验室。南亚次大陆也是人口密集之地，密度为世界之最，而且增长速度快，这给该地区的自然资源带来了巨大的压力，也极不利于丰富多样的生物群落的生存。为了适应自然保护事业发展的需要，提高保护区的管理水平，印度政府设立国家公园和野生动物保护区。经过多年建设，印度的自然保护事业取得了明显进步，这一方面是受到印度人民爱护自然、保护生物的哲学思想和文化传统的影响；另一方面是由于政府重视和建立健全法制。1950 年通过的印度宪法中就有保护自然生态的条款，如“国家将致力于保护和改善环境，保护国家的森林和野生动物”，“保护和改善包括森林、湖泊、河流和野生动物在内的环境和爱护生物是每个印度公民的义务”等。在所有受保护的物种中，保护最成功的是老虎。

一　国家公园

1. 吉尔国家公园

吉尔国家公园和野生动物保护区坐落于古吉拉特邦，占地1412平方千米，既是一个国家公园，也是一片森林，更是闻名世界的野生动物保护区。

这片广阔的公园和保护区是亚洲最重要的野生动物保护区之一，因生活有亚洲狮而美名远扬。这片神奇的土地是500多种植物的天堂，为生活于此的野生动物提供了优良条件，同时也为科学、教育、美学研究提供了素材，成为印度最受欢迎的娱乐目的地之一。生活于此的野生动物达2375种，其中哺乳动物38种，鸟类300多种，爬行动物37种，昆虫200多种。

2. 坎哈国家公园

坎哈国家公园（Kanha National Park）坐落在印度中央邦的高原地区，由丛生的竹林、一望无际的草地和潺潺的溪流组成，是1000多种植物的家园，为野生动物的生存和繁殖提供了绝佳条件。

坎哈国家公园既是一个国家公园，又是一个老虎保护区。在这里，人们可以与孟加拉虎频繁“会面”。园内最常见的动物还有豹、懒熊、野猫、麂、梅花鹿、泽鹿、豺等，它们共同生活在这块神秘而充满野性的土地上。坎哈国家公园不仅是观赏野生动物的最佳去处，也是赏鸟的最佳选择。

3. 希弗普里国家公园

希弗普里国家公园（Shivpuri National Park）也叫中央邦国家公园，位于中央邦西北部，占地面积为354平方千米。园中树木繁茂，小山众多，还有湖水。

希弗普里国家公园的主要栖息动物是鹿，最常见到的是白斑鹿。此外还有水鹿、喇叭羚羊、印度羚、树懒熊、印度豹和叶猴。园中也有丰富的鸟类，如红头潜鸭、针尾鸭、水鸭、野鸭、田凫、鹡鸰、苍鹭、翠鸟、鸬鹚、画鹳、白鹮、猎鹰、太阳鸟和黄莺等，种类繁多，是鸟类爱好者的乐园。

4. 达奇加姆国家公园

达奇加姆国家公园（Dachigam National Park）距离查谟和克什米尔22千米，占地141平方千米。公园也被称作“十村”，因为第一次世界大战前，这里就有十个村庄。公园位于高海拔地区，有高山、草场、瀑布和较深的沟壑，有豹子、黑熊、棕熊、山羊、麝鹿、赤鹿等野生动物，是一些濒危物种的保护区。

5. 科比特国家公园

科比特国家公园（Corbett National Park）位于北阿肯德邦，是印度最古老的国家公园。公园有喜马拉雅山地理带的生态特征，拥有488种不同的植物和动物。科比特国家公园占地520.8平方千米，园中有小山、沼泽、洼地、草原和一个大的湖泊，海拔为400～1220米。冬夜寒冷，但白天阳光明媚。密集的湿润落叶林主要由萨尔树、罗西尼树和杧果树等构成，森林覆盖了公园面积的70%以上，10%为草原。这里大约有110个树种、50种哺乳动物、580种鸟和25种爬行动物。科比特国家公园是野生动物的宝库，栖居在此的主要动物有孟加拉虎、水鹿、印度狮、印度象等。这里到处是参天大树和长草山坡，游客可以坐在大象背上观赏动物的生活百态。

科比特曾经是猎杀过许多老虎的知名猎手，然而，随着对老虎的深入了解，老虎的悲惨境遇促使他放下猎枪。他以自己的亲身经历写作，早期也拍摄了野生虎的纪录影片及照片，并且发现老虎以惊人的速度消失。他曾观察过的100只老虎中，有99只都消失了。这一切促使他致力于推动国家公园的设立和野生动物保育。为了纪念他的卓越贡献，国家公园内设有科比特纪念馆和博物馆，存放了不少他捕获的虎的标本。

6. 卡齐兰加国家公园

卡齐兰加国家公园（Kaziranga National Park）位于阿萨姆邦，占地436平方千米。公园北依雅鲁藏布江，河边主要是茂密的草地，其间点缀着森林、溪流和众多的小湖。公园有三种主要的植被：冲积而成的草原、热带湿润常绿林以及热带半绿林。草原在公园西部，占据绝对优势。

卡齐兰加国家公园以“独角犀牛”著称于世，一直是印度国民的骄傲，在污染日益严重的情况下，像卡齐兰加国家公园这样依然保持完好的独角犀牛生存环境并不多见。世界各地的旅游爱好者纷纷慕名而来，一睹它在栖息地的野外生活。除了独角犀牛，卡齐兰加国家公园内还生活着大象、野生水牛、豹和其他一些动物，这里同时也是许多稀有和濒临灭绝的鸟类的家园，世界上很多地方的候鸟常在这里过冬。公园里还能发现各种各样的淡水鱼。

卡齐兰加国家公园的建立始于 1908 年，印度决定在卡齐兰加设立一个森林保护区；1950 年又把它建为野生动物保护区；1969 年，印度首次提出建立卡齐兰加国家公园，并于 1974 年 2 月 11 日，正式通过了这项决议。1985 年，该公园被列为世界文化遗产。卡齐兰加国家公园是印度建立最早、最完善的一个国家公园。在 1900 年的一次野生动物普查中，发现这一地区特有的独角犀牛仅剩下 12 头，于是阿萨姆邦立即把整个卡齐兰加地区封锁起来，宣布为禁猎区，不准任何人随意出入，当地居民也都被迁移出去。经过 100 多年的休养生息，卡齐兰加地区森林密布、人迹罕至，保持着一种原始的自然状态。独角犀牛在这里自由自在地生活。据报道，这儿的独角犀牛现已增加到了近 1200 头，占世界现存总数的 3/4。

卡齐兰加国家公园的亚洲野水牛数量全球第一，全球现存的 5000 只泽鹿中有 1168 只生活在这里，同时还生活着 1100 头大象。此外，这里还生活着很多豚鹿、黑鹿、野猪和眼镜王蛇。绝大多数公园拥有一种鹳就已经很了不得了，卡齐兰加国家公园拥有 6 种。亚洲现存的孟加拉虎只有 2000 只，卡齐兰加国家公园就有大约 100 只，密度为全球所有公园之最。目前，这里的孟加拉虎数量继续回升，与印度其他地区形成鲜明对比。

7. 本迪布尔国家公园

本迪布尔国家公园（Bandipur National Park）位于卡纳塔克邦的最南边，靠近泰米尔纳德邦，是印度老虎数量最多的公园。公园占地面积为874平方千米，主要植被包括：柚木、紫檀、檀香、吉纳树、竹、醋栗、紫薇、榄仁树、黄金雨树、椴木、金合欢等。一些濒危物种主要有：印度大象、白肢野牛、老虎、树懒熊、印度岩蟒、四角羚、野狗和豺。

8. 孙德尔本斯国家公园

孙德尔本斯（Sundarbans）意即“美丽的森林”，覆盖面积达10269平方千米，是世界上最大的三角洲综合体。孙德尔本斯国家公园位于西孟加拉邦的加尔各答东南部，是恒河三角洲的一部分，与孟加拉湾相邻。恒河三角洲是世界上最大的三角洲，与孟加拉湾接壤，由恒河、布拉马普特拉河及梅克纳河淤泥沉积而成。孙德尔本斯国家公园水系发达、河道纵横，大多数河道为南北方向，宽度约为1.6千米。孙德尔本斯国家公园由于濒临孟加拉湾，降水量丰富，空气湿度大。

孙德尔本斯国家公园拥有世界上最大的红树林。红树林是长在泥泞潮间带的常绿植物，对稳固海岸带土地具有重要作用。红树显示出惊人的适应能力，能在极为恶劣的环境中生存下来。其气根能从空气中吸取氧气，而在淤泥中生长的根是不能吸取氧气的。随着淤泥不断堆高，气根就被掩埋，但红树能长出新根，确保气根仍处于淤泥之上，由此使植物可以继续呼吸。红树属植物的种子是尖的，因此当它们从树枝上落下时，能垂直下落并扎根淤泥。这样能确保其不被冲走，也能确保种子萌生幼苗并透过大量的根系茁壮成长，以此获得最大的保护。之所以被称为“孙德尔本斯”是因为该地广泛种植名为“孙德尔本斯”的优美树种。现今在该地区发现了334种植物。沿海地区多为沙丘以及富有甲壳、盐分的石灰地，尽管降水丰富，在这种土壤中只能生长一些耐旱植物，如茅草以及一些耐旱灌木。高度较低的红树（3~5米）主要分布在孙德尔本斯国家公园的西部及孟加拉虎保护区。2米左右的戈伦红树和贝恩树分布广泛，是孙德尔本斯国家公园最常见的树种。

孙德尔本斯国家公园动物品种丰富，至少有 35 种爬行动物、40 多种哺乳动物和 270 多种鸟类。

9. 南达戴维国家公园

南达戴维国家公园（Nanda Devi National Park）大部分地区海拔超过 3500 米，最高的地方海拔高达 7817 米。公园三面环山，只有西面是一个深邃的、难以接近的峡谷。南达戴维国家公园实际上是由冰川运动引起的盆地，盆地被一些南北方向分布的山脉穿插切割。在这些山脉中大约有 12 座山峰海拔超过 6400 米，主峰高达 7800 多米。园内的植物分布有明显的分带现象，而且，各种不同类型岩石上形态各异的冰川使公园生色不少。公园内主要的岩石类型是生成年代并不久远的花岗岩以及变质岩，这些岩石大都分布于公园中部；公园北部的岩石以沉积而成的砂岩、云母石英岩、石灰岩、页岩为主。

南达戴维国家公园处在喜马拉雅山谷内部，气候别具特色。这里年降水量很少，通常气候比较干燥。但 6 月底到 8 月的雨季来临时，此地大雨滂沱，终日的薄雾和阴沉的乌云使土地变得十分潮湿。一年之中，有半年光景白雪皑皑。南达戴维国家公园的植被从山脚一直分布到海拔 3500 米的地方，以杉木、杜鹃和桦树为主。在空气湿润的地区生长着白桦林，白桦林以下是杜鹃；空气干燥的地区则以耐旱的刺柏属植物为主。海拔 3500 米以上的主要植物是草类植物、苔藓、地衣、矮小的柳属植物，以及一些一年生草本植物。

据考察，南达戴维国家公园共有 81 个种属的 312 种植物，其中有 17 种属于濒危物种。南达戴维国家公园共有 14 种哺乳动物。另外公园内还生活着品种丰富的有蹄类动物，其中著名的品种有崖羊，但不幸的是崖羊的数量正在不断减少：1975 年共有崖羊 820 只，到了 1984 年只剩了 440 只。除此之外，常见的有蹄类动物还包括喜马拉雅麝香鹿、羚羊、喜马拉雅塔尔羊等。因为过度捕猎，这些珍贵物种的数量越来越少了。有人曾在公园内发现大量的雪豹，这些雪豹很可能来自毗邻的山脉，因为公园面积相对狭小而且整个冬季均为冰雪所覆盖，不利于雪豹觅食，所以公园本身有很多雪豹的说法并不可靠。除雪豹以外的其他大型肉食动物有美洲虎、喜马拉雅黑熊以及数量很少的褐熊。南达戴维国家公园内有记载的鸟类共有 43 种，主要是一些雀类。

南达戴维国家公园里至今无人居住，但在公园西北部有两个小村庄。村里的人饲养着大约 4000 头羊，他们常常把羊群赶到靠近公园的地方放牧。除此以外，该地居民还通过从事搬运工、看门人以及导游来谋生。

10. 纳加尔霍雷国家公园

纳加尔霍雷国家公园（Nagarhole National Park）位于卡纳塔克邦的最南部，是一个大型野生动物保护区，是亚洲物种资源最丰富的保护区之一，曾是迈索尔王公的私人狩猎区。公园面积达 600 多平方千米，拥有大面积的森林，还有小溪流、山丘、峡谷和瀑布。

纳加尔霍雷国家公园有种类丰富的野生动物，食肉动物有孟加拉虎、印度豹、乌苏里江豺、树懒熊和条纹鬣狗。食草动物有白斑鹿、黑鹿、羚羊等。其他哺乳动物有灰色叶猴、阀盖恒河猴、丛林猫、细长懒猴、狸子、麝猫、猫鼬、巨头鼯鼠、松鼠、豪猪、金豺、麝香鹿、野兔和穿山甲等。这里也是鸟类的王国，有超过 250 种鸟类。

11. 喜马拉雅山国家公园

喜马拉雅山国家公园坐落于印度北部喜马偕尔邦的库鲁地区，位于喜马拉雅山脉的西部，建立于 1984 年，占地面积达 1171 平方千米，海拔为 1500 ~ 6000 米。保护区面积为 905.4 平方千米，缓冲区面积为 265.6 平方千米，保护区由于其“特殊的自然美景和生物多样性”于 2014 年被列为世界自然遗产。

喜马拉雅山国家公园由高峻的山峰、广阔的高山草甸、潺潺的溪流和茂密的森林组成，为生物多样性提供了可能性。保护区内有受季风影响的森林和高山草甸，是 375 种动物的天然栖息地，包括 31 种哺乳动物、181 种鸟类、3 种爬行动物、9 种两栖动物、11 种环节动物、17 种软体动物和127种昆虫等，其中4种哺乳动物和3种鸟类属于世界濒危物种。这些动物在保护区内安逸地生活，受到了良好的保护。根据1972年的野生动物保护法，任何形式的狩猎都是禁止的。保护区内还生长着大量的药用植物。

喜马拉雅山国家公园还是四条河流的发源地，高山冰川和积雪融化产生的涓涓溪流汇成了向西流淌的吉瓦纳尔河、塞恩河、特桑河以及向西北方向流淌的帕尔瓦蒂河。

二 自然保护区

1. 基拉德·加那鸟类保护区

基拉德·加那鸟类保护区（Keoladeo Ghana Bird Sanctuary）原名巴拉普尔鸟类保护区，位于拉贾斯坦邦，是世界上最重要的鸟类繁殖及饲养基地之一。这里生活着364种鸟类，被认为是世界上鸟类品种最珍贵和最丰富的地区之一，也是濒临灭绝的西伯利亚仙鹤过冬的主要栖息地。在雨季，保护区1/3的地方都被鸟类占据，方圆29平方千米内有360多种鸟类，如鸬鹚、白鹭、朱鹭、灰雁、彩鹳、栗树鸭、紫水鸡以及稀有的西伯利亚鹤等。此外，这里有草地、林地、森林沼泽和湿地，不仅是鸟类的家园，还是鱼、蛇、蜥蜴、海龟和其他各种无脊椎动物的栖息地。在这里，游客可以近距离观赏各种鸟类飞翔在沼泽和水面上的姿态。

2. 萨瑞斯加野生动物保护区

萨瑞斯加野生动物保护区（Sariska Wildlife Sanctuary）位于拉贾斯坦邦，以保护孟加拉虎为主。印度的野生动物资源中，居首要地位的自然是孟加拉虎，它被人们尊为“国兽”。孟加拉虎是世界上奔跑速度最快的动物之一，体长可达0.3米，体重一般为180~260千克。优雅又不失敏捷的孟加拉虎悠闲自在地生活在这片富饶的土地上，成为保护区的珍宝。

3. 贾尔达帕拉野生动物保护区

贾尔达帕拉野生动物保护区（Jaldapara Wildlife Sanctuary）位于喜马拉雅山脉东部山麓，属于西孟加拉邦辖地。该保护区混合有森林、草地、沼泽和河流，占地面积为216.51平方千米，拥有各种哺乳动物、两栖动物、爬行动物和鸟类。

早晨骑上大象，将亲历草原深处的兴奋。漫步泥泞中的犀牛，悠闲的象群以及奔跑的鹿群尽收眼底。这里有白肢野牛、梅花鹿、华丽斑驳的犀鸟、色彩鲜艳的鸽子和孔雀。这里的鹿群主要有白斑鹿、猪鹿、水鹿和鸣鹿。水鹿是亚洲体型最大的鹿；白斑鹿和猪鹿独来独往；鸣鹿是一种小型鹿，但有着响亮的鸣叫声。此外，水獭、野猫、松鼠、穿山甲、野兔、豪猪等也是这里的“居民”。这里还有难得一见的世界上濒临灭绝的豚鹿。

4. 马纳斯野生动物保护区

马纳斯野生动物保护区（Manas Wildlife Sanctuary）位于喜马拉雅山脉外围、阿萨姆邦西北、靠近不丹的马纳斯河边的丘陵地带，海拔为40~150米，地势较低且平坦，被认定为老虎保护区的核心地带。

马纳斯野生动物保护区的风景使人流连忘返，神秘而富饶的丛林中生活着各种各样的动物。这里的野生动物数量在印度排名靠前，总共有55种哺乳动物、36种爬行动物和3种两栖动物记录在册。此禁猎区也是印度确定的保护区里拥有哺乳动物最多的地方，而且其中有不少是东南亚雨林的典型动物。马纳斯野生动物保护区的哺乳动物主要包括金叶猴、普通叶猴、长臂猿、暗色豹、老虎、普通豹、金猫、鱼猫、虎猫、熊狸、大懒熊、野狗、恒河海豚、印度大象、印度犀牛、侏儒猪、沼泽鹿、黑鹿、拱鹿、印度麂、水牛、印度野牛、大松鼠、硬毛野兔和穿山甲。爬行类动物包括各种蛇类（如蔓蛇、飞蛇和金环蛇）及蜥蜴。鸟类达300多种，其中包括濒危的大杂色犀鸟、饰以花环的犀鸟等。在马纳斯野生动物保护区沿河泛舟或是以象代步游览美景，真是别有一番意境。

5. 莫杜马赖野生动物保护区

莫杜马赖野生动物保护区（Mudumalai Wildlife Sanctuary）也是老虎保护区，位于南印度泰米尔纳德邦境内与克拉拉邦相邻的奥提附近的尼尔吉利山西北。这里有三种主要的森林保护区：热带湿润落叶林、热带干燥落叶林和热带干刺森林。该保护区大约有 21 种两栖动物、34 种爬行动物、227 种鸟类和 55 种哺乳动物。哺乳动物生活在热带干燥落叶林和热带干刺森林地带。保护区的一些濒危和脆弱的物种包括印度象、孟加拉虎、白肢野牛、印度豹、秃鹰和秃鹫。

6. 卡奇野驴保护区

卡奇野驴保护区（Kachchh Wild Ass Sanctuary）位于古吉拉特邦，占地面积达 45652 平方千米，是印度最大的野驴保护区，为古吉拉特邦的 2100 多头野驴提供自然庇护。

卡奇野驴保护区是一片充满深厚文化底蕴以及拥有奇特地理形态的土地。这里看似是一片直奔向地平线且绵延无尽头的沙漠平原，实际上是一片被卡奇湾和大小盐沼地隔开的季节性岛屿。

除了野驴之外，卡奇保护区还有大量的蓝牛、印度羚，瞪羚、狼和豺等野生动物。此外，卡奇保护区也是观鸟胜地，最著名的鸟是来自西伯利亚的红鹳。在冬季，游客们经常能够在这里看到火烈鸟、鹈鹕和灰鹤等野生鸟类，它们或在沼泽地，或在空中，或在附近水域。

7. 吉尔卡湖

吉尔卡湖（Chilka Lake）也被称为“奇利卡湖”，是印度东海岸的一个潟湖，位于奥里萨邦境内，为印度最大湖、世界第二大潟湖。湖泊长 64. 3 千米，最深处为 4. 2 千米，为奥里萨邦最知名的旅游地之一。

吉尔卡湖有漂亮的小岛点缀其中。这里是印度次大陆最大的候鸟栖息地之一，为印度观鸟胜地之一，每年 10 月至次年 3 月是最佳观鸟期，各种候鸟从西伯利亚、阿富汗、伊朗、伊拉克和喜马拉雅山脉飞来这里落脚。1981 年此处被列为印度国际重要湿地。据统计，在候鸟迁徙高峰期，这里栖息有160多种鸟类，其中45%为陆生鸟类，32%为水鸟，23%为涉禽，此外，还有14种猛禽和152只短吻海豚。

吉尔卡湖也是世界上最大的火烈鸟繁殖地之一，因而成为观赏火烈鸟的最理想地点之一，每年都会吸引大量摄影爱好者和鸟类爱好者前往。

8. 世界雨极乞拉朋齐

乞拉朋齐（Cherrapunji）位于印度东北部阿萨姆邦，在布拉马普特拉河南侧喀西山地南坡海拔1313米处。因为来自印度洋的西南季风带来了大量的水汽，所以这里在6～9月降雨显著增多。卡西丘陵，长约250千米，海拔约为1500米，东端与缅甸西部南北向的阿拉干山、那加山相接，形成了一个宽广的漏斗状谷地，向南敞开。暖湿的西南季风进入这个谷地时，被迫抬升，形成惊人的降雨量。

具体来讲，印度洋是世界最潮湿的地区，那里是湿空气的“仓库”，当西南季风从孟加拉湾吹向青藏高原时，巍峨的喜马拉雅山脉不让它越过，湿润空气被逼发生上升运动，凝结成大量雨滴，瓢泼般地降落在乞拉朋齐，使它成为世界雨极。

9. 西高止山脉

西高止山脉是印度南部的一座山脉，位于德干平原西部，大体与阿拉伯海海岸平行，距离海岸30～50千米。山脉呈南北走向，北起塔普蒂河，南至尼尔吉里丘陵，与东高止山相会合后继续向南延伸，止于科摩林角丘陵，长度约为1600千米，平均海拔为900米。西高止山脉纵穿印度的马哈拉施特拉邦、卡纳塔克邦和喀拉拉邦。

西高止山脉东坡平缓，西坡陡峭。季风盛行时，降水丰富。森林茂密，南部发育为热带雨林，成为重要的热带作物和茶树种植地带。东接德干高原，坡度平缓，降水量在1000毫米以下。有多处山口，为东西间交通孔道。在南部，西高止山脉的南边与其他小山脉相连，特别是泰米尔纳德邦西北部的尼尔吉里山丘。这些小山脉和丘陵与东高止山脉相连接，起到野生动物走廊的作用，通过此走廊，大象等动物可以在东边和西边的山脉之间自由穿行。

西高止山脉最高峰海拔为2695米，位于喀拉拉邦。另外主要的山峰还有北段（马哈拉施特拉邦）的几座高峰。

西高止山脉的生物多样性水平极高并且拥有大量特有物种，它是世界公认的八大“最热门生物多样性热点”之一。山脉范围内的森林，包括全球各地非赤道热带常绿林的一些优秀代表，其中生活着至少500多种鱼类、两栖动物、爬行动物、鸟类和哺乳动物，其中至少325种属于全球濒危植物、动物、鸟类、两栖动物、爬行动物和鱼类。在325种濒危物种中，129种被列为珍稀物种，145种被列为濒危物种，51种被列为极度濒危物种。由于当地农业和种植业的扩展，西高止山脉的生物多样性一直岌岌可危。1997年的一项研究显示，1927～1990年，该地区失去了约40%的森林覆盖，转而变成农田、咖啡和茶叶种植园，原始森林面积缩减至原来的10%。栖息地破碎使当地特有物种，如尼尔吉里林鸽、尼尔吉里塔尔羊、马拉巴灵猫等动物被列入极度濒危物种名单之中。

第三节　其他旅游胜地

一　东部地区

1. 大吉岭

西孟加拉邦的大吉岭又被称为“金刚之洲”，位于喜马拉雅山麓，平均海拔为2134米。由于海拔高，又位于避风的山坡，大吉岭夏季凉爽宜人，一年四季淹没在云海雾河中。在这里，人们可以饱览喜马拉雅山脉的壮丽景色。古色古香的佛教圣地、无忧无虑的山区居民，特别是四周如画的山区风景将永远留在游客的记忆中。

在绵延的积雪中，最高峰干城章嘉峰（Kanchenjunga）海拔为8586

米，为世界第三高峰。干城章嘉峰有“雪中五宝”之意，其知名度虽然远不及珠穆朗玛峰，但在世界第一高峰被确认之前，它曾被以为是世界最高峰。干城章嘉峰是一组巨大群峰的主峰，坐落在三座海拔超过8400米的高峰中央。

大吉岭最吸引人的地方是老虎山，那里是看日出的最佳地点。在老虎山上眺望干城章嘉峰，当曙光照亮了山峰，景色将非常壮丽，白色的山峰变得绚丽多彩。看完日出，游客通常会来到当地著名的藏传佛教寺庙——古木寺。该寺建于1857年，是大吉岭地区历史最悠久的佛教寺庙之一，其内供奉有一座巨型镀金弥勒佛像。

去大吉岭旅游必须要做三件事：其一是去老虎山看日出；其二是乘坐大吉岭小火车；其三是品尝大吉岭红茶，茶种据说是英国人从中国引进的。喜马拉雅铁路往来于大吉岭和西里古里之间，是世界著名的高山铁路，也是世界文化遗产。它以蒸汽为动力，行动迟缓，被戏称为“玩具火车”。尽管如此，乘坐的人还是趋之若鹜，因为沿途风景迷人。大吉岭红茶属于世界三大名茶之一。当地海拔为500~2000米，年均气温为15℃，白天日照充足，昼夜温差大，谷地里常年弥漫云雾，是孕育茶叶独特芳香的一大因素。大吉岭红茶被誉为“红茶中的香槟”，拥有高昂的价格，以高贵典雅的芳香和独特的味道自成一个品牌。

2. 萨萨拉姆

比哈尔邦的萨萨拉姆（Sasaram）为古印度城市，被认为是通往那烂陀和迦耶的门户。在吠陀时代，萨萨拉姆属于迦尸王国的一部分。据说，萨萨拉姆这个名字与萨哈斯特拉巴胡（Sahastrabahu）有关。古时，萨哈斯特拉巴胡统治着包括今天的萨萨拉姆在内的地区，在这里，他与婆罗门武士帕苏拉姆（Parsuram）进行了一场战争。战争结束后，这个地方就以萨哈斯特拉巴胡名字的前半部分和帕苏拉姆名字的后半部分来命名，即萨哈斯特拉姆（Sahastraram）。还有一说，此地被称作萨萨拉姆与谢尔沙·苏瑞有关。萨萨拉姆意即“王之地”，是谢尔沙·苏瑞的诞生地。谢尔沙·苏瑞是阿富汗国王，打败莫卧儿王朝胡马雍后曾统治德里、北印和阿富汗东部长达五年。他的政治经济改革为以后莫卧儿王朝的阿克巴体制提供了范式，史学家称他是“驱逐莫卧儿入侵者、领导印度穆斯林复兴运动的领袖”。

萨萨拉姆因谢尔沙·苏瑞陵墓而著名，此陵墓以红砂岩为材料，综合印度-阿富汗建筑风格，建在萨萨拉姆的一个人工湖中央。此陵墓整体上借鉴了洛迪王朝建筑风格，蓝色和黄色琉璃瓦表明其深受伊朗建筑风格的影响，影响规模较大的穹顶又受到孔雀王朝时代佛塔建筑风格的影响。谢尔沙·苏瑞陵建于16世纪中期，陵墓高出台基30.8米，高出水面47.7米。台基上有两层八角形墓体，其高度位居印度陵墓第二。两层八角形墓体之上是穹顶，与台基四角的小穹顶相呼应。

二　东北地区

西隆

西隆（Shillong）是印度东北梅加拉亚邦的首府，被誉为“东方苏格兰”。这里是“云居住的地方，水居住的地方，女人居住的地方”。梅加拉亚邦是印度最小的一个邦，意为“云居住的地方”。它的名字充满了神秘色彩。这里群山环绕，到处是青山绿水、高山峡谷，故而云雾缭绕。这里是有名的女儿国，是印度唯一一个女人说了算的地方，是个“女人居住的地方”。

莫里农是一个小村庄，拥有“印度最干净的村庄”的美誉。小村里有很多美丽的小路，道路两旁都是郁郁葱葱的花草，让游客在自然风光中体会人与自然的和谐。西隆峰海拔高1965米，站在山峰之巅，喜马拉雅山的美景尽收眼底。毛辛拉姆是世界上最潮湿的地方，雨林密布，云雾缭绕。丰富的降雨量造就了这里美丽的风景、郁郁葱葱的森林、气势磅礴的瀑布以及迷人的石灰岩洞穴。印度橡胶树（印度榕）的树干上会长出强壮而柔韧的次生根，这些次生根向对面生长，形成了树根桥。树根桥可以存在数百年之久，据说当地最古老的一座树根桥已经有 500 多年的历史了。大象瀑布离西隆很近，其名字来自瀑布下像岩石一般的大象。在这里，人们可以看到“飞流直下三千尺，疑是银河落九天”的盛况。

三　北部地区

1. 奈尼塔尔

奈尼塔尔（Nainital）位于印度北部北阿肯德邦东南角的喜马拉雅山脚下。这座小镇群山环绕，云蒸雾绕，风景优美，动植物资源丰富，常年鲜花不断。

奈尼塔尔全镇环绕着碧水澄静的奈尼湖，湖上小舟斑斓，游人随着微波惬意荡漾。紧密林立的居民区、旅馆、餐馆和商铺多依山而建，道路多为“Z”字形的盘山路。湖的两边都是高耸的小山，点缀着美丽的别墅。周围有许多野餐地点，可以看到喜马拉雅山脉的壮丽景色。

奈尼塔尔镇有一连串的湖泊，彼此紧挨着，其中最美丽的便是奈尼湖。奈尼湖是垂钓者的天堂，除了钓鱼，人们还可以游泳、划船、骑马和徒步。这座静谧而优美的山城，确实是一座世外桃源。传说，奈尼湖是由湿婆妻子萨蒂的一颗翠绿的眼珠变成的（“naina”意为眼睛）。奈尼神女庙（Naina Devi Temple）是在 1880 年山体滑坡之后重建的，传说中它标志着眼珠掉落的准确地点，附近是贾玛清真寺和一座谒师所。

2. 昌迪加尔

昌迪加尔（Chandigarh）是印度西北部城市、中央直辖区，同时兼任旁遮普邦与哈里亚纳邦两个邦的首府，但又不属于任何一个邦，而是由中央政府直接管辖。昌迪加尔是一座新的规划城市，为印度“最洁净城市”。规划城市的是瑞士建筑师勒·柯布希耶，他重视空间的分布和利用，展现了 20 世纪 50 年代的尖端建筑风貌。

1922 年，柯布希耶就曾提出过一个 300 万人口的城市规划方案，设想城市中有可以应用现代交通工具的整齐的道路网，中心区有摩天楼，外围是高层和多层楼房，高楼之间有宽阔的绿地。之后，他为巴黎中心区、安特卫普、斯德哥尔摩和阿尔及尔等城市制订的改建规划都贯彻了他城市功能分区的原则。直到20世纪50年代，柯布希耶终于在印度的这片荒原上实现了自己的想法。如今的昌迪加尔，有着宽阔平整的道路、洁净清新的空气、规范有序的车流、花团锦簇的交通环岛，一切都是那么的清新自然。

这座印度“最洁净城市”的特点之一自然是它的城市构造。柯布希耶的总体规划目标是使其集“生活、工作和健康”为一体，并融入人文情怀。昌迪加尔全城宛如一个躺倒的巨人，1区是“大脑”，为政府机关所在地，位于城东北角，管辖着城市的基本运转。17区为“心脏”地带，汇集了银行、宾馆、影院、邮局等其他服务和商业场所，通过一条条宛如血管的道路，为城市的发展输送“养分”，将作为“躯干”和“器官”的全城其他部分紧密地联系在一起。

昌迪加尔的特点之二在于城中有三套政府班子。行政大楼长达245米，顶部造型奇特，犹如一个工业冷却塔，显得有些怪诞。而这里就是印度旁遮普邦、哈里亚纳邦和昌迪加尔中央直辖区共有的行政首府。

昌迪加尔的特点之三最给人以惊喜，即城边有座颇具特色的“垃圾公园”。公园占地10公顷，没有奇花异草和飞禽走兽，共摆放着5000多件用破瓷砖、电线、插头、陶壶、轮胎甚至机床等各种工业废弃物拼铸而成的大小雕像，“垃圾公园”也由此得名。“垃圾公园”还有一个有趣而真实的故事。据说当年建城时，有位名叫昌德的前政府公务员，突发奇想要用工业垃圾铸造雕像，为此花了很多时间搜集了大量材料，并悄悄在远离城市的森林里，建立了一间摆放这些雕像的木屋。1972年城市扩建，昌德的秘密也被发现，即作品的艺术价值也被发现，随后政府支持昌德继续创作，并于1976年建成了这个垃圾公园。对于年轻的昌迪加尔来说，美丽而洁净的垃圾公园恰好弥补了名声显赫的古堡或神庙空缺所带来的遗憾。公园内，既有用电插头做成的大块墙壁和拱门，也有用煤渣堆积成的假山，还有大批用瓷砖片、酒瓶盖堆砌成的小塑像，浩浩荡荡组成了一个个整齐的武士、舞女及动物方阵。

3. 阿姆利则

阿姆利则（Amritsar）位于印度西北旁遮普邦，不仅是印度边境的要塞，也是锡克教的圣城。“阿姆利则”在梵语中意为“花蜜池塘”，原本只是一个神圣的乡村水池，如今已发展成了锡克教徒文化圣地。据说，这里曾是锡克教第一代师尊那纳克修行之地，1577 年第四代师尊拉姆·达斯开始建造，第五代师尊阿尔琼·德沃对其加以发展，以后历代师尊、国王都做了贡献。城内金庙以通体镏金而闻名，为锡克教的总部和行政文化中心。金庙门前的广场既是人们从事商贸之地，也是教徒聚会的场所。九层高的阿德尔高僧塔，为第六代师尊赫尔·高温德的儿子所建。每年印历四月锡克教徒在此举行庆祝丰收的拜喀节，几十万朝圣者聚集在圣湖边，唱歌、开诗会、赛马及举行各种游戏活动，时间长达三天。金碧辉煌的金庙，不仅是锡克教徒的圣地，也是印度的游览胜地。

1919 年 4 月 13 日，约 5 万人在阿姆利则市札连瓦拉公园举行集会，抗议殖民当局的专横暴虐。群众大会完全是和平性质的，有不少人还带着孩子前来参加集会。下午 4 时，英国军官戴尔率领 149 名廓尔喀和锡克士兵前往广场。日落之前，他命令装甲车堵住广场狭窄的入口，自己带领 105 名士兵进入广场。5 时 15 分左右，戴尔下令向密集人群开枪。射击持续 10 分钟，发射子弹 1650 发。打死打伤 1516 人，包括妇孺。阿姆利则惨案成为甘地于 1920 ~ 1922 年发动全国性非暴力不合作运动的直接原因之一。

四　南部地区

1. 金奈

金奈（Chennai），以前被称为马德拉斯（Madras），为印度第四大城市，泰米尔纳德邦首府。300 年前，金奈仅是一个名叫“马德拉斯帕塔姆”的小渔村，后来逐步发展成一个海港小镇。1628 年，英国东印度公司开始在这里兴建工厂，开展贸易，马德拉斯得到了快速发展。19

世纪，马德拉斯更成为印度南部重要的政治、经济、文化中心及交通枢纽。1996 年，马德拉斯被政府改名为“金奈”，但旧称马德拉斯仍被广泛使用。

作为泰米尔纳德邦首府的金奈是达罗毗荼文化的宝库，也是一个没有受到伊斯兰教文化影响的纯粹的印度文化宝库，还是种姓制度残留最明显的地区。这里的印度人大都信奉印度教和基督教，而分别代表这两种宗教的格巴利斯瓦拉神庙和圣多马大教堂也相隔不远。格巴利斯瓦拉神庙是一座达罗毗荼样式的庙宇，供奉湿婆。圣多马是基督教 12 使徒之一，来到印度传教最后死于印度。19 世纪，圣多马大教堂被改建成一座哥特式建筑。

印度历史上，泰米尔纳德邦极少受外族影响，几乎看不到伊斯兰教文化的踪影。泰米尔文化是非常纯粹的印度教文化的代表，除了有自己的泰米尔语言与文字，还拥有独树一帜的文学、音乐、舞蹈、雕刻、寺庙建筑艺术，与北印度文化有明显区隔。

除格巴利斯瓦拉神庙和圣多马大教堂外，金奈还有以下名胜地。

著名诗人圣·提鲁瓦鲁瓦纪念馆为战车造型，馆中安置有一尊圣人雕像。纪念馆前厅走廊里刻着诗人的 133 篇佳作。

金奈政府博物馆可谓古代历史珍宝库。1851 年，金奈第一座政府资助的博物馆建成，收藏了古德拉威人最珍贵的文物。博物馆设有国家艺术馆、当代艺术长廊和儿童博物馆。

马里纳海滩位于金奈东部，与孟加拉海湾相邻，是亚洲最大的海滩之一。在海滩上观日出日落令人心醉，金色的沙滩、令人愉快的冲浪、闪着粼粼波光的蓝色大海，一切都是那么美不胜收。

圣·乔治堡是金奈的荣耀之地，名称来源于英格兰圣徒圣·乔治。堡中有圣母玛利亚教堂和城堡博物馆，其中圣母玛利亚教堂是印度最古老的英国国教教堂，建于 1680 年。

2. 科摩林角

南印度小镇根尼亚古马里（Kanyakumari）又称科摩林角（Cape

Comorin)，为南亚次大陆的最南点，有“天涯海角”之称。以科摩林角为界，印度的海域可分为三部分。东边为孟加拉湾，西边是阿拉伯海，南边是浩瀚无边的滔滔印度洋，三海在此交汇，形成了三色海。仔细分辨，此处的海水清晰地呈现出深蓝、蔚蓝和浅绿三种颜色。深蓝色的无疑是最远处的印度洋，浅绿色的则是阿拉伯海，蔚蓝色的是孟加拉湾，三股海水汇成一体，浩浩荡荡，奔腾而去。

科摩林角是印度唯一可以观看海上日出和日落的地方。每当清晨日出前和黄昏日落时分，游客们便聚集在镇东的海岸边，等待欣赏孟加拉湾美丽的日出和阿拉伯海绚丽的日落。

圣·提鲁瓦鲁瓦是11 世纪泰米尔语诗人、哲学家和作家。他写的《格言集》是印度文学史上的重要著作。科摩林角的小岛上，有一座圣·提鲁瓦鲁瓦巨型雕像，为印度大雕塑家斯塔帕提所设计。

根尼亚古马里因一个感人的爱情故事而得名。美丽温柔的女神爱上了印度教大神湿婆，可是湿婆不为所动。女神为了表明心迹，在这三海汇合处苦修了千年，终于感动了湿婆，得到了爱情。湿婆驾临这里同女神举行婚礼，诸神来此祝福他们，向他们头上抛撒了七种稻谷，后来这七种稻谷变成海滩上七种颜色的沙子。此地的沙粒的确五彩缤纷。如今，科摩林角海边的岛上还建有一间庙宇，庙宇之中供有一个不大的玻璃房，房中是一只被精心呵护的大脚印，游客不准拍照，不准大声喧哗，据说这是当年湿婆大神驾临人间时留下的仙踪。每天早上日出时，第一缕阳光总会从庙宇东门直射而入，照在库玛丽女神像的鼻环上，格外耀眼。

维沃卡南达纪念馆坐落在城镇南端对面约 200 米的小岛上，建于1970 年。修士斯瓦米·维沃卡南达（辨喜）于 1893 年到访，并在海中岩石上冥想而得“开启”，后来成为伟大的宗教推动者。纪念馆内建有一座纪念石碑及一间冥想室，供游客坐下来冥想。

甘地纪念馆位于库玛丽神庙旁，建于 1956 年，曾用来存放圣雄甘地的骨灰缸。据说每逢甘地诞辰日，阳光总会穿透馆内屋顶的窗口，直射到曾存放甘地骨灰缸的基座上。

3. 科钦

科钦（Cochin）是印度西海岸最重要的港口之一，也是喀拉拉邦埃尔讷古勒姆区的一部分。科钦面对阿拉伯海，拥有优良的海港，水上运输非常发达，被誉为“阿拉伯海之皇后”，更是印度喀拉拉邦最大的城市。作为港口城市，科钦的独特之处在于有浓荫遮蔽的潟湖、树木茂密的岛屿、古老的宫殿、圆锥形风格的教堂和波光粼粼的回水。事实上，科钦是一群由桥梁连接起来的岛屿和城镇。

作为海上香料之路的重要港口，科钦曾被《美国地理杂志》评为“世界乐土”，除了自然风光和历史遗迹，这里还有独一无二的“卡塔卡利舞”。“卡塔卡利舞”是只属于科钦的文化表现形式，也只有在这里才能看得见。表演者通常十岁便开始学习，需要 12 年以上的专业学习才有登台资格。

科钦北面约 100 千米的地方有一个奎隆镇，其古老香料市场的杂货铺里，密密麻麻地摆放着中国式炒菜锅，当地人叫它“中国锅”。科钦有一座建于 1568 年的犹太教堂，地上铺着 1000 多块中国青花瓷砖。

科钦港西边的“科钦堡”留下了殖民时期的遗迹，也是游客参观的重点，著名的景点包括 16 世纪兴建的圣弗朗西斯教堂、犹太教堂、荷兰宫、犹太城及圣芳济教堂等。漫步科钦的街头，棋盘式交错的巷弄里，看不到传统印度庙宇，反而是浓烈的欧洲风情。科钦最古老的欧洲建筑是建于 1503 年的圣弗朗西斯教堂——一座葡式风格的基督教教堂。

科钦最吸引人的景色，莫过于“回水泛舟”。回水是一种奇特的地理现象，如同潟湖。回水并不深，艄公用一根竹竿就可撑起一叶木舟，在河道里游走自如。租上一叶小舟，由艄公撑篙，几下便划入了浓荫遮蔽的狭窄港汊。水乡顿时宁静下来，坐着小船划行在水天相映的河道，水面静谧得像面镜子，有世外桃源般的悠闲，竹篙击起的波纹似轻鸥掠过水面，刹那间水面又恢复了原有的平静。那种恬静、那份安逸，恍若隔世，妙不可言。

科钦海岸还有独一无二的景观——中国渔网，传说郑和下西洋时将其留给当地人，并教会了他们用中国的渔网捕鱼。这种渔网至今还为当地渔民所使用。

4. 特里凡得琅

特里凡得琅（Trivandrum）是喀拉拉邦的海滨首府，许多公园和美丽的建筑都坐落在低矮的山丘上，山下则是宁静的山谷、茂密的椰树林。“特里凡得琅”的意思是“圣蛇之地”，即印度神话中蛇王阿难陀居住的地方。特里凡得琅有一座古老的印度教神庙——斯里·伯德默纳珀斯瓦米神庙，其位于城市中心，宏伟而壮丽。该神庙供奉毗湿奴大神，其神像斜躺在巨大的蛇床上。

在印度教神话中，蛇王阿难陀是毗湿奴惰性的显现，居住在叫作帕塔拉的地下世界中。据说地下世界分七层，帕塔拉是最下面的一层。那里有美丽的建筑，甚至比天界更美丽。那里的蛇（那迦）都佩戴着精美的饰品，饰品上镶嵌着闪闪发光的宝石。那里白昼阳光灿烂，夜间月光皎洁，气温不冷不热，时间停止流逝。蛇王阿难陀住在最下面，长有1000颗头，身躯呈万字形，为毗湿奴充当床。当世界末日到来时，阿难陀的面部生出鲁陀罗，发出毒火般的光毁灭三界。他头顶地球如王冠，打个哈欠就会地动山摇。那里的人不知道什么是终结，因为阿难陀本身就是终结。①

斯里·伯德默纳珀斯瓦米神庙是一座极具南印建筑特色的印度教神庙，建于1733年。主殿屋顶为山脊型，宽大、陡峭，屋脊高高隆起，达七层之高，显得雄伟壮观。神庙四周、屋顶、支柱等上面层层叠叠地刻满了神像，雕饰题材主要取自印度教神话故事。斯里·伯德默纳珀斯瓦米神庙是特里凡得琅最著名的寺庙，属于典型的喀拉拉建筑风格。传说为建这座庙，总共用了400个泥瓦匠、6000名劳工和100头大象。

---

① 毛世昌、袁永平主编《印度古典文学词典》，兰州大学出版社，2016，第470～471页。

5. 迈索尔

英国占领印度之前，卡纳塔克邦的迈索尔（Mysore）是瓦迪亚尔王国的首都。在瓦迪亚尔王国时代，迈索尔是印度南部的文化之都，到处是宫殿、花园、林荫大道和神圣寺庙。“迈索尔”之名源于印度教神话传说。传说，水牛魔玛西萨大肆破坏迈索尔，湿婆大神的妻子帕尔瓦蒂接受人们的祈祷，决定消灭水牛魔。她化为人形将魔头斩杀于查蒙迪，并居住在了查蒙迪山顶，接受人们的膜拜。

迈索尔位于卡纳塔克邦南部、查蒙迪山麓盆地中，风景秀丽，有“印度公园”之美誉。由于气候适宜，这里到处是树，榕树遮天蔽日，冠如伞盖；杉树高达百仞，枝干挺拔；棕榈树干浑圆，“风度翩翩”。这里到处是花，有的洁白如玉，有的火红欲燃，有的黄艳如绢，到处弥漫着清醇的花香。

迈索尔既是一个风景优美的观光城市，亦是一个历尽沧桑的历史名城。政权变换、朝代更替，使得迈索尔在历史长河中变得更加璀璨夺目。一些强大的王朝，如嘎斯王朝、察路基亚王朝、洪雅拉斯王朝、维查耶纳伽尔王朝，伊斯兰的海德阿里和提蒲苏丹，以及中世纪的沃德亚王朝，都在迈索尔留下了各自的痕迹。沃德亚王朝先后有 24 位君主登上了皇宫的宝座，查玛亚・沃德亚三世筑造了迈苏郎维亚城，并在查蒙迪山寺庙后建造了蓄水池。拉伽・沃德亚建造了塞林加巴丹寺，并且扩大了迈索尔的疆域，1610 年又设立达萨拉节。在他 39 年的统治中，迈索尔达的文化达到了顶峰。坎提那瓦・那拉思哈拉伽・沃德亚的名声像他的身体一样“健壮”，与毕加蒲和思维郎迦蒲塔纳的两场战役使他在迈索尔的统治坚不可摧。在与英国侵略者展开的浴血斗争中，迈索尔人民写下了不朽的英雄篇章。

迈索尔王宫是印度撒拉逊建筑风格，有拱顶、塔楼、拱门、石柱走廊等，几乎囊括了全世界的艺术珍品。会客厅气势恢宏，天顶装饰华丽，石柱雕刻精美，其内有枝型吊灯、铸铁大柱、比利时染色玻璃。在达萨拉节期间，迈索尔王宫彻夜灯火通明，使人流连忘返。

6. 海得拉巴－塞昆德拉巴德

海得拉巴－塞昆德拉巴德（Hyderabad－Secunderabad）是一座双子城，为安得拉邦首府，位于安得拉邦西北部，连接两城的是胡赛萨卡尔湖。海得拉巴拥有400多年的历史，以美丽的自然风景、庙宇、清真寺、尖塔、商场和桥梁著称，城市建设整齐宏伟，有"花园城"之称。海得拉巴不仅是一座有着悠久历史的古城，而且是一座商业发达的现代都市。它之所以可以成为印度大都市，主要是因为19世纪在海得拉巴市附近建立的双胞胎城市——塞昆德拉巴德。

印度的胡赛萨卡尔湖犹如中国的杭州西湖，整个海得拉巴便是环绕这个湖泊而建。著名的湖滨大道宽阔优美，沿线排列着几十位当地历史人物塑像，它们日夜守护着海得拉巴的繁荣与安宁。靠近南岸的湖心，竖立着一尊巨大的石雕佛像。

海得拉巴是古老与现代融合的城市，现代化气息浓郁的高楼大厦与古老的印度教神庙交相辉映，成为印度的"伊斯坦布尔"。

四塔楼（刹明那门）是海得拉巴的象征，就如泰姬陵对于阿格拉或埃菲尔铁塔对于巴黎一样。海得拉巴曾是库杜布·沙希王朝的都城。四塔楼建于1591年，是海得拉巴的标志性建筑，通常被称为"东方的凯旋门"。这是一座宏伟的四方形花岗岩建筑，下方建有四扇高大的拱门，分别朝向东西南北。这座四方形建筑的每一角都建有一座高达24米的尖塔，使该建筑的高度达到约54米。每座塔的底座均为莲叶形，是库杜布·沙希王朝建筑特有的基本图案花纹。

安得拉邦博物馆坐落在一个独特的公园里，以其丰富的古董和艺术品贮藏而闻名。安得拉邦博物馆是印度馆藏文物和艺术品最为丰富的博物馆之一，由尼柴姆七世于1920年建成，属于典型的印度撒拉逊风格建筑，有佛教馆、婆罗门教和耆那教馆、青铜馆、兵甲馆、钱币馆、阿旃陀馆等。

戈康达堡是印度著名堡垒之一，其名称来源于泰卢固语"葛尔康达"，意思是"牧羊人的山坡"。戈康达堡曾是库杜布·沙希王朝的都城，如今已成废墟，但其大部分石头结构仍然保存了下来。依山而建的堡垒、蜿蜒直上的石阶、山顶上的石头清真寺和宫殿、山下后宫里的喷泉池和土耳其浴室以及巨大的石头拱廊等无不向世人宣示当年库杜布·沙希王朝的兴盛与繁荣。令人震惊的是，该城堡采用了声学报警系统。在城门下拍掌，高达61米的山顶殿宇中便可听见回声。国王由此迅速准确地接收城外的消息，不失时机地发号施令。

库杜布·沙希王朝的陵园位于戈康达堡以北约1千米处，前后共有七位君主长眠于此。陵墓整体呈方形，墓顶为葱头状圆形，类似于北方莫卧儿王朝的花园式陵墓建筑。陵园里广植花木，环境优美。

此外，哥达巴鲁国家公园、玛哈维尔哈里那瓦那萨里国家公园、玛鲁咖瓦尼国家公园、海洋公园、奥斯曼萨咖尔湖、绿色牧场和度假胜地、萨米尔培以及珍宝岛等都是值得一去的旅游地。

7. 乌塔迦曼达兰

乌塔迦曼达兰（Udagamandalam）也称乌提（Ooty），是泰米尔纳德邦的一个城市，位于哥印拜陀市以北86千米、迈索尔以南128千米处，是尼尔吉利山区的首府城市。乌塔迦曼达兰也是印度最受欢迎的山地车站之一，有“山地车站中的皇后”之美誉。

政府玫瑰花园是印度最大的玫瑰花园，坐落在乌塔迦曼达兰的山坡上，海拔2200多米。花园里，外来和本土花卉品种繁多，还有一棵化石树，据说有2000万岁。

尼尔吉利山区铁路值得一提，这是一条风景如画的铁路线，周围绿树环绕，山路隧道令人眼花缭乱。乌塔迦曼达兰位于尼尔吉利山区，通过公路和铁路与平原相连，这条古老的铁路线将平原上的梅图帕拉扬镇和乌塔迦曼达兰连接起来。这种旧式火车为蒸汽机火车，具有巨大的遗产价值，为宝莱坞电影的拍摄提供了方便。

乌塔迦曼达兰也是印度的生物保护圈，有大面积的森林植被。位于贝利亚的野牛谷是一个可以享受大自然美景的地方，除了野牛之外，其他野生动物，如熊、大象、猴子、老虎和豹也可以在这里看到。野牛谷还是鸟类的家园，不同种类的鸟儿，如鸽子、白头鹎、龙鹅、啄木鸟等聚集在这里，其乐融融。

西姆公园总面积为16公顷，以其茂密的绿色植被而闻名。鹿园位于乌提湖畔，是印度海拔最高的动物园之一，仅次于奈尼塔尔动物园。乌提湖占地0.26平方千米，湖上有船屋。游客既可以体验在船屋中居住，亦可以划船散心。

五　西部地区

1. 孟买

“孟买”（Mumbai）之名源于印度教女神孟巴（雪山神女化身之一、渔民的保护神），是印度西岸大城市和印度最大海港，也是马哈拉施特拉邦的首府，素有印度“西部门户”之称。孟买是印度的商业和娱乐业之都，拥有重要的金融机构。孟买市区背依青山，面临大海，拥有广阔的海滨沙滩和幽静的街头花园，市容典雅秀丽。

孟买在19世纪下半叶开始城市改造。前期的改造偏向维多利亚新哥特式，融合了适应当地气候特色的印度元素。20世纪初，城市改造转为带有印度元素的装饰风格，从而形成独特的“印度装饰艺术”。维多利亚式和印度装饰艺术建筑群面积达1.63平方千米，是维多利亚新哥特式建筑和印度装饰艺术的完美结合，诠释了孟买在19世纪和20世纪经历的现代化历程。维多利亚火车站与伦敦火车站几乎一模一样，阿拉伯海之滨的“印度门”成了西方文化进入印度的象征。

印度门（Gateway of India）位于孟买的阿波罗码头，面对孟买湾，是一座融合了印度和波斯文化建筑特色的拱门，高26米，建于1911年，为纪念来访的英王乔治五世和玛丽皇后而兴建。此拱门为古吉拉特式建筑，形制与法国的凯旋门极为相似，已成为孟买的象征，是市政府迎接各国宾客的重要场地。从阿拉伯海登上孟买的土地，首先要通过这座被视为门户的建筑。在这里遥望大海，湛蓝的海水与蔚蓝的天空连为一片，真有海天一色之感。

海滨大道一向是最让人向往的地方。如果孟买对于印度来说是“印度城市中的皇后”，那么海滨大道就是“皇后的项链”。海滨大道形似一弯新月，镶嵌在美丽的海滩之上。高高的椰子树整齐地排列两旁，海风徐来，枝叶摇摆，南亚的绝美风光在这里尽显无遗。在月牙形的海岸上，一座座新式的高楼大厦和旧式楼宇交相辉映。只有曾在这里悠闲地散过步，才不失为去过印度。入夜，华灯耀彩，金光万点。

孟买也是拜火教圣地。1640 年，帕西人开始向孟买（Mumbai）迁徙。1661 年，帕西人在孟买基本定居下来。自此，孟买地区有了拜火庙和很多拜火教圣火。寂静之塔是堆放拜火教徒遗体的地方。拜火教认为，人死时，灵魂迅速和肉体分离，邪灵进入遗体，尸体从此变得肮脏不堪，任何人都不能触摸它，包括死者的亲属。拜火教徒认为自己的身体不洁，充满罪恶，水葬则污染水源，土葬则污染大地，火葬则是对善神马兹达不敬，所以由秃鹰吃掉是减轻自己罪孽的最好方法。他们把尸体放入无盖棺中，再把无盖棺置于寂静之塔中，让秃鹰等食肉的猛禽自由地接近尸体，啄食尸肉。这就是拜火教的天葬。

2. 奥兰加巴德

马哈拉施特拉邦的奥兰加巴德（Aurangabad）是印度德干高原上的一座古老城市，位于孟买以东约 350 千米处，这里不仅残留着 17 世纪建造的佛教石窟群和莫卧儿时代的遗迹，还有热闹的市场，是一处旅游胜地。其中最负盛名的景点是埃洛拉石窟，呈现出天人合一的完美景致，堪称建筑艺术史上的奇迹，令人叹为观止。

奥兰加巴德与莫卧儿王朝奥朗则布大帝有很深的渊源，城市的名称也体现了这一点。

小泰姬陵位于城北，是奥朗则布为嫔妃建造的陵墓。陵墓仿照泰姬陵进行设计，外观、制式几乎与泰姬陵一模一样，但规模和建筑用料均逊色不少。底座和圆形屋顶采用大理石装饰，其余建筑部分均使用石灰浆建成。经年累月，除了大理石装饰部分，其他全都出现了明显的风化侵蚀现象，变得斑驳破败，因此被世人戏称为“穷人版的泰姬陵”。

道拉塔巴德堡（Daulatabad）位于城市西郊，意为“繁荣之城”（又译为“幸福之城”）。道拉塔巴德堡始建于1187年，占地0.95平方千米，其独特的军事工程设计包括道道城墙壁垒、条条壕沟深涧，以及堡内的暗道机关、迷惑空间。据说自建成后，该城堡从来没有被攻破过。城堡大门上的铁钉是用来防御大象的，古时用大象撞门攻城，大象被铁钉刺疼，就会放弃攻门。

道拉塔巴德堡与焦特布尔的梅黑格尔堡和海得拉巴的戈康达堡被列为印度最著名的三大城堡，它缘山而建，是中世纪德干高原最强有力的堡垒。

3. 曼杜

曼杜（Mandu）是印度中世纪最具浪漫色彩的古城，位于中央邦达尔地区南部35千米处。达尔地区发掘出土的铭文显示，有一位名叫钱德拉·西姆哈的商人，在一座名叫曼达帕·杜尔迦（Mandapa Durga）的地方寺庙中安置了一尊神像。因此，曼杜之名应该是曼达帕·杜尔迦的简称。

10～11世纪帕拉玛拉王朝统治时期，曼杜的地位显得尤为突出。曼杜位于海拔633米高的文迪耶山上，北有马尔瓦高原、南有纳尔马达河谷作为天然防御屏障。由于帕拉玛拉王朝在与邻国的战争中失利，阇耶跋摩二世便将都城从位于平原地区的达拉迁到了曼杜。此后，曼杜地区几经易手。1305年，德里穆斯林苏丹占领曼杜。1401年，帖木儿控制德里，马儿瓦总督迪拉瓦尔·汗建立了自己的古里小王朝。他的儿子胡桑·沙将都城从达尔迁到曼杜，并使曼杜变得相当繁荣，这种情况一直延续到穆罕默德·卡尔吉建立卡尔吉王朝。1469年，卡尔吉王朝国王吉亚斯－乌德－丁成功继位。他是一个沉迷美色之人，后宫佳丽数千。为了满足自己，吉亚斯－乌德－丁为妻妾们建造了一座贾哈兹宫（船宫）。1531年，古吉拉特的巴哈都尔·沙占领曼杜，但不久与莫卧儿王朝发生战争。1570年，曼杜最终落入阿克巴之手，成了莫卧儿王朝的管辖地。1732年，马拉塔王朝占领曼杜，都城再一次迁往达尔。

由于独特的战略地位和自然防御功能，曼杜有了丰富多彩的历史，留下了不少的文化遗迹，其中一些非常有名，由南至北依次如下。

鲁普马婷阁（Roopmatin's Pavilion）为一座砂岩建筑，其主要用来监视与放哨。罗尼·鲁普马婷是一名歌姬，国王巴兹·巴哈都尔的情人，两人因互相爱恋而最终成婚。据说，鲁普马婷阁就是为她而建，她可以清楚地看到位于其下的巴兹·巴哈都尔宫。

巴兹·巴哈都尔宫院落巨大，周围有很多宫殿，位于鲁普马婷阁下方。

雷瓦·昆德（Rewa Kund）是一座水库，位于鲁普马婷阁下方，为巴兹·巴哈都尔所建，其建造目的是为鲁普马婷阁供水，被认为是一座建筑奇迹。

贾米清真寺是曼杜最精美的建筑，建筑灵感来自大马士革的大清真寺。贾米清真寺风格简朴，庭院巨大，入口宏伟。

胡桑·沙陵是印度第一座大理石建筑，也是最精致的阿富汗建筑之一。它的独特性在于完美的圆顶比例，错杂有致的大理石晶格、柱廊庭和塔。它简直成了泰姬陵的建筑模板。

贾哈兹宫坐落在两个人工湖之间，这座两层的建筑奇迹之所以如此命名，是因为它就如漂浮在水里的船只。该宫殿为吉亚斯－乌德－丁所建，是他的后宫。

信都拉宫也被称为“摇摆宫”，如此命名是因为它的墙壁倾斜。信都拉宫可能为胡桑·沙统治期间的建筑，也可能是卡尔吉王朝时期的建筑。信都拉宫是一座会客议事厅，周围还有许多不知建造时间的宫殿。

曼杜还有 12 道大门，无声地诉说着曾经的富有与辉煌。

4. 果阿

果阿的历史可追溯至公元前 3 世纪的孔雀王朝。约 2000 年前，果阿属于百乘王朝，580～750 年属于遮娄其王朝。接下来的几个世纪里，果阿先后经历了几个王朝的统治。1312 年，果阿属于德里苏丹国，1469 年又被古尔伯加的巴赫曼尼苏丹国占领。巴赫曼尼苏丹国瓦解后，果阿被比贾布尔苏丹国的阿迪勒·沙阿占领。1509 年 11 月 25 日，第一个西方殖民主义者——葡萄牙人阿方索·德·阿尔布尔克尔在果阿登岸，随后使之成为殖民地葡属印度的首都。16 世纪，当其他欧洲列强抵达印度时，大部分葡萄牙殖民地被英国和荷兰抢走。在印度的葡萄牙殖民地只剩下印度西海岸的少数几个地区，果阿是其中最大的一个，而且很快成为最重要的海外殖民地。葡萄牙人定居果阿，与本地妇女通婚，果阿也因此拥有相当数量的欧亚混血人口。1947 年印度独立后，要求葡萄牙归还果阿，但葡萄牙并没有答应。1961 年 12 月 12 日，印度部队进驻果阿。1987 年 5 月 30 日，果阿升格为印度第 25 个邦。1974 年，葡萄牙正式承认印度对果阿的主权。

果阿坐落在阿拉伯海海滨，四季如春，风景优美，山谷苍绿，植被繁茂，房屋古雅，以一望无际的大海、郁郁葱葱的森林山丘、晶莹的沙滩、新鲜的海鲜和神秘的历史情调而闻名世界，被誉为“人间天堂”“东方罗马”。果阿的海滩是热爱自由的年轻人的天堂，沙滩、椰林以及浓浓的异国风情，造就了一种与印度最格格不入但又只能在印度才能感受到的独特地域气质。果阿比印度其他地方自由开放得多，这里的人特别是妇女的穿着比较西化，大都穿短裙、连衣裙，而极少穿纱丽，男女青年公开谈情说爱也比较多见。

果阿是教堂和修道院密集的地方。葡萄牙人曾在这里建了大量的教堂，这些建筑属于 15 世纪末至 16 世纪的葡萄牙马努埃尔建筑风格、16 世纪意大利矫饰风格和巴洛克风格，它们对 16 ~ 17 世纪印度建筑、雕刻、绘画的发展产生过重大影响。岁月沧桑，这些教堂现今只剩下一半多。果阿的教堂和修道院集中在果阿旧城，即曾经的葡属印度首府，其中最著名的是仁慈耶稣大教堂。

5. 艾哈迈达巴德

艾哈迈达巴德（Ahmedabad）又译为“阿麦达巴”，是印度古吉拉特邦第一大城市，印度第七大城市。艾哈迈达巴德原系阿沙瓦尔的印度教城镇，1412 年经古吉拉特国王阿默达·沙扩建，并改为今名。15 世纪起逐渐繁荣。17 世纪成为印度西部最大、最繁荣的城市，后孟买兴起，其地位下降。印度独立后，1970 年前为古吉拉特邦首府。

艾哈迈达巴德是印度西部古吉拉特邦最大城市和重要纺织中心、交通枢纽。在肯帕德湾以北 96 千米处的古吉拉特平原上，跨萨巴马蒂河东西两岸，海拔 55 米。新城建于右岸，是行政、文教和住宅区；旧城在左岸，是商业中心和铁路枢纽；工人区分布于铁路沿线和东部郊区。

艾哈迈达巴德是个历史悠久的古城，市景繁荣，人民穿着讲究，妇女们穿的是漂亮的刺绣服装，佩戴着民族色彩浓厚的银制首饰，到处可看到展售的传统工艺品，很多人把窗棂、阳台装饰得美轮美奂。

这里也有许多名胜古迹可供参观，如清真寺、耆那教寺院，或具当地特色的石阶井，到处都可领略到出色的工匠技术。贾玛清真寺以 256 根石柱著称，格外庄严肃穆；西迪赛义德清真寺有非常细致的格子窗；达达·哈里石阶井作为建筑学上的杰出建筑物而闻名世界。

附录　印度历史一览

孔雀王朝之前

印度河文明（Indus Valley Civilization，约前 3300 ~ 前 1700）

约前 3300 ~ 前 2600　前哈拉帕文明（Early Harappan）

约前 2600 ~ 前 1700　哈拉帕文明（Harappan）

吠陀文明（Vedic Civilization，约前 1500 ~ 前 600）

约前 1500 ~ 前 900　前吠陀时期

约前 900 ~ 前 600　后吠陀时期

列国时期（Maha Janapadas，约前 599 ~ 前 486）

前 599 ~ 前 527　伐弹摩那大雄（Vardhamana Mahaviry）

约前 565 ~ 前 486　佛陀（Buddha）

摩揭陀国（Magadha Kingdom，约前 600 ~ 前 321）

诃黎王朝（Haryanka Dynasty，前 544 ~ 前 413）

前 544 ~ 前 492　频毗娑罗（Bimbisara，瓶沙王）

前 492 ~ 前 460　阿阇世王（Ajatashatru，未生怨王）

前 460 ~ 前 440　优陀夷（Udayin，升贤王）

?　阿尼卢陀（Aniruddha）

?　穆达（Munda）

前 437 ~ 前 413　纳迦达萨卡（Nagadasaka）

幼龙王朝（Shishunaga Dynasty，前 412 ~ 前 345）

前 412 ~ 前 395　湿术那伽（Shishunaga）

?　迦罗输伽（Kalashoka）

?　凯什摩达曼（Kshemadharman）

? 南迪瓦达纳（Nandivardhana）

? ~前345 摩诃难丁（Mahanandin）

难陀王朝（Nanda Dynasty，前345~前321）

前345~? 摩诃帕德玛·难陀（Mahapadma Nanda）

? 潘杜卡·难陀（Pandhuka Nanda）

? 布托帕拉·难陀（Bhutapala Nanda）

? 庞胡帕提·难陀（Panghupati Nanda）

? 拉什特拉帕拉·难陀（Rashtrapala Nanda）

? 戈微沙那卡·难陀（Govishanaka Nanda）

? 达沙希达卡·难陀（Dashasidkhaka Nanda）

? 凯瓦尔陀·难陀（Kaivarta Nanda）

? 凯文纳特·难陀（Karvinatha Nanda）

? ~前321 达那·难陀（Dhana Nanda）

波斯人和希腊人入侵印度（约前538~前325）

约前538~前529 波斯居鲁士（Cyrus）远征印度

前521~前486 波斯大流士（Darius）入侵印度

前327~前325 希腊亚历山大征服印度西北部

历史黄金时期

孔雀王朝（Mauryan Dynasty，前322~前185）

前322~前298 旃陀罗笈多·孔雀（Chandragupta Maurya，月护王）

前297~前272 频头娑罗（Bindusara，适实王）

前273~前232 阿育王（Ashoka，无忧王）

前232~前224 达沙罗陀（Dasharatha，十车王）

前224~前215 三钵罗底（Samprati）

前215~前202 沙利舒迦（Shalishukha）

前202~前195 提婆瓦曼（Devavarman）

前 195 ~ 前 187　　沙陀丹万（Shatadhanvan）
前 187 ~ 前 185　　布里哈达拉塔（Brihadratha，坚车王）

巽迦王朝（Sunga Dynasty，前 185 ~ 前 73）

前 185 ~ 前 149　　布舍耶密陀罗·巽迦（Pushyamitra Shunga）
前 149 ~ 前 141　　阿格尼密陀罗（Agnimitra）
前 141 ~ 前 131　　瓦苏吉耶斯陀（Vasujyeshtha）
前 131 ~ 前 124　　瓦苏密陀罗（Vasumitra）
前 124 ~ 前 122　　安德罗迦（Andhraka）
前 122 ~ 前 119　　普林达迦（Pulindaka）
前 119 ~ 前 116　　戈沙（Ghosha）
前 116 ~ 前 110　　瓦吉拉密陀罗（Vajramitra）
前 110 ~ ?　　巴贾巴德拉（Bhagabhadra）
前 83 ~ 前 73　　提婆补底（Devabhuti）

甘婆王朝（Kanva Dynasty，前 75 ~ 前 26）

前 75 ~ 前 66　　伐苏提婆·甘婆（Vasudeva Kanva）
前 66 ~ 前 52　　布米密陀罗（Bhumimitra）
前 52 ~ 前 40　　纳罗耶那（Narayana）
前 40 ~ 前 26　　苏萨曼（Susarman）

外族入侵和贵霜王朝（Kushan Dynasty，前 200 ~ 230）

印度 - 希腊国王和其他外族统治时期（前 200 ~ 48）

前 200 ~ 前 190　　印度 - 希腊（Indo - Greek）国王德米特里一世（Demetrius I）
前 198 ~ 前 180　　祖叉始罗（Taxila）国王盘陀利（Pantaleon）和阿加托克利斯（Agathocles）
前 180 ~ 前 160　　旁遮普（Punjab）国王梅南德（Menander）
前 170 ~ 前 145　　大夏（Bactrian）国王幼克拉提德斯（Eucratides）
前 145 ~ 前 130　　大夏最后一位国王赫里奥克勒斯（Heliocles）

前 140 ~ 前 130　　祖叉始罗国王安提亚吉达斯（Antialcidas）

前 95 ~ ?　　阿拉霍西亚（Arachosia）和旁遮普的萨卡王毛伊思（Maues）

20 ~ 48　　祖叉始罗国王贡多弗尼斯（Gondophares）

贵霜王朝（Kushan Dynasty，30 ~ 227）

30 ~ 80　　丘就却（kujula Kadphises，大月氏贵霜王）

80 ~ 105　　阎膏珍（Vima Taktu）

105 ~ 127　　维摩·伽德菲塞斯（Vima Kadphises）

127 ~ 147　　迦腻色加一世（Kaniska I）

151 ~ 155　　婆湿色加（Vāsishka）

155 ~ 187　　胡毗色迦（Huvishka）

192 ~ 227　　瓦苏德瓦一世（Vasudeva I）

笈多王朝（Gupta Dynasty，320 ~ 550）

320 ~ 335　　旃陀罗笈多一世（Chandragupta I）

335 ~ 375　　沙摩陀罗笈多（Samudragupta）

375 ~ 415　　旃陀罗笈多二世（Chandragupta II）

415 ~ 455　　鸠摩罗笈多一世（Kumaragupta I）

455 ~ 467　　塞建陀笈多（Skandagupta）

467 ~ 473　　补卢笈多（Purugupta）

473 ~ 476　　鸠摩罗笈多二世（Kumaragupta II）

476 ~ 495　　布陀笈多（Budhagupta）

495 ~ ?　　那罗僧诃笈多（Narasimhagupta）

540 ~ 550　　毗湿奴笈多（Vishnugupta）

戒日王朝（Harsha Dynasty，606 ~ 647）

606 ~ 647　　戒日王（Harsha）

帕拉王朝（Pala Dynasty，750 ~ 1174）

750 ~ 770　　戈帕拉（Gopala）

770 ~ 810　　达摩帕拉（Dharmapala）

810 ~ 850	提婆帕拉（Devapala）
850 ~ 854	舒拉帕拉（Shurapala）
854 ~ 855	毗伽罗诃帕拉（Vigrahapala）
855 ~ 908	那罗延帕拉（Narayanapala）
908 ~ 940	罗吉耶帕拉（Rajyapala）
940 ~ 960	戈帕拉二世（Gopala II）
960 ~ 988	毗伽罗诃帕拉二世（Vigrahapala II）
988 ~ 1038	摩醯帕拉（Mahipala）
1038 ~ 1055	纳亚帕拉（Nayapala）
1055 ~ 1070	毗伽罗诃帕拉三世（Vigrahapala III）
1070 ~ 1075	摩醯帕拉二世（Mahipala II）
1075 ~ 1077	舒拉帕拉二世（Shurapala II）
1077 ~ 1130	罗摩帕拉（Ramapala）
1130 ~ 1140	巨摩罗帕拉（Kumarapala）
1140 ~ 1144	戈帕拉三世（Gopala III）
1144 ~ 1162	摩达纳帕拉（Madanapala）
1162 ~ 1174	戈文达帕拉（Govindapala）

普拉提哈罗王朝（Pratihara Dynasty，725 ~ 1018）

725 ~ 783	那伽波陀一世（Nagabhata I）
783 ~ ?	婆查罗阇（Vatsaraja）
? ~ 833	那伽波陀二世（Nagabhata II）
833 ~ 836	罗摩巴德罗（Ramabhadra）
836 ~ 890	弥希罗·波迦（Mihira Bhoja）
890 ~ 910	摩哏德罗帕拉（Mahendrapala）
? ~ 1018	罗吉耶帕拉（Rajyapala）

拉喜特拉库特王朝（Rashtrakuta Dynasty，753 ~ 982）

753 ~ 756	丹提杜尔迦（Dantidurga）
756 ~ 774	克里希那一世（Krishna I）

774～780　　戈文达二世（Govinda II）

780～793　　德鲁婆·达罗瓦沙（Dhruva Dharavarsha）

793～814　　戈文达三世（Govinda III）

814～878　　阿莫迦瓦沙（Amoghavarsha）

878～914　　克里希那二世（Krishna II）

914～929　　因陀罗三世（Indra III）

929～930　　阿莫迦瓦沙二世（Amoghavarsha II）

930～936　　戈文达四世（Govinda IV）

936～939　　阿莫迦瓦沙三世（Amoghavarsha III）

939～967　　克里希那三世（Krishna III）

967～972　　考提迦（Khottiga）

972～973　　加尔迦二世（Karka II）

973～982　　因陀罗四世（Indra IV）

塞纳王朝（Sena Dynasty，1070～1230）

1070～1096　　诃曼陀塞纳（Hemantasena）

1096～1159　　毗阇耶塞纳（Vijayasena）

1159～1179　　瓦罗拉塞纳（Vallalasena）

1179～1206　　拉克什曼那塞纳（Lakshmanasena）

1206～1225　　毗湿婆鲁普塞纳（Vishvarupsena）

1225～1230　　吉沙布塞纳（Keshabsena）

南印诸王朝

百乘王朝（Satvahana Dynasty，前230～199）

前230～前207　　西穆迦（Simuka）

前207～前189　　坎哈（Kanha）

前189～?　　萨陀迦尔尼一世（Satakarni I）

20～24　　哈拉（Hala）

106～130　　乔大密普特拉·萨陀迦尔尼（Gautamiputra Satakarni）

130～158	瓦湿提普特拉·普鲁摩伊（Vashishtiputra Pulumayi）
158～170	瓦湿提普特拉·萨陀迦尔尼（Vashishtiputra Satakarni）
170～199	斯里·雅吉那·萨陀迦尔尼（Sri Yajna Satakarni）

西（巴达米）遮娄其王朝（Chalukya Dynasty，543～753）

543～566	补罗稽舍一世（Pulakeshin I）
566～597	称凯王一世（Kirtivarman I）
597～609	曼迦勒沙（Mangalesha，吉祥主王）
609～642	补罗稽舍二世（Pulakeshin II）
643～645	阿底提耶瓦尔曼（Adityavarman）
645～646	阿宾纳瓦底提耶（Abhinavaditya）
646～649	旃陀罗底提耶（Chandraditya）
650～655	维阇耶－巴陀利迦（Vijaya－Bhattarika）
655～680	超日王一世（Vikramaditya I）
680～696	律日王（Vinayaditya）
696～733	胜日王（Vijayaditya）
733～746	超日王二世（Vikramaditya II）
746～753	称凯王二世（Kirtivarman II）

东（文吉）遮娄其王朝（624～1075）

624～641	拘阇·毗湿奴伐弹那（Kubja Vishnuvardhana）
641～673	阇耶僧诃一世（Jayasimha I）
673～682	毗湿奴伐弹那二世（Vishnuvardhana II）
682～706	曼吉·优婆罗阇（Mangi Yuvaraja）
706～718	阇耶僧诃二世（Jayasimha II）
719～755	毗湿奴伐弹那三世（Vishnuvardhana III）
755～772	胜日王一世（Vijayaditya I）

772 ~ 808	毗湿奴伐弹那四世（Vishnuvardhana IV）
808 ~ 847	胜日王二世（Vijayaditya II）
847 ~ 849	毗湿奴伐弹那五世（Vishnuvardhana V）
849 ~ 892	胜日王三世（Vijayaditya III）
892 ~ 921	遮娄其·毗摩一世（Chalukya Bhima I）
921 ~ 927	阿摩一世（Amma I）
927 ~ 928	超日王二世（Vikramaditya II）
928 ~ 935	优陀摩罗二世（Yuddhamalla II）
935 ~ 947	遮娄其·毗摩二世（Chalukya Bhima II）
947 ~ 970	阿摩二世（Amma II）
970 ~ 973	檀那摩婆（Danarnava）
973 ~ 999	阇多·朱陀·毗摩（Jata Choda Bhima）
1000 ~ 1011	性力铠一世（Shaktivarman I）
1011 ~ 1018	毗摩罗阿迭多（Vimaladitya）
1019 ~ 1061	罗阇罗阇·那烂陀罗（Rajaraja Narendra）
1063 ~ 1068	性力铠二世（Shaktivarman I）
1072 ~ 1075	胜日王七世（Vijayaditya VII）

后（卡利亚尼）遮娄其王朝（973 ~ 1200）

973 ~ 997	逮罗二世（Tailapa II）
997 ~ 1008	娑底耶室罗耶（Satyashraya）
1008 ~ 1015	超日王五世（Vikramaditya V）
1015 ~ 1042	阇耶僧诃二世（Jayasimha II）
1042 ~ 1068	娑密室伐罗一世（Someshvara I）
1068 ~ 1076	娑密室伐罗二世（Someshvara II）
1076 ~ 1126	超日王六世（Vikramaditya VI）
1126 ~ 1138	娑密室伐罗三世（Someshvara III）
1138 ~ 1151	阇迦得卡摩罗一世（Jagadhekamalla I）
1151 ~ 1163	逮罗三世（Tailapa III）

1163 ~ 1183	阇迦得卡摩罗二世（Jagadhekamalla II）
1184 ~ 1200	娑密室伐罗四世（Someshvara IV）

帕拉瓦王朝（Pallava Dynasty，？ ~897）

？	毗湿奴瞿波（Vishnugopa）
537 ~ 570	僧诃毗湿奴（Simhavishnu）
600 ~ 630	摩哂陀跋摩一世（Mahendravarman I）
630 ~ 668	那罗僧诃跋摩一世（Narasimhavarman I）
668 ~ 670	摩哂陀跋摩二世（Mahendravarman II）
670 ~ 695	帕拉梅斯瓦拉跋摩一世（Paramesvaravarman I）
700 ~ 728	那罗僧诃跋摩二世（Narasimhavarman II）
728 ~ 731	帕拉梅斯瓦拉跋摩二世（Paramesvaravarman II）
731 ~ 795	南迪跋摩二世（Nandivarman II）
795 ~ 846	丹提跋摩（Dantivarman）
846 ~ 869	南迪跋摩三世（Nandivarman III）
869 ~ 880	尼里帕图迦跋摩（Nrpatungavarman）
880 ~ 897	阿帕罗吉陀跋摩（Aparajitavarman）

潘迪亚王朝①（Pandya Dynasty，590 ~1268）

590 ~ 620	嘉顿衮（Kadungon）
670 ~ 700	阿里科萨·莫拉跋曼（Arikesar Maravarman）
765 ~ 815	瓦拉古纳摩诃罗阇（Varagunamaharaja I）
815 ~ 862	斯里摩罗·湿里婆拉拔（Srimara Srivallabha）
1251 ~ 1268	贾陀跋曼·孙德罗（Jatavarman Sundara）

朱罗王朝（Chola Dynasty，848 ~1279）

848 ~ 871	毗阇耶拉耶（Vijayalaya）
871 ~ 907	阿底提耶（Aditya）
907 ~ 950	帕兰陀迦一世（Parantaka I）

① 附录中只列出兴盛期。

950～957	犍陀罗阿底提耶（Gandaraditya）
957～970	帕兰陀迦二世（Parantaka II）
970～985	优达摩（Uttama）
985～1014	罗阇罗阇一世（Rajaraja I）
1014～1018	拉金德拉一世（Rajendra I）
1018～1054	罗阇底罗阇一世（Rajadhiraja I）
1054～1063	拉金德拉二世（Rajendra II）
1063～1070	毗罗拉金德拉（Virarajendra）
1070～1122	俱卢同伽一世（Kulottunga I）
1118～1135	维克罗摩（Vikkrama）
1133～1150	俱卢同伽二世（Kulottunga II）
1146～1163	罗阇罗阇二世（Rajaraja II）
1163～1178	罗阇底罗阇二世（Rajadiraja II）
1178～1218	俱卢同伽三世（Kulottunga III）
1216～1246	罗阇罗阇三世（Rajaraja III）
1246～1279	拉金德拉三世（Rajendra III）

霍萨拉王朝（Hoysala Dynasty，1006～1343）

1006～1026	穆达（Munda）
1026～1047	尼尔帕·迦摩二世（Nripa Kama II）
1047～1098	霍萨拉·维纳亚迪提（Hoysala Vinayaditya）
1098～1102	伊里衍迦（Ereyanga）
1102～1108	维拉·巴拉拉一世（Veera Ballala I）
1108～1152	毗湿奴瓦达纳（Vishnuvardhana）
1152～1173	那罗希哈一世（Narasimha I）
1173～1220	维拉·巴拉拉二世（Veera Ballala II）
1220～1235	那罗希哈二世（Narasimha II）
1235～1254	毗罗·娑摩斯瓦拉（Vira Somesvara）
1254～1291	那罗希哈三世（Narasimha III）

1291 ~ 1343　维拉·巴拉拉三世（Veera Ballala III）

卡卡提亚王朝（Kakatiya Dynasty，1110 ~ 1323）

1110 ~ 1158　波罗拉二世（Prola II）

1158 ~ 1195　鲁德拉（Rudra）

1195 ~ 1199　摩诃提婆（Mahadeva）

1199 ~ 1262　加纳帕提（Ganapati）

1262 ~ 1295　鲁德拉芭（Rudramba）

1295 ~ 1323　波罗陀帕鲁德拉（Prataparudra）

穆斯林统治时期

德里苏丹国（Delhi Sultanates，1206 ~ 1526）

奴隶王朝（Mamluk Dynasty，1206 ~ 1290）

1206 ~ 1210　库杜布 – 乌德 – 丁·艾巴克（Qutb ud – din Aibak）

1210 ~ 1211　阿拉姆·沙（Aram Shah）

1211 ~ 1236　沙姆斯 – 乌德 – 丁·伊勒图特米什（Shams ud – din Iltutmish）

1236 ~　鲁克 – 乌德 – 丁·菲鲁兹（Rukn ud – din Firuz）

1236 ~ 1240　拉齐娅 – 乌德 – 丁·苏丹娜（Raziyyat ud – din Sultana，伊勒图特米什之女）

1240 ~ 1242　穆伊兹 – 乌德 – 丁·巴赫拉姆（Muiz ud – din Bahram）

1242 ~ 1246　阿拉 – 乌德 – 丁·马苏德（Ala ud – din Masud）

1246 ~ 1266　纳希尔 – 乌德 – 丁·马茂德（Nasir ud – din Mahmud）

1266 ~ 1287　吉亚斯 – 乌德 – 丁·巴尔班（Ghiyas ud – din

第四王朝——阿拉维杜王朝（Aravidu Dynasty，1565～1586）

1570～1573 蒂鲁玛拉（Tirumala）

1573～1585 兰加（Ranga）

1586 文卡塔（Venkata）

德干苏丹国（Deccan Sultanates，1347～1687）

巴赫曼尼苏丹国（Bahmani Sultanate，1347～1518）

1347～1358 阿拉－乌德－丁·哈桑·巴曼·沙（Ala－ud－din Hasan Bahman Shah）

1358～1375 穆罕默德一世（Muhammad I）

1375～1378 阿拉－乌德－丁·穆迦希德·沙（Ala－ud－din Mujahid Shah）

1378 达乌德·沙一世（Daud Shah I）

1378～1397 穆罕默德二世（Muhammad II）

1397 吉亚斯－乌德－丁·塔摩坦·沙（Ghiyas－ud－din Tahmatan Shah）

1397 沙姆斯－乌德－丁·达乌德·沙二世（Shams－ud－din Daud Shah II）

1397～1422 塔基－乌德－丁·菲鲁兹·沙（Taj－ud－din Firoz Shah）

1422～1435 希哈布－乌德－丁·艾哈迈德·沙（Shihab－ud－din Ahmad Shah I）

1435～1458 阿拉－乌德－丁·艾哈迈德·沙二世（Ala－ud－din Ahmad Shah II）

1458～1461 阿拉－乌德－丁·胡马雍·沙（Ala－ud－din Humayun Shah）

1461～1463 尼扎姆－乌德－丁·艾哈迈德·沙三世（Nizam－ud－din Ahmad Shah III）

1463～1482 沙姆斯－乌德－丁·穆罕默德·沙三世

	(Shams – ud – din Muhammad Shah III)
1482 ~ 1518	希哈布 – 乌德 – 丁·穆罕默德(Shihab – ud – din Mahmud)

艾哈迈德纳加尔苏丹国(Ahmadnagar Sultanate, 1490 ~ 1636)

1490 ~ 1510	玛里克·艾哈迈德·沙一世(Malik Ahmad Shah I)
1510 ~ 1553	布尔汗·沙一世(Burhan Shah I)
1553 ~ 1565	胡赛因·沙一世(Hussain Shah I)
1565 ~ 1588	穆塔兹·沙(Murtaza Shah)
1588 ~ 1589	米兰·胡赛因(Miran Hussain)
1589 ~ 1591	伊斯梅尔·沙(Ismail Shah)
1591 ~ 1595	布尔汗·沙二世(Burhan Shah II)
1595 ~ 1596	易卜拉欣·沙(Ibrahim Shah)
1596	艾哈迈德·沙二世(Ahmad Shah II)
1600 ~ 1610	巴哈德(Bahad)
1610 ~ 1631	布尔汗·沙三世(Burhan Shah III)
1631 ~ 1633	胡赛因·沙二世(Hussain Shah II)
1633 ~ 1636	穆塔兹·沙二世(Murtaza Shah II)

比贾布尔苏丹国(Bijapur Sultanate, 1490 ~ 1686)

1490 ~ 1510	优素福·阿迪尔·沙(Yusuf Adil Shah)
1510 ~ 1534	伊斯梅尔·阿迪尔·沙(Ismail Adil Shah)
1534 ~ 1535	马鲁·阿迪尔·沙(Mallu Adil Shah)
1535 ~ 1557	易卜拉欣·阿迪尔·沙一世(Ibrahim Adil Shah I)
1557 ~ 1580	阿里·阿迪尔·沙(Ali Adil Shah)
1580 ~ 1626	易卜拉欣·阿迪尔·沙二世(Ibrahim Adil Shah II)
1626 ~ 1656	穆罕默德·阿迪尔·沙(Mohammed Adil

	Shah）
1656 ~ 1673	阿里·阿迪尔·沙二世（Ali Adil Shah）
1673 ~ 1686	西坎达尔·阿迪尔·沙（Sikandar Adil Shah）

贝拉苏丹国（Berar Sultanate，1490 ~ 1574）

1490 ~ 1510	法特 – 乌拉·伊迈德 – 乌尔 – 穆尔克（Fath – ullah Imad – ul – Mulk）
1510 ~ 1530	阿拉 – 乌德 – 丁·伊迈德·沙（Ala – ud – din Imad Shah）
1530 ~ 1561	达亚·伊迈德·沙（Darya Imad Shah）
1562 ~ 1574	布尔汗·伊迈德·沙（Burhan Imad Shah）

比达苏丹国（Bidar Sultanate，1492 ~ 1619）

1492 ~ 1504	恰西姆·巴里德一世（Qasim Barid I）
1504 ~ 1543	阿米尔·巴里德·沙一世（Amir Barid Shah I）
1542 ~ 1580	阿里·巴里德·沙（Ali Barid Shah）
1580 ~ 1587	易卜拉欣·巴里德·沙（Ibrahim Barid Shah）
1587 ~ 1591	恰西姆·巴里德·沙二世（Qasim Barid Shah II）
1591	阿里·巴里德·沙二世（Ali Barid Shah II）
1591 ~ 1600	阿米尔·巴里德·沙二世（Amir Barid Shah II）
1600 ~ 1609	米尔扎·阿里·巴里德·沙三世（Mirza Ali Barid Shah III）
1609 ~ 1619	阿米尔·巴里德·沙三世（Amir Barid Shah III）

格尔坎达苏丹国（Golkanda Sultanate，1518 ~ 1687）

1518 ~ 1543	苏丹·库里·库杜布·沙（Sultan Quli Qutub Shah）
1543 ~ 1550	贾米阇德·库里·库杜布·沙（Jamsheed Quli Qutub Shah）
1550	苏班·库里·库杜布·沙（Subhan Quli Qutub Shah）

1550～1580	易卜拉欣·库里·库杜布·沙（Ibrahim Quli Qutub Shah）
1580～1611	穆罕默德·库里·库杜布·沙（Muhammad Quli Qutub Shah）
1611～1626	苏丹·穆罕默德·库杜布·沙（Sultan Muhammad Qutub Shah）
1626～1672	阿布拉赫·库杜布·沙（Abdullah Qutub Shah）
1672～1687	阿布尔·哈桑·塔纳·沙（Abul Hasan Tana Shah）

莫卧儿帝国（Mughal Kingdom，1526～1857）

莫卧儿王朝（Mughal Dynasty，1526～1707）

1526～1530	巴布尔（Babur）
1530～1556	胡马雍（Humayun）
1556～1605	阿克巴（Akbar）
1605～1627	贾汉吉尔（Jahangir）
1628～1658	沙·贾汉（Shah Jahan）
1658～1707	奥朗则布（Aurangzeb）

苏尔王朝（Sur Dynasty，1540～1556）

1540～1545	舍尔·沙（Sher Shah）
1545～1554	伊斯拉姆·沙（Islam Shah）
1554～1556	穆罕默德·阿迪尔·沙（Muhhamad Adil Shah）

后期莫卧儿王朝（Mughal Dynasty，1707～1857）

1707～1712	巴哈都尔·沙（Bahadur shah）
1712～1713	贾汗达尔·沙（Jahandar Shah）
1713～1719	法鲁赫西亚尔（Furrukhsiyar）
1719	拉菲－乌德·道拉特（Rafi－ud Daulat）
1720	穆罕默德·易卜拉欣（Muhammad Ibrahim）
1719～1748	穆罕默德·沙（Muhhamad Shah）

1748～1754　　艾哈默德·沙·巴哈杜尔（Ahmad Shah Bahadur）

1754～1759　　阿拉姆吉尔二世（Alamgir II）

1759～1806　　沙·阿拉姆二世（Shah Alam II）

1806～1837　　阿克巴二世（Akbar Shah II）

1837～1857　　巴哈杜尔·沙·扎法尔（Bahadur Shah Zafar）

马拉塔帝国（The Marathas，1674～1818）

早期马拉塔（1674～1749）

1674～1680　　湿瓦吉（Shivaji）

1680～1689　　桑巴吉（Sambhaji）

1689～1700　　罗阇拉姆（Rajaram）

1700～1707　　桑巴吉二世（Sambhaji II）

1707～1749　　萨胡吉（Sahuji）

佩什瓦时期（Peshwa，1713～1818）

1713～1721　　巴拉吉·毗湿婆纳塔（Balaji Vishvanath）

1721～1740　　巴吉·罗奥（Baji Rao）

1740～1761　　巴拉吉·巴吉·罗奥（Balaji Baji Rao）

1761～1772　　玛达瓦·罗奥（Madhav Rao）

1772～1773　　纳拉亚纳·罗奥（Narayan Rao）

1773～1774　　拉古纳特·罗奥（Raghunath Rao）

1774～1795　　萨维·玛达瓦·罗奥（Sawai Madhav Rao）

1796～1818　　巴吉·罗奥二世（Baji Rao II）

信迪亚王朝（Sindhia Dynasty，1726～1827）

1726～1750　　拉诺吉·信迪亚（Ranoji Sindhia）

1761～1794　　玛哈吉·信迪亚（Mahadji Sindhia）

1794～1827　　道拉·罗奥·信迪亚（Daulat Rao Sindhia）

莫卧儿王朝主要诸侯（The Major Muslim Vassals of Mughal Dynasty，1707～1856）

阿瓦德的纳瓦布（Nawabs of Awadh，1722～1856）

1722～1739	萨阿达特·汗·阿里（Saadat Ali）
1739～1754	萨夫达尔·江（Safdar Jang）
1754～1775	舒迦－乌德－道拉（Shuja－ud－Daula）
1775～1797	阿萨夫－乌德－道拉（Asaf－ud－Daula）
1797～1798	瓦兹尔·阿里·汗（Wazir Ali Khan）
1798～1814	萨阿达特·阿里二世（Saadat Ali II）
1814～1827	迦兹－乌德－丁（Ghazi－ud－din）
1827～1837	纳西尔－乌德－丁（Nasir－ud－din）
1837～1842	穆罕默德·阿里·沙（Muhammad Ali Shah）
1842～1847	阿姆加德·阿里·沙（Amjad Ali Shah）
1847～1856	瓦基德·阿里·沙（Wajid Ali Shah）

海得拉巴的尼扎姆（Nizams of Hyderabad，1724～1948）

1724～1748	米尔·恰玛鲁丁·汗·尼扎姆·乌尔·穆尔克（Mir Qamaruddin Khan Nizal ul Mulk）
1748～1750	米尔·阿诃迈德·阿里·汗·纳西尔·江·尼扎姆－乌德－道拉（Mir Ahmed Ali Khan Nasir Jung Nizam－ud－daula）
1750～1751	希达亚·摩希乌丁·汗·穆扎法尔·江（Hidayath Mohiuddin Khan Muzaffar Jung）
1751～1761	希亚德·穆罕默德·汗·阿米尔－乌尔－穆尔克·萨拉巴特·江（Syed Mohammed Khan Amir－ul－Mulk Salabat Jung）
1762～1803	尼扎姆·阿里·汗·尼扎姆－乌尔－穆尔克（Nizam Ali Khan Nizam－ul－Mulk）
1803～1829	米尔·阿克巴尔·阿里·汗·西坎达尔·贾

	希（Mir Akbar Ali Khan Sikander Jah）
1829 ~ 1857	米尔・法库达・阿里・汗・纳西尔－乌德－道拉（Mir Farkhunda Ali Khan Nasir－ud－Daula）
1857 ~ 1869	米尔・塔尼亚特・阿里・汗・阿福祖尔－乌德－道拉（Mir Tahniat Ali Khan Afzal－ud－Daula）
1869 ~ 1911	米尔・玛胡卜・阿里・汗（Mir Mahboob Ali Khan）
1911 ~ 1948	米尔・奥斯曼・阿里・汗（Mir Osman Ali Khan）

孟加拉的纳瓦布（Nawabs of Bengal，1740 ~ 1770）

1740 ~ 1756	阿利瓦迪・汗（Alivardi Khan）
1756 ~ 1757	希拉吉・乌德・道拉（Siraj－ud－Daulah）
1757 ~ 1760	米尔・贾法尔（Mir Jafar）
1760 ~ 1763	米尔・卡辛（Mir Qasim）
1763 ~ 1765	米尔・贾法尔（Mir Jafar）
1765 ~ 1766	纳吉姆・乌德・道拉（Najm－ud－Daulah）
1766 ~ 1770	塞夫・乌德・道拉（Saif－ud－Daulah）

锡克王朝（Sikh Dynasty，1801 ~ 1849）

1801 ~ 1839	兰吉特・辛格（Ranjit Singh）
1839	卡拉克・辛格（Kharak Singh）
1839 ~ 1940	瑙・尼哈尔・辛格（Nau Nihal Singh）
1840 ~ 1843	谢尔・辛格（Sher Singh）
1843 ~ 1849	杜里普・辛格（Dulip Singh）

英属印度（1774 ~ 1947）

1773 年孟加拉调整法案颁布后的威廉堡英印总督

1774	沃伦・哈斯廷斯

1785	约翰·麦克弗森
1786	康乌里斯
1793	约翰·肖尔
1798	A. 克拉克
1798	韦尔斯利
1805	康乌里斯（第二次）
1805	乔治·巴洛
1807	明托一世
1813	哈斯廷斯
1823	约翰·亚当
1823	阿莫斯特
1828	W. B. 柏雷
1828	威廉姆·本廷克

1833 年特许法案颁布后的英印总督

1833	威廉姆·本廷克
1835	查尔斯·梅特卡夫
1836	奥克兰
1842	埃伦巴勒
1844	W. W. 伯德
1844	亨利·哈丁
1848	达尔豪西
1856	坎宁

印度总督和印度副王

1858	坎宁
1862	埃尔金一世
1863	罗伯特·内皮尔
1863	威廉·登尼森
1864	约翰·劳伦斯

1869	梅奥
1872	约翰·斯特莱切
1872	内皮尔
1872	诺斯布鲁克
1876	利顿一世
1880	里蓬
1884	达弗林
1888	兰斯敦
1894	埃尔金二世
1898	寇松
1904	阿姆普契尔
1904	寇松
1905	明托二世
1910	哈丁
1916	切尔姆斯福德
1921	里丁
1925	利顿二世
1926	欧文
1931	威灵顿
1934	乔治·斯坦雷
1936	林利思戈

1935 年王权代表法案颁布后的英印总督

1937	林利思戈
1938	布雷伯恩
1938	林利思戈
1943	韦维尔
1945	约翰·科尔维尔
1947	蒙巴顿

1947 年印度独立法案颁布后的总督

1947 ~ 1948	蒙巴顿（印度）、M. A. 真纳（巴基斯坦）
1948 ~ 1950	C. 拉贾戈巴拉查理

印度共和国（1950 ~ ）

1950 ~ 1962	拉金德拉·普拉萨德（Rajendra Prasad）
1962 ~ 1967	萨瓦帕利·拉达克里希南（Sarvepalli Radhakrishnan）
1967 ~ 1969	扎基尔·侯赛因（Zakir Hussain）
1969 ~ 1974	瓦拉哈吉里·文卡塔·吉里（Varahagiri Venkata Giri）
1974 ~ 1977	法赫鲁丁·阿里·艾哈迈德（Fakhruddin Ali Ahmed）
1977	巴萨帕·达纳帕·贾蒂（Basappa Danappa Jatti，代总统）
1977 ~ 1982	尼兰·桑吉瓦·雷迪（Neelam Sanjiva Reddy）
1982 ~ 1987	吉亚尼·宰尔·辛格（Giani Zail Singh）
1987 ~ 1992	拉马斯瓦米·文卡塔拉曼（Ramaswamy Venkataraman）
1992 ~ 1997	尚卡尔·达亚尔·夏尔马（Shankar Dayal Sharma）
1997 ~ 2002	科切里尔·拉曼·纳拉亚南（Kocheril Raman Narayanan）
2002 ~ 2007	阿卜杜尔·卡拉姆（Abdul Kalam）
2007 ~ 2012	普拉蒂巴·帕蒂尔（Pratibha Patil）
2012 ~ 2017	普拉纳布·慕克吉（Pranab Mukherjee）
2017 ~	拉姆·纳特·科温德（Ram Nath Kovind）

参考文献

中文文献

《摩奴法典》，蒋忠新译，中国社会科学出版社，1986。

《长部经典》，江炼百译，沙门芝峰校证，台湾新文丰出版公司，1987。

刘安武、倪培耕、白开元主编《泰戈尔全集》（第19卷），刘竞良、倪培耕、黄慎、冯金辛、董友忱、白开元译，河北教育出版社，2000。

刘家和主编《世界上古史》，吉林人民出版社，1980。

刘建、朱明忠、葛维钧：《印度文明》，福建教育出版社，2008。

〔美〕刘易斯·芒福德：《城市发展史——起源、演变和前景》，宋俊岭、倪文彦译，中国建筑工业出版社，2004。

陆杨、王毅：《文化研究导论》，复旦大学出版社，2006。

毛世昌、刘雪岚主编《辉煌灿烂的印度文化的主流——印度教》，中国社会科学出版社，2011。

毛世昌、袁永平编著《印度两大史诗解读》，兰州大学出版社，2012。

毛世昌、袁永平主编《泰戈尔词典》，兰州大学出版社，2016，

毛世昌、袁永平主编《印度古典文学词典》，兰州大学出版社，2016。

毛世昌编著《印度文化词典》，兰州大学出版社，2010。

毛世昌主编《印度贱民领袖、宪法之父与佛教改革家——安培德卡尔》，中国社会科学出版社，2013。

糜文开编译《印度文学历代名著选》（上），台湾：东大图书有限公司，1982。

谢春山主编《旅游文化学》，旅游教育出版社，2012。

邹本涛、谢春山编著《旅游文化学》，中国旅游出版社，2008。

（唐）玄奘、辩机：《大唐西域记校注》，季羡林等校注，中华书局，1985。

〔美〕伊丽莎白·纳珀：《藏传佛教中观哲学》，刘宇光译，中国人民大学出版社，2005。

袁永平主编《泰戈尔的大爱思想》，兰州大学出版社，2016。

郑炎：《中国旅游发展史》，湖南教育出版社，2000。

外文文献

A. K. Bhatia, *Tourism Development: Principles and Practices* (New Delhi: Steering Publishers Private Limited, 2002)

A. K. Bhatia, *Dance, Festival of India 1985 – 1986* [New Dehli: Ocean Books (P) Ltd., 2002].

Aruna Deshpande, *India: Travel Guide* (New Delhi: Crest Publishing House, 2002).

C. Sivaramamurti, *Art of India* (Bombay: India Book House, 2007).

Mitra Debala, *Buddhist Monuments* (Calcutta: Shishu Sahitya Samsad Pvt. Ltd, 2011).

H. Zimmer, *Wild Life* (New Dehli: Ministry of Tourism, Gvt. of India, 1995).

Krishna Deva, *Temples of North India* (New Dehli: National Book Trust, 1997).

K. R. Srinivasan, *Temples of South India* (New Dehli: National Book Trust, 1971).

K. R. Srinivasa, *Tourist Information Booklet* (New Dehli: Dept, of Tourism, Govt. of India, 1981).

P. Gupta, *Cultural Tourism in India* (New Dehli: Indraprastha Museum of Art and Archaeology, 2002).

P. K. Acharya, *An Encyclopedia of Hindu Architecture* (Bhopal: J. K.

Publishing House, 1978).

P. K. Acharya, *Archaeological Remains: Monuments and Museums* (New Dehli: Archaeological Survey of India, 1996).

R. N. Salectore, *Encyclopedia of Indian Culture* (New Dehli, Steering Publishers Private Limited, 1981 – 1985).

Monuments of World Heritage in India (New Dehli: Archaeological Survey of India, 2008).

National Symbols (New Dehli: Director General, Centre for Cultural Resources and Training, 2001).

Sacred Groves of India (Bhopal: Indira Gandi Rashtriya Manav Sangrahalaya, 2010).

后　记

2010年的金秋时节，我有幸结识了兰州大学的毛世昌先生，并得到了先生的赏识。在他的引领下，我迷恋上了印度文化，一晃就是十年。其间，我们合作完成了《印度两大史诗解读》、《印度贱民领袖、宪法之父与佛教改革家——安培德卡尔》、《印度古典文学词典》和《泰戈尔词典》四部著作。出于个人爱好和探索精神，在毛先生的鼓励和支持下，我独立完成了《泰戈尔的大爱思想》一书。

2016年的深秋时节，我在毛先生的指导与帮助下，开始了本书的编写工作。从筹划、搜集资料到写作完成，历时近三年。在写作过程中，毛先生一次次地消除了我的迷惑和困扰，使我有勇气去克服困难。

本书的写作还得到了众多友人的鼓励与支持。在前期的写作中，姚磊提供了一定的帮助。书稿完成后，毕玮和郭穗彦女士等提供了精美图片，雷紫翰提出了详细且中肯的修改意见和建议。兰州大学社科处唐黎辉辛苦奔走，为出版事宜做了大量工作。借此机会，向他们致以最诚挚的感激和谢意。

由于笔者的能力和水平有限，书中难免会出现不足与错误，恳请读者批评指正。请将宝贵的意见和建议直接发送到本人的电子邮箱yyp781111@163.com。

袁永平

2021年7月

图书在版编目（CIP）数据

印度文化与旅游 / 袁永平，毛世昌编著. -- 北京：社会科学文献出版社，2021.11
（兰州大学“一带一路”丛书）
ISBN 978-7-5201-8886-9

Ⅰ.①印… Ⅱ.①袁… ②毛… Ⅲ.①旅游文化-介绍-印度 Ⅳ.①F593.51

中国版本图书馆 CIP 数据核字（2021）第 163618 号

·兰州大学“一带一路”丛书·
印度文化与旅游

编 著 / 袁永平 毛世昌

出 版 人 / 王利民
组稿编辑 / 高明秀
责任编辑 / 叶 娟
文稿编辑 / 李 璐
责任印制 / 王京美

出 版 / 社会科学文献出版社·国别区域分社（010）59367078
地址：北京市北三环中路甲 29 号院华龙大厦 邮编：100029
网址：www.ssap.com.cn
发 行 / 市场营销中心（010）59367081 59367083
印 装 / 三河市东方印刷有限公司

规 格 / 开 本：787mm×1092mm 1/16
印 张：25 插 页：3.25 字 数：335 千字
版 次 / 2021 年 11 月第 1 版 2021 年 11 月第 1 次印刷
书 号 / ISBN 978-7-5201-8886-9
定 价 / 99.00 元

本书如有印装质量问题，请与读者服务中心（010-59367028）联系

版权所有 翻印必究